Bernd Dollinger · Jürgen Raithel (Hrsg.)

Aktivierende Sozialpädagogik

Bernd Dollinger
Jürgen Raithel (Hrsg.)

Aktivierende Sozialpädagogik

Ein kritisches Glossar

VS VERLAG FÜR SOZIALWISSENSCHAFTEN

Bibliografische Information Der Deutschen Nationalbibliothek
Die Deutsche Nationalbibliothek verzeichnet diese Publikation in der
Deutschen Nationalbibliografie; detaillierte bibliografische Daten sind im Internet über
<http://dnb.d-nb.de> abrufbar.

1. Auflage Oktober 2006

Lektorat: Stefanie Laux

Der VS Verlag für Sozialwissenschaften ist ein Unternehmen von Springer Science+Business Media.
www.vs-verlag.de

Umschlaggestaltung: KünkelLopka Medienentwicklung, Heidelberg
Druck und buchbinderische Verarbeitung: Krips b.v., Meppel
Gedruckt auf säurefreiem und chlorfrei gebleichtem Papier
Printed in the Netherlands

ISBN-10 3-531-14973-3
ISBN-13 978-3-531-14973-8

Inhalt

Zur Einleitung: Perspektiven aktivierender Sozialpädagogik

Bernd Dollinger

> „...hier kommt man aus dem Schatten in die Sonne der modernen Entwicklung"
> (Gertrud Bäumer 1929a, 15).

Folgt man der Ansicht Gertrud Bäumers, so war die Sozialpädagogik als Nothilfe entstanden. Zuerst war die Familie, dann die Schule als Ort von Erziehung und Sozialisation unzureichend geworden. In dieser doppelten Krise sei die Sozialpädagogik nötig geworden – allerdings nicht nur, um Lücken zu füllen. Die Sozialpädagogik vermittle ein „Plus" (Bäumer 1929a, 15), d.h. wertvolle Bildungserfahrungen, die ohne die Sozialpädagogik den Heranwachsenden nicht zugänglich wären. Die Sozialpädagogik sei nicht mehr lediglich eine kontingente Interventionsinstanz gegen soziale Probleme, sondern durch positive Leistungsbezüge in der modernen Gesellschaft verankert.

Es scheint, als ob sich die Hoffnung Bäumers erfüllt hätte. „Aktivierung" wurde im Verlauf der 1990er Jahre „zu einem zentralen Leitbild der Transformation der westlichen Wohlfahrtsstaaten" (Opielka 2003, 113). Der aktivierende Staat verlagert Aktivität auf gesellschaftliche Teilsysteme und die Bürger und garantiert geeignete Rahmenbedingungen, um diese zu kompetenten und sozial integrierten Akteuren zu machen. Der ehemalige Bundeskanzler Schröder (1999, 56) bestimmte die „Aktivierung der Menschen zu selbstverantwortlichem Handeln" als eine Richtschnur der Regierungspolitik. In den Worten Hombachs (1999, 42): „Mehr Eigenverantwortung der Bürger, der Unternehmen und der Verwaltungen ist notwendig".

Blanke und Bandemer (1999) sprechen von den Aktivierungs-Grundorientierungen der Förderung von Dialog, der Ausrichtung an kooperativer Leistungserbringung und der Verantwortungsteilung. Im sozialpolitischen Kontext werden, wie Evers und Leggewie (1999) anmerken, Leistungsbezieher nicht mehr als Klienten oder Empfänger von Versorgungsaufwendungen wahrgenommen, sondern als Partner und Koproduzenten sozialer Leistungen in einem durch verschiedene Mitbeteiligte erbrachten ‚Wohlfahrtsmix'. Neben individueller Aktivität fokussiert aktivierende Politik ‚soziales Kapitel' und „konzentriert sich auf soziale Investitionen" (ebd., 336).

Um Leistungen, deren Grundlagen und Zielsetzungen nach wie vor staatlich definiert sind, zu erbringen, bedarf der aktivierende Sozialstaat ‚unterstützungskompetenter' Professionen wie der Sozialpädagogik. Die dem Aktivierungsdiskurs zugrunde gelegte Terminologie der Förderung von „Eigenverantwortung", „sozialem Engagement", „Eigeninitiative", „Selbstvorsorge" und der extensivierte sozialstaatliche Einsatz von „Fallmanagern", „Dienstleistern" oder „Beratern" bediente sich folgerichtig einer sozialpädagogischen Semantik. So besehen scheint die Sozialpädagogik an ihrem Ziel angekommen: Sie wird durch die sozialpolitische Aktivierungsperspektive und deren sektoral angelegte ‚Sozialinvestitionen' in bisher nicht gekanntem Ausmaß semantisch, personell, methodisch, organisatorisch und – bspw. im ‚Parallelsystem' von Maßnahmen der Jugendberufshilfe, Beschäftigungsprojekten oder verlängerten Ausbildungszeiten (vgl. Walther 2002, 89) – durch erweiterte finanzielle Zuweisungen in Anspruch genommen. Die These einer wachsenden „Inanspruchnahme sozialpädagogischen Wissens in Politik, Verwaltung, Öffentlichkeit und Alltag" (Lüders/Winkler 1992, 364) scheint damit bestätigt zu werden; die Sozialpädagogik könnte zu einer der „new authorities" (Dean 1995, 580) werden, die eine aktivierende Politik hervorbringt.

1. Ambivalenzen aktivierender Sozialpolitik

Eine solche Deutung bleibt allerdings einseitig, und an dieser Stelle setzt der vorliegende Band ein. Sozialpädagogischen Wissensgehalten und Praxisformen kommt im Rahmen ihrer sozialpolitischen Diskursivierung eine spezifische Bedeutung zu, die mit der ursprünglichen in einem nur mehr oder weniger engen Zusammenhang steht (vgl. Buestrich/Wohlfahrt 2005). Ob man dabei von einer Instrumentalisierung, Verzerrung oder Aufwertung sozialpädagogischer Traditionsbestände durch Interessen sozialpolitischer Akteure sprechen kann, bedarf einer genaueren Analyse, in der der spezifischen Qualität nachzugehen ist, die diese Bestände in dem besonderen Rahmen gewinnen. Die Qualitätstransformation könnte nur denjenigen beruhigt lassen, der unhinterfragt von synchronisierten sozialpädagogischen und sozialpolitischen Zielen und ‚guten Absichten' der Sozialpolitik ausgeht; aber selbst wer dies tut, sollte eine Analyse nicht unterlassen.

Will man sie unternehmen, so ist man unmittelbar mit dem Problem einer tendenziellen Konturlosigkeit der Aktivierungsperspektive konfrontiert. Es scheint, als sei der Partei- und Ländergrenzen überschreitende Konsens in Sachen Aktivierung der Fähigkeit geschuldet, ihre positive Konnotation in unterschiedlichste Kontexte und Professionsbezüge einzubinden. Wer hätte etwas gegen Aktivierung, und hat es eigentlich jemals eine Sozialpädagogik gegeben, die nicht aktivieren wollte?

Bemüht man sich um eine Konturbestimmung, so kann mit Evers (2000, 22) von unterschiedlichen Polen ausgegangen werden, von denen aus die „Worthülse Aktivierung" gefüllt wird. Neben einer individualistischen „instrumentell-manageriellen" sei von einer bürgerschaftlich, „politisch aktivierenden" Sichtweise und Ausdeutung auszugehen (ebd., 19). Lessenich (2005, 24) spricht von einem „Kontinuum zwischen Befähigung und Zwang". Vor diesem Hintergrund nimmt es nicht wunder, dass Aktivierungsprinzipien höchst unterschiedlich bewertet werden. Dies reicht von der Aussage, Aktivierung sei angesichts sozioökonomischer Wandlungen ein notwendiger und sinnvoller Wechsel „towards the ‚active society'" (Gass 1988) auf der einen, und der Diagnose einer sozialpolitisch induzierten Erhöhung von „Zwang und Existenzdruck" (Völker 2005) auf der anderen Seite.

2. Kernprobleme

Die bisherigen Erfahrungen mit der sozialpolitischen Reformpraxis erlauben es, Kernprobleme zu bestimmen. Grundlegend ist ein Wechsel zu einem sozialpolitischen Maßnahmenkatalog zu konstatieren, der nicht primär die Versorgung Bedürftiger – durch als ‚passiv' attribuierte Leistungstransfers – fokussiert, sondern die integrationsorientierte Anknüpfung an bereits gegebene Ressourcen und deren transitorische Expansion betont. Im sozialpolitischen Mittelpunkt stehen dabei Arbeitsmarktpolitik und Employability (‚workfare') (vgl. Hombach 1999; kritisch Dahme und Wohlfahrt 2002).

Dies impliziert eine Änderung der tradierten Verfahrenslogiken mit wesentlichen Folgewirkungen: Wer Leistungen nachfragt, kann nicht länger darauf vertrauen, Rechte und legitime Ansprüche mit erwartbarem Ergebnis einzulösen. Er ist, neuartig im Falle des Arbeitslosengeldes II, Empfänger von Fürsorgeleistungen und muss sich in eine Aktivierungsrationalität einfinden, die von ihm Gegenleistungen verlangt, ohne die der Ressourcenzugang verschlossen bleibt oder merklich reduziert wird. Mit Arbeitslosen und Ausbildungsplatzsuchenden sind gemäß § 35 (4) SBG III Eingliederungsvereinbarungen abzuschließen, die u.a. die zu einem späteren Zeitpunkt zu überprüfenden Eigenbemühungen des Leistungsbeziehers festlegen. Zu beachten ist nicht nur der Zwang der Erwerbsfähigen, (praktisch) jede Arbeitsmöglichkeit wahrzunehmen. Erweitert wurden auch die mehrstufigen Sanktionspotentiale. Bereits die Weigerung, eine Einglie-

derungsvereinbarung abzuschließen, ist nach § 31 (1) SGB II mit einer Leis-
tungskürzung zu ahnden. Gemäß § 1 SGB II sollen ‚Fördern' und ‚Fordern' verbunden sein, wobei durch die jüngsten Reformen insbesondere der zweitgenann-
te Aspekt betont wurde (vgl. Hirschler 2005). Bedarf die aktivierende Sozialpolitik der Beteiligung der Bürger, ohne deren Partizipation Leistungen nicht zustan-
de kommen, so wird deutlich, dass Kooperationsbereitschaft und Motivation der
Betreffenden extrinsisch durch Sanktionsdrohungen und -anwendungen und
damit durch Zwang gesichert werden. Angesichts fehlender offener Arbeitsplätze
erscheint dies aus aktivierungspolitischer Sicht ‚rational', um die Bereitschaft der
Klientel zu gewährleisten, sich ohne realistische arbeitsmarktliche Integrationschancen den vorgesehenen Interventionsformen zu unterwerfen. In aktuellen
Diskussion kristallisiert sich heraus, dass unter Bezug auf empirisch nicht gestützte Warnungen vor Missbrauchsverhalten derartige Sanktionspotentiale ausgebaut und verstärkt eingesetzt werden.

Aus diesen Reformen und der ihnen zugrunde liegenden Deutung sozialer
Unterstützungsleistungen lassen sich Problemkreise extrapolieren, die aus sozialpädagogischer Sicht besonderer Beachtung bedürfen:

1. werden Sozialleistungen in hohem Maße *konditional* codiert und transfe-
    riert; Trube (2005, 91) spricht von einer Tendenz zum „Konditionalstaat".
    Leistungen werden weniger als Folge der Rechteinlösung Bedürftiger iden-
    tifiziert denn als ‚notwendiges Übel', das möglichst kurzfristig, kostengüns-
    tig und nur durch die Sicherstellung von Gegenleistungen nach dem ‚do ut
    des'-Prinzip zu gewähren ist. Da die Erfahrung, über tatsächliche Hand-
    lungsoptionen und Mitspracherechte zu verfügen, essentiell zu gelingender
    Partizipation und zum Aufbau intrinsischer Motivlagen beiträgt und dies
    nur durch offene Strukturen, Beratungs- und Hilfsangebote einzulösen ist
    (vgl. Walther 2005), erweist sich die repressive Dimension gegenwärtiger
    Aktivierungsstrategien und ihr mangels adäquater Arbeitsmöglichkeiten es-
    sentiell eingeschränktes Unterstützungsangebot als problematisch („Activa-
    tion without work"; Lessenich 2005). Die Aktivierungsperspektive, die den
    sozialpolitischen Diskurs dominiert und die die vorgegebenen sanktionsbe-
    wehrten Richtlinien ‚legitimer' Aktivität definiert[1], erscheint gegenüber den
    faktisch vorhandenen, multiplen Aktivitäten auf Seiten der Leistungsberech-
    tigten (vgl. Cremer-Schäfer 2004; 2005) als Prokrustesbett.

---

[1] Menschen werden als ‚aktiv' interpretiert, wenn sie regulär arbeiten und von sozialstaatlichen
Leistungen unabhängig sind bzw. wenn sie, im Rahmen sozialpolitischer Aktivierung, in arbeits-
marktzentrierte Integrationsprogramme eingebunden sind. Als ‚passiv' gelten erwerbsfähige Leis-
tungsbezieher/-berechtigte außerhalb der Aktivierungsprogramme, unabhängig von ihrer sonstigen
Aktivität (vgl. Berkel/Møller 2002, 47).

2. verbindet sich mit den vertragsähnlichen Konstruktionen, die die Aktivie-
    rungsstrategien in der Reformpraxis fundieren, eine *Verschleierung fakti-
    scher Machtverhältnisse*. Die Vertragslogik der abzuschließenden Eingie-
    derungs- und Aktivitätsvereinbarungen simuliert Wahlfreiheit, wo keine ist.
    Die Leistungsgewährung in eine Vertragslogik und -erfüllung zu übersetzen
    bedeutet, den Empfänger rhetorisch zu einem kompetenten und gleichbe-
    rechtigten Partner mit Entscheidungsmöglichkeiten über die Erfüllungsbe-
    dingungen zu erklären. Das Problem dabei ist: „Der Antragsteller ist ja ge-
    rade auf solche Leistungen angewiesen, weil er als Individuum nicht über
    die notwendigen Ressourcen verfügt, um seine Unabhängigkeit selbst zu si-
    chern" (Castel 2005, 114). Wollte man die mit der Vertragslogik eingegan-
    gene Verantwortung einlösen – eine Intention, die innerhalb der Sozialpä-
    dagogik in den Diskussionen um den Begriff der „sozialen Dienstleistung"
    zum Tragen kommt und die in der Semantik der sozialpolitischen Aktivie-
    rung durchaus angelegt ist –, so wären zunächst ohne Bedingungen Grund-
    rechte zu garantieren und Verhandlungsoptionen auf beiden Seiten weitest-
    gehend gleichwertig zu gestalten. Man benötigt eine „strukturell gleich star-
    ke Ausgangsposition als Voraussetzung für aktivierendes Handeln" (Spind-
    ler 2003, 232). Es ist kritisch zu würdigen, dass die Aktivierungslogik sich
    einer Terminologie der Emanzipation und Partizipation bedient, die sie
    strukturell nicht einlöst und, etwa durch erweiterte Arbeitszwänge unabhän-
    gig von Qualifikationsniveau, Lebensstandard oder Beschäftigungssicher-
    heit und -art, sogar behindert.

3. ist zu beachten, mit welcher *sozialstaatskritischen rhetorischen Programm-
    matik* die Aktivierungsstrategien implementiert wurden. Beispielhaft für ei-
    ne Serie von Angriffen auf den Sozialstaat sei auf die Regierungserklärung
    des damaligen Bundeskanzlers Schröder vom Oktober 2002 verwiesen, in
    der der „allgegenwärtige Wohlfahrtsstaat" nicht nur als bevormundend,
    „unbezahlbar" und „inhuman" beschrieben wird, sondern mit „Eigenver-
    antwortung" und Kräften der „Selbstorganisation der Gesellschaft" kontras-
    tiert wird (zit.n. Trube 2005, 90). In ihrer Regierungserklärung vom No-
    vember 2005 erklärte Bundeskanzlerin Merkel, die Richtung des zuvor ein-
    geschlagenen, auf Kostenersparnis setzenden arbeitsmarktpolitischen Re-
    formkurses beizubehalten, gegen Leistungsmissbrauch vorzugehen, Leis-
    tungsbezieher an ihre „Verpflichtungen" zu erinnern und „den Grundsatz
    ‚Fördern und Fordern' umfassend" (Merkel 2005) umzusetzen. Zu ergänzen
    sind neoliberale Kritiken, die dem Sozialstaat unter Umkehrung seiner tat-
    sächlichen Leistungen attestieren, „durch starre Regeln" vermeintlich indi-
    viduelle Freiheit zu behindern, Abhängigkeiten zu schaffen und den
    „Standort Deutschland wegen mangelnder Flexibilität" zu behindern (Tiet-

meyer 2001). Vor diesem Hintergrund ist weniger von einer partizipations-
freundlichen Weiterentwicklung sozialstaatlicher Grundlagen auszugehen
als von deren Transformation: Die aktuellen Aktivierungsstrategien „brechen mit wohlfahrtstaatlichen Integrationsprogrammen" (Kessl 2005, 33);
die solidarische Integrationsperspektive des Sozialstaats wird rhetorisch zur
‚Einschränkung' von Individualitätsoptionen, die Inanspruchnahme von
Leistungen zur ‚Abhängigkeit' vom Sozialstaat und zum ‚Beleg' individueller Unfähigkeit, zu ‚Inaktivität' und mangelnder Vorsorge. Aktivierungsstrategien werden folglich nicht auf der Basis eines Konsenses über die
Notwendigkeit solidarischer Absicherungen gegen zentrale Risiken moderner Lebensführung realisiert, sondern mindestens teilweise gegen diesen
Konsens implementiert. ‚Workfare'-Strategien erweisen sich als komplexe
(und widersprüchliche) Gefüge von Interventionsstrategien und Deutungs-
angeboten, die als Alternative zum tradierten System sozialer Rechte und
Sicherungen etabliert werden und die entsprechende Neujustierungen institutioneller und regulativer Arrangements vornehmen (vgl. Peck 2001; 2002,
341ff). Der potentiellen Aufwertung der Sozialpädagogik im Aktivierungskontext steht somit die Gefahr gegenüber, dass ihr die sozialmoralische Basis entzogen wird, solange sie nicht in die konditionalen und machtunglei-
chen Aktivierungslogiken einzumünden bereit ist und auf solidarische sozialstaatliche Absicherungsgarantien Wert legt. Umfragen zeigen, dass die
vielfachen Kritiken am Sozialstaat zwar nicht unmittelbar von der Bevölke-
rungsmehrheit inkorporiert wurden und der Kern sozialstaatlicher Leistungen nach wie vor hohe Wertschätzung erfährt (vgl. Andreß u.a. 2001).
Gleichwohl sind tendenzielle sozialstaatskritische Meinungsverschiebungen
zu konstatieren (vgl. Roller 2002), wozu auch gehört, dass in hohem Maße
die Ansicht geteilt wird, Arbeitslose seien arbeitsunwillig (vgl. Pilz 2004,
76). Butterwegge (2005, 112), der einen Überblick über entsprechende
Meinungsbilder wiedergibt, fürchtet längerfristig einen „maßgeblichen
grundlegenden Mentalitätswandel" durch neoliberale und neokonservative
Sozialstaatskritiken.

4. sind die mehr oder weniger expliziten *‚pädagogischen Botschaften'* des
    Aktivierungsdiskurses unmittelbar für die Sozialpädagogik relevant. Man
    könnte die Umdeutung strukturell begründeter sozialer Probleme in indivi-
    duelles Fehlverhalten und Subjektqualitäten als geschickten Schachzug re-
    flektieren, um fehlende politische Handlungsmöglichkeiten oder -bereit-
    schaften zu kaschieren. Das Missverhältnis der Anzahl offener Arbeitsstel-
    len und der Arbeitssuchenden sowie die gleichzeitige Zuschreibung indivi-
    dueller Verantwortung für die Übernahme einer Beschäftigung scheint dies
    eindrücklich zu bestätigen. Allerdings wäre dies einseitig, denn die aktivie-

rende Sozialpolitik kommuniziert und postuliert grundlegende Eigenschaften von Bürgern. Entsprach etwa dem „hoheitlichen" Staat die Leitidee des Bürgers als Untertan, dem „schlanken" Staat die Vorstellung des Bürgers als Kunde, so setzt der „aktivierende" Staat den Bürger als kompetenten Mitgestalter und Koproduzent von Leistungen voraus (vgl. Olk u.a. 2003). Dies wird nicht nur vorausgesetzt, sondern durch moralische Grenzziehungen als Normalitäts- und Erwartungshorizont vermittelt. Kessl (2005, 35) bezeichnet diesen Sachverhalt als „Aktivierungspädagogik", die „zum weit greifenden staatlichen Regierungsprinzip erklärt" wird. In ihrem Zentrum steht die ‚pädagogische' Intention, Menschen in spezifische Selbstverhältnissen zu setzen, in denen sie sich als Leistungsbezieher, aber auch als (Noch-)Nichtleistungsbezieher, als Personen spezifischer Qualität im Verhältnis zu Staat und Gesellschaft reflektieren. Dean (1995, 567) spricht von der „formation and reformation of the capacities and attributes to the self"; die entsprechenden Policy-Rationalitäten „seek to define the proper and legitimate orientation and conduct of those who claim support. (...) such practices seek to shape the desires, needs, aspirations, capacities and attitudes of the individuals who come within their ken". Mit Blick auf die moralische Dimension lässt sich eine „Werteerziehung" (Dahme u.a. 2003, 10) ausmachen, die gleichzeitig auf öffentlicher Ebene den Konsens für die sozialstaatliche Transformationsarbeit bereitzustellen sucht, Privilegierte mit dem guten Gewissen ausstattet, sie seien die Tüchtigen und wer leistungsbereit sei, könne auch erfolgreich sein wie sie selbst, und die schließlich neue Trennlinien im Bereich prekärer Lebensverhältnisse einführt. Diese Grenzen bestimmen im Kontext sozialpolitischer Aktivierung, wer ‚wirklich' bedürftig und damit ‚legitimer' Bezieher von Transferleistungen ist, wer als ‚Inaktiver' der sanktionsbewehrten Aktivierung zu bedürfen scheint und wer als unterprivilegierter Arbeitnehmer ‚seine' Chance und Verantwortung für sich und die Gesellschaft nutzt. Angesichts der Personalisierung sozialer Problemlagen, der Extension von Arbeitszwängen und der pädagogisierenden Verhaltensvorschriften steht zu befürchten, dass Leistungsgewährung in höherem Maße als bisher kontrolliert wird und dabei „eine deutliche Zunahme der Intervention in Bereichen der bislang privaten Lebensführung zu erwarten" ist (Dingeldey 2006, 9).

3. Historische Randnotizen

Der zuletzt genannte Aspekt führt direkt in das Feld der Sozialpädagogik. Bei oberflächlicher Betrachtung scheint sie mit Aufgaben betraut zu werden, die ihrem integrativen Selbstverständnis und Aufgabenspektrum zuwiderlaufen, indem sie von außen mit der Aufforderung und ‚Notwendigkeit' konfrontiert wird, die problematischen Prämissen und Konsequenzen des Aktivierungsdiskurses mit zu tragen.

Eine derartige Perspektive täuscht und ein zweiter – wenn auch hier nur sehr kursorisch möglicher – Blick vermag hilfreiche Korrekturen anzuregen. Sie können die Chance vergrößern, künftig eine tragfähige, historisch und systematisch fundierte Perspektive der sozialpädagogischen Positionierung zum Aktivierungsdiskurs zu etablieren. Wie Kessl und Otto (2003, 67) andeuten, ist dazu die Vergewisserung hilfreich, dass „Formen einer Aktivierenden Sozialen Arbeit an eine lange konzeptionelle Tradition innerhalb Sozialer Arbeit" anknüpfen.

Angesichts der impliziten Erziehungsbotschaften des Aktivierungsdiskurses sei dazu auf die genuin sozialpädagogische Geschichte Bezug genommen. Sie belegt durch die Intention, durch Erziehung mündige Individualitätsformen hervorzubringen und kritisch aufgenommene Erscheinungen der jeweiligen Gegenwart durch sie zu bearbeiten, nicht nur eine stets präsente Aktivierungsforderung. Sie zeigt darüber hinaus auch deren Verbindung mit teilweise dezidiert sozialstaatskritischen Motiven. Dies wird um so deutlicher, wenn man bedenkt, dass die Entstehung der Sozialpädagogik in der Mitte des 19. Jahrhunderts aus dem sozialmoralischen Milieu des Liberalismus heraus erfolgte (vgl. Dollinger 2006). Erwartungsgemäß waren dort Kritiken an der Möglichkeit eines staatlichen Sozialsystems verbreitet. Im liberalen „Staats-Lexikon" etwa wies Carl von Rotteck (1845, 673f) ein Recht der Armen auf Unterstützung u.a. mit dem Hinweis zurück, dieses Recht den Armen vorzuenthalten sei zu ihrem Vorteil, denn so würde nicht nur bürgerschaftliche Hilfe, sondern zudem ihre Eigenaktivität und Selbstverantwortung viel stärker befördert als durch die staatlich-rechtliche Gewährleistung ihres Lebensunterhalts.

In der liberalen Sozialpädagogik war das damit angedachte Schreckensbild – das „despotische Monstrum, was heutzutage in unsern Staaten Administration heißt" (Mager 1848/1989, 29) – dominant. Es wurde durch Forderungen bürgerlicher politischer Partizipation und Selbstbefähigung kontrastiert. Zu denken ist neben Mager, dem ‚Erfinder' der Wortes „Social-Pädagogik", auch an Adolph Diesterwegs (1851/1967) Anklagen gegen unsachkundige Eingriffe in Erziehungsfragen, mit denen er die von ihm geforderte soziokulturell ausgerichtete Pädagogik gegen das Festhalten an „Grundsätzen und Verwaltungsmaßstäben des preußischen Staates in Schulsachen" (ebd., 17) positionierte. Wie auch bei Friedrich Harkort ging es darum, die Entwicklung einer allgemein gebildeten Individualität gegen ausufernde und restaurative staatliche Herrschaftsansprüche durchzusetzen. Die Eigenständigkeit des individuellen Bürgers in einem solidarischen Gemeinwesen avancierte zum primären Erziehungsziel. Zur Bearbeitung der Nebenfolgen der Industrialisierung sollte nicht staatliche Regierung auf den Plan gerufen werden, sondern Bildungszugänge verbreitet und Bildung sozial ausgerichtet sowie bürgerschaftliches Engagement angeregt und die – bürgerlich überwachte – Selbsthilfe der Arbeiter in Kassen und Assoziationen gefördert werden. Das humane Leitbild war der sich selbst erhaltende Bürger; wer nicht bereit war, dies zu akzeptieren, hatte in der ‚bürgerlichen Gesellschaft' keinen Platz, und so schien die „Ausscheidung der Bettler und Müßiggänger und ihre Unterbringung in Arbeitskolonien" (Harkort 1844/1969, 84) folgerichtig.

Diese frühe sozialpädagogische Kritik war gegen einen Staat gerichtet, der weder sozial noch demokratisch war, und die Differenz zur heutigen Sozialstaatskritik im Kontext aktivierender Sozialpolitik ist offensichtlich. Gleichwohl können motivische Kontinuitäten nicht geleugnet werden, und die Staatskritik brach in der Folgezeit auch dann nicht ab, als in der Weimarer Demokratie sozialstaatliche Grundrechte in der Verfassung verankert worden waren. Im Gegenteil: Das ursprünglich (sozial-)liberale Argumentationsschema, individuelle Eigenaktivität und soziale Verantwortung gegen ‚aktive' staatliche Regierung auszuspielen, wurde in der nun nicht mehr liberal geprägten Sozialpädagogik weitergeführt. Obwohl – oder gerade weil – die Sozialpädagogik in dieser Zeit verstärkt auf die Bearbeitung besonderer, gesellschaftlich verursachter und sozialpolitisch vordefinierter Problemlagen bezogen wurde, suchte sie durch Sozialstaatskritiken ein eigenständiges Leistungsprofil zu konturieren, und so mündeten Protagonisten der Weimarer Sozialpädagogik in den Kanon der Ablehnung sozialstaatlicher Gewährleistungen ein. Die sozialpädagogische Aktivierung des Einzelnen wurde sozialstaatlicher ‚Bürokratisierung' gegenübergestellt, anstatt Sozialpolitik und Sozialpädagogik zu relationieren.

Es sei im Allgemeinen zu einer „Bevormundung weiter Bevölkerungsschichten durch die Wohlfahrtspflege" gekommen, gab Bäumer (1929b, 25) zu bedenken. Im Besonderen schien die Jugendwohlfahrtsarbeit von einer „Knochenerweichung des Willens zur Selbsthilfe" (Nohl 1928/1965, 45) betroffen. Es war von einer drohenden Erstarrung des Jugendamtes zu sprechen, das „Lebensnähe und blutwarme Verbundenheit vermissen" lassen konnte (Polligkeit 1929, 157). Eine „Behörde", meinte Mennicke (1924, 395), „bildet sich nicht auf dem Boden einer Gesinnung", wie sie für die Jugendarbeit nötig sei. Sozialstaatlich-administratives Handeln war mit rationalistischer Tätigkeit assoziiert und wurde kritisiert bis hin zu Karl Wilkers Kennzeichnung des Bürokratismus als „Mörder" und „Totschläger allen Lebens" (zit.n. Feidel-Mertz/Pape-Balling 1989, 9). Folgerungen für die Professionalisierung sozialer Arbeit lagen auf der Hand, denn „vielleicht liegt schon ein innerer Widerspruch, eine gewisse Unmöglichkeit in der Berufsmäßigkeit sozialer Hilfstätigkeit" (Fischer 1925, 788). Kurz gefasst: „Beamtentum hat einen unpersönlichen Charakter, soziale Hilfe beruht auf persönlichem Vertrauen" (ebd., 786). Aloys Fischer (1925, 786) warnte mit Blick auf die öffentliche Fürsorge vor der Klientelisierung durch eine „unpersönliche Fürsorgemaschine". War sie erst einmal in Betrieb, so sei zu befürchten, dass sie „auch dort noch hilft und bevormundet, wo Eigenkräfte einer Not Herr werden wollen und können" (ebd., 788).

Die Lösungsversprechungen fielen unterschiedlich aus (vgl. Niemeyer 1999; 2003). In der ‚sozialpädagogischen Bewegung' als ein Vorläufer der heutigen Sozialpädagogik spielte es zur Distanzierung vom Sozialstaat (und von konfessioneller Fürsorgeerziehung) eine besondere Rolle, die Eigenaktivität des Jugendlichen und ihre sozialpädagogische Anregung zu betonen. ‚Verwahrlosung' wurde durch eine entsprechende Ätiologie ‚begründet'. Herrmann (1929, 432) z.B. sah Verwahrlosung und Kriminalität bei Heranwachsenden „aus Haltlosigkeit und Mangel an eigenem Wollen, aus Weichheit und Unselbständigkeit" resultieren. Delinquente Jugendliche seien, wie Bondy (1925, 27) feststellte, „oft durch eine ins Krankhafte gesteigerte Abneigung gegen Beamte und Anstalt" geprägt. Daraus war zu folgern, man benötige eine „Erziehung zur Kraft und zum Mut der Selbsthilfe in der Gemeinschaft" (Nohl 1928/1965, 49). Nach Behnke (1932, 10f) waren Heranwachsende gegen die drohende Gewöhnung an externe Hilfe zu „aktivieren"; kurz gefasst forderte er: „Aktivierung der Kräfte" bzw. „Ermutigung, Ermutigung und nochmals Ermutigung!". Nohl sprach unter Bezug auf Gregors Ausführungen über „aktive Pädagogik in der Fürsorgeerziehung" (Gregor 1922) von einer „Wendung an die Aktivität im Zögling" (Nohl 1926/1927, 79).

Aus dieser kurzen Sichtung kann extrapoliert werden, dass Aktivierung als Grundprinzip der Sozialpädagogik zu betrachten ist. Es ging im Kern um das Ziel, soziokulturell integrierte Selbständigkeit durch die Anleitung individuell vorhandener Kräfte anzuleiten. Durch dieses emphatische Empowermentprogramm wurde zum einen die eigene Klientel als (noch) inaktiv dargestellt und das sozialpädagogische Arbeitsfeld entsprechend begründet. So beklagte sich Herrmann (1929, 431), das „geistige Niveau in unseren (Fürsorgeerziehungs-; B.D.) Anstalten ist in den letzten Jahren erschreckend gesunken", und deshalb müsse man „ständig ‚aktivieren'" und Leben erst wecken, wo dem Anschein nach kaum Impulse vorhanden waren. Zum anderen problematisierte man nicht nur staatliche Unterstützungsleistungen als Schematisierung und Beförderung einer Abhängigkeit von Behörden; man erklärte sich zudem zur primär zuständigen Interventionsinstanz bei Verhaltensauffälligkeiten Jugendlicher und übernahm damit eine hohe Verantwortung. Die Schattenseiten zeigten sich frühzeitig, denn es war zu diagnostizieren, dass nicht alle Heranwachsenden die gewünschte und ‚legitime' Form an Aktivität zeigten. Nahe liegender, als die eigene Überforderung einzugestehen, waren dann Anklagen der vermeintlichen Un-

Aktivierbarkeit Einzelner. Vossen (1923, 71) etwa forderte ein Bewahrungsgesetz zur Festsetzung der zwar nicht kriminellen, aber scheinbar Unerziehbaren, „damit nicht jahrelang aufgewendete Mühen und Kosten vergeblich gebracht sind, und damit nicht obendrein noch der Fürsorgeerziehung der Vorwurf zweckloser Arbeit gemacht wird". Und für Gregors „aktive Pädagogik" waren „geborene Verbrecher, Geisteskranke, Imbezille" und einige „Fälle von Psychopathie" von vornherein als „verlorene Fälle" zu betrachten (Gregor 1922, 159). Peukert (1989, 321) resümiert bezüglich der ‚sozialpädagogischen Bewegung' und der Diskussionen um ein Bewahrungsgesetz zu Recht eine enge Verbindung von emphatischer Zuwendung und Ausgrenzung.

4. Die Perspektive dieses Bandes

Der historische Exkurs zeigt, dass Aktivierungspostulate prekäre Randbereiche aufweisen. Die Forderung nach Aktivierung legt unmittelbar die Frage nach dem Umgang mit denen nahe, die inaktiv oder nicht aktivierbar zu sein scheinen. Da der Aktivierungsdiskurs die Prinzipien solidarischer Integrationsförderung aushöhlt, ist zu erwarten, dass Strategien der Sanktionierung und Ausgrenzung im Verbund mit einer an Bedeutung gewinnenden diagnostisch kontrollierten Selektivität der Zugangsgewährung zu Ressourcen noch weiter an Relevanz gewinnen. Die bisherigen Erfahrungen mit den Instrumenten aktivierender Sozialpolitik bestätigen dies; es kam zu einem „sprunghaften Anstieg" (Bothfeld u.a. 2004, 510) der gegen Arbeitssuchende verhängten Sanktionen.

Zu beachten ist zudem die Ursache der historisch ersichtlichen Überforderung der Sozialpädagogik. Sie resultierte nicht zuletzt aus der fehlenden interdisziplinären und sozialstaatlichen Perspektive. Kann von einer unterentwickelten Interdisziplinarität der Sozialpädagogik heute kaum noch ausgegangen werden, so wird mit Recht angemahnt, die sozialpädagogische Profession sei lange Zeit durch eine „Entgegensetzung von sozialpolitischen Regulierungen (Rechtstatbeständen) und fachlichen Normen" (Dahme/Wohlfahrt 2005, 7) geprägt gewesen. Dieser historisch fundierte Befund belegt ein Defizit der sozialpädagogischen Selbstreflexivität, was ihre sozialpolitische Inpflichtnahme betrifft. Standards der Fachlichkeit müssen vor dem Hintergrund sozialpolitischer und -rechtlicher Vorgaben und in konstruktiver Auseinandersetzung mit ihnen kommuniziert und eingelöst werden. Dies gilt grundlegend und im Besonderen bei der Implementierung sozialpädagogischer Handlungs- und Wissensformen im Aktivierungsdiskurs. Die in ihm angelegte Partizipationssemantik bedarf aus sozialpädagogischer Sicht als Basisvoraussetzung rechtlicher und ökonomischer Gewährleistungen, damit psychosoziale Unterstützung nicht ihrer Grundlage beraubt wird (vgl. Walther 2005, 54f; Reis 2006).

In diesem Sinne ist die sozialpolitische Qualität der Aktivierung aus sozial-pädagogischer Sicht zu reflektieren und zu bewerten. Nur wenn sich die Sozial-pädagogik ihrer sozialpolitischen und gesellschaftlichen Implikationen bewusst ist, wird sie nicht Gefahr laufen, durch ihren aktuellen sozialpolitischen Bedeu-tungszugewinn ohne Gegenwehr vereinnahmt zu werden. Sie muss hierfür eine verstärkte Sensitivität für die Frage entwickeln, was es bedeutet, Unterstützung mit spezifischen sozialpolitischen Funktionszuweisungen zu realisieren. Schließ-lich könnte nur eine über diese Funktionen unaufgeklärte Sozialpädagogik über-rascht werden, wenn sie entdecken müsste, in ihrem Selbstverständnis durch sozialpolitische Reformen, mithin durch externe Zugriffe, verändert worden zu sein – und gerade diese Gefahr wird gegenwärtig glaubhaft gemacht, da den sozialpädagogischen Begriffen und Semantiken eine modifizierte sozialpoliti-sche Bedeutung unterlegt wird (vgl. Dahme/Wohlfahrt 2002; 2005; Kessl 2005). Will die Sozialpädagogik bei dieser Instrumentalisierung nicht kooperieren, so muss sie Aktivierungsprogramme dort im Dienste der Nutzer ihrer Leistungen *‚stören'*, d.h. refigurieren, wo die Nebenfolgen und Einseitigkeiten der Aktivie-rungspolitik für die Betreffenden nicht zu tragen sind.

Die Sozialpädagogik hat dabei von ihren Reflexionen und Interventionszie-len auszugehen. Dies wird erschwert, insofern kaum von ‚der' Sozialpädagogik gesprochen werden kann und divergente Theorien, Haltungen, Arbeitsfelder und methodisch-praktische Orientierungen nebeneinander existieren. Es wurden deshalb in diesem Band unterschiedlich gelagerte Bezüge aufgenommen, wobei in jedem Fall nicht vom sozialpolitischen Aktivierungsdiskurs aus auf die Sozi-alpädagogik geblickt wird, sondern umgekehrt. Es geht um zentrale Optionen und Bereiche sozialpädagogischer Aktivierung, die dem kulturell und sozialpoli-tisch vorherrschenden Diskurs gegenüber selbständig bleiben und eigene, selbst-reflexive Sichtweisen entwickeln. Dies kann (und soll) die Chance implizieren, angesichts der Heterogenität sozialpädagogischer Praxis- und Wissensformen, die ebenso komplex angelegt sein müssen wie die Lebensbezüge ihrer Klientel, das oben erwähnte Prokrustesbett aufzubrechen.

Dies erfolgt hier über eine Reflexion von Begriffen und begrifflich kristalli-sierten Semantiken, die u.a. deshalb auf (sozial-)politischer Bühne Verwendung finden, weil ihre positive Konnotation den Anschein erweckt, als sei der Begriffsverwender auf die bloße Förderung sozialer und personaler Integration ausgerichtet. Unterhalb dieses mitunter euphemistischen Anscheins kommt es, wie Bröckling et al. (2004, 11) feststellen, zu „politischen Umcodierungen" mit spezifischen Machteffekten. Deshalb sind diese Begriffe aus sozialpädagogischer Sicht ambivalent, da sie sozialpädagogischem Denken korrespondieren, aber in ihrem Gehalt sukzessive diskursiv verändert werden, so dass die folgenden Beiträge den Versuch unternehmen, die sozialpädagogische Begriffsqualität (erneut) freizulegen und von ihr aus auf die Aktivierungspolitik zu blicken. Der einzige Beitrag, der nicht von einem sozialpädagogischen Standpunkt aus argumentiert, ist der zur „Aktivierungspolitik", der aus sozialpolitischer Sicht die gegenwärtige Aktivierungsperspektive für diesen Band resümiert und nach Schnittstellen aktivierender Sozialpolitik und Sozialer Arbeit fragt. Die weiteren Beiträge belegen vor dem Hintergrund der eben angedeuteten Perspektive die Diversität ‚der' Sozialpädagogik, die hier nicht als Defizit gedeutet werden soll, sondern im Gegenteil als Möglichkeit, nicht nur plurale sozialpädagogische Aktivierungspotentiale zu diskutieren, sondern, gleichsam im Nebeneffekt, Sollbruchstellen unterkomplexer Aktivierungspostulate zu definieren und freizulegen. Es wird dabei nicht darum gehen, eine ‚gute' Aktivierung gegen eine ‚böse' durchzusetzen, sondern darum, Partizipationschancen und Zugangswege zu öffnen und in diesem Sinne ein Verständnis von Aktivierung zu konterkarieren, das das sozialpolitische Leistungsspektrum auf dem Rücken vermeintlich ‚Inaktiver' unter Kosten- und Nützlichkeitsgesichtspunkten reduziert und solidarische Risikoabsicherungen unterminiert.

Literatur

Andreß, H.-J./Heien, T./Hofäcker, D., 2001: Wozu brauchen wir noch den Sozialstaat? Der deutsche Sozialstaat im Urteil seiner Bürger. Wiesbaden.

Bäumer, G., 1929a: Die historischen und sozialen Voraussetzungen der Sozialpädagogik und die Entwicklung ihrer Theorie. In: Nohl, H./Pallat, L. (Hg.): Handbuch der Pädagogik. Bd. 5: Sozialpädagogik. Langensalza. S. 3-17.

Bäumer, G., 1929b: Das Jugendwohlfahrtswesen. In: Nohl, H./Pallat, L. (Hg.): Handbuch der Pädagogik. Bd. 5: Sozialpädagogik. Langensalza. S. 18-26.

Behnke, E., 1932: „Alte" und „moderne" Erziehungsgrundsätze in der Fürsorgeerziehung. In: Zentralblatt für Jugendrecht und Jugendwohlfahrt. 24. Jg., S. 2-12; 49-55.

Berkel, R.v./Møller, I.H., 2002: The concept of activation. In: dies. (Hg.): Active social policies. Inclusion through participation? Bristol. S. 45-71.

Blanke, B./Bandemer, S.v., 1999: Der ‚aktivierende Staat'. In: Gewerkschaftliche Monatshefte. 50. Jg., S. 321-330.

Bondy, C., 1925: Pädagogische Probleme im Jugend-Strafvollzug. Mannheim u.a.

Bothfeld, S./Gronbach, S./Seibel, K., 2004: Eigenverantwortung in der Arbeitsmarktpolitik: Zwischen Handlungsautonomie und Zwangsmaßnahmen. In: WSI-Mitteilungen. 57. Jg., S. 507-513.

Bröckling, U./Krasmann, S./Lemke, T., 2004: Einleitung. In: dies. (Hg.): Glossar der Gegenwart. Frankfurt a.M. S. 9-16.

Buestrich, M./Wohlfahrt, N., 2005: Case Management in der Beschäftigungsförderung? In: Neue Praxis. 35. Jg., S. 307-323.

Butterwegge, C., 2005[2]: Krise und Zukunft des Sozialstaates. Wiesbaden.

Castel, R., 2005: Die Stärkung des Sozialen. Leben im neuen Wohlfahrtsstaat. Hamburg.

Cremer-Schäfer, H., 2004: Nicht Person, nicht Struktur: soziale Situation! Bewältigungsstrategien sozialer Ausschließung. In: Kessl, F./Otto, H.-U. (Hg.): Soziale Arbeit und soziales Kapital. Wiesbaden. S. 169-183.

Cremer-Schäfer, H., 2005: Situationen sozialer Ausschließung und ihre Bewältigung durch die Subjekte. In: Anhorn, R./Bettinger, F. (Hg.): Sozialer Ausschluss und Soziale Arbeit. Wiesbaden. S. 147-164.

Dahme, H.-J./Otto, H.-U./Trube, A./Wohlfahrt, N., 2003: Einleitung. In: dies. (Hg.): Soziale Arbeit für den aktivierenden Staat. Opladen. S. 9-13.

Dahme, H.-J./Wohlfahrt, N., 2002: Aktivierender Staat. Ein neues sozialpolitisches Leitbild und seine Konsequenzen für die soziale Arbeit. In: Neue Praxis. 32. Jg., S. 10-32.

Dahme, H.-J./Wohlfahrt, N., 2005: Sozialinvestitionen. Zur Selektivität der neuen Sozialpolitik und den Folgen für die Soziale Arbeit. In: dies. (Hg.): Aktivierende Soziale Arbeit. Theorie – Handlungsfelder – Praxis. Baltmannsweiler. S. 6-20.

Dean, M., 1995: Governing the unemployed self in an active society. In: Economy and Society. 24. Jg., S. 559-583.

Diesterweg, F.A.W., 1851/1967: Wie es mir erging; oder: Geschichte meines amtlichen Schiffbruchs. In: ders.: Sämtliche Werke. Bd. 9. Berlin. S. 17-55.

Dingeldey, I., 2006: Aktivierender Sozialstaat und sozialpolitische Steuerung. In: Aus Politik und Zeitgeschichte. B. 8-9, S. 3-9.

Dollinger, B., 2006: Die soziale Lagerung der frühliberalen Sozialpädagogik. Konsequenzen und Forschungsperspektiven. In: Zeitschrift für pädagogische Historiographie. 12. Jg., S. 12-18.

Evers, A., 2000[2]: Aktivierender Staat – Eine Agenda und ihre möglichen Bedeutungen. In: Mezger, E./West, K.-W. (Hg.): Aktivierender Sozialstaat und politisches Handeln. Marburg. S. 13-29.

Evers, A./Leggewie, C., 1999: Der ermunternde Staat. Vom aktiven Staat zur aktivierenden Politik. In: Gewerkschaftliche Monatshefte. 50. Jg., S. 331-340.

Feidel-Merz, H./Pape-Belling, C., 1989: Einleitung. In: Wilker, K.: Der Lindenhof. Fürsorgeerziehung als Lebensschulung. Frankfurt a.M. S. 7-10.

Fischer, A., 1925: Die Problematik des Sozialbeamtentums. In: Soziale Praxis und Archiv für Volkswohlfahrt. 34. Jg., S. 785-790, 833-836, 849-852, 878-880.

Gass, J.R., 1988: Towards the „active society". In: The OECD Observer. Bd. 152. S. 4-8.

Gregor, A., 1922: Über aktive Pädagogik in der Fürsorgeerziehung. In: Zentralblatt für Vormundschaftswesen, Jugendgerichte und Fürsorgeerziehung. 14. Jg., S. 157-160.

Harkort, F., 1844/1969: Bemerkungen über die Hindernisse des Civilisation und Emancipation der unteren Classen. In: ders.: Schriften und Reden zu Volksschule und Volksbildung. Paderborn. S. 64-100.

Herrmann, W., 1929: Probleme der Fürsorgeerziehung. In: Die Erziehung. 4. Jg., S. 430-443.

Hirschler, S., 2005: „Aktivierende" Sozialpolitik im Mehrebenensystem. Auswirkungen auf die Soziale Arbeit. In: Arnold, H./Böhnisch, L./Schröer, W. (Hg.): Sozialpädagogische Beschäftigungsförderung. Lebensbewältigung und Kompetenzentwicklung im Jugend- und jungen Erwachsenenalter. Weinheim/München. S. 369-385.

Hombach, B., 1999: Die Balance von Rechten und Pflichten sichern. Der aktivierende Sozialstaat – das neue Leitbild. In: Soziale Sicherheit. 48. Jg., S. 41-44.

Kessl, F., 2005: Soziale Arbeit als aktivierungspädagogischer Transformationsriemen. In: Dahme, H.-J./Wohlfahrt, N. (Hg.): Aktivierende Soziale Arbeit Theorie – Handlungsfelder – Praxis. Baltmannsweiler. S. 30-43.

Kessl, F./Otto, H.-U., 2003: Aktivierende Soziale Arbeit. Anmerkungen zur neosozialen Programmierung Sozialer Arbeit. In: Dahme, H.-J./Otto, H.-U./Trube, A./Wohlfahrt, N. (Hg.): Soziale Arbeit für den aktivierenden Staat. Opladen. S. 57-73.

Lessenich, S., 2005: „Activation without work". Das neue Dilemma des „konservativen" Wohlfahrtstaats. In: Dahme, H.-J./Wohlfahrt, N. (Hg.): Aktivierende Soziale Arbeit Theorie – Handlungsfelder – Praxis. Baltmannsweiler. S. 21-29.

Lüders, C./Winkler, M., 1992: Sozialpädagogik – auf dem Weg zu ihrer Normalität. In: Zeitschrift für Pädagogik. 38. Jg., S. 359-370.

Mager, K.W.E., 1848/1989: Bruchstücke aus einer deutschen Scholastik. In: ders.: Gesammelte Werke. Bd. 8. Baltmannsweiler. S. 19-81.

Mennicke, C., 1924: Jugendbewegung und öffentliche Wohlfahrt. In: Pädagogisches Zentralblatt. 4. Jg., S. 393-400.

Merkel, A., 2005: Regierungserklärung von Bundeskanzlerin Angela Merkel. http://www.bundesregierung.de/regierungserklaerung-,413.926301/Regierungserklaerung-von-Bunde.htm (März 2006).

Niemeyer, C., 1999: Theorie und Praxis der Sozialpädagogik. Münster.

Niemeyer, C., 2003: Sozialpädagogik als Wissenschaft und Profession. Grundlagen, Kontroversen, Perspektiven. Weinheim/München.

Nohl, H., 1926/1927: Gedanken für die Erziehungstätigkeit des einzelnen mit besonderer Berücksichtigung der Erfahrungen von Freud und Adler. In: ders.: Jugendwohlfahrt. Sozialpädagogische Vorträge. Leipzig. S. 71-83.

Nohl, H., 1928/1965: Die pädagogische Idee in der öffentlichen Jugendhilfe. In: ders.: Aufgaben und Wege der Sozialpädagogik. Vorträge und Aufsätze von Herman Nohl. Weinheim. S. 45-50.

Olk, T./Otto, H.-U./Backhaus-Maul, H., 2003: Soziale Arbeit als Dienstleistung – Zur analytischen und empirischen Leistungsfähigkeit eines theoretischen Konzepts. In: dies. (Hg.): Soziale Arbeit als Dienstleistung. Grundlegungen, Entwürfe und Modelle. München/Unterschleißheim. S. IX-LXXII.

Opielka, M., 2003: Aktivierung durch Verpflichtung? Von der Pflicht zur Erwerbsarbeit zur Idee eines Sozialdienstes. In: Vorgänge. Bd. 164. S. 113-120.

Peck, J., 2001: Workfare states. New York.

Peck, J., 2002: Political Economies of Scale: Fast Policies, Interscalar Relations, and Neoliberal Workfare. In: Economic Geography. 78. Jg., S. 331-360.

Peukert, D.J.K., 1989: Sozialpädagogik. In: Langewiesche D./Tenorth, H.-E. (Hg.): Handbuch der deutschen Bildungsgeschichte. Bd. 5: 1918-1945. Die Weimarer Republik und die nationalsozialistische Diktatur. München. S. 307-335.

Pilz, F., 2004: Der Sozialstaat. Ausbau – Kontroversen – Umbau. Bonn.

Polligkeit, W., 1929: Die programmatische Bedeutung des § 1 RJWG. In: Polligkeit, W./Scherpner, H./Webler, H. (Hg.): Fürsorge als persönliche Hilfe. Berlin. S. 151-158.

Reis, C., 2006: Wie kann das Fallmanagement in der Arbeitsvermittlung die Eigenverantwortung fördern? In: WSI-Mitteilungen. 59. Jg., S. 194-199.

Roller, E., 2002: Erosion des sozialstaatlichen Konsenses und die Entstehung einer neuen Konfliktlinie in Deutschland? In: Aus Politik und Zeitgeschichte. B. 29-30, S. 13-19.

Rotteck, C.v., 1845²: Armenwesen. In: Rotteck, C.v./Welcker, C. (Hg.): Das Staats-Lexikon. Encyklopädie der sämmtlichen Staatswissenschaften für alle Stände. 1. Bd. Altona. S. 670-680.

Schröder, G., 1999: Das Bündnis als Fokus unserer Politik der neuen Mitte. In: Arlt, H.-J./Nehls, S. (Hg.): Bündnis für Arbeit. Konstruktion, Kritik, Karriere. Opladen/Wiesbaden. S. 49-56.

Spindler, H., 2003: Aktivierende Ansätze in der Sozialhilfe. In: Dahme, H.-J./Otto, H.-U./Trube, A./Wohlfahrt, N. (Hg.): Soziale Arbeit für den aktivierenden Staat. Opladen. S. 225-246.

Tietmeyer, H., 2001: Forum: Dieser Sozialstaat ist unsozial; Nur mehr Freiheit schafft mehr Gerechtigkeit: Zur Verteidigung der Initiative Neue Soziale Marktwirtschaft. In: Die Zeit. 56. Jg., S. 26.

Trube, A., 2005: Casemanagement als Changemanagement? Zur ambivalenten Professionalisierung Sozialer Arbeit im aktivierenden Sozialstaat. In: Dahme, H.-J./Wohlfahrt, N. (Hg.): Aktivierende Soziale Arbeit Theorie – Handlungsfelder – Praxis. Baltmannsweiler. S. 88-99.

Völker, W., 2005: Aktivierende Arbeitsmarktpolitik. Auf dem Weg zu mehr Zwang und Existenzdruck. In: Dahme, H.-J./Wohlfahrt, N. (Hg.): Aktivierende Soziale Arbeit Theorie – Handlungsfelder – Praxis. Baltmannsweiler. S. 70-87.

Vossen, K., 1923: Die Bedeutung eines Bewahrungsgesetzes für die Fürsorge-Erziehung. In: Zentralblatt für Vormundschaftswesen, Jugendgerichte und Fürsorgeerziehung. 15. Jg., S. 69-72.

Walther, A., 2002: „Benachteiligte Jugendliche": Widersprüche eines sozialpolitischen Deutungsmusters. In: Soziale Welt. 53. Jg., S. 87-105.

Walther, A., 2005: Partizipation als Weg aus dem Aktivierungsdilemma? Perspektiven subjektorientierter Unterstützung junger Frauen und Männer im Übergang in die Arbeit im internationalen Vergleich. In: Dahme, H.-J./Wohlfahrt, N. (Hg.): Aktivierende Soziale Arbeit Theorie – Handlungsfelder – Praxis. Baltmannsweiler. S. 44-57.

Aktivierungspolitik. Eine sozialpolitische Strategie und ihre Ambivalenz für soziale Dienste und praxisorientierte Forschung

Werner Schönig

1. Einleitung

Im Zuge des internationalen und auch in Deutschland zu beobachtenden Reformgeschehens ist der Sozialstaat strukturell in Bewegung geraten. Von diesem Strukturwandel sind die großen Sozialversicherungsträger und auch einzelne Handlungsfelder betroffen, wie insbesondere jene, die von den sozialen Diensten (hier synonym für Sozialpädagogik und Sozialarbeit) mit abgedeckt werden.

Im Folgenden werden die dabei anstehenden Fragen in drei Aspekten zusammengefasst. Erstens ist die Frage zu beantworten, was eigentlich die Strukturveränderungen hin zu einer Aktivierungspolitik sind und welche Rolle den sozialen Diensten hierbei zukommt. Hieran schließen sich zweitens Überlegungen an, welche Ambivalenzen für die sozialen Dienste und die praxisorientierte Forschung mit dieser sozialstaatlichen Funktionszuweisung einhergehen. Schließlich stellt die Aktivierungspolitik die Frage des Erfolgsnachweises in ungekannter Konsequenz, so dass dieser Frage die abschließenden Überlegungen gewidmet sind.

2. Aktivierungspolitik als sozialstaatliche Strukturveränderung

2.1 Der aktivierende Sozialstaat

Das Konzept des aktivierenden Sozialstaats wurde in Deutschland Anfang der 1990er Jahre entwickelt und anschließend rasch in der politischen und wissenschaftlichen Diskussion aufgegriffen. Mit dem Konzept wurde einerseits versucht, die deutsche Reformdiskussion richtungsweisend neu zu beeinflussen und damit an die aktuelle internationale Diskussion anzuschließen. Andererseits konnten diese Vorstöße auf eine breite internationale staatstheoretische Diskussion, die bis in die 1970er Jahre reicht, zurückgreifen (vgl. Evers 2000, 13 – 18). Grundidee des aktivierenden Staats ist es, „staatliches Handeln auf die Mobilisierung und Unterstützung gesellschaftlicher Anstrengungen zur Reorganisation öffentlicher Aufgaben auszurichten. [...] Eine solche Konzeption eines die Gesellschaft aktivierenden Staates, eines Staates als Entwicklungsagentur (anstelle eines Leistungsstaates), böte jedenfalls die Chance, dass Staatshandeln mit der Zwickmühle aus Allzuständigkeit und Beschränktheit umgehen kann" (Bademer u.a. 1995, S 58). Diese sozialstaatliche ‚Aktivierungs-Grundorientierung' hat in der internationalen Diskussion weite Verbreitung gefunden und für die nationalen Sozialstaaten einen spürbaren Bedeutungsgewinn ‚sozialer Investitionen' und ‚unterstützungskompetenter Professionen' gebracht (vgl. den einleitenden Beitrag von Dollinger in diesem Band).

So zeigt der internationale Vergleich über die letzten zwei Jahrzehnte eine Konsolidierung und einen Formwandel des Sozialstaats (vgl. ausführlich Schönig 2003). Gemessen an der Entwicklung der Sozialleistungsquote im Durchschnitt der OECD-Staaten sowie insbesondere auch in Deutschland, Schweden, Frankreich, Großbritannien und den USA zeigt sich, dass die Sozialstaatsreformen auch in den neunziger Jahren tendenziell nicht zu einem deutlichen Absinken der Sozialleistungsquote geführt haben (vgl. Pierson 2001; Taylor-Gooby 2001, 1-8). Zwar hat sich die enorme Expansion des Sozialbudgets und auch der Sozialleistungsquote im Zeitraum von 1950 bis 1990 – dem ‚goldenen Zeitalter' – nicht in einer weiteren Expansion fortgesetzt (vgl. Leisering 2004, 18). Dies wäre wohl auch unmöglich gewesen. Immerhin hat jedoch die Entwicklung der letzten Dekade gezeigt, dass der Durchschnitt der OECD-Staaten in eine Phase der Konsolidierung eingetreten ist, die auch als ‚silbernes Zeitalter' (Taylor-Gooby 2002, 598) der Sozialstaatsentwicklung bezeichnet wird (vgl. auch Wagschal 2000, 91; Döring 1999, 29ff.).

Allerdings: Diese Konstanz der Sozialleistungsquoten sollte nicht den Blick auf die Akzentverschiebungen innerhalb des sozialpolitischen Instrumentariums verstellen. Hier zeigt sich im Durchschnitt der OECD-Länder eine relative Zunahme von gebundenen Transfers und Ausgaben für Sach- und Dienstleistungen (Abbildung 1). So geht z.B. in der Arbeitsmarktpolitik eine leichte Absenkung der Ausgabenanteile für Lohnersatzleistungen bei Arbeitslosigkeit mit einem deutlich gestiegenen Ausgabenanteil für aktive Arbeitsmarktpolitik einher; analog steigen in der Familienförderung die Sachleistungen stärker als die Geldleistungen.

Abbildung 1: Entwicklung der Ausgabenanteile von Sozialleistungen am BIP im Durchschnitt der OECD-Mitgliedsländer 1980 bis 1998 (Index 1980 = 100)[1]

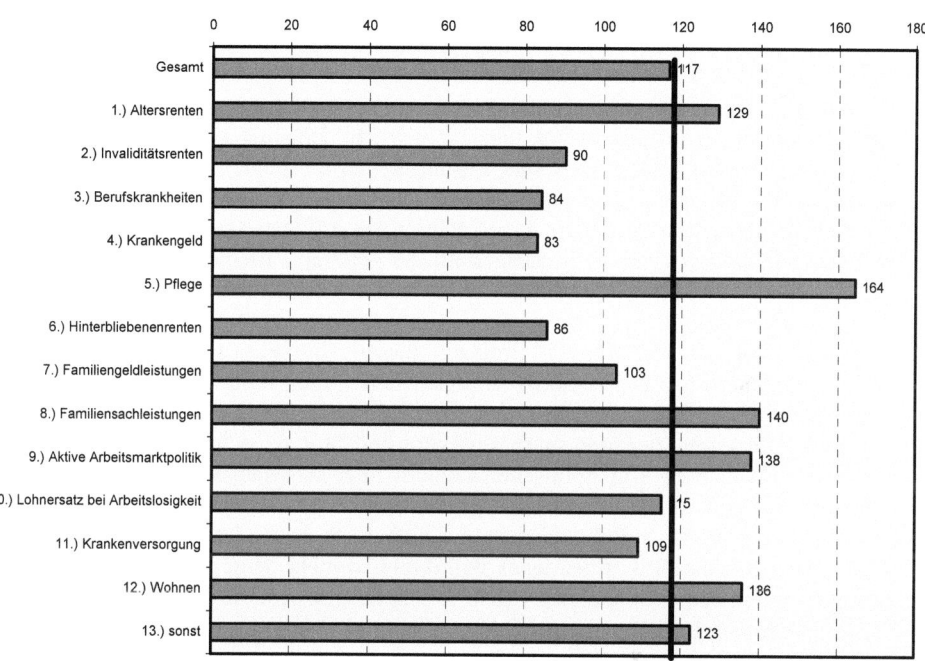

Quelle: OECD 2006; eigene Berechnungen.[2]

Der Strukturwandel in der Sozialpolitik (vgl. Taylor-Gooby 2002, 598) ist in Strukturbrüchen ('systemic changes', 'critical junctions') sichtbar. Sie verweisen langfristig auf die oben skizzierte Neujustierung des sozialstaatlichen Instrumentariums (vgl. Bonoli/George/Taylor-Gooby 2000, 118ff.). In vielen Handlungsfeldern und Nationalstaaten deutet sich heute das Ausmaß der anstehenden Ver-

---

[1] Soweit Daten für 1980 und 1998 verfügbar, daher ohne Tschechien, Island, Korea, Mexiko, Polen, Slowakei.

[2] Die jüngst von der OECD nachgelieferten Daten für 1999 bis 2001 zeigen, dass sich die aufgezeigten Trends sowohl hinsichtlich der Konstanz der Sozialleistungsquote als auch hinsichtlich der relativen Bedeutungszunahme von gebundenen Transfers und sozialen Dienstleistungen fortsetzen. Ein aktuelles Beispiel für Deutschland ist die Idee, den Besuch von Kindergärten gebührenfrei zu stellen (gebundener Transfer, soziale Dienstleistung), dafür aber das Kindergeld (freier Transfer ohne Verwendungsbindung) abzusenken. Auch dies ist eine Spielart von Aktivierung und Paternalismus.

änderungen erst an, da wir dort erst am Anfang einer vorgezeichneten Entwicklung stehen. Die meisten OECD-Staaten sind heute in der Position für Reformschritte, die Ende der achtziger Jahre nicht denkbar waren (vgl. Schönig 2001).

Motor dieser Entwicklung ist zunehmend der internationale Vergleich erfolgreicher Politikmodelle und Handlungskonzepte sozialer Dienste, der international „ein Korridor des Lernens" (Schwengel 2000, 193) geschaffen hat. Ganz offenkundig suchen die nationalstaatlichen Akteure – Struktur folgt der Funktion – nach schlüssigen Lösungswegen und guten Vorbildern, die man bereitwillig kopiert. Aus diesen Erfahrungen sind Lösungsketten entstanden, aus denen die nationalen Sozialstaaten nicht ohne weiteres ausbrechen können. Auf europäischer Ebene hat sich insbesondere das Verfahren der ‚offenen Koordinierung' als ein Motor dieser Entwicklung herausgestellt. Es verknüpft Elemente der zentralen Steuerung durch die Vorgabe von Leitlinien, Leistungskennziffern, Berichtssystemen und Benchmarking einerseits mit der dezentralen, nationalen Umsetzungsverantwortung andererseits. Ergebnis dieses „Lernens durch ‚weiches' Recht" (Schmid 2004, 11) in einem jährlich wiederholten Politikzyklus ist eine Konvergenz von Politikstrategien.

Jene Politikstrategien sind spürbar wirkungsmächtig, da sich ihre innere Rationalität „unabhängig von politischer Couleur oder wohlfahrtstaatlicher Ausrichtung" (Schmid 2004, 14) durchsetzt.[3] Strategien der Aktivierungspolitik sind zudem auf verschiedenen Politikebenen anwendbar – insbesondere auf der Ebene kommunaler Sozialpolitik. Eben jenes Politikfeld ist mehr denn je vom Versuch gekennzeichnet, den aktivierenden Effekt sozialpädagogischer und sozialarbeiterischer Förderung nachzuweisen. Mithin hat die Aktivierungspolitik längst die sozialen Dienste erreicht.

Fasst man diese Beobachtungen zur Situation der praktischen Sozialpolitik zusammen und stellt sie in Bezug zum Oberziel praktischer Sozialpolitik – der Förderung des inneren, materiellen Zusammenhangs der Gesellschaft mittels der Produktion sozialer Gerechtigkeit und sozialer Sicherheit (vgl. Schönig 2001a, 34ff. und 150ff.; Olk 2000, 106) –, so wird die Grundstruktur der Aktivierungspolitik deutlich. Sie besteht darin, dass der aktivierende Sozialstaat seine Oberziele in einem speziellen Sinne definiert:

---

[3] Normativ ist diese Konvergenz dadurch erleichtert worden, dass in den 1990er Jahren Mitte-Links-Regierungen u.a. die Schlagworte ‚Wettbewerbsorientierung', ‚Empowerment', ‚Fordern und Fördern', ‚Aktivierung', ‚Chancengleichheit', ‚Beschäftigung statt Alimentation' und ‚Stärkung der Eigenvorsorge' salonfähig gemacht und damit eine Art Grundkonsens konstruiert haben. Im deutschen Sprachraum hat vor allem die Alliteration vom ‚Fördern und Fordern' eine erhebliche suggestive Kraft und politische Wirkungsmacht entfaltet (vgl. Schulze-Böing 2002, 160).

- Soziale Gerechtigkeit wird stärker ‚dynamisch', d.h. als Verfahrensgerechtigkeit interpretiert und damit gegenüber dem Ziel der Ergebnisgerechtigkeit abgegrenzt. Dies bedeutet eine relative Stärkung der Brückenfunktion der Sozialpolitik.
- Soziale Sicherheit wird stärker ‚existentiell', d.h. als Grundsicherung interpretiert und damit vom Ziel der Sicherung des relativen sozialen Status unterschieden. Dies bedeutet eine relative Schwächung der Schutzfunktion der Sozialpolitik.

Bei der notwendigen Konkretion der Oberziele in einzelnen Politik- und Handlungsfeldern bedient sich das aktivierende Politikverständnis „modulartig bestimmter grundlegender Bausteine, die den Bedingungen eines Politikfeldes angepasst werden" (Esch/Hilbert/Stöbe-Blossey 2002, 70; vgl. Evers 2000, 19ff.). So kommt es, dass in der Arbeitsmarktpolitik und bei der Eigenvorsorge, bei der Bildungsförderung und in der Stadtentwicklung, bei der Freiwilligenarbeit oder der Kinderbetreuung den sozialen Diensten eine besondere Bedeutung im Rahmen der Aktivierungspolitik zukommt. Für die notwendigen sozialen Dienste übernimmt der aktivierende Sozialstaat dann nur noch die Gewährleistungsverantwortung (vgl. Olk 2000, 111f.; Le Grand 1991, 1257).

2.2 Soziale Dienste als Instrumente des aktivierenden Sozialstaats

Aufbauend auf der oben angesprochenen Dualität der sozialpolitischen Oberziele (Gerechtigkeit und Sicherheit resp. Brücken- und Schutzfunktion) lassen sich ihnen sozialpolitische Instrumente zuordnen und in einer Matrix – stark vereinfacht – systematisieren.

Abbildung 2 zeigt, dass – auch hier vereinfacht – in allen Feldern der Matrix passende Instrumente eingetragen werden können. Sie zusammengenommen ergeben alle Felder der Matrix einen Überblick über den ‚Werkzeugkasten' der Sozialpolitik. Anhand dieser Matrix ist es möglich, die Akzentverschiebungen im Instrumentarium hin zu einer Aktivierungspolitik näher zu beschreiben.

Instrumente mit einem Akzent auf der sozialpolitischen Schutzfunktion sind dadurch gekennzeichnet, dass entweder ein Bestandsschutz der aktuellen Situation (Vertragsrecht), eine Sicherung gegen Armut oder relativen Statusverlust (soziale Sicherung) oder Prävention angestrebt wird (soziale Dienste). Instrumente zur Erfüllung der Schutzfunktion zielen insofern auf einen Erhalt des (absoluten oder relativen) status quo ab.

Abbildung 2: Oberziele und Instrumente des Sozialstaats

		Oberziele des Sozialstaats	
		Erfüllung der Brückenfunktion	*Erfüllung der Schutzfunktion*
Instrumente des Sozialstaats	*Vertragsrecht*	Ansprüche bei Vertragsauflösung z.b. Unterhalt, Abfindung	Bestandsschutz laufender Verträge z.B. Arbeitsrecht, Mietrecht, Familienrecht
	monetäre Transfers	investive Transfers z.B. Ausbildungsförderung, Mobilitätshilfe, befristete Lohnsubvention	Armuts- und Statussicherung z.B. Lohnersatzleistungen, Rente, Sozialhilfe, dauerhafte Lohnsubvention
	Realtransfers	Soziale Dienste / Hilfsmittel mit Schwerpunkt Reintegration z.B. aktive Arbeitsmarktpolitik, Rehabilitation, Schuldnerberatung, kurative Gesundheitsleistungen	soziale Dienste / Hilfsmittel mit Schwerpunkt Prävention z.B. Gesundheitsförderung, Stadtteilarbeit, Schulsozialarbeit

    █████████   Akzente des aktivierenden Sozialstaats

    ▭▭▭▭▭▭▭   sonstige Instrumente

Quelle: Eigene Darstellung.

Hingegen wird mit Instrumenten zur Erfüllung der *Brückenfunktion* primär darauf abgestellt, einen Übergang aus der aktuellen Lebenslage zu ermöglichen. Dies geschieht dadurch, dass Ansprüche bei Vertragsauflösung definiert werden (Vertragsrecht), Subventionen als Investition konzipiert werden (investive Transfers) oder eine unmittelbare Reintegration angestrebt wird (soziale Dienste).

Die Akzente der Aktivierungspolitik betonen im Rahmen dieser Systematik drei von sechs möglichen Instrumentengruppen aus diesem Baukasten, nämlich *Realtransfers zur Reintegration und Prävention sowie monetäre Transfers für investive Zwecke.* Jene Instrumente sind denn auch in den Mittelpunkt der sozialpolitischen Diskussion gerückt. Ohne Zweifel zwingt die Finanzsituation der öffentlichen Haushalte und der Parafisci die Sozialpolitiker/innen, spürbare Prioritäten zu setzen.

Soziale Dienste sind – dies sei nochmals betont – das Kernelement dieser Korrektur und zählen als solche zunächst einmal nicht zu den Hauptverlierern des sozialpolitischen Strukturwandels. Diese Einschätzung könnte bei den vielen Praktikern, deren Einrichtungen ums Überleben kämpfen und die sich keineswegs als Gewinner der neueren Sozialstaatsentwicklung sehen, als blanker Zynismus erscheinen. Davon indes ist der Verfasser weit entfernt – wichtig ist ihm, die langfristigen strukturellen Entwicklungen nicht aus dem Blick zu verlieren. Vieles, was sich der Praxis akut als rapider Niedergang darstellt, ist aus sozialpolitischer Sicht Teil des langfristigen Strukturwandels und der mit ihm verbundenen Ambivalenz.

3. Ambivalenz der Aktivierungspolitik

3.1 Folgerungen für die Sozialen Dienste

Die Ambivalenz der Aktivierungspolitik für die sozialen Dienste lässt sich durch ein einprägsames Begriffspaar verdeutlichen, das die Gleichzeitigkeit zweier Phänomene betont. *Delegation* des Verfahrens und *Kontrolle* des Ergebnisses sind zwei Seiten einer Medaille. Sie bringen eine Beobachtung auf den Begriff, die sich für verschiedene Politikebenen durchdeklinieren lässt. Hiermit sind unangenehme Wahrheiten verknüpft.

So hilft kein Lamentieren über eine angeblich ‚ungerechte‘ Engführung praktischer Sozialpädagogik und Sozialarbeit. Denn die relative Aufwertung der sozialen Dienste im aktivierenden Sozialstaat macht nun einmal Politik und Verwaltung in höherem Maße von der Qualität der Leistungserbringung abhängig. Geradezu zwangsläufig versuchen daher die dortigen Entscheidungsträger und Finanziers, ihre Gestaltungsansprüche gegenüber den Leistungserbringern durchzusetzen (vgl. die Beiträge in Dahme u.a. 2003 sowie Hildemann 2004). Dies mag man bedauern, alles andere wäre jedoch politisch naiv gedacht.

Dies bedeutet selbstverständlich nicht, die Klientenperspektive in der praktischen Arbeit aufzugeben und die tatsächlichen Bedarfe zu vernachlässigen. Nur eben wird dies nicht losgelöst vom Steuerungsinteresse der praktischen Sozialpolitik geschehen können. Wo es – wie etwa in der Beschäftigungsförderung oder Jugendhilfe – Konflikte und tief sitzende Motivationsprobleme gibt, wird es Aufgabe der praktischen Arbeit sein, für einen gewissen Zeitraum einen Schonraum zur Konsolidierung der individuellen Lebenslage zu schaffen. Langfristig wird damit jedoch das sozialpolitische Steuerungsziel der Integration in den Arbeitsmarkt nicht in Frage gestellt und daher letztlich als zentrales Erfolgskriterium im Hintergrund bestehen bleiben.

Für die sozialen Dienste ist die Aktivierungspolitik als Politisierung ihrer Arbeit spürbar (vgl. Schönig 2004; Maaser 2003, 17). Sie zeigt sich insbesondere in den Detailregelungen der Leistungsverträge, dem zunehmenden Rechtfertigungsdruck, der grundsätzlichen Befristung der Auftragsvergabe, der taktischen Streuung der Auftragsvergabe an verschiedene Träger, die hierdurch – teile und herrsche – unter einem dauerhaften Wettbewerbsdruck stehen. So erodiert die Aktivierungspolitik maßgebend das deutsche Modell des kommunalen Korporatismus, das ja von einer langfristigen und vertrauensvollen Zusammenarbeit von Politik, Verwaltung und Verbänden ausging und im Kern auf verlässlichen Zuständigkeiten und der Ausschaltung von Wettbewerb fußte (vgl. dazu Merten 1998, 157; Schäfer 2000, 220 sowie erneut die Beiträge in Dahme u.a. 2003). Jene alte Verlässlichkeit ist heute im Zuge des Kontraktmanagements wesentlich geschwächt, da die alten Claims nun permanent gefährdet sind.

Ausnahmen bestätigen diese Regel. So liegt ein zaghafter Ansatz der Wiederbelebung korporatistischer Strukturen auf kommunaler Ebene in den sozialraumorientierten Konzepten, in denen einem großen Träger und Wohlfahrtsverband für einen längeren Zeitraum die Federführung in einem Stadtteil übertragen wird. Hiermit sind verlässliche Budgets, ein gewisser Grad an Handlungsautonomie und vor allem eine wettbewerbsfreie Zone verbunden. Größere Städte haben hier den Vorteil, ihre Sozialräume einer Vielzahl von Trägern zuzuweisen und somit der lokalen Trägerlandschaft eine Grundausstattung gewährleisten zu können. Kommt es dann periodisch zu einer Neuausschreibung der Auftragsvergabe, so ist der bisher zuständige Träger mit seiner bestehenden Infrastruktur in einer guten Position, erneut den Zuschlag zu erhalten.

Blickt man jedoch nochmals zurück auf das Allgemeine und Regelhafte, so sind in der Diskussion der letzten Jahre vor allem drei Problembereiche thematisiert worden, die sich aus einer Aktivierungspolitik für die praktische Arbeit der sozialen Dienste ergeben. Alle drei lassen eine geringere Effektivität der sozialen Dienstleistungen vermuten:

- Eine erste Grundfrage ist, wie effektiv die Hilfe für Fälle überhaupt sein kann, wenn eingeschränkte Handlungsspielräume und Erfolgskontrollen eine ‚kreative' Problemlösung eher behindern. Realiter sind Kreativität und Innovation – wenn überhaupt – nur bei der Erstellung eines Konzepts im Zuge eines Angebots für eine soziale Dienstleistung gefragt. Später in der praktischen Arbeit werden Kreativität und Innovation eher als Störfaktoren wahrgenommen. Blickt man auf die beiden Koproduzenten sozialer Dienstleistungen, so sind daher die *Handlungsspielräume beider Seiten – sowohl der Klient/innen als auch der Mitarbeiter sozialer Dienste – spürbar eingeschränkt.* Soziale Deprivationsprozesse sind aber mitunter so tief greifend, dass sich nachhaltige Erfolge eben nur langfristig einstellen, eine flexible Problemlösung erfordern und nicht durch negative Sanktionierung überwunden werden können (vgl. Trube 2003, 181; Bartelheimer/Hobusch/Reis 2003, 324). Eng geführte Potentialanalysen und Methoden bergen immer die Gefahr mangelnder Effektivität.

■ Zweitens folgt aus dem kommunalen Korporatismus als „Auslaufmodell" (Schäfer 2000, 220), dass *das Widerstandspotential der Verbände und einzelner Einrichtungen wesentlich geschwächt* ist. Ist auf nationalstaatlicher Ebene noch eine offensive Lobbyarbeit zugunsten der Klienten (z.B. Armutsberichte) möglich, so ist die anwaltschaftliche Funktion auf kommunaler Ebene kaum noch durchzuhalten. Von Angesicht zu Angesicht sehen sich die Verbände und einzelnen Einrichtungen im Zwiespalt zwischen den Interessen ihrer Mitarbeiter/innen und jenen ihrer Klient/innen. Es herrscht ein Klima der Vorsicht und des Taktierens. Dort, wo das Soziale bis in die professionell-fachlichen Aspekte hinein tagespolitisch politisiert ist, kommt es, viel zu selten, zu einer offenen Aussprache. Nicht zufällig ist allerorten zu beobachten, dass kommunale Armutskonferenzen eher lustlos fortgeführt werden, dass Praktiker in kommunalen Ausschüssen genau überlegen müssen, was sie kritisieren und dass Formen einer aggressiven Gemeinwesenarbeit von vornherein keine Chance auf kommunale Unterstützung haben. Hier liegt das Übel in der Wurzel, hier beginnt der Mangel an Effektivität bereits bei der einseitigen Problemdiagnose und Zielformulierung.

■ Ein dritter Aspekt mangelnder Effektivität einer Aktivierungspolitik liegt in der *Utopie gelingender ‚Anschubfinanzierungen'*. Aktivierung heißt hier, etwas durch befristete Förderung anzuschieben, was dann gleichsam zu einem Selbstläufer wird und langfristig hohe Sozialkosten spart. Die Nachhaltigkeit und Effektivität der Förderung ist meist gering, da in der Substanz nicht viel aktiviert wird. So ist die breite Forderung nach Anschubfinanzierungen, die in der Politik programmatisch und praktisch an Bedeutung gewinnt, lediglich eine Ausweichstrategie, um im Kontext von Budgetkürzungen keine Programme gänzlich aufgeben zu müssen. Jahrzehntelange Erfahrungen der gemeinwesenorientierten Sozialen Arbeit, spieltheoretische Überlegungen sowie auch neuerdings Ergebnisse des Programms ‚soziale Stadt' machen deutlich, dass für eine Stabilisierung sozialer Netzwerke eine Anschubfinanzierung selten ausreicht. Für ihre Effektivität ist vielmehr entscheidend, dass Vertrauen in die Zukunft geschaffen wird und dass neue Arten von Bindungen entstehen. Netzwerke sind nur dann leistungsfähig, wenn sie in diesem Sinne dauerhaft gefördert und stabilisiert werden. Eben diese dauerhafte Förderung ist mit dem inhaltlich zu eng geführten Aktivierungsgedanken nur begrenzt vereinbar.

Nicht zuletzt ist aus Sicht von Sozialpädagogik und Sozialarbeit darauf hinzuweisen, dass ein umfassender und sanktionsbewehrter Aktivierungsbegriff dem
Selbstverständnis vieler sozialer Dienste und ihren realen Anforderungen des
Alltags widerspricht. Einer ,sozialpolitischen Inpflichtnahme' (vgl. den einleitenden Beitrag von Dollinger in diesem Band) sind notwendigerweise Grenzen
gesetzt. Die Idee der Aktivierung ist schon ihrem Wesen nach nicht geeignet, die
gesamte Sozialstaatsaktivität und erst recht nicht das Wesen der gesamten Sozialpädagogik und Sozialarbeit zu erfassen. Verwiesen wird hier auf Situationen,
in denen Menschen vorbehaltlose Fürsorge, Zuwendung und sozialer Sicherung
bedürfen (z.B. in der Intensivmedizin, bei Alter und Pflegebedürftigkeit), ebenso
alle anderen Fälle, in denen eine Restleistungsfähigkeit kaum noch feststellbar ist
(z.B. bei einem 60-jährigen Mann mit jahrelangem Aufenthalt in einer Notunter-
kunft, Drogenproblemen und gesundheitlichen Einschränkungen). In jenen Fällen gilt eine aktivierende Sozialpolitik mit sanktionsbewehrten Eingliederungs-
plänen als ethisch unvertretbar (vgl. Sünker 2002, 117).

In der politischen Praxis scheinen diese vielfältigen Bedenken jedoch nur
noch zum Teil – als unstrittige Ausnahmen, die den Regelfall eher bestätigen –
aufgegriffen zu werden. Realistischerweise werden sie die Grundrichtung einer
aktivierenden Sozialpolitik nicht in Frage stellen können.

3.2 Folgerungen für die praxisorientierte Forschung

Die Durchsetzung der oben skizzierten Aktivierungspolitik birgt – analog zur
Situation für die sozialen Dienste – auch für die praxisorientierte Forschung
Chancen und Probleme. Grundsätzlich ist hier zunächst einmal festzustellen,
dass die aktuelle Situation und nähere Zukunft der praxisorientierte Forschung
von steigender Wettbewerbsintensität, zunehmender Beratungskompetenz und
abnehmendem kritischen Widerstandspotential gekennzeichnet sind. Dies ist in
den Grundzügen seit langem bekannt (vgl. ausführlich Schönig 2001a, 276 –
281). Zudem zeigt der historische Rückblick, dass es auf nationalstaatlicher Ebene immer wieder Phasen besonders umfassender und einflussreicher Politikberatung gegeben hat (z.B. Kathedersozialismus des Kaiserreichs, Aufbau der Sozialen Marktwirtschaft nach 1945 und Planungs- und Steuerungseuphorie der
1960er und 70er Jahre), in denen Sozial- und Wirtschaftswissenschaftler in engs-
ter Kooperation die politische Praxis berieten.

Auch die Aktivierungspolitik hat dieses Potential, allerdings weniger auf
nationalstaatlicher, sondern vor allem auf kommunaler und einzelbetrieblicher
Ebene. Wo Evaluationen zum Standard werden, da wird der Einfluss der beratenden Wissenschaft in methodischer, konzeptioneller und strategischer Hinsicht

größer.[4] Dies spricht dafür, dass die Aktivierungspolitik sowohl die sozialen Dienste als auch die sie begleitende Forschung zunächst einmal relativ stärkt. Trifft dies zu, so muss verwundern, dass zur praxisorientierten Forschung und Politikberatung speziell aus Sicht der kommunalen Sozialpolitik – sieht man einmal von der Beratungsaktivität im Rahmen des Neuen Steuerungsmodells der Kommunalverwaltung ab – keine umfassende Literatur vorliegt. Zwar gibt es in neuerer Zeit eine aufkommende Diskussion. Diese Diskussion in der Wissenschaft Sozialer Arbeit und Sozialpädagogik stößt sich aber ausgerechnet an dem, was aus Sicht der Aktivierungspolitik eigentlich nicht diskutierbar ist: einem technokratischen Beratungs- und Evaluationsverständnis.

Gemeint ist damit, dass der skizzierte Beratungs- und Forschungsbedarf auf kommunaler Ebene positivistisch und eben technokratisch geprägt ist, d.h. die Kommunalpolitik definiert mehr oder weniger konkrete Effektivitätskriterien und lässt dann im laufenden Projekt den Zielerreichungsgrad der Förderung und alternative Vorgehensweisen ermitteln. Eine im Prozess vorzunehmende Zieldefinition durch die Klienten ist im Aktivierungsverständnis logisch nicht vorgesehen. Eine derart technokratische Begleitforschung macht sich zum Erfüllungsgehilfen der Aktivierungspolitik, ohne deren Konzept und Zielsetzung grundsätzlich in Frage stellen zu können.

Neben dieser technokratischen Variante der Politikberatung gibt es auf kommunaler Ebene jedoch auch eine normative Politikberatung. Jene ist im Wesentlichen mit dem Prozess der Erstellung kommunaler Leitbilder verbunden, wie er in den letzten Jahren vielerorts durchgeführt worden ist. Von vielen drittmittel- und praxisorientierten Forschern werden diese Leitbildprozesse vielfach unterschätzt, da die Leitbilddiskussionen durch weiche Begriffe, wenig strukturierte Diskussionszusammenhänge und enormen Zeitbedarf gekennzeichnet sind. Übersehen wird dabei jedoch, wie weitgehend der Einfluss konzeptionell denkender Personen in diesen offenen Prozessen sein kann, insbesondere dann, wenn Texte entworfen und damit Diskussionsgrundlagen geschaffen werden. Mit

---

[4] Die folgenden Ausführungen konzentrieren sich auf die kommunale Ebene, da dort die für die sozialen Dienste unmittelbar relevanten Entscheider sitzen. Auf nationalstaatlicher Ebene kann für Deutschland vor allem die ökonometrische Evaluation der jüngsten Hartz-Arbeitsmarktreformen als Beispiel einflussreicher Politikberatung angeführt werden. Jene Evaluationsergebnisse (z.B. mit Blick auf die Integrationsquoten) werden in der Presse und von vielen Bundespolitikern als Blaupause für noch weitergehende Reformen hinzugezogen. Zumindest müssen die Ergebnisse von allen Diskutanten als Hintergrundinformation mit bedacht werden. Diese Evaluationen sind daher zur Zeit das Paradebeispiel einer einflussreichen technokratischen Politikberatung auf nationalstaatlicher Ebene. Hinsichtlich der normativen Politikberatung auf nationalstaatlicher Ebene sei auf die breit diskutierten Kinder- und Jugend- sowie die Familienberichte verwiesen. Sie haben die Diskussion um ‚Lebenswelt' bzw. um ‚Familie', ‚Betreuung' und ‚Vereinbarkeit' nachhaltig bereichert und der Politik die Formulierung entsprechender gesellschaftspolitischer Ziele empfohlen.

Blick auf die beschränkten Ressourcen ehrenamtlich tätiger Kommunalpoliti-
ker/innen sowie fachlich eng orientierter Verwaltungsmitarbeiter eröffnet sich
der beratenden Forschung hier ein strategisches Handlungsfeld, das gerade auch
im Kontext einer Aktivierungspolitik genutzt werden kann. Hier werden Ziele
definiert, Themen gesetzt und Rechtfertigungszusammenhänge geschaffen.

3.3 Der Erfolgsnachweis als Schlüsselkategorie

Ein Kernpunkt der oben entwickelten Argumentation ist, dass sich die sozialen
Dienste im Kontext der Aktivierungspolitik verstärkt durch einen Nachweis
erfolgreicher Arbeit rechtfertigen müssen. Dieser Rechtfertigungsdruck ist, dies
sei nochmals betont, gleichsam der Preis dafür, dass die Sozialpolitik verstärkt
auf die personenorientierten sozialen Dienste und eben nicht auf anonyme monetäre Sozialtransfers setzt, um ihre Inklusionsziele zu erreichen. Eine aktivierende
Sozialpolitik ist daher schon an sich, d.h. aus konzeptionellen Gründen verstärkt
an einem Wirkungsnachweis der von ihr finanzierten sozialen Dienstleistungen
interessiert. Denn die Funktion von Sozialpädagogik und Sozialarbeit geht heute
konzeptionell über das hinaus, was von ihnen im konservativen Sozialstaat bis-
marckscher Prägung erwartet wurde. Dieser zunächst einmal positiv zu bewer-
tende Bedeutungsgewinn ist nun aber nicht umsonst zu haben und nur die eine
Seite der Medaille. Als Gegenleistung bzw. Rückseite der Medaille zeigt sich
immer deutlicher, dass der Rechtfertigungsdruck hinsichtlich der Wirkungen
sozialer Arbeit steigt.

Jener steigende Rechtfertigungsdruck ist somit nicht ausschließlich und
noch nicht einmal primär der akut prekären Kassenlage geschuldet, sondern er ist
ein langfristig-konzeptionelles Phänomen (vgl. Schönig 2004a; Finis Siegler
1997). Dieses konzeptionell bedingte Interesse an Wirkungsnachweisen verstärkt
sich in Zeiten der Haushaltskonsolidierung zusätzlich. Es führt dazu, dass am
besten auch eine monetäre Bewertung der Ergebnisse Sozialer Arbeit gefordert
wird. Eben dies ist dann der Ansatzpunkt einer Kosten-Nutzen-Analyse, die
sowohl die Effektivität als auch die Effizienz sozialer Dienstleistungen prüfen
soll. Andererseits ist ebenso offensichtlich, dass die Wirkungsanalyse für die
Soziale Arbeit gefährliche Fallstricke offenbart.

- Ein erster Fallstrick ist die Tatsache, dass Soziale Arbeit als personenorien-
  tierte Dienstleistung in Koproduktion mit den Klienten erbracht wird und
  dass daher die Wirkungen geleisteter Arbeit zum guten Teil von den Leistungserbringern nicht zu kontrollieren sind. Eine strenge Bewertung nach
  den Wirkungen personenbezogener Dienstleistungen ist illegitim und unfair.

Interessanterweise ist eine solche Bewertung im Wirtschaftsleben zwar möglich, jedoch gelten für eine Vielzahl von Berufen Ausnahmen, die eben nicht eine ‚Entlohnung nach Erfolg', sondern eine ‚Entlohnung nach Bemühen' vorschreiben. Handwerker und Techniker werden an den Wirkungen Ihrer Arbeit gemessen, diese arbeiten jedoch definitionsgemäß nicht an Menschen – umgekehrt werden Ärzte, Therapeuten und Rechtsanwälte, Unternehmensberater und Fußballspieler, insbesondere klassische freie Berufe, nach ihren ‚Bemühungen' bezahlt. Niemand käme bei Ärzten und Rechtsanwälten auf die Idee, für eine fehlgeschlagene Krebsbehandlung bzw. einen verlorenen Prozess kein Honorar zu gestatten, sofern deren Dienstleistung nach bestem fachlichem Standard erbracht wurde. *Eine strenge Bewertung alleine nach der Wirkung würde somit für die sozialen Dienste bedeuten, aus beiden Welten die anspruchsvolleren Rahmenbedingungen zu übernehmen: vom Handwerk den Wirkungsnachweis und von den freien Berufen die Personenorientierung der Dienstleistung.*

■ Hinzu kommt als zweites Problem, dass die Sozialpädagogen und Sozialarbeiter einer Wirkungsanalyse nur dann zustimmen können, wenn sie die Definitionshoheit über die festgelegten Ziele behalten. So geht das prägnante Diktum des Erfolgsnachweises „Der Gebrauchswert für die Nutzer ist das zentrale Erfolgskriterium Sozialer Arbeit" (Oelerich/Schaarschuch 2005, 213) leider an der zentralen Problematik vorbei, da unklar bleibt, wer denn nun eigentlich ‚Nutzer' von Sozialpädagogik und Sozialarbeit ist. Politik und Verwaltung ‚nutzen' offensichtlich die sozialen Dienste, um einen bestimmten Typus sozialer Probleme zu lösen. Sie sind die Nutzer und die Finanziers. Gleichzeitig ‚nutzen' selbstverständlich auch die Klienten (auf die sich das Zitat von Oelerich/Schaarschuch bezog) die sozialen Dienste. Die Klienten sind aber nur eine weitere Anspruchsgruppe und gegenüber der Politik insofern benachteiligt, da sie nicht – oder nur zum geringen Teil – Finanzierungsbeiträge leisten. Zwischen den Interessen der beiden Nutzergruppen ‚Politik' und ‚Klienten' kann ein Konflikt bestehen, der öffentlich ausgetragen werden muss. Wer hierzu detailliertere Hinweise nachlesen möchte, dem sei das Schwerpunktheft ‚Performanz', 6/2005, der ‚Blätter der Wohlfahrtspflege' sowie ein Aufsatz zu strukturell-konzeptionellen Fragen der Sozialen Arbeit als sozialpolitischer Intervention (vgl. Schönig 2006) empfohlen. Intensiveres Nachdenken des gesamten Faches über die angesprochenen Fragen ist m.E. dringend notwendig.

Es reicht einfach nicht hin, in Fachdiskussionen die Gefahren – mal angstvoll, mal offensiv – zu thematisieren, um dann in Gänze die Möglichkeit von Erfolgsnachweisen bis hin zu Kosten-Nutzen-Analysen von Sozialpädagogik und Sozialarbeit zurückzuweisen. Notwendig ist vielmehr eine differenzierte Diskussion, die Anforderungen der Finanziers Sozialer Arbeit aufgreift, aber nicht unkritisch als eigene Ziele übernimmt. Die Praxis kann hier von der Wissenschaft eine kritische und abwägende Begleitung dieser Diskussion erwarten. Leider bietet die Wissenschaft der drängend suchenden Praxis oftmals nicht mehr als banale Polemik und billige Aufrufe zum Widerstand.

Umgekehrt braucht die Wissenschaft von der Praxis Projektbeispiele und Daten, an denen modellhaft die Überlegungen und mögliche Methoden erprobt werden können. Sie braucht Zeit und Material, um die notwendigen Methoden auszuloten. Am Anfang jeder Erfolgsermittlung steht die Zieldefinition und damit die klassisch-politische Frage des ‚cui bono?' (Wem nützt es?). Ist jene geklärt, so kann sogar eine Kosten-Nutzen-Analyse durchgeführt werden, die Wirkungen sozialer Dienste aus Sicht verschiedener Anspruchsgruppen ermitteln und gegebenenfalls und unter anderem auch monetär bewertet.

4. Fazit

Der aktivierende Sozialstaat ist durch eine Konstanz in Sozialbudget und Sozialleistungsquoten gekennzeichnet, die sich im internationalen Vergleich vielfach nachweisen lässt. Sie wird – nach Jahrzehnten des rasanten Wachstums – nun als das ‚silberne Zeitalter' sozialstaatlicher Entwicklung bezeichnet. Weiteres Merkmal der Aktivierungspolitik ist die relative Bedeutungszunahme von Realtransfers und sozialen Dienstleistungen. Jene Akzentuierung gibt insbesondere den sozialen Dienstleistungen von Sozialpädagogen und Sozialarbeitern ein stärkeres Gewicht. Diese relative Bedeutungszunahme ist in mehrfacher Hinsicht ambivalent zu bewerten.

Die relative Bedeutungszunahme ist – hier hilft kein Lamentieren – unmittelbar mit stärkeren Steuerungsansprüchen der Sozialpolitik verbunden. Dort, wo sich die Sozialpolitik an Steuerungszielen von Aktivierung und Prävention messen lassen will, steigt auch der Rechtfertigungsdruck für die praktische Arbeit. Gegenüber der heutigen Situation bietet dies die Chance für einen deutlichen Professionalisierungsschub von Praxis, praxisorientierter Forschung und Ausbildung. Damit verbunden ist die Chance für Sozialpädagogen und Sozialarbeiter, neues Selbstbewusstsein zu gewinnen, innovative Konzepte durchzusetzen und die vielfach belegte Unzufriedenheit mit der eigenen beruflichen Tätigkeit zu überwinden.

Indem die Profession somit ein abgeklärtes Verhältnis zur Aktivierungspolitik formuliert und eingehen kann, ist es ihr auch möglich, originäre Interessen jener Klienten zu vertreten, die eben nicht aktivierbar sind und für die ein sanktionsbewehrter Aktivierungsbegriff als unethisch zurückgewiesen werden muss. Mit anderen Worten: Gerade aufgrund des relativen Bedeutungszuwachses und des zu erwartenden Professionalisierungsschubs kann die anwaltschaftliche Funktion von Sozialpädagogik und Sozialarbeit auf eine neue, solidere Grundlage gestellt werden.

Dass dies indes kein Automatismus ist, zeigt der aktuell zu beobachtende Zusammenbruch des kommunalen Korporatismus, der über viele Jahrzehnte die Rahmenbedingungen für sozialpädagogische und sozialarbeiterische Praxis mitbestimmt hat. Hier werden alte Routinen obsolet und alte Claims neu abgesteckt. Für die sozialen Dienste ist es in dieser Vehemenz eine neue Erfahrung und Herausforderung, untereinander sowohl Kollegen als auch Konkurrenten zu sein und diese Konkurrenzbeziehung möglichst nicht mit der persönlichen Ebene zu vermengen. Letztlich sind die Perspektiven von Profession und Forschung im Kontext der Aktivierungspolitik von vielfältigen Ambivalenzen geprägt – von Risiken, aber eben auch von Chancen.

Literatur

Bademer, S.v. u.a. (1995): Staatsaufgaben – Von der ‚schleichenden Privatisierung' zum ‚aktivierenden Staat'. In: Behrens, F. u.a. (Hg.): Den Staat neu denken: Reformperspektiven für die Landesverwaltungen. Berlin, S. 41-60.

Bartelheimer, P./Hobusch, T.; Reis, C. (2003): Case-Management in der Sozialhilfe – Anspruch und Realität. In: Dahme, H.-J./Otto, H.-U./Trube, A./Wohlfahrt, N. (Hg.): Soziale Arbeit für den aktivierenden Staat. Opladen, S. 309-332.

Bonoli, G./George, V./Taylor-Gooby, P. (2000): European Welfare State Futures. Towards a Theory of Retrenchment. Cambridge.

Dahme, H.-J./Otto, H.-U./Trube, A./Wohlfahrt, N. (2003) (Hg.): Soziale Arbeit für den aktivierenden Staat. Opladen.

Döring, D. (1999): Sozialstaat in unübersichtlichem Gelände. Erkundung seiner Reformbedarfe unter sich verändernden Rahmenbedingungen. In: Döring, D. (Hg.): Sozialstaat in der Globalisierung. Frankfurt a.M., S. 11-40.

Esch, K./Hilbert, J./Stöbe-Blossey, S. (2002): Der aktivierende Staat. Bausteine für ein neues Staatsverständnis. In: Wechselwirkung und Zukünfte. 24 Jg., S. 67-70.

Evers, A. (2000): Aktivierender Staat. Eine Agenda und ihre möglichen Bedeutungen. In: Mezger, E./West, K.-W. (Hg.): Aktivierender Staat und politisches Handeln. Marburg, S. 13-29.

Finis Siegler, B. (1997): Ökonomik sozialer Arbeit. Freiburg/Br.

Hildemann, K.D. (Hg.) (2004): Die Freie Wohlfahrtspflege – Ihre Entwicklung zwischen Auftrag und Markt. Konkretionen des Sozialen. Schriften des Instituts für interdisziplinäre und angewandte Diakoniewissenschaften an der Universität Bonn (IfD). Leipzig.

Le Grand, J. (1991): Quasi-Markets and Social Policy. In: The Economic Journal. 101, Sept. 1991, S. 1256-1267.

Leisering, L. (2004): Der deutsche Sozialstaat – Entfaltung und Krise eines Sozialmodells. In: Frech, S./Schmid, J. (Hg.): Sozialstaat. Reform, Umbau, Abbau. Schwalbach, S. 10-42.

Maaser, W. (2003): Normative Diskurse der neuen Wohlfahrtspolitik. In: Dahme, H.-J./Otto, H.-U./Trube, A./Wohlfahrt, N. (Hg.): Soziale Arbeit für den aktivierenden Staat. Opladen, S. 17-35.

Merten, R. (1998): Sozialpolitik als Bedingung moderner Sozialarbeit. In: Der pädagogische Blick, 6. Jg., S. 148-159.

OECD (2006): Social Expenditure Database 1980 – 1998. Verfügbar unter http://www.oecd.org/document/2/0,2340,fr_2825_503504_31612994_1_1_1_1,00.html am 24.3.2006.

Oelerich, G./Schaarschuch, A. (2005): Vom Nutzen Sozialer Arbeit. Die Perspektive der Klienten muss in den Mittelpunkt gerückt werden. In: Blätter der Wohlfahrtspflege. 152. Jg., S. 211-214.

Olk, T. (2000): Weder Rund-Um-Versorgung noch ‚pure' Eigenverantwortung. Aktivierende Strategien in der Politik für Familien, alte Menschen, Frauen, Kinder und Jugendliche. In: Mezger, E./West, K.-W. (Hg.): Aktivierender Staat und politisches Handeln. Marburg, S. 105-124.

Pierson, P. (2001): Post-Industrial Pressures on the Mature Welfare States. In: Pierson, P. (Hg.): The New Politics of the Welfare State. Oxford u.a., S. 80-104.

Schäfer, P. (2000): Europäische Integration und Soziale Arbeit. Zu den Auswirkungen europäischer Sozialpolitik in Deutschland und deutscher Sozialpolitik in Europa auf Soziale Arbeit. Frankfurt/M. u.a.

Schmid, G. (2004): Lerner durch ‚weiches' Recht. EU-Beschäftigungsstrategie der offenen Koordinierung. In: WZB-Mitteilungen. Heft 104, Juni 2004, S. 11-16.

Schönig, W. (2001): Gibt es einen Reformtrend der Sozialordnungen in der EU? Skizze einer Typologie zur Diskussion um einen neuen dritten Weg. In: Jahrbücher für Nationalökonomie und Statistik/Journal of Economics and Statistics, Vol. 221/4, S. 404-417.

Schönig, W. (2001a): Rationale Sozialpolitik - Die Produktion von Sicherheit und Gerechtigkeit in modernen Gesellschaften und ihre Implikationen für die ökonomische Theorie der Sozialpolitik. Volkswirtschaftliche Schriften, Heft 517. Berlin.

Schönig, W. (2003): Konsolidierende Sozialstaaten? Empirische Evidenz, Begriff und konzeptionelle Aspekte der Sozialstaatsentwicklung. In: Sozialer Fortschritt. 52. Jg., S. 187-196.

Schönig, W. (2004): Aktivierende Sozialpolitik und die Soziale Arbeit. Strukturveränderungen in den Handlungsfeldern zur Stärkung sozialer Teilhabe. In: Hildemann, K. D. (Hg.): Die Freie Wohlfahrtspflege – Ihre Entwicklung zwischen Auftrag und Markt. Konkretionen des Sozialen. Schriften des Instituts für interdisziplinäre und angewandte Diakoniewissenschaften an der Universität Bonn (IfD). Leipzig, S. 53-67.

Schönig, W. (2004a): Soziale Dienste für einen aktivierenden Sozialstaat. Konsequenzen aus analytischer und sozialräumlicher Sicht. In: Sozialmagazin, 29. Jg., S. 28-45.

Schönig, W. (2006): Soziale Arbeit als Intervention. Versuch einer integrierten Definition mit Blick auf Sozialpolitik und soziale Dienste. In: Sozialmagazin, 31. Jg., S. 38-45.

Schulze-Böing, M. (2002): Fördern durch Fordern – Fordern durch Fördern? Aktivierende Arbeitsmarktpolitik und die Rolle der Kommunen. In: Sozialer Fortschritt. 51. Jg., S. 160-164.

Schwengel, H. (2000): Offene Globalisierung und aktiver Sozialstaat. In: Mezger, E./West, K.-W. (Hg.): Aktivierender Staat und politisches Handeln. Marburg, S. 191-200.

Sünker, H. (2002): Soziale Gerechtigkeit, Sozialpolitik und Soziale Arbeit. In: Neue Praxis, 32. Jg., S. 108-121.

Taylor-Gooby, P. (2001): The Politics of Welfare in Europe. In: Taylor-Gooby, P. (Hg.): Welfare States under Pressure. London/Thousand Oaks/New Delhi, S. 1-28.

Taylor-Gooby, P. (2002): The Silver Age of the Welfare State: Perspectives on Resilience. In: Journal of Social Policy. 31. Jg., S. 597-621.

Trube, A. (2003): Vom Wohlfahrtsstaat zum Workfarestate – Sozialpolitik zwischen Neujustierung und Umstrukturierung. In: Dahme, H.-J./Otto, H.-U./Trube, A./Wohlfahrt, N. (Hg.): Soziale Arbeit für den aktivierenden Staat. Opladen, S. 177-203.

Wagschal, U. (2000): Schub- und Bremskräfte sozialstaatlicher Anstrengungen. In: Obinger, W./Wagschal, U. (Hg.): Der gezügelte Wohlfahrtsstaat. Sozialpolitik in reichen Industrienationen. Frankfurt a.M./New York: S. 73-94.

Beratung. Im Spannungsfeld zwischen Anspruch und Wirklichkeit

Jürgen Raithel

1. Status quo

Beratung ist eine weit verbreitete und vielfältige Hilfeform und stellt ein sehr großes und diversifiziertes Arbeitsfeld sozialpädagogischer und psychosozialer Praxis dar. Der Bedarf an entsprechender Beratung (z.b. in Form von Sucht-, Schuldner-, Erziehungs-, Familien-, Migranten-, Arbeitslosen- oder Wohnungs-losenberatung) ist sehr groß und ist nicht nur sozialpolitischen Umbrüchen und instabilen Beschäftigungsverhältnissen zu schulden, sondern auch den daraus resultierten erhöhten Unsicherheiten in der Lebensführung und -planung sowie den veränderten Lebens- und Familienformen (vgl. Burmester 2005). Zudem ist eine fortschreitende Normalisierung von Beratung festzustellen, was die Inan-spruchnahme von Beratung entstigmatisiert hat und sie von den Bürgern als alltägliche Dienstleistung angenommen wird (vgl. Nestmann/Sickendiek 2001).

Der gegenwärtige sozialpolitische Reformprozess verschärft diese struktu-relle Gefährdungslage nochmals, indem er auf eine stärkere Individualisierung „sozialer Risiken" zielt. Das bedeutet, die Aufweichung struktureller Gefähr-dungslagen des Beschäftigungssystems wird nicht länger als Anliegen des „Staa-tes" gesehen, oder weniger dramatisch, der „Staat" kapituliert zu einem Stück vor den zementierten Strukturen, sondern wird vielmehr dem Geschick des Ein-zelnen überlassen. Unterstützungsangebote zur Bewältigung materieller und psychosozialer Risiken sind deshalb dringend notwendig (vgl. Hanesch 2004). Doch geriet Beratung als eine Unterstützungsform beispielsweise in Form von Gewährungs- und Aufsichtsfunktionen schnell in das Spannungsfeld zwischen Hilfe und Kontrolle bzw. Freiwilligkeit und Zwang.

Beratung wird in sozialpolitischen Reformprozessen als „aktivierendes" In-strument vereinnahmt, um den Bürger dazu zu „aktivieren", Abhängigkeiten von Grundsicherungsleistungen zu überwinden. Wenngleich ein zunehmender Bera-tungsbedarf ein unweigerliches Faktum darstellt, so ist die aktuelle Praxis gleichzeitig durch Kürzung öffentlicher Mittel bis hin zur Schließung von Beratungseinrichtungen und Stelleneinsparungen geprägt. Abgesehen von wenigen dauerhaft etablierten Beratungsinstitutionen sehen sich zahlreiche Beratungsstellen und -projekte unter dem Druck, ihre Angebote in eine Kosten-Nutzen-Logik einzupassen, die häufig mit einer Standardisierung und Reglementierung der Handlungsspielräume von Beratern verbunden ist (vgl. Nestmann/Sickendiek 2001). Die breite öffentliche Propagierung neoliberaler Prinzipien und der marktwirtschaftlichen Logik stellt die sozialen Dienste vor neue Herausforderungen, die systemimmanente Konflikte und Widerstände evozieren, was dann wiederum einer funktionalen Beratung zuwiderlaufen kann.

2. Was ist Beratung?

Beratung ist ein integraler Bestandteil jeder verbalen Kommunikation. Sie findet im Alltag wie in spezifischen, arrangierten Settings statt. Beratung ist – im professionellen Verständnis – auf der einen Seite des Spektrums nicht Ratgeben und auf der anderen Seite auch keine Psychotherapie, welche bei pathologischen Störungen indiziert ist und in der Regel über einen längeren Zeitraum angelegt ist.

Beratung ist als eine Interaktion zwischen mindestens zwei Beteiligten zu verstehen, bei welcher die beratende Person durch den Einsatz von kommunikativen Mitteln die beratungssuchende Person unterstützt, Lösungswege durch die Förderung von Selbst- und Situationskenntnis sowie Eröffnung und Aktivierung von Kompetenzen und Ressourcen zu finden. Da allerdings Lebensschwierigkeiten von Klienten im Rahmen sozialer Arbeit häufig nicht bis in die letzte Konsequenz „lösbar" oder „behebbar" sind, muss sich Beratung oft darauf beschränken, Schwierigkeiten reduzieren und mildern zu helfen oder Menschen dabei zu unterstützen, sich mit den Folgen von Problemen besser arrangieren und damit leben zu können.

Mittels Beratung soll der Klient unterstützt werden, Strukturen und Muster seiner individuellen Lage zu erkennen, Auswege und Lösungen zu entwickeln um dann Fähigkeiten und Autonomie (zurück) zu gewinnen. Beratung zielt auf die Förderung und (Wieder-)Herstellung der Bewältigungskompetenzen der Klienten selbst und ihrer sozialen Umwelt.

Nach Thiersch (1977) ist Beratung durch drei Merkmale gekennzeichnet:

- In der Beratung realisiert sich eine spezifische Form der Rollenbeziehung.
- Beratung erfolgt im Medium der Sprache, des Gesprächs – Beratung vollzieht sich in interaktiven Kommunikationsbeziehungen.

- Beratung bezieht sich nur auf solche Probleme, die „ein mittleres Maß nicht überschreiten, wo das zu beratende Individuum wenigstens noch so ‚funktionsfähig' ist, dass es die aus der Beratung resultierenden Lösungsansätze in Handlungsschritte umsetzten kann (ebd., 102-103).

Beratung erstreckt sich über das Spektrum zwischen den Polen einer professionellen und institutionalisierten Beratung und einer informellen und nicht-professionellen Beratung, die im Zusammenhang mit „natürlicher Hilfe" (Nestmann 1988) oder sozialer Unterstützung thematisiert wird. Sickendiek/Engel/ Nestmann (1999) differenzieren drei Formalisierungsgrade von Beratung:

1. Beratung als *informelle alltägliche Beratung und Unterstützung* zwischen Angehörigen, Freunden, Bekannten, im freundschaftlichen Gespräch, im kollegialen Austausch.
2. Beratung als *halbformalisierte Beratung* und als genuiner Anteil unterschiedlicher sozialpädagogischer und psychosozialer Berufe.
3. Beratung als *ausgewiesene und stark formalisierte Beratung* von professionellen Beratern mit ausgewiesener Beratungskompetenz in Beratungsstellen.

Das Beratungsspektrum lässt sich grob in vier disziplinspezifische Beratungsperspektiven differenzieren (vgl. Sickendiek/Engel/Nestmann 1999, 15ff):

- die psychologische Beratung,
- pädagogische Beratung,
- psychosoziale Beratung und
- soziale Beratung.

Nach dieser Bestimmung von Beratung im Allgemeinen wird nun im Weiteren – nach einem kurzen geschichtlichen Rückblick – die *soziale Beratung* bzw. Beratung im Kontext der sozialen Arbeit betrachtet.

3. Entwicklungslinien der professionellen und institutionalisierten Beratung

Erste Vorläufer des heute breiten Spektrums von Beratungseinrichtungen gehen bis zur Jahrhundertwende des ausgehenden 19. und beginnenden 20. Jahrhunderts zurück (z.B. Auswandererberatung, Rechtsberatung). Sie erlebten in der Weimarer Republik einen Aufschwung durch den Ausbau von Wissenschaft und Sozialarbeit, die zunehmend als öffentliche Aufgabe wahrgenommen wurden.

Doch erst nach dem Zweiten Weltkrieg fand ein Aufbau von Beratungseinrichtungen statt, die der Abmilderung persönlicher Schwierigkeiten, Überforderungen und Gefährdungen dienen sollten. Ein verstärkter Ausbau eines sozialen Beratungssystems begann ab Ende der 1960er Jahre, der wesentlich durch gesellschaftspolitische und wissenschaftliche Veränderungen bezüglich der Auffassung (psycho-)sozialer Schwierigkeiten mitbestimmt wurde. Hier spielten die klinische Psychologie und Psychotherapie – es entwickelten sich unterschiedliche psychotherapeutische Schulrichtungen – eine entscheidende Rolle. Vor diesem Hintergrund wurden oft ohne explizite Beratungstheorie aus psychotherapeutischen Ansätzen Beratungskonzepte abgeleitet, die im Unterschied zum therapeutischen Setting weniger aufwendige und intensive Hilfe für „minder schwere" Problemfälle anboten. Zu einem regelrechten „Beratungsboom" kam es in den 1970er Jahren, der auch im folgenden Jahrzehnt nicht wesentlich abflaute, sondern es verlagerten sich vielmehr die Schwerpunkte: So lag ein zentrales Schwergewicht der pädagogischen und psychologischen Beratung im Zusammenhang mit den Schulreformversuchen und bildungspolitischen Absichten im schulischen Bereich und in den 1980er Jahren verschob sich das Hauptinteresse der Beratungsdiskussion in den außerschulischen Bereich und der psychosozialen Versorgung. Auch einhergehend mit Professionalisierungstendenzen in der sozialen Arbeit kam es zu einer Ausweitung von psychosozialen Beratungsfeldern, ohne allerdings trotz intensiver theoretischer Bemühungen eine konzeptionelle Grundlegung von Beratung vorzulegen. Und so gibt es bis heute keine integrierende Beratungstheorie, die auch handlungsleitend für die vielfältigen Aufgaben und Aktivitäten von Beratern in der Praxis sein könnte. Entwürfe eines metatheoretischen Bezugsrahmens bleiben eher vage (vgl. Sickendiek/Engel/ Nestmann 1999).

4. Soziale/sozialpädagogische Beratung

Beratung wird im Arbeitsfeld sozialpädagogischer und psychosozialer Praxis sowohl als eigenständige Methode als auch als „Querschnittsmethode", die sich durch alle anderen Hilfeformen wie beispielsweise Betreuung, Pflege, Jugend- oder Familienhilfe durchzieht, praktiziert. Galuske (2005) klassifiziert Beratung als eine direkte interventions- und klientenbezogene Methode im Kanon der „Methoden der Sozialen Arbeit". Beratung unterscheidet sich als vornehmlich *reflexiv-diskursive Methode* von Hilfeformen wie Betreuung, Pflege oder Alltagsbegleitung, die stärker praktisch-instrumentell in die Lebensführung der Klienten eingreifen und dabei die Autonomie der Adressaten beschneiden können. In der Sozialpädagogik/Sozialarbeit war Beratung schon immer in Form von casework oder Fallarbeit eine sozialarbeiterische Strategie.

Soziale Beratung ist ein weit gefasster Begriff für die Gesamtheit beraterischer Hilfen von Einzelnen und Gruppen in Problemfeldern sozialer Bereiche wie Familie, Beruf, Schule oder Freundeskreis. Soziale Beratung bezieht sich zudem auf die materiellen, rechtlichen und institutionellen Strukturen sozialer Umwelten (vgl. Thiersch 1997; Sickendiek/Engel/Nestmann 1999, 17). „Sozialpädagogische Beratung ist der Versuch in Abgrenzung zu therapeutischen Beratungsformen, die Spezifika einer sozialpädagogischen Umgangsweise mit beratungsrelevanten Problemen zu akzentuieren" (Galuske 2005, 177).

Thiersch (1977) benennt u.a. als ein differenzierendes Merkmal der sozialpädagogischen Beratung die *spezifische Handlungsintention*: Sozialpädagogische Beratung ist „weit stärker als andere Beratungsansätze ... eine Intervention, die auf die Belebung von Alltagstechniken der Konflikt- und Krisenbewältigung gerichtet ist und dabei notwendigerweise den gesellschaftlichen Kontext nicht ausklammert (ebd., 104). Da Sozialpädagogik schon immer besonders stark in die alltägliche Komplexität von sozialen wie auch psychischen Problemlagen eingebunden war, gilt auch für die Beratung das deutliche Eingehen auf die Komplexität der Problemlagen wie auch die Einnahme einer ebenso deutlich parteilichen Position für die gesellschaftliche Benachteiligung der Betroffenen (vgl. Frommann/Schramm/Thiersch 1976). „Somit ist sozialpädagogische Beratung weitaus näher an der konkreten Lebensrealität, hält sich nicht selten in eben dieser auf, wird deshalb mit dem alltagsweltlichen Geflecht aus materiellen, sozialen, psychischen und alltagspraktischen Belastungen weitaus direkter konfrontiert als psychologische Beratung..." (Sickendiek/Engel/Nestmann 1999, 41).

Sozialpädagogische Beratung hat neben individuumsbezogenen Unterstützungen eine Vielzahl von umgebungsbezogenen Diagnose- und Interventionsaufgaben zu übernehmen. Nicht selten sind sie dabei jedoch aufgrund der Notwendigkeit des Intervenierens in akuten Konflikt- und Krisensituationen dem Dilemma ausgesetzt, dass die Beratungsfähigkeit als unabdingbare Voraussetzung für Beratungsprozesse zunächst hergestellt werden muss. In dieser Perspektive formulieren Frommann/Schramm/Thiersch (1976) in therapiekritischer Orientierung drei zentrale Dimensionen des Beratungshandelns:

1. *Akzeptanz* der Ratsuchenden und ihrer alltagsweltlichen Bezüge,
2. *Sachorientierung* als Vermeidung der Umdefinition von Lebenslagenproblemen in Personen- und Beziehungsprobleme,
3. *Partizipation* als eine Form solidarischen Handelns (*Solidarität*).

Die sich auch darin ausdrückende parteinehmende Praxis bzw. *Parteilichkeit für die gesellschaftlich Benachteiligten* ist als ein zentrales Bestimmungskriterium einer sozialpädagogischen bzw. sozialen Beratung zu sehen. Weiteres wesentliches Kennzeichen ist der Bezug auf den Alltag der Klienten. Sozialpädagogische Beratung ist im Kern alltagsorientierte Beratung. Als theoretischer Rahmen ist hier das Konzept der alltagsorientierten bzw. lebensweltorientierten sozialen Arbeit von Thiersch (1986; 1992) zu benennen. Unter dem Primat der Alltags-/ Lebensweltorientierung hat sich soziale Arbeit und so auch Beratung in der Balance zwischen Akzeptanz von Alltagsroutinen und Offenlegung, Kritik, Veränderung und borniertem Alltag zu bewähren (vgl. Galuske 2005, 174).

Vor dem Hintergrund der Alltags-/Lebensweltorientierung ergibt sich auch die Forderung einer alltagsnahen Einbindung von Beratungssituationen. Solch eine Lokalisierung bedeutet, dass Beratung dort angeboten wird, wo die Adressaten ohnehin vorbeikommen bzw. sich aufhalten, wie z.B. in Ladenlokalen oder Jugendhäusern.

„Basale Akzeptanz des Klienten ohne Verzicht auf den kritischen Bezug verzerrter Alltagsroutinen, Sachkompetenz des Beraters, Gewährleistung von Partizipation des Klienten, Zugänglichkeit der Beratungskapazitäten in organisatorischer und räumlicher Hinsicht, Anbindung der Beratung an den Alltag des Klienten, all dies sind die zentralen Merkmale einer spezifisch sozialpädagogischen Beratung" (Galuske 2005, 175). Sozialpädagogische Beratung bedarf der *Offenheit* als strukturbildendes Prinzip.

In Hinblick auf die Methode der sozialpädagogischen Beratung formuliert Thiersch (1977, 123f.) radikal, dass nicht die Methode den Verlauf der Beratung bestimme, sondern das Problem, der Gegenstand und die Lebensumstände. Insofern kann sich sozialpädagogische Beratung keinesfalls auf ein eng begrenztes methodisches Repertoire stützen, sondern nutzt im positiven Sinne in eklektischer Form eine Methodenvielfalt – ohne dabei allerdings auf eine integrative Methode zurückgreifen zu können. Allerdings werden in jüngerer Zeit *systemische und sozialökologische Ansätze* als sehr fruchtbar für die Anforderungen der sozialpädagogische Beratung bewertet und zeichnen sich zunehmend als leitende Beratungskonzepte im Bereich der sozialen Arbeit ab.

Nestmann/Sickendiek (2001, 148) benennen, dass sich

o   interpretative Reflexivität,
o   Ressourcenorientierung und
o   Lebensweltorientierung

zu einem übergreifenden Beratungsrahmen zusammenfügen lassen, wobei sowohl für die einzelne Beratung wie für Beratungsangebote die Lebensweltorientierung den allgemein relevanten Bezugsrahmen für die Annährung zwischen professionellen Beratern und Adressaten bildet. Die Interpretation und Reflexion bezieht sich eher auf die Form der Beratungskommunikation und die Ressourcenorientierung bietet dafür eine Perspektive an, wie sich vielfältige und konstruktive Wege von Problembewältigung und ggf. auch Problemlösung auf der Handlungsebene auszeigen lassen.

5. Aufgaben und Bedingungen sozialer/sozialpädagogischer Beratung vs. „Zwangsberatung" als flankierende Arbeitsmarktintegrationsleistung

Verschiedene Bereiche sozialer Beratung sind gesetzlich fundiert: Das Sozialgesetzbuch regelt die Pflicht der Sozialbehörden zur Beratung derjenigen Bürger, deren Hilfen im Rahmen des BSHG stehen; im KJHG sind Erziehungsberatung und Familien-/Eheberatung, soweit für das Wohl des Kindes erforderlich, verankert. Nicht festgelegt sind Umfang und qualitative Mindeststandards sozialer Beratung.

In der Grundsicherung für Arbeitssuchende (SGB II) sind die Schuldnerberatung und Suchtberatung explizit unter den psychosozialen Betreuungsleistungen aufgeführt. Die psychosozialen Beratungs- und Betreuungsleistungen können als *flankierende Leistungen der Arbeitsmarktintegration* gewährt werden (vgl. Burmester 2005). Dementsprechend wird soziale Beratung im Rahmen des SGB II zur aktivierenden Hilfe, aber mit doppeltem Gesicht: Vordergründig mag es um Hilfs- und Unterstützungsleistungen gehen, doch tatsächlich erfolgt dies nur mit dem Auftrag einer möglichst schnellen Wiedereingliederung des Betroffenen in das Beschäftigungssystem. Diese Leistungen sind allerdings eher dem Arbeitsmarkt als den spezifischen Profil der Person verpflichtet.

Die Einbindung von Beratungseinrichtungen und -diensten in das Leistungsangebot der Job-Center wird die Beratungsarbeit voraussichtlich nachhaltig beeinflussen. Einer entsprechenden Beratungsleistung durch den „Fallmanager" kommt in dem gesamten Prozess der Leistungsgewährung eine entscheidende Rolle zu. Die Grundsicherung für Arbeitssuchende wie auch die der Sozialhilfe wird durch die stärkere Betonung der persönlichen Hilfe durch die Begrifflichkeit des „Förderns und Forderns" umgesetzt. Ein wesentliches Reformziel war dabei, die Grundsicherung so weit wie möglich zu einer Leistungsbeziehung auf Gegenseitigkeit auszugestalten. Beratung wird als aktivierende Hilfe zur Überwindung der Abhängigkeit von Grundsicherungsleistungen instrumentalisiert. Allerdings ist hier eine produktive Partizipation des Klienten am Beratungsprozess fraglich. Doch ist gerade die Kooperationswilligkeit und -fähigkeit des Klienten für die Beratungsqualität unverzichtbar. Die aktive Partizipation des

Einzelnen ist zwingend erforderlich, lässt sich allerdings nicht erzwingen! Gleichzeitig erhöhen sich (unter solchen Arbeitsbedingungen) die Konflikte für Berater zwischen institutionellen Anforderungen und Bedürfnissen der Beratungssuchenden.

Da sich Partizipation bzw. Kooperationswilligkeit nicht erzwingen lassen, verpflichteten sich viele soziale Fachberatungen daher auf Grundsätze, die Voraussetzung für Koproduktion sind. Zu diesen Grundsätzen zählen häufig (Burmester 2005):

- *Freiwilligkeit* des Zugangs, d.h. keine Zwangsberatung,
- *Transparenz* der Beratungsinhalte und Beratungsbedingungen,
- *Vertraulichkeit*, d.h. die Äußerungen der Klienten können keine nachteiligen Folgen für sie haben,
- *Ergebnisoffenheit*, d.h. Klienten stehen alle Handlungsoptionen offen.

Beratung ist im Vergleich zu anderen Methoden der sozialen Arbeit – auch in der öffentlichen Wahrnehmung – am stärksten durch Freiwilligkeit und Achtung der Autonomie der Klienten geprägt, von der sich Klienten *Anwaltschaft und Bündnispartnerschaft* für ihre Anliegen (also Parteilichkeit) wünschen (vgl. Nestmann/Sickendiek 2001), doch durch den Zwang einer arbeitsmarktbezogen-aktivierenden Beratung werden diese Prämissen konterkariert. Das Ziel sozialer Beratung, Unterstützung und Anregung für selbstbestimmte Entscheidungen und selbstverantwortliche Problembewältigung wird hier grundlegend ausgehebelt.

Unter dem Dach von Behörden und Ämtern finden sich Beratungsangebote mitunter als relativ starre „Beratungsprogramme", in denen vorgegebene Strukturen die Klienten an institutionelle Logiken anzupassen trachten. Die faktische „Mittelschichtorientierung" von Beratung verschärft nochmals das Dilemma, dass benachteiligte Bevölkerungsschichten sowieso schon eine eher ablehnende Haltung gegenüber der Beratung haben und bei einer „Zwangsberatung" noch weniger die nötige Motivation und Offenheit mitbringen. Zumal ist die Behörde unter Settings- und Lokalitätsgesichtspunkten ungeeignet für eine sozialpädagogische Beratung.

6. Fazit

Zwar stehen grundsätzlich sozialpädagogische Handlungsintention und Parteilichkeit der sozialen Beratung im Widerspruch zu einer verpflichtenden Beratung, doch ist Beratung in der sozialen Arbeit oft mit Gewährungs- und Aufsichtsfunktionen verbunden und bewegt sich somit zwischen Hilfe und Kontrolle. Allerdings handelt es sich bei den bisherigen Gewährungs- und Aufsichtsfunktionen um Werte, die unter sozialpädagogischer Zielperspektive als legitim angesehen werden.

Dass die Gewährung materieller Leistungen eine Mitwirkungspflicht erfordert, ist mit SGB II zwar nicht neu, doch neu ist die Rigorosität der Kürzungen von Grundsicherungsleistungen bei unzureichender Kooperation. Durch das SGB II gibt es keine ergebnisoffene Beratung mehr. Leistungsberechtigte müssen sich deshalb sehr genau überlegen, in welchem Maße sie ihrer Mitwirkungspflicht nachkommen werden. Von Form und Intensität der Kooperation hängt es schließlich ab, ob sie weiterhin Grundsicherungsleistungen in voller Höhe erhalten oder nicht (vgl. Burmester 2005).

Eine solche verpflichtende Beratung neuer Qualität steht in vielen Widersprüchen zu den Grundsätzen einer professionellen sozialpädagogischen Beratung, die zusammenfassend durch folgende Kriterien gekennzeichnet ist:

Berater (Haltung u. Kompetenz)	▪ Parteilichkeit/Partizipation/Solidarität ▪ Akzeptanz des Klienten ▪ Offenheit gegenüber der Problemsituation ▪ Vertraulichkeit (Äußerungen der Klienten dürfen keine nachteiligen Folgen haben) ▪ Sachkompetenz des Beraters
Methode („Technik", Verfahren u. Konzeption)	▪ Interpretative Reflexivität ▪ Motivationsarbeit ▪ Transparenz der Beratungsinhalte und -bedingungen ▪ Ressourcenorientierung ▪ Alltags-/Lebensweltorientierung ▪ Ergebnisoffenheit
Setting	▪ Zugänglichkeit ▪ Freiwilligkeit

Vor dem Hintergrund gegenwärtiger sozialpolitischer Reformprozesse in Hinblick auf eine Zwangsberatung ist es besonders notwendig, wenn zunächst die grundsätzliche Kritik bzgl. einer „Zwangsverordnung" ausgeblendet wird, an Motivationsdefiziten anzusetzen und die Autonomie des Klienten so weit wie möglich zu gewährleisten. Denn es besteht die Gefahr, dass gerade diejenigen Personen, die nicht fähig oder willens sind, ihre Bedürfnisse entsprechend zu artikulieren und die ihre Mitwirkungspflichten vernachlässigen, aus dem Hilfesystem herausfallen. In der Konsequenz kann dies bedeuten, das gerade die Bürger, die ein hohes Maß an sozialpädagogischer Unterstützung benötigen, aus dem Hilfesystem herausgedrängt werden (vgl. Burmester 2005).

Sozialpädagogische Beratung im eigentlichen Sinne wie auch Beratung im Allgemeinen setzt Eigeninitiative des Einzelnen voraus und ist ein aktiver Prozess, in dem Handlungsoptionen entwickelt werden und der Klient Entscheidungsfähigkeiten erlangt, mit denen er sich dann für eine (oder auch mehr) Verhaltensalternative(n) entscheidet. Die Ergebnisoffenheit ist hierbei eine wichtige Voraussetzung.

Literatur

Burmester, M. (2005): Beratung als aktivierende Hilfe im Rahmen des SGB II. In: Dahme, H.-J./Wohlfahrt, N. (Hg.): Aktivierende Soziale Arbeit. Theorie – Handlungsfelder – Praxis. Baltmannsweiler, S. 100-109.

Frommann, A./Schramm, D./Thiersch, H. (1976): Sozialpädagogische Beratung. In: Zeitschrift für Pädagogik, 22, 5, S. 715-742.

Galuske, M. (2005): Methoden der Sozialen Arbeit. Eine Einführung. Weinheim.

Hanesch, W. (2004): Soziale Dienste zwischen Haushaltskonsolidierung und Ökonomiedruck. In: Hanesch, W. et al. (Hg.): Öffentliche Armut im Wohlstand. Soziale Dienste unter Sparzwang. Hamburg.

Nestmann, F. (1988): Die alltäglichen Helfer. Theorien sozialer Unterstützung und eine Untersuchung alltäglicher Helfer aus vier Dienstleistungsbereichen. Berlin.

Nestmann, F./Sickendiek, U. (2001): Beratung. In: Otto, H.-U./Thiersch, H. (Hg.): Handbuch Sozialarbeit, Sozialpädagogik. Neuwied, S. 140-152.

Sickendiek, U./Engel, F./Nestmann, F. (1999): Beratung. Eine Einführung in sozialpädagogische und psychosoziale Beratungsansätze. Weinheim.

Thiersch, H. (1977): Kritik und Handeln. Interaktionistische Aspekte der Sozialpädagogik. Neuwied.

Thiersch, H. (1986): Die Erfahrung der Wirklichkeit. Perspektiven einer alltagsorientierten Sozialpädagogik. Weinheim.

Thiersch, H. (1992): Lebensweltorientierte Soziale Arbeit. Aufgaben der Praxis im sozialen Wandel. Weinheim.

Thiersch, H. (1997): Soziale Beratung. In: Nestmann, F. (Hg.): Beratung – Bausteine für eine interdisziplinäre Wissenschaft und Praxis. Tübingen, S. 99-110.

Bildung

Albert Scherr

Seit einigen Jahren sind im Diskurs der Sozialen Arbeit vielfältige Bemühungen zu verzeichnen, die mögliche Bedeutung der Sozialpädagogik/Sozialarbeit, insbesondere der Kinder- und Jugendhilfe, für eine Neugestaltung des Bildungssystems zu betonen (s. Münchmeier/Otto/Rabe-Kleberg 2002; Lindner/Thole/Weber 2003; Otto/Rauschenbach 2004; Deinet/Reutlinger 2004; Oelkers/Otto 2006). Eine sozial- und bildungspolitische ausgerichtete Beschreibung von Möglichkeiten und Erfordernissen des Beitrags der Sozialen Arbeit zur Gestaltung eines „fachlich zukunftsträchtige(n) und politisch organisierbaren(n) Konzept(s)", das darauf zielt, ein aufeinander abgestimmtes „Bildungs-, Betreuungs- und Erziehungsangebot" zu konturieren, das dem angenommenen gesellschaftlichen Modernisierungsbedarf gerecht wird, liegt in Gestalt des 12. Kinder- und Jugendberichtes der Bundesregierung vor (vgl. BMFSFJ 2005).

Die sich damit abzeichnende Etablierung eines Fachdiskurses, in dem einerseits Bildung als zentrale Kategorie sozialpädagogischer/sozialarbeiterischer Theorie und Praxis in Anspruch genommen, andererseits die (potentiell) zentrale Bedeutung der Sozialen Arbeit für die Deckung des gesellschaftlichen Bedarfs an Bildung betont wird, steht nicht nur in einem augenfälligen Kontrast zur Fachdiskussion der 1980er und 1990er Jahre; in dieser waren bildungstheoretisch ausgerichtete Analysen und Programmatiken eher randständig.[1] Darüber hinaus wird die politische Zuweisung eines Bildungsauftrags an die Soziale Arbeit gegenwärtig überwiegend keineswegs kritisch und vor dem Hintergrund einer Auseinandersetzung mit der neoliberal getönten Programmatik des Abbaus sozialstaatlicher Leistungen und der Transformationen in Richtung auf einen aktivierenden Wohlfahrtsstaat[2] *(s. dazu als Überblick Dahme/Otto/Trube 2003)* diskutiert: Vielmehr wird der bildungspolitische Diskurs nicht zuletzt deshalb überwiegend als eine Chance begriffen, weil er sich mit der Hoffnung verbindet, dass

---

[1] Sie wurden auch wiederkehrend zu einem Element des unzeitgemäßen und nunmehr abzuwerfenden Ballasts eines gesellschaftskritisch akzentuierten Verständnisses Sozialer Arbeit erklärt, das „nach 1968" einflussreich geworden war.

[2] Von einem aktivierenden Wohlfahrtsstaat – und nicht von einem aktivierenden Sozialstaat – ist hier deshalb die Rede, weil Wohlstaatlichkeit mehr umfasst als sozialstaatliche Institutionen, nämlich auch Instrumente der Sozialen Kontrolle sowie das staatliche Schulwesen; s. dazu zusammenfassend Bommes/Scherr 2000, 114ff.

hier für die Soziale Arbeit neue Alimentierungs- und Expansionsmöglichkeiten entstehen, die gerade aufgrund der mit der Einschränkung sozialstaatlicher Leistungen in unterschiedlichen Arbeitsfeldern verbundenen Mittelkürzungen und Stellenstreichungen benötigt werden (vgl. Rauschenbach/Otto 2004).[3]

Im Folgenden sollen dagegen – und dies in kritischer Distanz zur Reklamation eines potentiell bedeutsamen Beitrags der Sozialpädagogik zur Befriedigung des politisch deklarierten Bildungsbedarfs der so genannten Wissensgesellschaft[4] – Verbindungen und Verschränkungen des aktuellen Bildungsdiskurses mit der Restrukturierung des Wohlfahrtsstaates in den Blick gerückt werden. *Dabei ist die These leitend, dass Tendenzen in Richtung auf einen Abbau sozialstaatlicher Leistungen und ihren aktivierenden Umbau in einem nicht zufälligen, sondern wechselseitig konstitutiven Zusammenhang mit der Programmatik einer Bildungsreform stehen, in der Bildung als Voraussetzung legitimer gesellschaftlicher Teilhabe und die Bereitschaft zu lebenslangem Lernen als individuelle Verpflichtung verstanden wird. Dieser Zusammenhang wird durch eine gesellschaftspolitische Programmatik hergestellt, deren Kern a) eine primär an den ökonomischen Erfordernissen der so genannten Wissensgesellschaft ausgerichteten Politik ist, die Individuen b) als für ihr gesellschaftliches Schicksal eigenverantwortliche Subjekte einzusetzen und damit einen Abbau wohlfahrtsstaatlicher Garantien zu legitimieren versucht.*

1. Bildung als sozialpädagogischer Leitbegriff?

Der Bildungsbegriff ist zu denjenigen Begriffen zu rechnen, die grundlegend sind für die Explikation eines eigenständigen, nicht auf die Erfüllung gesellschaftlicher (politischer, ökonomischer, rechtlicher) Funktionszuweisungen reduzierbaren Selbstverständnisses (sozial-)pädagogischer Theorie und Praxis. Insbesondere mit an den Neuhumanismus und die kritische Bildungstheorie anschließenden Bestimmungen des Bildungsbegriffs distanziert sich (Sozial-)Pädagogik von einem tradierten Verständnis als erzieherische Einwirkung auf Individuen, die gesellschaftlichen Zwecken dient, vor allem auf die Vermittlung

---

[3] Die Diskussion über das Verhältnis Sozialer Arbeit und Bildung ist also innerhalb politischer Auseinandersetzungen situiert und durch Interessenlagen überformt, worin erneut deutlich wird, dass von einer „Autonomie der Sozialen Arbeit" selbst auf der Ebene ihrer Fachdebatten nicht die Rede sein kann.

[4] Zur Problematik dieser politisch einflussreichen Terminologie s. auch Spinner 2001. Helmut F. Spinner (2001, 319) schlägt vor, von der Entstehung einer „superindustriellen" Informationsgesellschaft auszugehen, denn „im Zeichen der Globalisierung, d. h. des sich ,imperialistisch' ausdehnenden Regimes der kapitalistischen Marktwirtschaft und des neoliberalen Ordnungsdenkens, geht die Entwicklung eher zum Super- als zum Postindustrialismus".

vorgegebener Werte und Normen und die Erzeugung von Anpassungsbereit-schaft an gesellschaftliche Zwänge ausgerichtet ist.

Dass Bildung – in deutlicher Entgegensetzung zu Erziehung – als freie und umfassende Entfaltung des sich bildenden Subjekts zu bestimmen und dass ihr Modus die eigentätige Auseinandersetzung mit gesellschaftlichen Sachverhalten und kulturellen Objektivationen sowie die selbstreflexive Auseinandersetzung mit eigenen Wahrnehmungen, Empfindungen, Erfahrungen, Bedürfnissen und Interessen ist, wurde insbesondere in Varianten kritischer Bildungstheorie mit unterschiedlicher Akzentuierung reklamiert. Klassisch fasst Hans-Joachim Hey-dorn (1970: 10) Bildung als „entbundene Selbsttätigkeit, als schon vollzogene Emanzipation" in einer strikten Entgegensetzung zu Erziehung als Form der gesellschaftlichen Einfügung und Unterwerfung. Adorno charakterisiert Bildung als „subjektive Zueignung" von Kultur und als „lebendige Beziehung lebendiger Subjekte" zu bildungsrelevanten Gegenständen. Daran anknüpfend fasst Marotz-ki (1992: 41) Bildung als eine Qualität solcher Lernprozesse, die zu einer „Ver-änderung von Interpunktionsprinzipien von Erfahrung und damit der Konstrukti-onsprinzipien der Weltaufordnung" führen, die also das „Selbst- und Weltver-hältnis" von Subjekten modifizieren.

Im Kontext kritischer Bildungstheorien verbindet sich ein solches Ver-ständnis von Bildungsprozessen mit der Annahme, dass Bildung als eigensinnige und kritische Auseinandersetzung mit Wissensbeständen, Normen, Werten, Ideo-logien usw. dazu befähigt, Distanz zu gesellschaftlichen Zwängen und Normie-rungen einzunehmen und damit dazu beiträgt, eine eigenverantwortliche und mündige Lebenspraxis zu ermöglichen. In der einschlägigen Diskussion wird mit unterschiedlicher Akzentuierung versucht, die Tragfähigkeit und Aktualität eines solchen Bildungsverständnisses u.a. in Auseinandersetzung mit der postmoder-nen Infragestellung des Subjekt- und Vernunftbegriffs auszuweisen. Darauf kann hier nicht näher eingegangen werden (s. als Überblick etwa Hansmann/Marotzki 1988; Marotzki/Sünker 1992; Höffer-Mehler 2003).

Ein solches nicht-funktional gedachtes Verständnis von Bildung wurde auch in der genuin sozialpädagogischen Theorietradition bereits in den 1980er und 1990er Jahren – also vor der aktuellen Hochkonjunktur der sozialpädagogischen Bildungsdiskussion – wiederkehrend in Anspruch genommen, so bei Sünker (1984); Winkler (1988) und Scherr (1992a und 1997). Dabei wird vor allem der Zusammenhang von sozialer Ungleichheit bzw. sozialer Benachteiligung mit Bildungsprozessen zum Subjekt in den Blick genommen, also danach gefragt, wie gesellschaftliche Lebensbedingungen – also nicht nur pädagogische Einwir-kungen – die Entwicklung von Selbstwertgefühl, Selbstbewusstsein und Selbst-bestimmungsfähigkeit ermöglichen und einschränken. Die Aufgabe einer als Bildungspraxis konzipierten Sozialpädagogik wird vor diesem Hintergrund darin gesehen, im Hinblick auf ihre Adressaten zu untersuchen, „in welchen Formen und in welchen Dimensionen Individuen unter denen ihnen auferlegten Lebensbedingungen zu selbstbewusster und selbstbestimmter Lebenspraxis in der Lage sind" (Scherr 1992a: 160) sowie Individuen zu helfen „ihre Rolle als Opfer der Verhältnisse (zu) überwinden und ihre Lebensbedingungen selbst auszufüllen" (Winkler 1988: 265). Bezugsproblem sozialpädagogischen Handels sind in dieser Perspektive subjektiv erfahrene Beschädigungen des Selbstverhältnisses und Begrenzungen selbstbestimmter Lebenspraxis sowie darauf bezogene Entwürfe eines gelingenderen Lebens.

Die neuere Bildungsdiskussion in der Sozialpädagogik schließt nun nur zum Teil direkt an diese Theorielinie an, sondern konturiert sich primär in Auseinandersetzung mit der im Weiteren noch näher zu betrachtenden politischen Erwartung, einen relevanten Beitrag zu einer solchen Qualifizierung zu leisten, die den Erfordernissen der so genannten Wissensgesellschaft gerecht wird. Damit akzeptiert sie zwar politische Aufgabenzuweisungen; zugleich wird jedoch in unterschiedlicher Weise versucht, dies mit einer genuin (sozialpädagogischen) Bestimmung des Bildungsverständnisses zu verbinden und dadurch fachliche Eigenständigkeit auch gegen die Subsumtion unter ein tradiertes schulisches Bildungskonzept zu wahren, das auf eine durch Schulpflicht und Sanktionen gestützte Vermittlung vorgegebener Lerninhalte zielt. Dazu werden u.a. soziale Teilhabefähigkeit (Liebau 2002), Lebensbewältigung (Böhnisch 2002; Krappmann 2002) und Aneignung (Deinet/Reutlinger 2004), aber auch Selbstbildung (Liegle 2002) und auch Subjektbildung (Scherr 2002; Sturzenhecker 2004) als Leitbegriffe diskutiert, die dazu befähigen sollen, eine angemessene Bildungsprogrammatik zu entwickeln.

Diesbezüglich kann – trotz aller keineswegs unerheblichen Unterschiede zwischen den erwähnten Begriffen und den ihnen zu Grunde liegenden Theorien – eine Gemeinsamkeit darin gesehen werden, dass für ein Bildungskonzept plädiert wird, das zum einen eine umfassende gesellschaftspolitische, also nicht nur ökonomische Verantwortung institutionalisierter Bildung einfordert; zum anderen zielen die Überlegungen darauf, Bildung nicht funktionalistisch verkürzt zu begreifen, sondern immer auch als Recht des sich bildenden Individuums sowie als ein Prozess, der zur Entwicklung reflektierter Urteils- und verantwortlicher Handlungsfähigkeit beitragen soll.

Ob und wie es dabei gelingt, ein Verständnis von Bildung theoretisch zu konturieren sowie als Orientierung für die sozialpädagogische Praxis zu etablieren, das die Problemlagen und Interessen der Adressaten ins Zentrum stellt, ist strittig. Insbesondere Michael Winkler (2002; 2004; 2006) hat, und dies auch in dezidierter Kritik des 12. Kinder- und Jugendberichts, argumentiert, dass die Ausrichtung der Sozialpädagogik am aktuellen politischen Bildungsdiskurs dazu

führt, dass sich ein auf schulisches Lernen und berufliche Qualifizierung ver-
kürztes Verständnis von Bildungsprozessen durchsetzt, das a) die gesellschaftlichen Bedingungen von Bildung ausblendet sowie b) in ein technokratisches
Verständnis von Bildung als herstellbare Qualität von Individuen einmündet.
Gegen den Versuch des 12. Kinder- und Jugendberichts, ein vorschulische, schu-
lische und außerschulische Erziehung und Bildung integrierendes Konzept zu
entwerfen, wendet Winkler (2006) ein, dass hier an die Stelle eines theoretisch
ausgewiesenen Bildungsbegriffs die Orientierung an einer politischen Programmatik erfolgt, die im Kern auf die Durchsetzung neuer „Kontroll- und Disziplinierungstechniken" im Interesse der „Abrichtung zur Employability", also auf
die Erzeugung ökonomisch erforderlicher Dispositionen und Fähigkeiten zielt.
Dieser Einwand wird – trotz durchaus problematischer Formulierungen[5] – dem
Anspruch des 12. Kinder- und Jugendberichts m.E. – jedenfalls auf den ersten
Blick – nicht gerecht. Denn im explizit als Klärung des beanspruchten Bildungsbegriffs angelegten konzeptionellen Kapitel 2 des Berichts (BMFSFJ 2005:
103ff.) wird durchaus eine kritische Abwägung vorgenommen, die sich von
einem funktionalistisch gefassten Bildungsverständnis distanziert und Bildung
sowohl im Hinblick auf die „Selbstkonstitution des Subjekts" als auch auf „die
Konstitution der Gesellschaft" (ebd.: 107) thematisiert. Theoretisch problematisch, aber aufgrund des spezifischen Charakters einer auf politische Akzeptanz
zielenden Berichterstattung verständlich, ist zwar, dass Widersprüche zwischen
diesen beiden Seiten nicht konsequent thematisiert werden und insofern suggeriert wird, gesellschaftliche Erfordernisse und Bedingungen der „Selbstkonstitution des Subjekts" ließen sich mehr oder weniger versöhnen. Dies geht – auch
auf der Ebene der programmatischen Überlegungen – mit relevanten Ausblen-
dungen einher, nicht nur des Zusammenhanges von Armut und Bildung(-sver-
hinderung), auf den Winkler (2002: 9) deutlich hinweist. Gleichwohl ist die m.E.
durchaus begründete und zweifellos diskussionsbedürftige Befürchtung, dass
sich die Anlehnung an den aktuellen Bildungsdiskurs nicht nur gegen die Sozialpädagogik, sondern auch gegen ihre AdressatInnen wendet, da die Kinder- und
Jugendhilfe zu einem „Anhängsel des scholaren Bildungsunternehmens" (Winkler 2006: 51) werde, nicht zureichend allein auf der Grundlage einer Auseinandersetzung mit den in der sozialpädagogischen Fachdiskussion explizierten Positionen zu begründen. Denn dieser ist zum einen keine generelle Naivität gegenüber Versuchen einer schulischen Indienstnahme vorzuwerfen. Zum anderen,
und das ist der hier entscheidendere Aspekt, verfügt (Sozial-)Pädagogik ohnehin

---

[5] So etwa: „Bildung ist ein Dienstleistungsprodukt und wird vom Staat sowie von den freien Trägern
und privaten Anbietern hergestellt. Bildung ist ein Konsumgut, das Heranwachsende nutzen – jetzt
und für ihre Zukunft. Bei knappen Ressourcen muss Bildung möglichst sparsam produziert und
bereitgestellt werden." (12. Kinder- und Jugendbericht, Zusammenfassung des Kapitels 2)

nicht über die Definitionsmacht in Hinblick darauf, was gesellschaftlich als Bildung – als erwartbarer Output des Bildungssystems bzw. seitens des Staates und der Privatwirtschaft alimentierter Bildungseinrichtungen – gefasst wird. Denn Versuchen, durch Auseinandersetzung über theoretisch-begriffliche Implikationen der Bildungssemantik Einfluss auf sozial- und bildungspolitische Entscheidungen zu nehmen, kommt nur eine begrenzte Bedeutung zu: Nur in dem Maß, wie politische Entscheider veranlasst sind, sich in Bezug auf wissenschaftliche Diskurse zu legitimieren, sind diese einflussreich.

Folglich ist es erforderlich, die gesellschaftspolitischen Bedingungen und Strategien in den Blick zu nehmen, die dem aktuellen Bildungsdiskurs zu Grunde liegen und die zu einem veränderten Verständnis von Staatsaufgaben im Sinne einer postfordistisch aktivierenden Sozial-, Arbeitsmarkt- und Bildungspolitik geführt haben (s.u.), in deren Rahmen die Zuweisung eines Bildungsauftrags an die Sozialpädagogik erfolgt. Bevor hierauf etwas näher eingegangen wird, ist zunächst knapp zu skizzieren, dass die Beanspruchung einer fachlichen Autonomie seitens der Sozialpädagogik insofern problematisch und prekär ist, als Sozialpädagogik in einem konstitutiven Zusammenhang mit wohlfahrtsstaatlicher Sozial-, Bildungs- und Sicherheitspolitik steht.

2. Sozialpädagogik und Bildung im Wohlfahrtsstaat

Versuche, im Diskurs über die Erfordernisse einer Neugestaltung des Bildungssystems Eigenständigkeit der Sozialpädagogik bei der Festlegung von Bildungszielen und der Ausgestaltung des Bildungsangebots zu beanspruchen, können nicht von dem theoretisch fragwürdigen Postulat einer „Autonomie Sozialer Arbeit" (Merten 1997) als Funktionssystem und Profession ausgehen. Denn als organisierte und durch sozialrechtliche Ansprüche garantierte Hilfe in der Form von Betreuung, Beratung, Erziehung, Bildung, Quasi-Therapie und stellvertretendem Handeln etabliert sich Sozialpädagogik im Kontext der Herausbildung nationaler Wohlfahrtsstaaten, deren Leistungen als politische Moderation der Inklusionsbedingungen und Exklusionsfolgen sowie der Durchsetzung gesellschaftspolitischer Ordnungsmodelle durch Kontrolle von Armen, Exkludierten, Rand- und Subkulturen in funktional differenzierten Gesellschaften mit kapitalistisch-marktwirtschaftlicher Ökonomie bestimmt werden kann (s. Luhmann 1981; Bommes/Scherr 2000: 114ff.). Wohlfahrtsstaatlichkeit umfasst so betrachtet die staatlich-politische Anerkennung von Zuständigkeit für die Sicherstellung von gesellschaftlichen Teilnahmevoraussetzungen durch allgemeine Bildung, die Absicherung von Existenzrisiken der Lohnabhängigen mittels sozialrechtlicher Regelungen und sozialadministrativ erbrachte Leistungen sowie sicherheitsstaat-

liche Kontrollen und Sanktionen, also unterschiedliche Institutionen und Maßnahmen, die den „stummen Zwang der ökonomischen Verhältnisse" begrenzen,
aber Individuen zugleich auch befähigen sollen, sich an den Inklusionsbedingungen der gesellschaftlichen Teilsysteme, insbesondere der Ökonomie, auszurichten (vgl. Lenhardt/Offe 1977). Eine gemeinsame Perspektive von Bildungspolitik und Sozialpolitik, sozialen Hilfen und schulischer Erziehung/Bildung, Schulpädagogik und Sozialpädagogik ist folglich darin begründet, dass sie Bestandteil
wohlfahrtsstaatlicher Bemühungen sind, Inklusion durch (nicht zuletzt: pädagogische) Einwirkungen auf Individuen zu ermöglichen und zu erzwingen. Sozialpädagogik kann also – entgegen einer einflussreichen Selbsttäuschung – für sich
keineswegs beanspruchen, prinzipiell als Anwalt der Individuen gegen ihre Unterwerfung unter gesellschaftliche Zwänge auftreten zu können, sondern „nur"
versuchen, als Bestandteil des wohlfahrtsstaatlichen Komplexes von Bildung,
Hilfe, Kontrolle und Sanktionierung den Problemlagen und Interessen ihrer
AdressatInnen im Kontext politischer Aushandlungsprozesse Geltung zu verschaffen. Dazu ist es erforderlich, fachlichen, rechtlichen und ethisch-normativen
Gesichtspunkten Geltung zu verschaffen, die an den gesellschaftlich anerkannten
Grundsatz anschließen, dass Sozialpädagogik ihr Mandat nicht allein aus ökonomischen und politischen Erfordernissen, sondern auch aus den menschen-,
grund- und sozialrechtlich fixierten Individualrechten ihrer AdressatInnen – so
etwa dem in den UN-Kinderrechtskonvention formulierten Recht auf Bildung
und dem im KJHG/SGB VIII deklarierten Recht auf Förderung der Entwicklung
zu einer eigenverantwortlichen Persönlichkeit – bezieht.

Diesbezügliche Möglichkeiten sind nun aber abhängig von gesellschaftspolitischen, insbesondere sozial- und bildungspolitischen Strategien, in denen fol-
genreiche Deutungen des Bedarfs, des finanzierbaren Umfangs und der angemessenen Form wohlfahrtsstaatlicher einschließlich sozialpädagogischer Hilfen
etabliert und durchgesetzt werden. Dies ist im vorliegenden Zusammenhang
deshalb von zentraler Bedeutung, weil auch der aktuelle Bildungsdiskurs Ausdruck diesbezüglicher grundlegender Veränderung ist, die sich seit Mitte der
1980er Jahre abzeichnet: In Folge der seitdem anhaltenden ökonomischen Krise,
die sich zugleich als Finanzkrise des nationalen Wohlfahrtsstaates darstellt (s.
dazu etwa Kaufmann 1997), erfolgt eine neoliberale Reorientierung, in deren
Rahmen ein Abbau wohlfahrtsstaatlicher Garantien als Umbau in einen vermeintlich leistungsfähigen aktivierenden Staat legitimiert wird.

Die vor allem durch mit der Herausbildung struktureller Massenarbeitslosigkeit und die sich abzeichnende Finanzkrise des nationalen Wohlfahrtsstaates
veranlasste Diagnose, dass „der kurze Traum immerwährender Prosperität" (Lutz
1984) ausgeträumt ist, wurde in der sozialwissenschaftlichen Diskussion bereits
vor inzwischen mehr als 20 Jahren formuliert. Sie verband sich mit der Progno-

se, dass in Folge der Krise eines u.a. auf hohen wirtschaftlichen Wirtschafts-
wachstumsraten, tayloristischer Massenproduktion, Vollbeschäftigung und Ausweitung des privaten Konsums beruhenden fordistischen Akkumulationsregimes
zugleich auch die Grundlage eines Sozialstaatmodells in Frage gestellt sei, das
eine rechtliche Absicherung des Normalarbeitsverhältnis mit einem im historischen Vergleich hohen Leistungsniveau für diejenigen verbindet, die keinen
Zugang zur Erwerbsarbeit finden. Mit erstaunlicher Genauigkeit wurden vor
diesem Hintergrund Entwicklungstendenzen analysiert, die sich seitdem durchgesetzt haben: So konstatierte Joachim Hirsch (1990: 101ff.) den wachsenden
politischen Einfluss neoliberaler Konzepte, die „programmatisch auf eine Zu-
rückdrängung der Staatseingriffe, Entbürokratisierung, Deregulierung und Frei-
setzung der Marktkräfte" sowie einen „Umbau des Sozialstaates" in Richtung
auf eine „stärkere Privatisierung von Lohnarbeiterrisiken" und eine Anpassung
des Systems der sozialen Sicherung an die „Flexibilitäts- und Mobilitätserforder-
nisse" einer sich zunehmend globalisierenden Ökonomie zielen (ebd.: 108). Bob
Jessop (1996) charakterisierte die Grundannahmen neoliberaler Strategien zutref-
fend wie folgt: „Der Neo-Liberalismus ist primär darauf bedacht, einen markt-
orientierten Übergang zum Post-Fordismus zu befördern. Für den öffentlichen
Sektor bedeutet dies eine Mischung aus Privatisierung, Liberalisierung und Anwendung wirtschaftlicher Kriterien im verbleibenden öffentlichen Sektor; für den
privaten Sektor bedeutet es Deregulierung und einen neuen rechtlichen und politischen Rahmen ..., um passive Unterstützung durch marktgerechte Lösungen
bereitzustellen." (Jessop 1996: 66).

Dies verbindet sich im Bereich der Sozialpolitik mit einer Kritik tradierter
Strukturen, die diese unter den Verdacht stellt, individuelle Eigenverantwortlichkeit durch allzu leichtfertig bereitgestellte Unterstützungsleistungen zu untergra-
ben und dadurch eine Ausweitung des Unterstützungsbedarfs zu generieren. Vor
diesem Hintergrund wird nicht nur von Apologeten eines marktökonomischen
Liberalismus, sondern auch von prominenten Repräsentanten der neuen Sozial-
demokratie – so etwa bei Anthony Giddens (2001: 118) – propagiert, dass ein
„neue(r) Gesellschaftsvertrag" erforderlich sei, „der Rechte an Verpflichtungen
knüpft" und der „der individuellen Verantwortung mehr Gewicht" verleiht. Eine
„befähigungsorientierte Sozialpolitik" (ebd.: 121) wird damit nicht als politische
Reaktion auf die Strukturkrise des Fordismus, aber gleichwohl als durchaus
problematischer Rückzug aus staatlich-politischer Verantwortung qua Verant-
wortungsdelegation an die Individuen analysiert, sondern als Ergebnis eines
rationalen politischen Lernprozesses inszeniert.

Analoge – und bis hin zur Adaption der zuerst in der Kinder- und Jugendhilfe erprobten Neuen Steuerungsmodelle ähnliche – Entwicklungen sind, mit
zeitlicher Verzögerung, im Bereich der Bildungspolitik festzustellen. Das funkti-

onale Äquivalent zu einer Sozialstaatskritik, die einen Abbau von wohlfahrtsstaatlichen Gewährleistungen und erhebliche Mittelkürzungen als im wohlver-
standenen Eigeninteresse der Gesellschaft *und* der AdressatInnen sozialer Hilfen
gebotene Maßnahmen behauptet, stellt hier der Diskurs über ‚Bildung in der
Wissensgesellschaft' dar.

3. Bildung in der Wissensgesellschaft

In diesem Diskurs (vgl. zusammenfassend Maasen 2006), dessen zentrale Ver-
ankerung die gesellschaftspolitischen Programmatiken der OECD, der EU und
der westeuropäischen Nationalstaaten sind, wird Bildung eine zentrale Bedeutung sowohl für die gesellschaftliche Zukunftsgestaltung als auch für die individuelle Lebensführung zugesprochen. Dies geschieht vor dem Hintergrund der
Annahme, dass eine Entwicklung in Richtung auf eine so genannte Wissensgesellschaft unvermeidbar ist, weshalb politische Gesellschaftsgestaltung darauf
verwiesen sei, den Erfordernissen einer postindustriellen und globalisierten Ökonomie gerecht zu werden, in der die Nachfrage nach gering qualifizierter Arbeit
in den Staaten der Europäischen Union sinkt sowie die Verfügbarkeit hoch qualifizierter Arbeit zu einem entscheidenden Standortfaktor wird (vgl. Klausenitzer
2002; Winkler 2002). In der Folge wird Bildung, verstanden als Qualifizierung
des „Humankapitals", d.h. als Hervorbringung ökonomisch relevanter Dispositionen und Fähigkeiten, ein zentraler Stellenwert zugewiesen; die „Ausschöpfung
der Humanressourcen" und die „Förderungen der Beschäftigungsfähigkeit" (Bul-
mann 2000: 8; vgl. Expertengruppe Forum Bildung) werden als entscheidende
Zielvorgaben für bildungspolitische Entscheidungen gefasst. Diese primär an
politischen Interpretationen ökonomischer Erfordernisse – und keineswegs an
pädagogischen oder demokratietheoretischen Gesichtspunkten – orientierte Ausrichtung des bildungspolitischen Diskurses wird in zahlreichen offiziellen Do-
kumenten offen deklariert. So formuliert die Europäische Kommission in einer
einschlägigen Mitteilung (s. auch Europäische Kommission 2000):

> „Die Europäische Union muss die wettbewerbsfähigste und dynamischste Wissens-
> gesellschaft der Welt werden – dies ist das strategische Ziel, das der Europäische
> Rat in Lissabon im März 2000 festgelegt und in Stockholm im März 2001 bekräftigt
> hat. Für die Erreichung dieses Ziels wurden folgende Schwerpunkte identifiziert:
> Anpassung der Bildungs- und Berufsbildungssysteme, damit die Menschen in allen
> Lebensphasen bedarfsgerechte Bildungsangebote nutzen können; Förderung von
> Beschäftigungsfähigkeit und sozialer Eingliederung durch Investitionen in Wissen
> und Kompetenzen der Menschen; Schaffung einer Informationsgesellschaft für alle
> sowie Förderung der Mobilität.

(...) Wirtschaftlich gesehen sind Beschäftigungs- und Anpassungsfähigkeit der Menschen wesentlich für das Ziel, Europa zur wettbewerbsfähigsten und dynamischsten Wissensgesellschaft der Welt zu machen. Arbeitskräfte- und Qualifikationsdefizite können allerdings in jeder Konjunkturphase das weitere Wachstum in der EU behindern. Deshalb spielt lebenslanges Lernen eine zentrale Rolle bei der Entwicklung einer koordinierten Beschäftigungsstrategie und insbesondere bei der Förderung der Qualifizierung, der Ausbildung und der Anpassungsfähigkeit der Arbeitnehmer." (Kommission der Europäischen Gemeinschaft: Mitteilungen der Kommission. Einen europäischen Raum für lebenslanges Lernen schaffen. Brüssel 2001, 6f.)

Die Rede vom „lebenslangen Lernen" steht dabei nicht nur für die behauptete Notwendigkeit, dass Lernprozesse möglichst früh im Interesse einer möglichst optimalen Ermöglichung von Qualifizierungsprozessen beginnen müssen und aufgrund der erforderlichen Anpassungsfähigkeit an technisch-ökonomische Wandlungen nicht abgeschlossen werden können. Sie geht zudem mit der Zuschreibung von Eigenverantwortlichkeit an die als Subjekte ihrer Lernprozesse gedachten Individuen einher:

„Lebenslanges Lernen ist weitgehend vom Einzelnen selbst verantwortetes Lernen, d.h. Lernen, bei dem der Lernende durch ein vielfältiges Netzwerk von Lernangeboten und Lernmöglichkeiten steuert. Das gilt selbst in der frühen Kindheit, in der Eltern weitgehend den Bildungsweg bestimmen. Dieses *selbstgesteuerte Lernen* beinhaltet die Nutzung fremdorganisierter Lernangebote ebenso wie das Selbstorganisieren von Lernen. Es setzt gerechte *Zugangsmöglichkeiten* und kompetente *Lernberatung* voraus." (BMBF 2004)

Diese politische Akzentuierung von Selbstverantwortung, Selbststeuerung und Selbstorganisation von Lernprozessen weist auf der semantischen Ebene und hinsichtlich ihrer methodischen Implikationen ersichtlich eine Übereinstimmung mit subjekttheoretischen und reformpädagogischen Bildungskonzepten auf. Dies trägt dazu bei, dass tradierte Konfliktlinien erodieren und sich das einschlägige methodische Repertoire von Konzepten selbstgesteuerten Lernens in Schulen wachsender Beliebtheit erfreut. Diese methodische und semantische Affinität sollte jedoch nicht dazu verleiten – und gerade darin besteht eine zentrale Problematik sozialpädagogischer Versuche, den aktuellen Bildungsdiskurs als Chance zu begreifen – zu übersehen, dass es dabei keineswegs um Bildung als Moment der Selbstkonstitution selbstbestimmungsfähiger Subjekte geht. Vielmehr geht es um Bildung als Element einer solchen Subjektivierung, in der die politisch eingeforderte Selbstverantwortung sich am Ziel einer „Ausrichtung des eigenen Lebens an betriebswirtschaftlichen Effizienzkriterien und unternehmerischen Kalkülen" (Lemke/Krasmann/Bröckling 2000: 30) ausrichtet. Eine disziplinierte, an starren normativen Vorgaben orientierte „methodische Lebensführung" (Max Weber) wird schrittweise ersetzt durch die Verpflichtung, eigene Qualifikationen permanent in Hinblick auf unbestimmte Erwartungen, aber im Wissen um die Gefahr zu optimieren, auf prekäre Arbeitsverhältnisse verwiesen oder arbeitslos zu werden. Funktionalisierung für gesellschaftliche Zwecke und Förderung der Entfaltung individueller Subjektivität werden in der Folge nicht mehr als Widerspruch gedacht, sondern „verschmelzen ... zu einem neuen Typ *funktionaler Subjektivität*. Plakativ formuliert: Durch selbsttätigen, flexiblen und selbstverantwortlichen Wissenserwerb modularisieren sich die Subjekte umgebungs- bzw. marktgerecht. ‚Kompetenz/Kompetenzerwerb' und 'lebenslanges Lernen' bilden Schlüsselkonzepte im Diskurs über die Wissensgesellschaft, in dem Subjekte als umfassend, lebenslang und individuell ‚angemessen' förderungs- und entwicklungsfähig dargestellt werden" (Maasen 2006).

Von Bildung als zweckfreier, nicht auf gesellschaftliche Funktionalität ausgerichteter Selbstbildung bzw. als politischer Bildung, die auf die Befähigung zu Gesellschaftskritik zielt, bleibt unter solchen Bedingungen wenig übrig. Selbst die ehemaligen akademischen Elfenbeintürme werden in Dienstleistungseinrichtungen zur Erzeugung vermeintlich marktgängiger Qualifikation umgebaut.

Es ist durchaus zweifelhaft, ob bildungstheoretische und (sozial-)pädagogische Argumentationen, die darauf verweisen, dass Subjektbildungsprozesse auf „Schutz vorm Andrängen der Außenwelt, eine gewisse Schonung des Einzelsubjekts, vielleicht sogar eine Lückenhaftigkeit der Vergesellschaftung" (Adorno 1972: 106) angewiesen sind, gegen diese Tendenzen etwas auszurichten vermögen. Dies sollte aber nicht zu einer allzu eilfertigen Anpassung an die Vorgaben eines Bildungsdiskurses führen, dessen sozialtechnokratische Optimierungs- und Effizienzlogik der Sozialpädagogik voraussichtlich eine weitere und unbeabsichtigte Expansionsmöglichkeit verschafft: Die Nachfrage nach Beratungs- und Therapieangeboten für diejenigen, die einem verschärften Qualifizierungsdruck nicht standhalten, wird weiter steigen. Anzeichen für eine solche Entwicklung lassen sich jedenfalls bereits beobachten (Ehrenberg 2004).

Literatur

Adorno, Th. W. (1972): Theorie der Halbbildung. In: Soziologische Schriften I, Frankfurt, S. 93-121.

BMBF (Hg.) (2004): Strategie für Lebenslanges Lernen in der Bundesrepublik Deutschland. Bonn.

BMFSFJ (Hg.) (2005): 12. Kinder- und Jugendbericht. Berlin.

Böhnisch, L. (2002): Zum Verhältnis von Bildung und Lebensbewältigung am Beispiel der Jugendberufshilfe in Ostdeutschland. In: Münchmeier, R., Otto, H.-U., Rabe-Kleberg, U. (Hg.): Bildung und Lebenskompetenz. Opladen, S, 119-128.

Bommes, M./Scherr, A. (2000): Soziologie der Sozialen Arbeit. Weinheim und München.

Dahme, H.-J./Otto, H.-U./Wohlfahrt, N. (Hg.) (2003): Soziale Arbeit für den aktivierenden Staat. Wiesbaden.

Deinet, U./Reutlinger, C. (Hg.) (2004): ,Aneignung' als Bildungskonzept der Sozialpädagogik. Wiesbaden.

Ehrenberg, A. (2004): Das erschöpfte Selbst. Depression und Gesellschaft in der Gegenwart. Frankfurt/New York.

Europäische Kommission (2000): Memorandum über lebenslanges Lernen. Brüssel.

Europäische Kommission (2001): Mitteilung der Kommission: EINEN EUROPÄISCHEN RAUM DES LEBENSLANGEN LERNENS SCHAFFEN. Brüssel.

Expertengruppe Forum Bildung (2001b): Kompetenzen als Ziele von Bildung und Qualifikation. Bericht der Expertengruppe des Forums Bildung. Bonn.

Giddens, A. (2001): Die Frage der sozialen Ungleichheit. Frankfurt/M.

Hansmann, O./Marotzki, W. (Hg.) (1988): Diskurs Bildungstheorie I. Weinheim.

Heydorn, H.-J. (1970): Hinweis auf frühe Vorgänge: Tod des Sokrates. In: Ders.: Über den Widerspruch von Bildung und Herrschaft. Frankfurt/M., S. 8-33.

Hirsch, J. (1990): Kapitalismus ohne Alternative? Hamburg.

Höffer-Mehler, M. (Hg.) (2003): Bildung: Wege zum Subjekt. Baltmannsweiler.

Jessop, B. (1996): Veränderte Staatlichkeit. In: Grimm, D. (Hg.): Staatsaufgaben. Frankfurt/M., S. 43-74.

Kauffmann, F.-X. (1997): Herausforderungen des Sozialstaates. Frankfurt/M.

Klausenitzer, J. (2001): PISA 2000 – einige offene Fragen zur OECD Bildungspolitik. www.links-netz.de/rtf/T_klausenitzer_oecd.rtf.

KMK (2004): Bildungsstandards der Kultusministerkonferenz. Neuwied.

Krappmann, L. (2002): Bildung als Ressource der Lebensbewältigung. In: Münchmeier, R., Otto, H.-U., Rabe-Kleberg, U. (Hg.): Bildung und Lebenskompetenz. Opladen, S. 33-48.

Lemke, T./Krasmann, S./Bröckling, U. (2000): Gouvernementalität, Neoliberalismus und Selbsttechnologie. In: Dies. (Hg.): Gouvernementalität der Gegenwart. Frankfurt/M., S. 7-40.

Lenhardt, G./Offe, C. (1977): Staatstheorie und Sozialpolitik. In: Kölner Zeitschrift für Soziologie und Sozialpsychologie, Sonderheft 19, S. 98-127.

Liebau, E. (2002): Jugendhilfe, Bildung, Teilhabe. Bildung als Teilhabefähigkeit. In: Münchmeier, R., Otto, H.-U., Rabe-Kleberg, U. (Hg.): Bildung und Lebenskompetenz, Opladen, S. 19-32.

Liegle, L. (2002): Bildungsprozesse in der frühen Kindheit: Vom Vorrang der Selbstbildung. In: Münchmeier, R., Otto, H.-U., Rabe-Kleberg, U. (Hg.): Bildung und Lebenskompetenz, Opladen, S. 49-56.

Lindner, W./Thole, W./Weber, J. (Hg.) (2003): Kinder- und Jugendarbeit als Bildungsprojekt. Opladen.

Luhmann, N. (1981): Politische Theorie im Wohlfahrtsstaat. Olzog.

Lutz, B. (1984): Der kurze Traum immerwährender Prosperität. Frankfurt/New York.

Maasen, S. (2006): Wissensgesellschaft. In: Scherr, A. (Hg.): Soziologische Basics. Wiesbaden (i.E.).

Marotzki, W./Sünker. H. (Hg.) (1992): Kritische Erziehungswissenschaft – Moderne – Postmoderne. Band I. Weinheim.

Merten, R. (1997): Autonomie der Sozialen Arbeit. Zur Funktionsbestimmung als Disziplin und Profession. Weinheim und München.

Münchmeier, R./Otto, H.-U./Rabe-Kleberg, U. (Hg.) (2002): Bildung und Lebenskompetenz. Opladen.

Marotzki, W. (1990): Entwurf einer strukturalen Bildungstheorie. Weinheim.

Oelkers, J./Otto, H.-U. (Hg.) (2006): Zeitgemäße Bildung. München (i.E.).

Rauschenbach, T./Otto, H.-U. (2004): Die neue Bildungsdebatte. Chance oder Risiko für die Kinder- und Jugendhilfe? In: Otto, H.-U., Rauschenbach, T. (Hg.): Die andere Seite der Bildung. Wiesbaden, S. 9-31.

Scherr, A. (1992a): Überlegungen zu einer subjekttheoretischen Begründung Sozialer Arbeit. In: Neue Praxis. H. 2/92, S. 158-166.

Scherr, A. (1992b): Das Projekt Postmoderne und die pädagogische Aktualität kritischer Theorie. In: Marotzki, W., Sünker, H. (Hg.): Kritische Erziehungswissenschaft - Moderne - Postmoderne. Weinheim, S. 101-151.

Scherr, A. (1997): Subjektorientierte Jugendarbeit. Weinheim und München.

Scherr, A. (2002): Der Bildungsauftrag der Jugendarbeit. In: Münchmeier, R., Otto, H.-U., Rabe-Kleberg, U. (Hg.): Bildung und Lebenskompetenz. Opladen, S. 93-106.

Spinner, H. F. (2001): Informationsgesellschaft. In: Schäfers, B., Zapf, W. (Hg.): Handwörterbuch zur Gesellschaft Deutschlands. 2. Aufl. Opladen, S. 319-334.

Sünker, H. (1984): Bildungstheorie und Erziehungspraxis. Bielefeld.

Winkler, M. (1988): Eine Theorie der Sozialpädagogik. Stuttgart.

Winkler, M. (2002): Chancengleichheit im Bildungssystem. www.fes.de.

Winkler, M. (2004): PISA und die Sozialpädagogik. In: Otto, H.-U., Rauschenbach, T. (Hg.): Die andere Seite der Bildung. Wiesbaden, S. 61-80.

Winkler, M. (2006): Die ich rief, die Geister, werd ich nun nicht los. In: Sozial Extra, 2/2006, S. 51.

Bürgerschaftliches/zivilgesellschaftliches Engagement

Fabian Kessl

Vorspiel

Der Koordinator für die deutsch-amerikanische Zusammenarbeit im Auswärtigen Amt Karsten Voigt ehrt im Juni 2004 Preisträger des Transatlantischen Ideenwettbewerbes „Usable" einer bundesdeutschen Stiftung für deren *„zivilgesellschaftliches* Engagement", mit dem sie „Brücken über den Atlantik" gebaut hätten; im Rahmen ihrer Lernumgebung „Treffpunkt Ethik" stellt die Katholische Bundesarbeitsgemeinschaft für Erwachsenenbildung im Themenmodul „Zukunftschancen und Bürgerkompetenz" bürgerschaftliches Engagement als eine „wesentliche Chance" dar, „Gegenwart und Zukunft erfolgreich vorzubereiten und gestalten zu können" (vgl. http://www.treffpunkt-ethik.de; Stand: 30. Juni 2006); und unter der Überschrift „Zivilcourage und zivilgesellschaftliches Engagement ausgebremst" berichtet ein antifaschistischer Aktivist unter seinem Nickname im März 2006 auf den Razzia-Webseiten (http://razzia.nix-gut.de, Stand: 30. Juni 2006) über die Antwort des baden-württembergischen Justizministers auf die Anfrage eines SPD-Landtagsabgeordneten zur Frage der strafrechtlichen Verfolgung abgeänderter Nazi-Symbole als Protest gegen neo-faschistische Initiativen und Positionen.

Liest man diese drei relativ willkürlich ausgewählten Notizen oder viele ganz ähnliche[1], so fällt auf, dass die Rede vom zivil- oder bürgerschaftlichen Engagement eine Rede darzustellen scheint, die von Akteuren unterschiedlichster Couleur verwendet wird – innerhalb und außerhalb der Felder Sozialer Arbeit (vgl. zum Überblick Adloff 2005; Klein u.a. 2004; für die Soziale Arbeit: Böhnisch/Schröer 2002; Böllert 2000; Elsen et al 2000; Galuske 2002; Wendt 1996). Zivil- oder bürgerschaftliches Engagement zu aktivieren erscheint allen Beteiligten eine unterstützungswürdige Initiative. Eine solche generelle Übereinkunft zwischen politisch widerstreitenden Positionen ist überraschend. Sucht man nach möglichen Gründen eröffnen sich zwei nahe liegende Erklärungen: Entweder ist die Rede vom zivil- und bürgerschaftlichen Engagement eine politisch unverdächtige und damit auch ungenaue Rede, die sowohl vom Amtsträger im Bun-

---

[1] Eine Google-Suche Anfang Juli 2006 erbringt knapp 800.000 Nennungen auf die Eingabe der Wortkombinationen „Bürgerschaftliches Engagement" und „Zivilgesellschaftliches Engagement".

desministerium wie von antifaschistischen Aktivisten genutzt werden kann und ähnlich wie ein Verweis auf die Relevanz demokratischer Entscheidungsverfahren oder die Notwendigkeit konstitutionell verfasster Grundrechte wenig differenzierungsstark ist. Welche politische Position der Sprecher einnimmt, wäre seinem Verweis auf die Relevanz zivil- und bürgerschaftlichen Engagements nicht zu entnehmen. Oder es fehlt bisher an Explikationen, in welcher Form der Begriff des zivil- und/oder bürgerschaftlichen Engagements bestimmbar ist.

Der Frage, ob eines dieser beiden Erklärungsmuster erklärungskräftig sein kann, und wenn ja, in welcher Weise oder ob beide Erklärungsmuster ineinander verwoben sind, soll im weiteren Text nachgegangen werden. Dazu wird im ersten Schritt eine kurze genealogische Skizze der Zivil-/Bürgergesellschaftsdebatte vorgestellt. Zwei Stränge dieser Debatte werden dabei im Anschluss an einen Differenzierungsvorschlag von Charles Taylor unterschieden: der Locke- und der Montesquieu-Strang. Im zweiten Teil wird vor dem Hintergrund dieser analytischen Differenzierung die jüngere Zivilgesellschafts-/Bürgergesellschaftsdebatte seit den 1980er und 90er Jahre in den Blick genommen und drei idealtypische Positionen der konzeptionellen Beiträge einer Aktivierung zivil- und bürgerschaftlichen Engagements vorgeschlagen: Individualisierung, Demokratisierung und Politisierung. Anhand dieser Differenzierung lassen sich die vorliegenden Beiträge zur sozialpädagogischen Aktivierung von zivil- und bürgerschaftlichem Engagement systematisieren, was im dritten Teil exemplarisch an einzelnen Positionen illustriert wird. Dabei fällt auf, dass deren nur selten geleistete Kontextualisierung dazu führt, dass die „dunklen Seiten" der Zivil-/Bürgergesellschaft häufig nur unzureichend beleuchtet werden.

1. „Locke gegen Montesquieu" – eine idealtypische Differenzierung zu Beginn[2]

Die klassische griechische Debatte verstand die Zivilgesellschaft als die politische Gemeinschaft der freien Stadtbürger (*Polis*). Politische Gemeinschaft und Zivilgesellschaft fallen damit in dieser frühesten Zivilgesellschaftskonzeption in eins. Gesellschaftliche Basis der attischen Polis war ihre konstitutive soziale Spaltung in die freien männlichen und erwachsenen Athener als Bürger der politischen Gemeinschaft und die unfreien Stadtbewohner – die attischen Frauen, Kinder und Sklaven – als Instanz zur ökonomischen Absicherung der Bürgerschaft im privaten oikos. Die ökonomische Basis der freien Stadtbürger wurde

---

[2] Im Folgenden wird an Vorarbeiten angeknüpft, die bereits an anderer Stelle veröffentlicht wurden (vgl. Kessl, in: Scherr 2006; Kessl, in: Otto/Thiersch 2005).

somit außerhalb der eigentlichen polis angesiedelt und von den unfreien Stadtbewohnerinnen realisiert. Sie war kein Teil der eigentlichen polis.

Auch die Denker der (Früh-)Moderne setzen in ihren Zivilgesellschaftskonzeptionen den prinzipiell gleichberechtigten Staatsbürger zuerst nur in der männlichen Form voraus.

Einen Wandel erfährt diese Vorstellung mit den frühliberalen Versionen, die politische und zivile Sphäre nicht mehr als eine Einheit ansehen. In den entstehenden nationalstaatlichen Kontexten wird der politischen Sphäre (staatliche Administration, Regierungsinstanzen) die zivile als Bereich des Privaten gegenüber gestellt. Dieser liberalen Vorstellung nach kommen die Bürger im Gesellschaftsvertrag darin überein, ihre Privatsphäre staatlich zu schützen und einen möglichst freien ökonomischen Tausch untereinander staatlich zu ermöglichen: „Wo immer (...) eine Anzahl von Menschen sich (...) zu einer Gesellschaft vereinigt hat, daß jeder einzelne seine exekutive Gewalt des natürlichen Gesetzes aufgibt und zugunsten der Gemeinschaft darauf verzichtet, entsteht, und zwar nur unter diesen Umständen, eine *politische oder bürgerliche* Gesellschaft" (Locke 1977: 254). Die Staatsbürger motiviert zu dieser Übertragung ihrer ehemals „natürlichen Rechte" an die Staatsgewalt die Hoffnung, dass der Staat sein Eigentum schütze, das heißt eine geschützte Sphäre der bürgerlichen Gesellschaft, die Zivilgesellschaft, garantiere (ebd.: 278ff.). Walter Euchner spricht daher in seiner Einleitung zur deutschsprachigen Ausgabe von Lockes Abhandlung über die Regierung auch davon, dass das damit angestrebte Staatsmodell ein „Staat der Eigentümer" sei (Euchner 1977: 38).

Immanuel Kant, Charles de Montesquieu und im Anschluss an diesen Alexis de Tocqueville stehen stellvertretend für die vehemente Kritik an derartigen vertragstheoretischen Modellen, da sie ihres Erachtens die Gefahr einer Despotie beinhalten. Denn diese frühliberalen Konzeptionen auf Basis einer idealtypischen Konstruktion des Gesellschaftsvertrags, in dem der Aufbau staatlicher Institutionen zum Schutz von Ökonomie und Zivilgesellschaft festgelegt wird, seien relativ blind für das Problem des Machtmissbrauchs: Es ist „eine ewige Erfahrung", so schreibt Montesquieu im Geist der Gesetze, „dass jeder Mensch, der Macht hat, dazu getrieben wird, sie zu missbrauchen. Er geht immer weiter, bis er an Grenzen stößt. (...). Damit die Macht nicht missbraucht werden kann, ist es nötig, durch die Anordnung der Dinge zu bewirken, dass die Macht die Macht bremse" (Montesquieu 1994: 215). Entscheidend für den „Volksstaat" im Gegensatz zur Despotie ist für Montesquieu dessen Rückbindung in der Bürgerschaft – was allerdings für Montesquieu gleichbedeutend mit dem vermögenden Bürgertum war (vgl. Schmidt 1997: 50ff.). Nur die Gesetzesliebe und Gesetzestreue der Bürger könnten demnach für eine Stabilität der Staatsverfassung sorgen. Welche Gestalt die Despotie der wenigen darstelle, hat in dieser Denktradition am eindrücklichsten wohl Tocqueville beschrieben: „Über diese Bürger erhebt sich eine gewaltige Vormundschaftsgewalt, die es allein übernimmt, ihr Behagen sicherzustellen und über ihr Schicksal zu wachen. Sie ist absolut, ins einzelne gehend, pünktlich, vorausschauend und milde. Sie würde der väterlichen Gewalt gleichen, hätte sie – wie diese – die Vorbereitung der Menschen auf das Mannesalter zum Ziel; sie sucht aber, im Gegenteil, die Menschen unwiderruflich in der Kindheit festzuhalten" (Tocqueville 1985: 343f.).

Damit sind die von Charles Taylor idealtypisch gefassten beiden Konzeptionsstränge zur Zivil- oder bürgerlichen Gesellschaft markiert: der L(ocke)- und der M(ontesquieu)-Strang (vgl. Taylor 1993).

Während im Anschluss an frühliberale Konzeptionen á la Locke die Zivil- oder Bürgergesellschaft als unabhängige Sphäre außerhalb des Politischen verstanden wird, die das Ergebnis der staatlichen Sicherung individueller Freiheit darstellt, welche wiederum nur insofern begrenzt werden darf, als sie die Freiheit anderer maßgeblich einschränkt, formulieren Denker im Sinne Montesquieus Forderung einer Gewaltenverteilung die Notwendigkeit der bürgerschaftlichen Rückbindung politischer Macht. Nur eine solche Rückbindung der Macht könne einen Schutz vor der Despotie der Mächtigen bzw. der Mehrheit bereitstellen. Aktuelle liberale Ansätze einerseits und partizipationsorientierte wie kommunitaristische Ansätze andererseits können in diese beiden Denktraditionen eingeordnet werden, was allerdings nicht zu ihrer historisch dekontextualisierten Überstrapazierung führen sollte. Denn weder Locke noch Montesquieu waren Demokratietheoretiker im Sinne eines inzwischen selbstverständlichen „One Man one Vote". Vor allem die besitzlosen Gesellschaftsmitglieder waren für beide Denker keine beteiligungsberechtigten Bürger. Dazuhin ist die von Taylor suggerierte Dichotomie der beiden Stränge für eine analytische Einordnung aktueller Positionen nur mehr grob heuristisch hilfreich. Denn in den aktuellen Auseinandersetzungen wird nicht mehr eindeutig nur an den einen oder den anderen Strang angeknüpft. Beide Stränge seien vielmehr inzwischen, so schreibt Taylor selbst, „tief in unseren politischen Traditionen und Lebensweisen verwurzelt" (Taylor 1993: 146). Auch er selbst plädiert daher für ein drittes Modell in Form einer durchaus eigenständigen bürgerlichen Gesellschaft (L-Strang), die allerdings nicht „außerhalb der politischen Macht" stehe (M-Strang), sondern vielmehr „tief in diese Macht" eindringe (ebd.). Taylor positioniert sich also eher in einem neotocquevillianischen Sinn: Er betont die Stärke zivilgesellschaftlicher Assoziationen als demokratische Kontrollinstanzen des institutionalisierten politischen Systems und sieht in diesen dennoch eine relativ unabhängige Instanz.

2. Die Wiedergeburt der Zivilgesellschafts-/Bürgergesellschaftsdebatte am Ende des 20. Jahrhunderts

Unterschiedliche neo-tocquevillianische Positionen haben in der jüngeren Zivilgesellschafts-/Bürgergesellschaftsdebatte deutlich an Einfluss gewonnen – nicht zuletzt, weil sie einen Vermittlungsversuch in der Anfang der 1990er Jahre sehr stilisierten „Liberalismus-Kommunitarismus"-Debatte anboten (vgl. Walzer 1995). Gemeinsam ist diesen Konzeptionen die Hoffnung auf eine Aktivierung brachliegender oder bisher nicht-aktivierter zivilgesellschaftlicher Potenziale. Diese Hoffnung stellt auch die zentrale Motivation für die politisch motivierten zivil- und bürgergesellschaftlichen Debatten der 1980er und 1990er Jahre insgesamt dar.

Zwei historische Zusammenhänge sind von entscheidender Bedeutung für die Dynamisierung dieser jüngeren zivil- und bürgergesellschaftlichen Diskussionen. Zum einen zerfällt mit den gesellschaftlichen Umwälzungen in Osteuropa, die die dortigen Regime Ende der 1980er Jahre zum Einsturz bringen, die Systemkonkurrenz zwischen den wohlfahrtsstaatlichen Regimen des westlichen Marktkapitalismus und den real-sozialistischen Regimen des sowjetischen Staatskapitalismus. Ein entscheidender Antriebsmotor der gesellschaftlichen Proteste in Polen, Ungarn und der Tschechoslowakei, mit dem diese Transformationsprozesse dynamisiert wurden, war die Idee der Zivilgesellschaft. Vor allem Intellektuelle hatten eine Debatte über eine neue politische Strategie ausgelöst, die darauf zielte, sich von den bisherigen reformkommunistischen Ansätzen abzuwenden und stattdessen von dem vorliegenden politischen Dissens und gesellschaftlicher Selbstorganisation auszugehen, wie sie in diesen Staaten verstärkt entstanden war. Dazu bedürfe es einer unabhängigen, das heißt selbstorganisierten Gesellschaft, so lautete das zentrale Argument, deren Ziel eine strukturelle Reform als Ergebnis des organisierten Drucks von unten sein müsse. Ziel war die Begründung einer vom Parteistaat unabhängigen öffentlichen Sphäre: eine Zivilgesellschaft. Angestrebt waren also nicht Systemwechsel, wie sie sich dann seit dem Ende der 1980er Jahre nach und nach in allen osteuropäischen Staaten vollziehen. Und doch waren es gerade diese demokratischen Revolutionen, die die westlichen Denker motivierten, in den darauf folgenden Jahren die Idee der Zivilgesellschaft mit Bezug auf die osteuropäischen Denker teilweise euphorisch in die eigenen Überlegungen aufzunehmen.

Zum anderen verändern sich parallel zu diesen Entwicklungen in den so genannten westlichen Staaten seit den 1970er Jahren die dominierenden politischen Denkweisen (*politische Rationalitäten*). Das seit dem 19. Jahrhundert installierte und gültige wohlfahrtsstaatliche Arrangement des Sozialen beruht darauf (*Wohlfahrtsstaat*), dass jedem Gesellschaftsmitglied ein normales Leben ermöglicht werden soll und dieses kollektive Versprechen zugleich von ihm verlangt, dass er sich an die herrschenden gesellschaftlichen Normalitätsvorstellungen anpasst. Wohlfahrtsstaaten verlangen also die Anpassung des Einzelnen, sichern ihm dafür im Gegenzug aber einen öffentlichen Unterstützungsanspruch bei sozialen Risiken zu. Für die Einhaltung dieser Normalitätsstandards, aber auch für die Absicherung der Gesellschaftsmitglieder bei Lebensrisiken werden wohlfahrts*staatliche* Instanzen (*Sozialversicherung, Versorgung* und *Fürsorge*), wie die Soziale Arbeit, geschaffen. Seit den 1970er Jahren gerät diese kollektive Vereinbarung zunehmend in die Kritik. Die normalisierende Komponente des wohlfahrtsstaatlichen Arrangements soll zugunsten größerer individueller Freiheit zurückgeschraubt werden, so die einheitliche Forderung von linken wie rechten Wohlfahrtsstaatskritikern. Der einzelne solle selbst sein Leben arrangieren können, und zwar relativ unabhängig von staatlicher Beeinflussung, und zugleich müsse die Eigenverantwortung der Gesellschaftsmitglieder wieder aktiviert werden, um Tendenzen der Entpolitisierung entgegen zu wirken (*Politikverdrossenheit*).

Mit Rückgriff auf Taylors Ausführungen lassen sich die Programme der Aktivierung von zivil- und bürgerschaftlichem Engagement seit den 1990er Jahren vor diesem historischen Hintergrund in folgender Weise in drei Positionen sortieren: erstens als Strategien der Mobilisierung individueller Lebensgestaltungsverantwortung – derartige Strategien betonen primär die Notwendigkeit individueller Freiheit und deren Aktivierung gerade auch mit Blick auf deren überzogene wohlfahrtsstaatliche Beschränkung (*Individualisierung*). Als Zerrbild realisiert sich diese Position in neo-liberalen Konzeptionen, in denen das Modell eines Nachtwächterstaats propagiert wird, der keinen Wohlfahrtsstaat mehr bereitstellen dürfe, denn „jede Reglementierung durch die politische Macht (reduziere) die Freiheit der Gesellschaft" (di Fabio 2005: 81; vgl. Hayek [1960] 1991: 329); zweitens als Strategien einer Demokratisierung des bestehenden Systems, beispielsweise in Form der Implementierung von Beteiligungsformen innerhalb der Erbringungsorganisationen sozialpädagogischer Dienstleistungen oder zumindest einer Aktivierung der Gesellschaftsmitglieder hinsichtlich ihres Beteiligungsgrads an öffentlichen Angelegenheiten, um damit die wachsende Politikverdrossenheit und die Verselbständigung des berufspolitischen Subsystems zurückzudrängen (*Demokratisierung*). Ein Zerrbild dieser Position findet sich in neo-assoziationistischen Konzeptionen, in denen die Frage sozialrechtlicher Teilhabesicherung nicht nur ignoriert wird, sondern durch intersubjektive Vergemeinschaftsnetze ersetzt werden soll; und drittens mit Verweis auf institutionalisierte Diskriminierungsprozesse innerhalb der bestehenden Unterstützungs-, Kontroll- und Bildungsinstanzen als Strategien der Aktivierung relativ unabhängiger zivil-

und bürgergesellschaftlicher Gemeinschaften, das heißt „Beziehungsgeflechte", die durch aktiv handelnde Subjekte begründet werden sollen (*Vergemeinschaftung*). Zerrbilder dieser Positionen stellen neo-totalitäre Konzeptionen einer Re-Vergemeinschaftung dar, wie sie vor allem die Vertreter eines substantiellen Kommunitarismus fordern: „Wenn Disziplin durch den Einsatz autoritärer Mittel erzwungen wird, werden (...) Menschen sich nur dann anständig benehmen, solange sie genau überwacht werden und eine Bestrafung fürchten müssen. Aber sobald die Autorität ihnen den Rücken kehrt, werden sie sich daneben benehmen" (Etzioni 2001: 85).

Diese dreigeteilte idealtypische Sortierung spiegelt sich auch innerhalb der sozialpädagogischen Auseinandersetzungen um mögliche und notwendige Aktivierungsstrategien zivil- und bürgerschaftlichen Engagements wider.[3]

3. Aktuelle Positionsbestimmungen zur Frage der sozialpädagogischen Aktivierung bürgerschaftlichen/zivilgesellschaftlichen Engagements

Mit deutlichem Bezug auf das Modell eines „Aktivierenden" oder „Ermöglichenden Staates" betonen Konzeptionen, die der erstgenannten Position (*Individualisierung*) zugeordnet werden können, dass sozialpädagogische Interventionsmaßnahmen „nicht mehr auf die Versorgung 'Bedürftiger' beschränk(t) (werden könnten)" (Olk 2000: 108). Die Relation zwischen „Rechten und Pflichten" müsse daher neu austariert werden, die Eigenverantwortung der Nutzer öffentlicher Dienstleistungsangebote aktiviert werden. Anders könne der Krise des Sozialstaats nicht mehr angemessen begegnet werden. Eine solche Aktivierung zivil- oder bürgerschaftlichen Engagements, die personenbezogene soziale Dienstleistungen wie die Soziale Arbeit zu erbringen hätten, soll die Substitution bisheriger wohlfahrtsstaatlicher Unterstützungsleistungen ermöglichen, die angesichts von Massenarbeitslosigkeit und Globalisierung ansonsten nicht mehr zu leisten seien. Warnfried Dettling fordert angesichts dieser veränderten „Landschaft der Solidarität" (Dettling 2000: 47ff.) einen neuen Gesellschaftsvertrag, der „Staat, Wirtschaft und Gesellschaft in eine neue Balance bringen (müßte)" (ebd.: 52). Leitbild dafür müsse die „Idee einer aktiven Bürgergesellschaft" sein (ebd.): „Perspektiven der Solidarität lassen sich gegenwärtig nur gewinnen als

---

[3] Die folgende analytische Sortierung exemplarischer Positionen zur Aktivierung zivil- und bürgerschaftlichen Engagements ist idealtypisch, das heißt sie sollte nicht dahingehend missverstanden werden, dass die benannten Vertreter in allen Fällen ausschließlich für diese eine Perspektive stehen. In einigen Fällen muss vielmehr von Mischpositionen gesprochen werden. Die nachfolgende Darstellung geht darauf nicht weiter ein, weil mit ihr eine analytische Differenzierungsmöglichkeit der Debatte illustriert werden soll.

Versuch einer Antwort auf die Frage, wie im Zeitalter der Globalisierung, Digitalisierung und Individualisierung eine gute Gesellschaft (bilden könnten)" (ebd.).

Der von den Protagonisten der ersten Position beförderte neue Pflichtendiskurs wird auch innerhalb einiger Konzeptionen propagiert, die der zweitgenannten Position (*Demokratisierung*) zugerechnet werden können. Wolf Rainer Wendt plädiert im Sinne einer Re-Demokratisierung bereits seit Anfang der 1990er Jahre dafür, die Rolle des Bürgers wieder zu stärken, da dieser den „Gang der Dinge" immer weniger mitbestimmen könne, „obwohl er zivile, politische und soziale Rechte in einem Umfang wie nie zuvor besitzt" (Wendt 1993: 259). Die damit verbundene Arbeit Sozialer Arbeit sei die Beförderung und produktive Entfaltung von „Gemeinwesenorganisation und Selbstgestaltung in der Lebensführung von Menschen" (ebd.: 261). Im Unterschied zu solchen kommunitaristisch-republikanisch gefärbten Einschätzungen betonen andere Konzeptionen im Sinne der zweiten Position stärker die strukturellen Voraussetzungen einer republikanischen Perspektive der Selbstregierung: Im Anschluss an Benjamin Barbers Modell einer *Starken Demokratie* betont beispielsweise Andreas Schaarschuch, Demokratie solle als „Lebensform" in den unterschiedlichsten Lebensbereichen institutionalisiert werden (Schaarschuch 1998: 234ff.; vgl. Barber 1994). Für die Felder Sozialer Arbeit folgert er daher, dass die sozialen Dienste „unter der Einbeziehung ihrer Nutzer als Bürger" selbst einem Demokratisierungsprozess unterzogen werden müssten (Schaarschuch 1998: 238), wozu keineswegs eine Reduzierung der Rechtsposition der Nutzer, sondern vielmehr deren Stärkung vonnöten sei. Eine dritte Gruppe von Re-Demokratisierungsdenkern formuliert im Sinne der zweiten Position beteiligungsorientierte Ansätze. Denn primäre Aufgabe müsse eine pädagogische Aktivierung des „zivilgesellschaftlichen Status" der Betroffenen sein (Stecklina/Stiehler 2006: 99), die damit beginne „das Vertrauen der Kinder- und Jugendlichen in ihre eigene Kraft (zu fördern) sowie ihnen die Möglichkeit (zu bieten), sich zu lebenspraktischen Fragen sowie rechtlichen Grundlagen zu bilden" (ebd.: 103). Das könne nur geschehen, wie die Autoren mit Verweis auf das Feld der Hilfen zur Erziehung argumentieren, wenn nicht mehr alleine die Passgenauigkeit der Maßnahmen in Bezug auf den jeweiligen Einzelfall im Mittelpunkt stehe, „sondern die Wahrnehmung, Stärkung und Wahrung der Beteiligungsrechte und -möglichkeiten von Mädchen und Jungen" (ebd.: 100).

In teilweiser Korrespondenz dazu setzen Konzeptionen im Sinne der dritten Position (*Politisierung*) auf die Aktivierung von Vergemeinschaftungspotenzialen. Christoph Butterwegge stellt Sozialer Arbeit in diesem Zusammenhang die rhetorische Frage: „Soll es eine brutale Konkurrenzgesellschaft sein, die Leistungsdruck und Arbeitshetze weiter erhöht, Erwerbslose, Alte und Behinderte ausgrenzt sowie Egoismus, Durchsetzungsfähigkeit und Rücksichtslosigkeit eher honoriert, sich aber über den Verfall von Sitte, Anstand und Moral wundert, oder eine zivile/soziale Bürgergesellschaft, die Kooperation statt Konkurrenzverhalten, Mitmenschlichkeit und Toleranz statt Gleichgültigkeit und Elitebewusstsein fördert?" (Butterwegge 2005: 31). Timm Kunstreichs Einschätzung kann als eine mögliche Antwort auf Butterwegges Frage gelesen werden, wenn er für eine Aktivierung „transversaler Sozialitäten" plädiert: „Entgegen den Tendenzen neoliberal verfasster, moderner Sozialarbeit, die *individuelle Nachfragemacht* einzelner Akteure (angeblich) zu stärken (...), dürfte eine Stärkung *sozialitärer Teilhabemacht* die Handlungs- und Erfahrungsdomänen der Betroffenen eher erweitern" (Kunstreich 2001: 128; Hervor. Im Orig.). Aktiviert werden sollen demnach also die bereits vorliegenden „transversalen Muster von Lebensbewältigung", die die unterschiedlichen Gesellschaftsmitglieder immer schon realisierten (Kunstreich 1997: 24).[4]

Die weithin geteilte Einigkeit, die mit den Eingangszitaten illustriert wurde, findet sich also auch innerhalb der sozialpädagogischen Debatten wieder. Auch hier herrscht grundsätzliche Einigkeit über die Relevanz und Notwendigkeit einer Aktivierung bürger- und zivilgesellschaftlichen Engagements.

Allerdings liegen den hier nur exemplarisch illustrierten Plädoyers deutlich unterschiedliche Zeitdiagnosen und damit verbundene Funktionserfordernisse zugrunde: Sie sehen im zivil- und bürgerschaftlichen Engagement entweder eine erforderliche Substitutionskraft angesichts von zunehmenden Defiziten des wohlfahrtsstaatlichen Arrangements, einen Demokratisierungsmotor angesichts von Legitimations- und Beteiligungsdefiziten oder eine Gegenmacht zu der deutlich verschärften Kapitalisierung heutiger Gesellschaften im Rahmen der Durchsetzung neo-liberaler Regime. Die Rede vom zivil- und bürgerschaftlichen Engagement und dessen notwendiger Aktivierung ist demnach keinesfalls eine politisch unverdächtige Rede, obwohl sie begrifflich, das zeigen auch viele der dargestellten Beispiele, häufig nur wenig differenzierungsstark ist. Aber auch von generell fehlenden Begriffsexplikationen kann nur bedingt die Rede sein. Zwar ließe sich mit Bezug auf die sozialpädagogischen Auseinandersetzungen berechtigterweise einwenden, hier fehle es allzu oft an begrifflichen Explikationen. Dennoch lässt sich durch einen analytischen Rückgriff auf die klassische Zivil-/Bürgergesellschaftsdebatte die jeweilige Sprecherposition und die damit verbundene inhaltliche Begriffsbestimmung rekonstruieren. Die fast allseits geteilte Einschätzung einer Relevanz zivil- und bürgerschaftlichen Engagements

---

[4] Timm Kunstreich scheint mit der Perspektive auf die Aktivierung transversaler Sozialitäten einen älteren Gedankengang zur Selbstaktivierung einer „proletarischen Zivilgesellschaft" zu reformulieren (vgl. Kunstreich 1990).

scheint somit – zumindest nicht ausreichend – dadurch erklärbar zu sein, dass man deutlicher die jeweilige Begriffsbestimmung oder -verwendung markiert.

Die Konjunktur von Strategien der Aktivierung zivil- und bürgerschaftlichen Engagements über deutlich differente politische Positionen hinweg scheint deshalb möglich, weil zumeist der aktuelle politische Kontext nur unzureichend oder nur sehr selektiv Berücksichtigung findet. Im Unterschied zum bisherigen wohlfahrtsstaatlichen Arrangement, das als institutioneller Ausdruck des Versprechens eines gemeinschaftlichen Schutzes gegen und im Fall menschlicher Notlagen bestimmt werden kann (vgl. Castel 2005), ist der und die Einzelne im aktuell sich ausbildenden post-wohlfahrtsstaatlichen Arrangement zunehmend auf partikular-private Schutzräume verwiesen, wie im zweiten Teil bereits angedeutet wurde (vgl. ausführlicher zum Prozess der so genannten „neo-sozialen" Transformation Kapitel zwei in Kessl/Landhäußer/Ziegler in diesem Band). Damit geraten Strategien der Aktivierung zivil- und bürgerschaftlichen Engagements allerdings in einen Kontext, in dem Zivil- und Bürgergesellschaft – neben der Ökonomie – als die beiden zentralen Inklusionsräume *jenseits* des Staates – und damit jenseits der Institutionalisierung quasi-universeller Rechts- und Schutzansprüche – präferiert werden (vgl. Kessl/Otto 2003).[5] Nur eine systematische Kontextualisierung der Strategien einer Aktivierung zivil- und bürgerschaftlichen Engagements kann daher verhindern helfen, dass unreflektiert für ein solches anti-staatliches und damit anti-universalistisches zivil- und bürgerschaftliches Engagement argumentiert wird.

Zum anderen berücksichtigen viele vorliegende Beiträge nicht ausreichend die „dunklen Seiten" des zivil- und bürgergesellschaftlichen Engagements. Die vorliegenden Konzeptionen zur Aktivierung eines zivil- und bürgergesellschaftlichen Engagements weisen an dieser Stelle fast durchgehend eine analytische Blindstelle auf. Die Rede vom zivil- und bürgergesellschaftlichen Engagement und dessen Aktivierung kann aber nur dann angemessen sein, wenn sie sich explizit zu den abschließend wenigstens an einigen Punkten angedeuteten systematischen Einwänden verhält.

Strategien der Aktivierung von zivil- und bürgerschaftlichem Engagement, innerhalb derer nicht auch das Spannungs- und Korrespondenzverhältnis zu der formal-rechtlichen Frage einer Teilhabesicherung thematisiert wird, was vor allem für manche Konzeptionen der ersten (*Individualisierung*) und dritten (*Poli-*

---

[5] Um Missverständnissen vorzubeugen sei an dieser Stelle zumindest darauf verwiesen, dass dieser Einschätzung kein Plädoyer für die konkrete historische Ausprägungsform des bisherigen wohlfahrtsstaatlichen Arrangements – beispielsweise in Form des konservativen Wohlfahrtsregimes in der Bundesrepublik Deutschland – zugrunde liegt. Allerdings basiert die hier gewählte Argumentation auf der Überzeugung, dass für das gekämpft werden sollte, was der Wohlfahrtsstaat als Versprechen einer universellen Teilhabesicherung sein könnte.

tisierung) Position festzustellen ist, stehen in der Gefahr die intersubjektive Loyalitätslogik zivilgesellschaftlicher Assoziationen aus dem Blick zu verlieren. Die Idee einer aktiven Bürgergesellschaft als Substitut für die scheinbar nicht mehr realisierbaren wohlfahrtsstaatlichen Unterstützungsleistungen oder als Gegenmacht zu einer als durchkapitalisiert bestimmten Staatlichkeit setzen auf zivilgesellschaftliche Gemeinschaftsstrukturen. Diese sind nun aber dadurch gekennzeichnet, dass sie, um mit Alfred Hirschmann zu sprechen, primär auf Loyalität (*Loyalty*) zwischen den Beteiligten und die Option der Beteiligung (*Voice*) setzen. Die Option der Wahl (*Choice*) ist allerdings nur als Ein- oder Ausschluss möglich, denn Wahl heißt im Fall zivilgesellschaftlicher Assoziationen Gemeinschaftsmitglied zu sein oder Nicht-Mitglied. Zivilgesellschaftliche Assoziationen bieten ihren Mitgliedern zwar einen privilegierten Zugang zu Ressourcen an, wie Patricia Landolt am Beispiel el-salvadorianischer Migrantengruppen in Kanada eindrücklich zeigt, aber sie zementieren zugleich „den Ausschluss (...) der Nicht-Mitglieder" (Landolt 2004: 23). Welche Ausmaße diese *Loyalitätsfalle* für Nicht-Mitglieder erzeugen kann, verdeutlicht Kevin Stenson am Beispiel der nationalistischen Abgrenzung „weißer Engländer" in den letzten beiden Dekaden in Mittelengland (vgl. Stenson 2006). Doch auch für die Mitglieder selbst zeigt sich hier ein strukturelles Problem. Denn zivilgesellschaftliche Assoziationen treiben keineswegs per se förderungswürdige Projekte voran, wie schon der Verweis auf die Aktivitäten neo-faschistischer Gruppierungen oder mafiöse Vereinigungen verdeutlicht (vgl. Heins 1992). Will ein Mitglied diese Vereinigungen wieder verlassen, schnappt die Loyalitätsfalle – im schlimmsten Fall lebensbedrohlich – zu. Aber selbst wenn die angestrebten Ziele einer zivilgesellschaftlichen Assoziation auch außerhalb von dieser mehrheitlich als angemessen und unstrittig beurteilt werden, stellt sich für manche Bevölkerungsgruppen ein handfestes Beteiligungsproblem, da zivil- und bürgerschaftliches Engagement eindeutig ein Mittelschichtsprojekt darstellt: Das typisch bürgerschaftlich engagierte Gesellschaftsmitglied ist männlich, erwerbstätig, Familienvater und mittleren Alters. Allgemeine Statements, wie jüngst in den *Blättern der Wohlfahrtspflege*: „Gerade in der Praxis mit Benachteiligten ist Aktivierung dringend, wenn sozial Schwache zukünftig gleichrangig am Gemeinwesen teilnehmen sollen", erweisen sich angesichts dieses sozialstrukturellen Dilemmas deshalb nicht nur als naiv, sondern als geradewegs zynisch (Ludwig 2006: 109).

Nicht zuletzt ist darauf hinzuweisen, dass die zumeist unterstellte „demokratieförderliche Wirkung gesellschaftlicher Beteiligung" bisher empirisch nicht belegt werden konnte (Roth 2003: 49; vgl. Portes/Landolt 1996). Die Behauptung, ein höherer Grad an Beteiligung bringe auch einen höheren Grad an Bindung und Unterstützung vorhandener demokratischer Strukturen mit sich, bleibt weiterhin nur Plädoyer. Bürgerschaftliches Engagement ist keineswegs gleichzusetzen mit politisch relevanter Beteiligung. Vielleicht könnten hier jüngste Überlegungen aus dem Feld der politischen Kulturforschung weiterführende Hinweise liefern: Eine ganze Reihe von Autoren weist darauf hin, dass gerade auch demokratiekritische Positionen demokratiestabilisierende Potenziale erzeugen.

Literatur

Adloff, F. (2005): Zivilgesellschaft: Theorie und politische Praxis, Frankfurt a.M./New York.

Barber, B. (1994): Starke Demokratie: über die Teilhabe am Politischen, Hamburg.

Böhnisch, L./Schröer, W. (2002): Die soziale Bürgergesellschaft: zur Einbindung des Sozialpolitischen in den zivilgesellschaftlichen Diskurs, Weinheim/München.

Böllert, K. (2000): Dienstleistungsarbeit in der Zivilgesellschaft, in: Müller, S./Sünker, H./Olk, T./Böllert, K. (Hg.): Soziale Arbeit: gesellschaftliche Bedingungen und professionelle Perspektiven, Neuwied/Kriftel, S. 241-252.

Butterwegge, C. (2005): Wohlfahrtsstaat und Soziale Arbeit im Zeichen der Globalisierung, in: Störch, K. (Hg.): Soziale Arbeit in der Krise: Perspektiven fortschrittlicher Sozialarbeit, Hamburg, S. 12-38.

Castel, R. (2005): Die Stärkung des Sozialen: Leben im neuen Wohlfahrtsstaat, Hamburg.

Dettling, W. (2000): Kultureller Wandel, soziales Kapital und die Perspektiven einer solidarischen Gesellschaft, in: Elsen, S. et al (Hg.): Sozialen Wandel gestalten – Lernen für die Zivilgesellschaft, Neuwied/Kriftel, S. 47-53.

di Fabio, U. (2005): Die Kultur der Freiheit, München.

Elsen, S./Ries, H./Löns, N./Homfeldt, H.-G. (Hg.) (2000): Sozialen Wandel gestalten – Lernen für die Zivilgesellschaft, Neuwied/Kriftel.

Etzioni, A. (2001): Jeder nur sich selbst der Nächste? In der Erziehung Werte vermitteln, Freiburg.

Euchner, W. (1977): Einleitung zu John Locke: Zwei Abhandlungen über die Regierung, Frankfurt a.M., S. 9-59.

Galuske, M. (2002): Flexible Sozialpädagogik: Elemente einer Theorie Sozialer Arbeit in der modernen Arbeitsgesellschaft, Weinheim/München.

Hayek, F.A. (1960/1991): Die Verfassung der Freiheit, Tübingen.

Heins, V. (1992): Ambivalenzen der Zivilgesellschaft, in: Politische Vierteljahresschrift, 33. Jg., Heft 2, S. 235-242.

Kessl, F./Otto, H.-U. (2003): Aktivierende Soziale Arbeit. Anmerkungen zur neosozialen Programmierung Sozialer Arbeit, in: Dahme, H.-J./Otto, H.-U./Wohlfahrt, N./Trube, A. (Hg.): Soziale Arbeit für den aktivierenden Staat, Opladen, S. 57-73.

Klein, A./Kern, K./Geißel, B./Berger, M. (Hg.) (2004): Zivilgesellschaft und Sozialkapital: Herausforderungen politischer und soziale Integration, Wiesbaden.

Kunstreich, T. (1990): o.T. in: Widersprüche-Redaktion: Schwierige Abschiede. Fragmente zu den Erfahrungen der Jahre 1989/90.

Kunstreich, T. (1997): Grundkurs Soziale Arbeit: sieben Blicke auf Geschichte und Gegenwart Sozialer Arbeit, Band 1, Hamburg.

Kunstreich, T. (2001): Vom Missverständnis eines politischen Mandats Sozialer Arbeit, in: Merten, R. (Hg.): Hat Soziale Arbeit ein politisches Mandat? Positionen zu einem strittigen Thema, Opladen, S. 121-130.

Landolt, P. (2004): Eine Abwägung der Grenzen sozialen Kapitals: Lehren aus den transnationalen Gemeinde-Initiativen El Salvadors, in: Kessl, F./Otto, H.-U. (Hg.): Soziale Arbeit und Soziales Kapital, Wiesbaden, S. 21-43.

Locke, J. (1977): Zwei Abhandlungen über die Regierung, Frankfurt a.M.

Ludwig, P. (2006): Zivilgesellschaftliche Aktivierung durch Soziale Arbeit. Bürgerkompetenzen müssen ermöglicht und geübt werden, in: Blätter der Wohlfahrtspflege, 153. Jg., Heft 3, S. 108-109.

Montesquieu, C.L. (1994): Vom Geist der Gesetze, Stuttgart.

Olk, T. (2000): Der „aktivierende Staat". Perspektiven einer lebenslagenbezogenen Sozialpolitik für Kinder, Jugendliche, Frauen und ältere Menschen, in: Müller, S./Sünker, H./Olk, T./Böllert, K. (Hg.): Soziale Arbeit: gesellschaftliche Bedingungen und professionelle Perspektiven, Neuwied/Kriftel, S. 99-118.

Otto, H.-U./Thiersch, H. (Hg.) (2005): Handbuch Sozialarbeit/Sozialpädagogik, München.

Portes, A./Landolt, P. (1996): The Downside of Social Capital, in: The American Prospect, Heft 26, S. 18-22.

Roth, R. (2003): Die dunklen Seiten der Zivilgesellschaft. Grenzen einer zivilgesellschaftlichen Fundierung von Demokratie, Wiesbaden, S. 41-64.

Schaarschuch, A. (1998): Theoretische Grundelemente Sozialer Arbeit als Dienstleistung – Perspektiven eines sozialpädagogischen Handlungsmodus, Universität Bielefeld (unveröff. Habilitationsschrift).

Scherr, A. (Hg.) (2006): Soziologische Basics. Eine Einführung für Pädagogen und Pädagoginnen, Wiesbaden.

Schmidt, M.G. (1997): Demokratietheorien, Opladen.

Stecklina, G./Stiehler, S. (2006): Zivilgesellschaftlicher Status von Mädchen und Jungen in stationären Hilfen, in: Bitzan, M./Bolay, E./Thiersch, H. (Hg.): Die Stimme der Adressaten: empirische Forschung über Erfahrungen von Mädchen und Jungen mit der Jugendhilfe, Weinheim/München, S. 91-105.

Stenson, K. (2006; i.E.): Das Lokale regieren. Der Kampf um Souveränität im ländlichen England, in: Kessl, F./Otto, H.-U. (Hg.): Territorialisierung des Sozialen. Regieren über soziale Nahräume, Leverkusen.

Taylor, C. (1993): Der Begriff der „bürgerlichen Gesellschaft" im politischen Denken des Westens, in: Brumlik, M./Brunkhorst, H. (Hg.): Gemeinschaft und Gerechtigkeit, Frankfurt a.M., S. 117-148.

Tocqueville, C. de (1985): Über die Demokratie in Amerika, Stuttgart.

Walzer, M. (1995): Die kommunitaristische Kritik am Liberalismus, in: Honneth, A. (Hg.): Kommunitarismus: eine Debatte über die moralischen Grundlagen moderner Gesellschaften, Frankfurt a.M./New York, S. 157-180.

Wendt, W.- R. (1993): Zivil sein und sozial handeln. Das Projekt der Bürgergesellschaft, in: Blätter der Wohlfahrtspflege, 150. Jg., Heft 9, S. 257-261.

Wendt, W.-R. u.a. (1996): Zivilgesellschaft und soziales Handeln: bürgerschaftliches Engagement in eigenen und gemeinschaftlichen Belangen, Freiburg.

Case Management. Koordinierte Hilfe oder konzentrierte Kontrolle?

Jürgen Raithel und Bernd Dollinger

1. Gegenstandsbeschreibung und gegenwärtiger Stellenwert

Case Management stellt eine spezifische Weiterentwicklung der Einzelfallhilfe dar. Der Schwerpunkt liegt hier aber nicht wie in der Einzelhilfe in der psychosozialen Beziehungsarbeit, sondern auf organisatorische und verhältnisbezogene Bezüge, wobei allerdings Fähigkeiten und Bedürfnissen des Klienten gleichrangig beachtet werden. Case Management stellt also keine neue Methode oder „Technik" dar, sondern sorgt für ein Arrangement, in dem formelle Dienste und Maßnahmen mit den informellen Möglichkeiten und Gegebenheiten hilfreich zusammenspielen und ineinander greifen. Case Management ist darum bemüht, für den Klienten ein nach Effizienz und Effektivität optimiertes Unterstützungsnetzwerk einzurichten. Es geht um eine einzelfallbezogene Steuerung von Sozialdiensten, um die Abstimmung der Systemlogiken der Dienstleistungsanbieter und der Lebensweltlogik der Klienten. Die Zusammenarbeit aller Beteiligten, die Koordination der Leistungserbringung und das Zusammenführen der Ressourcen erfolgt mit dem Ziel, dem Klienten eine ökonomisch vertretbare bedarfsgerechte Versorgung sicherzustellen. Die Begrifflichkeit des „Managements" lenkt dabei die Aufmerksamkeit auf die Kosten und Wirkungen sozialer Dienstleistungen.

Case Management ist als ein (eingedeutscht) „Unterstützungsmanagement" zu verstehen und beinhaltet zeitlich begrenzte unterstützende Hilfeplanungen für Einzelne oder Familien in komplexen Problem- und Notlagen. Ziel ist das Funktionieren der „häuslichen Lebensführung", was durch Vermittlung von Alltagsbewältigung und auch Selbstmanagement/Empowerment bewerkstelligt werden soll. Der Klient wird in den Vordergrund gerückt und seine „Stimme" fließt in den Entscheidungsprozess mit ein. Hierbei wird die subjektive Fallauffassung des Betroffenen mit der objektiven Fallauffassung beteiligter Fachkräfte abgeglichen. Die Organisationsstruktur und die beteiligten Institutionen sind dem Case Management systematisch angepasst. Der „Problemfall" eines jeden Einzelnen wird ad hoc festgelegt und individuell gemanagt. Dieser Prozess muss sich am bisherigen Lebensmanagement des Klienten anschließen. Die Planung richtet sich an eine langfristige Problemlösestrategie. Der Fokus liegt auf den Ressourcen des Klienten und seines Netzwerkes. Der Case Manager unterstützt, koordiniert, kontrolliert und evaluiert den Prozess.

> „Case Management ist eine professionelle Verfahrensweise, mit der personenbezogen ein Versorgungszusammenhang (*continuum of care*) bearbeitet wird. Er verknüpft formelle Dienste mit informeller, „häuslicher" Lebensführung einer Person oder Familie in ihren sozialen und gesundheitlichen Belangen" (Wendt 1997, 39).

Speziell für die Sozialarbeit hat Greene (1992) eine differenziertere Definition vorgelegt (zit. und übers. n. Ewers 2000, 56): „Case Management ist ein *interpersonaler Prozess,* der auf einer *Beziehung* zwischen einem Case Manager und einem Klienten(-system) beruht. Durch sorgfältig entwickelte Versorgungspläne ist intendiert, die funktionellen Kapazitäten von Individuen und ihrer sozialen Netzwerke, die einen Bedarf an langfristiger Unterstützung haben, zu erhöhen bzw. zu maximieren und die effektive Erbringung einer großen Spannbreite an Dienstleistungen über ein Versorgungskontinuum hinweg zu ermöglichen und sicherzustellen".

In Deutschland kam Case Management bislang überwiegend in den Arbeitsfeldern ambulanter und stationärer Pflege und in der Rehabilitation zur Anwendung. Die derzeitige extensive Implementierung von Case-Management-Strategien im Sozial- und Gesundheitswesen zeichnet sich gerade vor dem Hintergrund von Kostendruck, Effizienzsteigerung, Rationalisierung und Qualitätssicherung ab.

Finanziell abgesicherte Arbeitskontexte für Case Manager beginnen sich in Deutschland zu etablieren. Dies findet in Form von regionalen Koordinierungsstellen, wie z.B. in der lokalen Altenhilfe oder neuerdings in Form des beschäftigungsorientierten Fallmanagements in Job-Centern der Arbeitsagenturen, statt.

2. Anmerkungen zur geschichtlichen Entwicklung

Case Management ist eine recht junge Methode der Arbeit von Sozialdiensten. Es wurde in den USA ab Ende der 1970-er Jahre entwickelt, wobei ein Rückgriff auf Vorgaben Mary Richmonds erfolgte, die bereits 1917 von „case coordination" sprach. Der Gedanke wurde von Germain und Gitterman (1980) aufgenommen und in ihrem Buch „The Life Model of Social Work Practice" grundgelegt.

Da die Begrifflichkeit des „Managements" die Aufmerksamkeit auf die Kosten und Wirkungen sozialer Dienstleistungen lenkt, ist es kein Zufall, dass sich „Case Management" zunächst in pflegerischen Arbeitsfeldern von alten und behinderten Menschen entwickelt hat, in denen die Finanzierung der Dienstleistung für den Einzelfall vergleichsweise durchschaubar ist. Case Management entstand in den USA als Antwort auf den „Psychoboom" im Verlauf von Bewegungen zur Enthospitalisierung von psychisch Kranken (vgl. Wendt 1991). Neben der Enthospitalisierung waren auch eine Dezentralisierung der Sozialdienste, fehlende soziale Netzwerke, die komplexer werdenden Problemlagen der Klienten, die spezifische Zugangslogik der sozialen Dienste und nicht zuletzt die Kostenexplosion bei den sozialen Diensten verantwortlich. Case Management ist als ein Instrument des Umgangs mit den spezifischen Problemkonstellationen des wohlfahrtsstaatlichen Angebots entwickelt worden, dem es primär um die organisierte Abstimmung von Angebot und Nachfrage nach sozialen Dienstleistungen geht.

3. Das Case-Management-Konzept

Das Case Management wird inzwischen vielseitig vereinnahmt und ihm werden unterschiedlichste Funktionen zugesprochen. Aus diesem Spektrum lassen sich drei Kernfunktionen des Case Managements identifizieren (vgl. Ewers 2000):

- *Eine parteiische, anwaltschaftliche Funktion* (Advocacy): Das Case Management zielt auf Menschen, die nicht (mehr) in der Lage sind, ihre persönlichen Interessen aufgrund von individueller Hilfsbedürftigkeit und/oder gesellschaftspolitischer Machtlosigkeit geltend zu machen.
- *Eine vermittelnde Funktion* (Broker): Das Case Management dient als neutrale Vermittlung zwischen den Nutzern und Anbietern sozialer Dienstleistungen. Es geht hier um eine organisations- und institutionsbezogene Perspektive. Dem Klienten soll die Wahlentscheidung konkurrierender Leistungsanbieter im Sinne einer zentralen Koordinationsinstanz erleichtert werden.
- *Eine selektierende Funktion* (Gate-Keeper): Hier geht es um eine gezielte Zugangssteuerung zu sozialen sowie gesundheitlichen Dienstleistungen vor dem Hintergrund knapper finanzieller Mittel, um den größten Nutzwert zu erreichen. Der „Gate-Keeper" besetzt die zentrale Schlüsselposition zwischen dem Klienten und dem Versorgungssystem mit seinen Ressourcen. Darüber hinaus hat er die Aufgabe, die für eine Versorgung notwendigen Mittel zu akquirieren und eine ausgabenorientierte Steuerung vorzunehmen. Als Interface-Instanz ist der Case Manager zugleich mit der Budgetkontrolle und -verwaltung betraut.

Grundvoraussetzung für Case Management ist, dass sich der Klient seiner Situation bewusst sein muss und aktiv mitarbeiten will. Der Erfolg ist sehr stark von den Zugriffsmöglichkeiten auf die Ressourcen abhängig (Kompetenz des Case Managers und Verknüpfung der Institutionen). Der Case-Management-Prozess selbst folgt einer festen Ablaufstruktur, die einzelnen Dimensionen des Case Managements sind nach Moxley (1997): Assessment, Planning, Intervention, Monitoring und Evaluation. Diese fünf Komponenten gelten üblicherweise als Basis-Komponenten des Case-Management-Regelkreises. Jedoch differenzieren einzelne Autoren die Elemente stärker, weshalb in der Literatur bis zu acht verschiedene Arbeitsschritte erwähnt werden (vgl. Weil/Karls 1985).

Die wichtigsten Komponenten des Case-Management-Regelkreises sollen hier kurz erläutert werden (vgl. Ewers 2000):

- *Identifikation/Engagement* (Eingangsphase, Aufbau einer effektiven Arbeitsbeziehung): Hier geht es zunächst um die Auswahl von möglichen Klienten, die in besonderer Weise von Case Management profitieren könnten.
- *Assessment* (Bedarfserhebung): Es wird der gegenwärtige biopsychosoziale funktionale Status des Klienten erhoben. Es werden sowohl die objektiven Selbstversorgungsdefizite und individuellen Versorgungsbedürfnisse als auch vorhandene soziale Ressourcen berücksichtigt. Weiterhin werden gegenwärtige soziale Rollen, der sozioökonomische Status, Aspekte der persönlichen und sachlichen Umwelt sowie kulturelle und religiöse Bedürfnisse eruiert. Der Assessment-Prozess ist sehr bedeutend und sollte möglichst alle relevanten Daten und Informationen erfassen, denn er bildet die Grundlage für die Erstellung eines angemessenen, bedarfsorientierten und individuellen Versorgungsplans.
- *Entwicklung des Versorgungsplans* (Planning): Auf der Grundlage der eingehenden Bedarfserhebung und in enger Kooperation mit dem Klienten sowie seinem sozialen Umfeld wird der Versorgungsplan entwickelt. Hierbei werden Selbstversorgungskompetenzen wie -defizite berücksichtigt und die individuumspezifischen Versorgungsziele definiert. Der Versorgungsplan beinhaltet alle Dienstleistungen, die geeignet und nötig sind, um sowohl kurz- als auch langfristige Versorgungsziele zu erreichen. Die formulierten Ziele müssen dabei realisierbar und überprüfbar (Kriterium der Operationalisierbarkeit; vgl. Raithel 2006) sein sowie präventive oder rehabilitative Aspekte berücksichtigen (Kriterium der Gesundheitsförderung).
- *Implementierung des Versorgungsplans* (Intervention): Dem Case Manager kommen hier vor allem zwei Aufgaben zu: Zum einen muss er Verhandlungen mit den Leistungsanbietern und Kostenträgern führen und zum anderen

das Leistungsgeschehen koordinieren. Der Case Manager ist dabei gefordert, ein möglichst optimales Ineinandergreifen von Dienstleistungsangeboten zu organisieren.

- *Monitoring und Re-Assessment*: Der gesamte Versorgungsplan muss überwacht werden und der Case Manager muss Sorge dafür tragen, dass dem sich möglicherweise wandelnden Bedarf des Klienten kontinuierlich und umfassend entsprochen wird. Durch diese quasi Supervisions-Funktionen sollen Qualitätsmängel durch mangelhafte oder unangepasste Versorgungsangebote durch das Monitoring und wiederholte Assessment rechtzeitig erkannt und verhindert werden.

- *Evaluation und Abschluss*: Die Evaluation ist im Unterschied zum Monitoring und Re-Assessment mit der Entlassung des Klienten (*Disengagement*) aus dem Wirkungskreis des Case-Management-Programms verbunden und somit ein einmaliges Geschehen. Die Evaluation bezieht sich hierbei vor allem auf die direkte Handlungsebene und auf die Systemebene. Die Bewertung der eigenen Berufspraxis kann auf der direkten Handlungsebene zum Erkennen und der Reflexion individueller Schwächen beitragen. Auf der Systemebene können Informationen über Mängel in der Versorgung zu neuen Dienstleistungsprogrammen sowie zur Optimierung des Versorgungsplans beitragen.

Wie aus den einzelnen Dimensionen des Case Managements zu erahnen ist, kommt dem Case Manager eine sehr wichtige Rolle zu. Er muss über folgende Schlüsselkompetenzen verfügen:

- Gesprächs- und Verhandlungskompetenz,
- Konfliktfähigkeit,
- Interkulturelle Kompetenz,
- Vermittlungskompetenz,
- Kenntnisse der örtlichen und regionalen Netzwerke, Institutionen und Zugangskompetenzen,
- Kenntnisse in Dokumentation,
- Evaluations- und Kritikfähigkeit.

Neben diesen Schlüsselkompetenzen muss der Case Manager darauf achten, dass es zu keinen Zielkonflikten zwischen den Parteien kommt. Fehlt es dem Case Manager an Koordinationskompetenzen der Institutionen, so besteht die Gefahr, dass der Klient aus dem Mittelpunkt des Handelns gedrängt wird. Die aufgelisteten Kompetenzen stellen einen breiten Fächer dar, die weitestgehend für jeden Anwendungsbereich des Case Managements kardinal sind. Dieser Kompetenzen-

Fächer zeigt auch, dass das Fähigkeitsprofil des Case Managers eine sozial-/pädagogische Ausbildung voraussetzt. Deshalb ist es als problematisch anzusehen, wenn z.b. Verwaltungsangestellte kurzfristig zu (vermeintlichen) Case Managern „umgebildet" werden.

4. Case Management im sozialpolitischen Aktivierungsdiskurs

Case- bzw. Fallmanagement ist in der sozialpolitischen Aktivierungsdebatte von zentraler Bedeutung, auch wenn der Begriff etwa in SBG II und III keine Verwendung findet. Der Gedanke, heterogene Interventionsformen aufeinander zu beziehen und dadurch „Synergieeffekte" mit Blick auf Effektivität und Effizienz zu erreichen, scheint zur Begründung, Konzipierung und Einlösung sozialpolitischer Reformmaßnahmen in verschiedenen Bereichen attraktiv; dies gilt z.b. für Arbeitslosenhilfe, Gesundheitssystem, Kinder- und Jugendhilfe, Seniorenarbeit, Suchthilfe oder Sozialhilfe (vgl. Müller 2006; s.a. Wendt 2002). Aus sozialpolitischer Sicht wird dabei eine nicht selten vorrangig prozessual-ökonomistische Sicht vertreten, die dem historischen Ursprung und „Sinn" von Case Management als Ausrichtung an koordinierter Unterstützungsleistung im Interesse des – möglicherweise mit multiplen Problemen belasteten – Einzelnen („Advocacy") und der Anleitung seiner Selbstverantwortungsfähigkeit („Empowerment") nur partiell gerecht wird. Legt man eine idealtypische Unterscheidung zwischen prozessualem und auf Empowerment ausgerichtetem Case Management zugrunde, so erweisen die zahlreichen aktivierungsbezogenen Stellungnahmen zu Fallmanagement in der jüngeren Vergangenheit eine deutliche Nähe zu prozessualen Orientierungen, die passgenau („Profiling"; „Assessment") in organisatorisch und sozialpolitisch vorgegebene ökonomistische Zielhorizonte eingebunden werden. Der bei Arbeitslosigkeit intervenierende Fallmanager als das „personifizierte Fördern und Fordern" (Rudolph 2003, 7) bringt die Interessen des arbeitslosen „Kunden" und der Vermittlungsagentur zur Deckung; er fungiert als verantwortlicher Gesamtzuständiger, der ein ineffizientes „Herumreichen" verhindert, verschiedene Leistungen von Beratung und Förderung aufeinander abstimmt und, falls nötig, mit Nachdruck die fordernde Aktivierung gewährleistet. Letzteres ist um so wahrscheinlicher, als Fallmanagement gerade bei den Arbeitslosen empfohlen und realisiert wird, bei denen „insbesondere auch in der Person liegende Problematiken" (Göckler/Rudolph 2005), etwa relativ hohes Alter, gesundheitliche Beeinträchtigungen und mangelnde Qualifikationen, verantwortlich seien, wenn eine rasche Integration in den Arbeitsmarkt nicht erfolgt oder antizipiert wird. An die gegenüber der Vielschichtigkeit der individuellen

„Fälle" teilweise unterkomplexen Vorstellungen aktivierungspolitischen Fallmanagements sind mehrere kritische Fragen zu richten.

a) Machtakkumulation

Case Management führt zu einer Ballung von Macht- und Kontrollpotentialen, da ein mit spezifischen Problemlagen ausgestatteter Mensch zum „Fall" eines „Managers" wird, in dessen Händen die Gesamtregulation der weiteren Verfahrensweisen konzentriert wird. Diese Machtballung erfordert eine besondere Sensitivität für die individuellen Belange des Betreffenden und die für ihn einzulösenden Unterstützungsmaßnahmen. Gilt dies prinzipiell für alle Formen von Case Management, so impliziert der sozialpolitische Ansatz im Bereich der Arbeitslosenhilfe eine exzeptionelle Prekarität, denn im Ausgangspunkt dieses Fallmanagements wird dem Arbeitslosen die Stigmatisierung zuteil, eine Sonderbehandlung aufgrund personalisierter Problemzuschreibungen zu erfahren. Es ist zu fragen, ob diese Diskreditierung im Praxisalltag aufgefangen und konstruktiv bearbeitet werden kann. Der Fallmanager ist mit amtlicher Autorität und mit organisatorischen Aufgabenzuweisungen ausgestattet, die den Arbeitssuchenden auf spezifische Weise kategorisieren. Ob vor diesem Hintergrund die nötige Sensitivität, fachliche Professionalität und zeitliche Disponiertheit umfassend garantiert werden kann, um dem „Fall" gerecht zu werden, bedarf besonderer Beachtung (vgl. Kolbe/Reis 2005). Wird in Konzeptentwürfen zu beschäftigungsorientiertem Fallmanagement gefordert, Arbeitslose „so zeitnah wie möglich arbeitsmarktlich zu integrieren", wird hierbei unter explizitem Hinweis auf durchzusetzende Sanktionen die Einlösung des „Grundprinzips des ‚Förderns und Forderns'" als „zentrale Aufgabe des Fallmanagers" beschrieben und gleichzeitig von einem „kooperativen Prozess" (Kurzdarstellung 2005) der Leistungserbringung gesprochen, so dürften die Voraussetzungen zu einem verantwortungsvollen Umgang mit prekären Lebenslagen kaum gegeben sein. Vertragsähnliche Konstruktionen wie die Eingliederungsvereinbarung als Umsetzungsprinzip des Fallmanagements verschleiern auch hier die faktischen Machtverhältnisse und Interessenslagen, da die Grundlagen und Bedingungen des Fallmanagements organisatorischen Effektivitätsbestimmungen folgen, die nicht vorrangig am Bedarf der Klientel orientiert sind (vgl. Buestrich/Wohlfahrt 2005).

b) Restringierte Ergebnisoffenheit

Dies führt zu der Frage der Ergebnisoffenheit, die im Rahmen sozialpolitischer Aktivierungsmaßnahmen nicht immer gegeben ist. Ein Grundmerkmal von Case Management ist, wie oben beschrieben, die kooperative Vermittlung von Unterstützungsangeboten, um eine Überlagerung von Interventionsformen zu verhindern und um einer kontraproduktiven Ausdifferenzierung institutionalisierter Hilfsmöglichkeiten zugunsten der Herstellung einer Versorgungskontinuität zu begegnen. Die resultierende, kooperativ zu erzielende Hilfeplanung muss flexibel auf die Bedürfnislagen des Einzelnen zugeschnitten sein, so dass systematische Restriktionen von Hilfsmöglichkeiten der Logik des Case Managements widersprechen. Zwar sind sie faktisch immer gegeben, es muss gleichwohl ein möglichst breites und offenes Spektrum an Hilfsmöglichkeiten aufrecht erhalten werden, um der Komplexität des individuellen Falles gerecht werden zu können. Allgemein werden an aktivierender Sozialpolitik allerdings gerade restringierte Integrationspotentiale beklagt (z.B. Völker 2005). Der Ausbau repressiver Sanktionsinstrumente und die Verschärfung von Zwängen der Arbeitsaufnahme verstärken im Bereich der Arbeitslosenhilfe den Druck auf den Einzelnen, während wichtige Integrationsziele verwehrt sind – allen voran die Option, Menschen mangels Arbeitsplätzen in den ersten Arbeitsmarkt zu integrieren. Fallmanagement kann vor diesem Hintergrund personalisierenden Ausschluss legitimieren, da für mangelnde Integrationsperspektiven Persönlichkeit und Umfeld eines Einzelnen verantwortlich gemacht werden (vgl. Kessl 2005, 186). Dies ist „bereits *ex ante* definiert", und so entwickelt sich Case Management zu einer „Reglementierungs- bzw. ‚Regierungstechnik'" (Trube 2005, 96). Sie bedient sich teilweise weniger fall- als managementbezogener Strategien (vgl. Klug 2006, 20) oder konzentriert sich vor dem Hintergrund von Effektivitätspostulaten von vornherein auf eine ausgewählte Zielgruppe, von der erwartet wird, mit den gegebenen Mitteln erfolgreich intervenieren zu können („Creaming"; vgl. Buestrich/Wohlfahrt 2005).

Führt man sich das Vorbild der USA und die dort z.T. praktizierte Substitution materieller Hilfen durch Fallmanagement vor Augen („Diversion"; vgl. Reis 2004), so ist es nicht unrealistisch, von einer verschärften Form sozialer Ausgrenzung zu sprechen, die Fallmanagement mit sich bringen kann. Die im Gesundheitssektor und seiner Nachfrage nach Case-Management-Strategien besonders deutlich werdende ökonomistische Stoßrichtung von Reformen und Reformvorschlägen bezeugt dies unmittelbar (vgl. Butterwegge 2005, 141ff; Kühn 1993; Opielka 2004, 184ff).

c) Perspektivität der Einzelfallbearbeitung

Es ist zu hinterfragen, ob der Respekt für die Komplexität des Einzelfalles strukturell eingelöst werden kann. Empirische Studien geben Hinweise auf Beschränkungen aktivierenden Fallmanagements, das problembehafteten Lebenslagen systematisch nicht gerecht zu werden vermag (vgl. Bartelheimer et al. 2003; Kolbe/Reis 2005). Wird allgemein an Case Management kritisiert, dass problemgenerierende gesellschaftliche Kontextbedingungen ausgeblendet werden (vgl. Galuske 2003, 207f), so trifft dies etwa im arbeitsmarktpolitischen Aktivierungskontext gleichsam a priori zu. Per definitionem wird der Einzelne für seine prekäre Lebenslage und für Arbeitslosigkeit verantwortlich gemacht. Der – schon mit der klassischen Studie über „die Arbeitslosen von Marienthal" (Jahoda et al. 1980; zuerst 1933) – evidente Befund, dass Arbeitslosigkeit als massiver Stressor fungiert, erfährt in der Praxis des Fallmanagement eine problematische Wendung: Es geht nicht um die strukturelle Bewältigung von Arbeitslosigkeit, sondern um die unter Kostendruck einzulösende Bearbeitung persönlicher Dispositionen, die eine Wiedereingliederung in den Arbeitsmarkt scheinbar verhindern (vgl. hierzu Kolbe/Reis 2005, 72ff). Somit rücken die vielfältigen Lebensbezüge des Einzelnen als Problemursachen in den Vordergrund. Der organisatorischen und arbeitsmarktpolitischen Zielen verpflichtete Fallmanager fokussiert sie als zu überwindendes Übel. Dass Arbeitslosigkeit an sich ein Problemgenerator sein kann, wird damit ebenso ausgeblendet wie ein vertieftes Einlassen auf den Einzelfall verhindert wird. Letzteres gilt um so mehr, da das avisierte Verhältnis von Fallmanager und Leistungsempfänger – etwa bei Jugendlichen in der Größenordnung von 1:75 (vgl. Wende 2003) – in der Praxis oftmals deutlich übertroffen wird (vgl. Gissel-Palkovich 2006, 31). Hinzu kommt, dass die Arbeitsmarktintegration als dominierendes Interventionsthema anderweitige Problembezüge wie Wohnprobleme, Schulden oder gesundheitliche Beeinträchtigungen ausblenden kann (vgl. im Kontext der Sozialhilfe Bartelheimer et al. 2003; Kolbe/Reis 2005). In Konzeptpapieren der Bundesagentur für Arbeit wird die sukzessive Ausblendung nicht-arbeitsmarktlicher Integrationsziele des Fallmanagements ebenso sichtbar wie eine zunehmende dirigistische Tendenz (vgl. Bothmer 2005, 7). Ist man nicht bereit, die betriebswirtschaftliche Nomenklatur und Interessensausrichtung, die die aktivierungspolitischen Reformen fundieren, als identisch mit den Zielen sozialpädagogischer Unterstützungsleistungen zu betrachten, so wird man kaum von einer Anwaltschaft für den Einzelnen sprechen können. Für den mit Koordinierungsaufgaben betrauten sozialpädagogischen Fallmanager kann dies in seiner Zwischenstellung einer Orientierung am Einzelnen (Mikroebene), an Organisationsrationalitäten (Mesoebene) und an sozialpolitischen Aufgabendefinitionen und Steuerungsvorgaben (Makroebene) mit manifesten Rollen- und Zielkonflikten einhergehen.

Angesichts der Gefahr, als Fallmanager „für die ökonomische Umgestaltung des Sozial- und Gesundheitswesens vereinnahmt zu werden", empfehlen Ewers und Schaeffer (2000, 20), „‚ad fontes' zu gehen", d.h. sich des sozialpädagogischen Interesses und der Anwaltschaft für den Einzelnen bewusst zu werden. Fallmanagement kann nur dann ein effizientes Interventionsprinzip sein, wenn erstrangig die Problembezüge der Adressaten einer Lösung zugeführt werden und Unterstützungsoptionen als flexible, problembezogene Leistungsangebote strukturiert werden. Fallmanagement impliziert deshalb die Forderung offener und personenzentrierter Organisationsbezüge. Mit Sanktionsdrohungen und schematisierter Fallarbeit verträgt sich dies schlecht. Fallmanagement muss Spannungsverhältnisse zwischen der Management- und pädagogischen Logik reflektierend thematisieren und nicht prozessfixiert negieren. Hierbei ist erstrangig nicht von Kriterien organisatorischer Effizienz und Kostenersparnis, sondern vom faktischen Bedarf problembedrängter Personen auszugehen.

Literatur

o.A. (2005): Kurzdarstellung des Fachkonzeptes „Beschäftigungsorientiertes Fallmanagement nach dem SGB II". In: Fachkonzept „beschäftigungsorientiertes Fallmanagement" – weiterführende Anlagen. Anlage 8. http://www.kompetenzagenturen.de/ download (März 2006) (zit. als „Kurzdarstellung 2005").

Bartelheimer, P./Hobusch, T./Reis, C. (2003): Case Management in der Sozialhilfe. Anspruch und Realität. In: Dahme, H.-J./Otto, H.-U./Trube, A./Wohlfahrt, N. (Hg.): Soziale Arbeit für den aktivierenden Staat. Opladen. S. 309-332.

Bothmer, H.v. (2005): Pädagogik im Fallmanagement. Darmstadt.

Buestrich, M./Wohlfahrt, N. (2005): Case Management in der Beschäftigungsförderung? In: Neue Praxis. 35. Jg., S. 307-323.

Butterwegge, C. (2005): Krise und Zukunft des Sozialstaates. Wiesbaden.

Ewers, M. (2000): Das anglo-amerikanische Case Management: Konzeptionelle und methodische Grundlagen. In: Ewers, M./Schaeffer, D. (Hg.): Case Management in Theorie und Praxis. Bern. S. 53-90.

Ewers, M./Schaeffer, D. (2000): Einleitung: Case Management als Innovation im bundesdeutschen Sozial- und Gesundheitswesen. In: Ewers, M./Schaeffer, D. (Hg.): Case Management in Theorie und Praxis. Bern. S. 7-27.

Galuske, M. (2003): Methoden der Sozialen Arbeit. Weinheim: Juventa.

Germain, C. B./Gitterman, A. (1980): Praktische Sozialarbeit, Das „Life Model" der sozialen Arbeit. Stuttgart.

Gissel-Palkovich, I. (2006): Case Management – ein Handlungskonzept Sozialer Arbeit? In: Sozialmagazin. 31. Jg., S. 25-36.

Göckler, R./Rudolph, H. (2005): Vom Profiling, den Vermittlungshemmnissen und den Zuweisungskriterien zum Fallmanagement – Eine Einführung. In: Fachkonzept „beschäftigungsorientiertes Fallmanagement" – weiterführende Anlagen. Anlage 2. http://www.kompetenzagenturen.de/download (März 2006).

Greene, R.R. (1992): Case Management: An Area for Social Work Practice. In: Vourlekis, B.S./Greene, R.R. (Eds.): Social Work Case Management. New York. S. 51-74.

Jahoda, M./Lazarsfeld, P.F./Zeisel, H. (1980): Die Arbeitslosen von Marienthal. Frankfurt a.M.

Kessl, F. (2005): Der Gebrauch der eigenen Kräfte. Eine Gouvernementalität Sozialer Arbeit. Weinheim.

Klug, W. (2006): „Fallmanagement" – Eine Konstruktion des SGB II. Sozialmagazin. 31. Jg., S. 18-24.

Kolbe, C./Reis, C. (2005): Vom Case Management zum „Fallmanagement". Frankfurt a.M.

Kühn, H. (1993): Healthismus: Eine Analyse der Präventionspolitik und Gesundheitsförderung in den U.S.A. Berlin.

Moxley, D.P. (1997): Case Management by Design: Reflections on Principles and Practices. New York.

Müller, M. (2006): Case Management in verschiedenen Arbeitsfeldern sozialer Dienstleistung. In: Sozialmagazin. 31. Jg., S. 10-17.

Opielka, M. (2004): Sozialpolitik. Grundlagen und vergleichende Perspektiven. Reinbek.

Reis, C. (2004): Workfare – internationale Erfahrungen und ihre Resonanz in Deutschland. (Vortrag 2004). http://www.good-practice.de/workfare.doc (März 2006).

Rudolph, H. (2003): Profiling und Case Management im Kontext von Aktivierungsstrategien. http://doku.iab.de (März 2006).

Trube, A. (2005): Casemanagement als Changemanagement? Zur ambivalenten Professionalisierung Sozialer Arbeit im aktivierenden Sozialstaat. In: Dahme, H.-J./Wohlfahrt, N. (Hg.): Aktivierende Soziale Arbeit Theorie – Handlungsfelder – Praxis. Baltmannsweiler. S. 88-99.

Völker, W. (2005): Aktivierende Arbeitsmarktpolitik. Auf dem Weg zu mehr Zwang und Existenzdruck. In: Dahme, H.-J./Wohlfahrt, N. (Hg.): Aktivierende Soziale Arbeit Theorie – Handlungsfelder – Praxis. Baltmannsweiler. S. 70-87.

Weil, M./Karls, J.M. (1985): Case Management in human service practice. San Francisco.

Wende, L. (2003): Fallmanagement im JobCenter – Ein Angebot für benachteiligte Jugendliche. http://www.kompetenzagenturen.de/download (März 2006).

Wendt, W.-R. (1991): Unterstützung fallweise, Case Management in der Sozialarbeit. Freiburg.

Wendt, W.-R. (1997): Case Management im Sozial- und Gesundheitswesen. Freiburg.

Wendt, W.-R. (2002): Case Management – Stand und Positionen in der Bundesrepublik. In: Löcherbach, P./Klug, W./Remmel-Faßbender, R./Wendt, W.-R. (Hg.): Case Management in Theorie und Praxis. Neuwied. S. 13-35.

Dienstleistung. Das aktive Subjekt der Dienstleistung

Andreas Schaarschuch

In diesem Beitrag wird das Verhältnis von Dienstleistungstheorie und den so genannten „aktivierenden" Ansätzen in der Sozialpolitik und Sozialen Arbeit zum Gegenstand gemacht. Dabei steht die Rekonstruktion verschiedener dienstleistungstheoretischer Ansätze im Hinblick auf ihre Konstruktion des Klienten, Adressaten, Kunden, Nutzers oder Bürgers im Zentrum. Diese Fokussierung auf die jeweilige Fassung des Subjektes erlaubt es herauszuarbeiten, in welcher Weise das Verhältnis von Subjekt und Institution und darüber hinaus von Subjekt und Gesellschaft konzipiert ist und wie die hierin sich unterscheidenden Positionen sich zu Politik und Pädagogik der „Aktivierung" verhalten.

Obwohl es eine Vielzahl von Varianten der Theoretisierung personenbezogener sozialer Dienstleistungen und nicht *die* Theorie sozialer Dienstleistung gibt, so ist doch – mit Ausnahme der funktionstheoretischen Ansätze (vgl. Berger/Offe 1980; Olk 1986) – für diese die Vorstellung eines aktiven, personenbezogene Dienstleistungen konsumierenden Subjektes konstitutiv. „Der aktive Konsument in der Dienstleistungsgesellschaft. Zur politischen Ökonomie des tertiären Sektors" – der Titel dieses einflussreichen, von Alan Gartner und Frank Riessman 1978 auch auf deutsch vorgelegten Buches mit dem Originaltitel „The Service Society and the Consumer Vanguard" (1974) markiert früh die Grundlage dienstleistungstheoretischer Konzeptualisierungen: Dass wir es bei jenen Personen, die je nach Orientierung als „Klienten", „Betroffene", „Adressaten", „Kunden" oder „Nutzer" bezeichnet werden, nicht mit passiven Objekten, sondern mit aktiven Subjekten zu tun haben.

Auch wenn in dieser – für die Soziale Arbeit oftmals kontrafaktischen – Unterstellung eines aktiven Subjektes der Ausgangspunkt dienstleistungstheoretischer Ansätze zu sehen ist, so ist doch unverkennbar, dass die disziplinären, theoretischen und fachpolitischen Kontexte, in denen diese Ansätze stehen, zu verschiedenen Folgerungen und konzeptionellen Zuschnitten, aber auch zu erheblichen Übereinstimmungen hinsichtlich der Rolle eines aktiven Subjektes führen. Diese jeweilig zeithistorisch und kontextuell gebundenen dienstleistungstheoretischen Konzeptionen stehen sodann in je spezifischen Relationen zu dem, was als Politik der „Aktivierung" derzeit den sozialpolitischen Kurs dominiert.

I. Dienstleistungsgesellschaft und neue soziale Bewegungen

Die „klassischen" dienstleistungstheoretischen Ansätze nehmen ihren Ausgang in der Beobachtung, dass der quantitativ überwiegende Anteil von Beschäftigungsverhältnissen im Bereich des „tertiären" Dienstleistungssektors zu finden ist. Die „Dienstleistungsgesellschaft" löst dieser Auffassung zufolge die bisher dominierende Industriegesellschaft ab. Insbesondere das Wachstum der personenbezogenen Dienstleistungen wird dabei herausgestellt und perspektivisch mit weit reichenden „Hoffnungen" verbunden: Dass es nämlich mit der Umstellung des überwiegenden Anteils aller produktiven Tätigkeiten von „Arbeit" auf „Interaktion" aufgrund der verständigungsorientierten Kooperationsbeziehung von Dienstleistungserbringer und Dienstleistungskonsument zu einer Rationalisierung und Humanisierung zwischenmenschlicher und damit gesellschaftlicher Beziehungen kommen würde (vgl. Fourastié 1954; Bell 1975). Dies auch insbesondere aus dem Grund, dass bisher im industriegesellschaftlichen Diskurs nicht berücksichtigte Konsumentengruppen nun mit einem spezifischen „Wertsyndrom" oder „Ethos" ausgestattet die gesellschaftliche Bühne betreten, dabei „Lebensqualität" und demokratische „Partizipation" einfordern und damit die Funktion einer Avantgarde in der Demokratisierung der Gesellschaft übernehmen (vgl. Gartner/Riessman 1978).

Neben diesen eher spekulativen, gesellschaftstheoretischen Überlegungen waren es vor allem auch sozialpolitische Aspekte, die einen zentralen Gegenstand der dienstleistungstheoretischen Arbeiten dieser ersten Phase darstellten. Dabei spielte eine zentrale Rolle, dass eine grundlegende Annahme bereits der frühen Arbeiten darin bestand, dass dem Konsumenten in der Dienstleistungsproduktion eine herausragende Rolle zukommt: Er/Sie ist nicht nur Konsument, sondern ein „factor in production" (Fuchs 1968) von Dienstleistungen, denn die Struktur personenbezogener Dienstleistungstätigkeiten verlangt zwingend dessen/deren Kooperation – sie sind, mit den Worten von Gartner und Riessman, „konsumentenintensiv". Zugleich aber sind sie „arbeitsintensiv", das heißt ihre Produktivität ist nicht von der Höhe des eingesetzten Kapitals abhängig, sondern vom Quantum der verausgabten (professionellen) Arbeitszeit. Dies aber bedeutet, dass personenbezogene soziale Dienstleistungen, die in face-to-face-Interaktionen „uno-actu" erbracht werden, nur in einem sehr beschränkten Umfang rationalisierbar sind.[1] In diesem Zusammenhang wird darauf hingewiesen, dass die personenbezogenen Dienstleistungen, insbesondere aber jene mit explizit sozialpolitischer Ausrichtung, zu einem erheblichen Anteil im öffentlichen Sektor erbracht werden. „Arbeitsintensiv" bedeutet damit immer zugleich auch „personalintensiv" und „kostenintensiv". In diesem für die Erbringung personenbezogener sozialer Dienstleistungen unabweisbaren sozialstaatlichen Kontext garantierter Leistungen steht nun auch die Grundannahme des produktiven Konsumenten von Dienstleistungen: „Die spezifische Konsumentenrolle ist bei den personenbezogenen Dienstleistungen von größter Wichtigkeit. Schüler und Studenten sind zum Beispiel nicht nur Konsumenten der Dienstleistung, d. h. der Bildung, sondern sie sind gleichzeitig ein Produktionsfaktor. Ebenso sind Patienten ein Produktionsfaktor bei der Wiederherstellung ihrer Gesundheit. Der Konsument ist hier eine Produktivkraft und die personenbezogenen Dienstleistungen sind nicht nur arbeitsintensiv, sie können auch als konsumentenintensiv bezeichnet werden. (...) Ausschlaggebend ist jedoch, dass die Arbeit bei den personenbezogenen Dienstleistungen konsumentenintensiv ist und dass der Schlüssel für eine Produktivitätssteigerung in diesem Sektor in einer wirksamen Aktivierung und Mobilisierung des Konsumenten liegt" (Gartner/Riessman 1978, 105). Der Konsument als „Produktionsfaktor" wird in diesem Zusammenhang zu einer „stillen Reserve", zur „versteckten Ressource zur Steigerung der Produktivität personenbezogener Dienstleistungen" (ebd., 216). Dabei geht es ganz wesentlich um einen Wechsel der Perspektive, indem „zum Beispiel Schüler und Studenten nicht als passive Empfänger von Unterricht, sondern als *Arbeitskräfte für die Produktion ihrer eigenen Ausbildung*" (ebd., 231) betrachtet werden. Deshalb sind „die Konsumenten ... unmittelbar in der Dienstleistungserbringung tätig und nicht nur allgemein beteiligt" (ebd., 230). Beteiligung meint dabei „Mitspracherecht bei Entscheidungen" (ebd., 232) und eine solchermaßen verstandene Partizipation erhöht die Effektivität von Dienstleistungen in besonderem Maße: „Wir sind davon überzeugt, dass das Konzept der konsumentenintensiven Dienstleistung dazu führt, dass der Konsument eine umfassendere und in höherem Maße selbstbestimmte Rolle spielt, dass er zum einen zu größerer Aktivität angeregt wird und zum anderen, wenn *gleichzeitig die Partizipation der Konsumenten an der Entscheidungsfindung* gegeben ist, diese Effektivität höchstwahrscheinlich in höherem Maße durch den Konsumenten determiniert und ihm von Nutzen sein wird" (ebd., 245). Der so von Gartner und Riessman konzipierte Dienstleis-

---

[1] Untersuchungen in den Vereinigten Staaten (vgl. Fabricant/Burghardt 1992) und Großbritannien (vgl. Harris 2002) haben gezeigt, auf welche Weise die Versuche einer tayloristischen Rationalisierung sozialer Dienstleistungen insbesondere aufgrund der ihnen inhärenten Tendenz zur Deprofessionalisierung zum Effektivitätsverlust in der Erbringung personenbezogener sozialer Dienstleistungen geführt haben.

tungskonsument schwebt durchaus nicht im luftleeren Raum, sondern die „Erbringungsweise" von Dienstleistungen ist durch die Funktion von Dienstleistungen als „Soziale Kontrolle" (ebd., 243) geprägt. Gleichwohl sehen sie aufgrund der Notwendigkeit, die Konsumenten partizipativ einzubeziehen, im Feld der personenbezogenen Dienstleistungen die Möglichkeit gegeben, dass durch politische Kämpfe die Rahmenbedingungen selbst – größere Symmetrie in der Professionellen-Konsumenten-Beziehung, Enthierarchisierung der Bürokratie und Reduktion sozialer Kontrolle – verändert werden können, so dass eine „Überwindung des Profitsystems" (ebd., 28) zumindest mitgedacht werden kann.[2]

Im Kontext dieses theoretischen Ansatzes ist das Subjekt von vornherein ein aktives, ohne dessen Kooperation personenbezogene Dienstleistungen sich nicht realisieren lassen. Um die Effektivität der Dienstleistung zu steigern, muss es partizipativ *einbezogen* werden. Zugleich ist es im Kontext sozialer Bewegungen ein kollektives Subjekt, das als politischer Akteur in der Arena des Dienstleistungssektors um die Realisierung von Werten wie „Lebensqualität, persönliche Befreiung und Partizipation" (ebd., 18) kämpft. Es kommt also in dieser Perspektive darauf an, einem im Grundsatz als aktiv konzipierten Subjekt die Bedingungen und Möglichkeiten zur Entfaltung seiner potentiellen Aktivität zu verschaffen, indem die dieser entgegenstehenden Restriktionen des real verfassten Dienstleistungssystems relativiert und perspektivisch aufgehoben werden.

II. Dienstleistung im Kontext einer „Soziologisierung der Sozialpolitik"

Diese letztere Perspektive auf die Subjekte als kollektiver Akteur fehlt in der deutschen Diskussion um Charakter und Stellenwert personenbezogener (sozia-

---

[2] In ihrer Analyse der Dienstleistungsgesellschaft und ihrer Implikationen verfahren Gartner und Riessman keineswegs politisch naiv. Es steht für sie außer Frage, dass die Dienstleistungsgesellschaft vor allem eine kapitalistische Gesellschaft ist. Aus diesem Grund verstehen sie ihre Analyse als Beitrag zur politischen Ökonomie des Dienstleistungssektors. Die bei Erbringung personenbezogener sozialer Dienstleistungen systematisch notwendige Einbeziehung der Konsumenten und die sich daraus ergebenden Konsequenzen konfligieren mit den politisch-ökonomischen Bedingungen, in deren Rahmen sie erbracht werden. Von daher ist die entstehende Dienstleistungsgesellschaft hochgradig widersprüchlich verfasst (vgl. Gartner/Riessman 1978, 307ff). Die in den Vereinigten Staaten seinerzeit starken neuen sozialen Bewegungen vor Augen, die nach ihrer Auffassung aufgrund ihrer Ferne zum industriellen Produktionssystem und ihrer Nähe zu den personenbezogenen Dienstleistungen eine Avantgarde in Bezug auf die Umgestaltung der Gesellschaft darstellen, waren Gartner und Riessman der Auffassung, dass sich das kulturelle und politische Potential nur entfalten kann, wenn es an die „ökonomischen und politischen Grundwidersprüche des Systems anknüpft" (ebd., 324) und die Widersprüche zwischen „Produktivkräften und Produktionsverhältnissen" zumindest relativiert werden. Insofern ist „eine Form des demokratischen Sozialismus eine *notwendige Mindestbedingung* für eine solche Gesellschaft, auf keinen Fall aber eine hinreichende" (ebd., 318).

ler) Dienstleistungen im Anschluss an die Arbeit von Gartner und Riessman. In der Rezeption spielen die gesellschaftstheoretischen Aspekte und Perspektiven sowie die sozialen Bewegungen eine bloß marginale Rolle. In den Arbeiten, die von Badura und Gross im Anschluss vorgelegt wurden, geht es ihnen in erster Hinsicht um die soziologische Entschlüsselung der *sozialpolitischen Bedeutung* personenbezogener sozialer Dienstleistungen. Ihr Ausgangspunkt ist nicht das Größenwachstum des tertiären Sektors gegenüber dem primären oder sekundären, sondern die „Entwicklung der *Leistungsarten* im ... Sozialbudget" (Gross/Badura 1977, 364). Gegenüber einem Rückgang bei „Einkommensleistungen", also den Sozialtransfers, ist ein überproportionales Wachstum bei den sozialen Dienstleistungen zu verzeichnen. Die Ursachen für dieses Wachstum sehen sie in der für moderne Gesellschaften typischen „Substitution von unentgeltlichen und nichtprofessionellen Bewältigungssystemen durch professionelle und entgeltliche" (ebd., 367), die eine spezifische Expansionsdynamik durch fortschreitende Substitution in Gang gesetzt hat.

Das Wachstum der Dienstleistungen im Sozialstaat kommt einem „Strukturwandel" gleich, dessen soziologische Bedeutung erst mit der Entschlüsselung ihrer „Natur" (ebd., 365) zutage tritt. Diese wird näher spezifiziert durch ihren Personenbezug, insbesondere durch die Tatsache, dass Dienstleistungen „unoactu" erbracht werden, also die Präsenz des Klienten vorausgesetzt wird. Die Dienstleistung wird deshalb „im gleichen Akt produziert und konsumiert" (ebd.). Dies hat aus Sicht von Badura und Gross weitere soziologische Implikationen – die Notwendigkeit der aktiven Beteiligung des Klienten, nicht nur seine physische Anwesenheit: „Bei der personenbezogenen, d.h. von ihrer Struktur her relationalen Dienstleistung tritt nun ein neuer, *externer* Produktionsfaktor in Gestalt des an der Leistungserbringung beteiligten Klienten auf. Das gilt in besonderem Maße für die sozialen Dienstleistungen. Effizienz der Leistungserbringung und Effektivität des Dienstes sind unbestimmbar ohne Einbeziehung des Klienten, die effiziente und effektive Produktion undenkbar ohne seine mehr oder weniger aktive Teilnahme. Teilnahme aber ist gleichbedeutend mit Zusammenwirken, Kooperation, Interaktion und Kommunikation. Wenn wir – vielleicht etwas umständlich ausgedrückt – von der *Soziologisierung der sozialpolitischen Praxis* sprechen, setzen wir an eben diesem Punkte an: an der wachsenden Bedeutung von Interaktion und Kommunikation (face-to-face) für Effektivität und Effizienz bei der Erbringung sozialer Dienstleistungen" (ebd., 366).

Auch Gross und Badura stellen die „Kontextsensitivität" der Dienstleistungserbringung heraus und machen deutlich, dass die Form der Institutionalisierung und Organisation von Dienstleistungen einen zentralen Einfluss auf die Effektivität der Dienstleistungserbringung hat. Dabei kommt es hinsichtlich der qualitativen Dimension darauf an, dass eine *„Reorientierung auf die Bedürfnisse der Nachfragenden* ... im Rahmen bürokratischer Dienstleistungsproduktion daher ein permanentes Organisationserfordernis (ist; A.S.) – nicht zuletzt wegen der Produktivitätsreserven, die ... auf Seiten der Nachfragenden bestehen" (ebd., 377). Insbesondere die asymmetrischen Machtverhältnisse zwischen Dienstleistungserbringern und Nachfragenden konterkarieren die „aktive und kompetente Kooperation der Klienten", die eine „Stärkung nicht nur der kommunikativen Kompetenz der Klienten (und Anbieter; A.S.), sondern auch ihrer politischen Kompetenz ... (sowie; A.S.) die Eindämmung professioneller Machtausübung auf den harten Kern selbstverständlich unverzichtbaren Spezialwissens und spezieller Fähigkeiten" (ebd., 379) erfordert. Gleichwohl, ein kollektiver Akteur wie bei Gartner und Riessman, die perspektivisch die Relativierung und Überwindung der kapitalistischen Gesellschaftsstruktur durch die neuen sozialen Bewegungen als notwendig für die Entfaltung des Potentials der Dienstleistungsgesellschaft betrachten, wird in diesem Ansatz nicht erkennbar. Vielmehr ist in dieser sozialstaatszentrierten Perspektive der Dienstleistungstheorie der Klient im Sozialstaat Inhaber individueller Rechte, der primär mittels Geld, alternativ auch Gutscheinen, steuernd auf das Angebot einwirken kann.

Der Klient wird hier, wie schon bei Gartner und Riessman, als ein aktives Subjekt konzipiert, dessen produktives Handeln im Dienstleistungsprozess unabdingbar ist. Im Rahmen einer sozialpolitischen Perspektive erscheint es hier notwendig, das Maß der Beteiligung der Klienten im Sinne einer Steigerung von Effektivität und Effizienz der sozialstaatlichen Dienstleistungsproduktion zu erhöhen. Die Einbeziehung als „externer Produktionsfaktor" tritt als ein Gebot sozialpolitischer Vernunft auf.

Für beide der hier referierten, für den Bereich der personenbezogenen sozialen Dienstleistungen wichtigsten frühen theoretischen Ansätze der 1970er Jahre ist kennzeichnend, dass dem Dienstleistungen konsumierenden Subjekt im Grundsatz der Status eines aktiven Mit- oder Ko-Produzenten im Rahmen eines kooperativen Prozesses der Dienstleistungsproduktion zukommt – wobei die professionelle Seite als „Produzent" firmiert. Die real vorfindlichen politisch-ökonomischen Rahmenbedingungen, die institutionellen und organisationellen Formen sowie die strukturellen Machtasymmetrien im Verhältnis von Professionellen und Nachfragenden werden konzeptionell als Restriktionen im Hinblick auf die Entfaltung des Aktivitätspotentials der Klienten und damit einer effizienten und effektiven Dienstleistungserbringung gefasst. Um das Aktivitätspotential der Nachfragenden zu aktualisieren ist es in dieser Perspektive erforderlich, durch Beteiligung und politische Partizipation die Bedingungen so zu modifizieren, dass ihr kontraproduktiver Charakter relativiert wird – bei Gartner und Riessman bis hin zur Aufhebung der Form der Produktionsweise selbst.

Wenn man hier von einer Perspektive der Aktivierung sprechen will, dann heißt dies, die gesellschaftlichen Bedingungen für die Entfaltung des Aktivitätspotentials der Menschen zu schaffen. Das Objekt von Aktivierung sind damit jene Bedingungen, nicht aber die Personen, auf deren Aktivitätspotential vertraut wird.

Nach dieser ersten Phase der Theoretisierung personenbezogener sozialer Dienstleistungen in den 1970er Jahren thematisierten in den 1980er Jahren insbesondere funktionstheoretische Ansätze systematisch die Frage nach der gesellschaftlichen Funktion von Dienstleistungen für den Bestand kapitalistischer Gesellschaften (vgl. Berger/Offe 1980; Olk 1986; Offe 1987). Diese Fragestellung konzentrierte sich auf die Herausarbeitung der objektiven Funktionslogik von Dienstleistungen aus einer makrotheoretischen Perspektive als „Sicherung und Bewahrung, Verteidigung, Überwachung, Gewährleistung usw. der historischen Verkehrsformen und Funktionsbedingungen einer Gesellschaft und ihrer Teilsysteme" (Berger/Offe 1980, 46) und der Sozialen Arbeit als „vorsorgliche Vermeidung und kurative Beseitigung von Normverletzungen, bzw. anders gewendet: ... der *Gewährleistung durchschnittlich erwartbarer Identitätsstrukturen*" (Olk 1986, 12f). Ein Subjekt, das aktiviert werden könnte, wird in dieser Perspektive nicht zum Gegenstand der Überlegungen gemacht. Was theoretisch nicht vorgesehen ist, kann auch nicht sozialpolitisch aktiviert werden. Insofern wäre eine weitere Auseinandersetzung mit diesen, in *anderer Perspektive* theoretisch höchst wichtigen Ansätzen im Rahmen dieser Untersuchung wenig fruchtbar.

III. Dienstleistung und die Politiken des New Public Management

Nach dem ersten Thematisierungszyklus von Dienstleistungen in den 1970er Jahren beginnt im ersten Drittel der 1990er Jahre ein neuer Zyklus der Auseinandersetzung mit dem Dienstleistungsbegriff (vgl. Olk 1994). Ihre Triebkraft bezieht sie aus der deutschen Variante des sich in den westlichen Industriegesellschaften durchsetzenden New Public Management im Zuge der Etablierung neoliberaler Wohlfahrtsstaatsregime in Nordamerika und Europa. Das so genannte „Neue Steuerungsmodell" der „Kommunalen Gemeinschaftsstelle für Verwaltungsvereinfachung" (KGSt) setzt programmatisch den Umbau der Kommunalverwaltung „von der Eingriffsbehörde zum modernen Dienstleistungsunternehmen" (KGSt 1993) auf die Tagesordnung. Ausgangspunkt der daraus hervorgehenden Diskussion ist eine Kritik an der behördlich-bürokratischen Verfasstheit der kommunalen Verwaltungen, die in ihrer Zuspitzung durch den Vorsitzenden der KGSt ein System „organisierter Unverantwortlichkeit" (Banner 1991) darstelle. Unverantwortlich verhalte sich die Verwaltung vor allem deshalb, weil die Trennung von Fach- und Ressourcenverantwortung ineffektiv sei und nicht zu legitimierende Kosten verursache. Die politisch forcierte Alternative, das „wirkliche Dienstleistungsunternehmen Kommunalverwaltung", ist neben anderen dieses kennzeichnenden Aspekten „primär nachfrage- und kundenorientiert und organisiert sich 'von außen nach innen'" (KGSt 1993, 13). Entsprechend wird deklariert: „Auf dem Markt tätige Dienstleistungsunternehmen richten ihre ganze Aufmerksamkeit darauf, mit ihren Leistungen, bei akzeptablen Kosten, die Kunden zufrieden zu stellen. Ändert sich die Nachfrage, passen sie ihre Leistungen unverzüglich an und schichten zu diesem Zweck Ressourcen (vor allem Geld und Personal) um. Die Hauptverantwortung für Qualität, Akzeptanz und Kosten der Leistungen haben sie „nach unten" – an die Schnittstelle zum Kunden – verlegt. Kennzeichen eines „echten" Dienstleistungsunternehmens ist seine primäre Markt-, Kunden- und Produktorientierung" (Banner 1991, 6). Ist die Position der KGSt vor allem eine politisch-programmatische, so ist sie – zumindest explizit – theoretisch nicht weiter fundiert. Gleichwohl wird hier anstelle des Begriffs des Bürgers oder, kontextspezifisch, des Klienten der Begriff des Kunden als eines nachfragenden Subjekts eingeführt – mit all seinen Konnotationen von Souveränität, die sich sogleich unmittelbar aufdrängen. Das Dienstleistungsunternehmen Kommunalverwaltung soll darauf ausgerichtet werden, die sich in seiner Nachfrage artikulierenden Bedürfnisse zum Ausgangspunkt zu machen und sich von daher von „außen" steuern zu lassen.

Verfügt das Konzept der KGSt nicht über eine explizite theoretische Grundlage, so finden sich gleichwohl in der *sozialpädagogischen* Dienstleistungsdiskussion Versuche, dem Kundenbegriff Sinn abzugewinnen und ihn als Alternative zur Kategorie des Adressaten oder des Klienten zu begründen.

„Zur Leitkategorie moderner sozialer Dienstleistungen wird nun zunehmend der Kunde. Damit sind kundige Verbraucher oder Nutzer sozialer Dienstleistungen gemeint, die zwischen möglichst verschiedenen Angeboten verschiedener Anbieter frei wählen können, an der Produktion ihrer Problemlösungen aktiv und kooperativ beteiligt sind und damit letztlich selbst über die Art ihrer Problemlösung entscheiden. Dem kundigen Kunden wird eine Position als Verhandlungs- und Vertragspartner zugesprochen, die ihm mehr Eigenverantwortung für die Lösung seines Problems und die Gestaltung seiner Lebensbedingungen ermöglicht, aber auch abfordert" (Effinger 1993, 28f).

In dieser Präzisierung des Kundenbegriffs[3] wird davon ausgegangen, dass der Kunde zunächst ein aktives, an der „Produktion von Problemlösungen" beteiligtes Subjekt ist, ausgestattet mit einem Wissen, das es ihm ermöglicht, zwischen verschiedenen Angeboten eine Wahl zu treffen, über die Leistungen zu verhandeln und entsprechende Kontrakte abzuschließen. Das Subjekt ist hier nach den Leitkategorien der public-choice-Theorie als homo oeconomicus konzipiert, der als kundiger Verbraucher auf dem Markt den maximalen Nutzen zu erzielen sucht. Dieser Auffassung zufolge ist die Umgestaltung des staatlichen Dienstleistungssektors in einen Markt konkurrierender Dienstleistungsanbieter die unverzichtbare Voraussetzung zur Entfaltung der Aktivitäten des Kunden bei der Wahl der Anbieter und der Definition von Leistungen: Durch die verstärkte „Konkurrenz zwischen den verschiedenen Anbietern um die Kunden ... erhalten die unmittelbaren Produzenten, aber auch die Konsumenten größere Autonomie und Handlungsmöglichkeiten" (Effinger 1993, 23). Auch hier ist das Kundensubjekt grundsätzlich als aktives (Markt-)Subjekt konzipiert, dem durch die marktförmige Umgestaltung öffentlich erbrachter Dienstleistungen zuallererst die Bedingungen zu seiner Entfaltung geschaffen werden müssen.

Zugleich aber findet sich in der Betonung von „Eigenverantwortung" eine leitmotivische Vorwegnahme des Aktivierungsdiskurses, die die logische Konsequenz des aktiven Handelns auf dem Sozialmarkt darstellt: Wer eine Wahl nach eigenen Kriterien getroffen, entsprechend verhandelt und Verträge abgeschlossen hat, hat auch die Konsequenzen zu tragen. Schließlich war es seine eigene Entscheidung.[4]

IV. Dienstleistung als jugendhilfepolitische Strategie

Eine zweite Diskussionslinie innerhalb der neueren Thematisierung von „Dienstleistung" findet sich im Rahmen des 9. Jugendberichtes und wird als „Paradigmenwechsel in der Jugendhilfe" (BMFSFJ 1994) vorgestellt. Auf der Grundlage einer modernisierungstheoretischen Annahme, in deren Zentrum das Individualisierungstheorem steht und die die Durchsetzung einer ubiquitären gesellschaftlichen Risikostruktur postuliert, wird die These vertreten, dass damit auch „die die Jugendhilfe prägende Funktionsbestimmung als ‚soziale Kontrolle'" abschmelze und sich auf dem Niveau anderer Sozialisationsberufe einpendle (ebd., 582). Zudem wird auf den „Leistungscharakter" des Kinder- und Jugendhilfegesetzes verwiesen (ebd., 583). Als Konsequenz hieraus ergibt sich für die Jugendhilfe

---

[3] Kritisch zur Verwendung des Kundenbegriffs in der Sozialen Arbeit vgl. May (1994; 1997); Merchel (1995).

[4] Dies stellt im Rahmen der Sozialen Arbeit eine neue Variante von 'blaming the victim' dar.

eine „strukturelle und funktionelle Erweiterung", die zu anderen Institutionalisierungsformen führen muss. Gegenüber den eher „technokratischen Umsteuerungsvarianten" – gemeint sind die von der KGSt und anderen Protagonisten betriebenen Reformpolitiken – wird betont, dass dies nur über „institutionelle Reorganisations-, Umorientierungs- und Lernprozesse" (ebd.) möglich ist, soll Soziale Arbeit nicht an den Bedürfnissen und Problemlagen ihrer Adressaten vorbeiagieren, „wenn sie an einer rein organisationellen Rationalität festhält, die in erster Linie auf eine effiziente Problembearbeitung bedacht ist" (ebd., 586).

Im Zentrum dieses Ansatzes steht eine „stärkere Durchsetzung der Nachfragedimension ... gegenüber der vorherrschenden Anbieterposition" (ebd., 584): „Im Mittelpunkt stehen dabei Situativität und Kontextualität sowie die Optionen und Aktivitäten des nachfragenden Subjekts. Wird der Dienstleistungsansatz um die konstitutiven Grundelemente verkürzt, verkürzt sich die Leistungsfähigkeit der Jugendhilfe um ihren modernen Kern" (ebd., 583). In diesem Zusammenhang ist es dann „von entscheidender Bedeutung", dass eine Abstimmung zwischen den „Bedürfnislagen der jungen Menschen und den Angeboten bzw. Maßnahmen der Sozialen Arbeit vorliegt" (ebd.). Dabei kommt es auf die Abstimmung der „individuellen Problemlösungskompetenzen sowie Ressourcen bzw. deren Bedarf an sozialer Unterstützung mit der Angebotsseite der Jugendhilfe" (ebd., 584) an. Die Angebotsseite der Jugendhilfe muss sich entsprechend durch die Entwicklung größerer „Responsivität" auszeichnen: „Unter Responsivität wird hier also ein Problembearbeitungsprozeß gefaßt, in dem die Forderungen der Adressaten und Adressatinnen in die Handlungsweisen der Leistungsanbieter aufgenommen werden. Responsivität der Produktion sozialer Dienstleistungen ist demnach zu verstehen als wechselseitige Annäherung von adressatenspezifischen Vorstellungen und professionellem Handeln, die in ihrem Zusammenwirken als Basis effektiven organisatorischen Handelns dienen" (ebd., 584). Gegenüber expertokratischen Handlungsmustern, die sich mit ihren Normdeutungen immer weiter vom Selbstverständnis der Adressaten entfernen, wird eine Dienstleistungsperspektive proklamiert, in der „die Möglichkeit der Bedürfnis- und Interessenartikulation sowie ihre partizipative Durchsetzung für die institutionelle Bearbeitung psycho-sozialer Probleme eine entscheidende Bedeutung" (ebd., 586) gewinnt.[5]

Auch in diesem jugendhilfespezifischen Dienstleistungsansatz wird von einem im Grundsatz aktiven Subjekt, dessen Kompetenzen und Ressourcen sowie dessen Bedürfnissen und Nachfrage im Kontext seiner Lebenssituation ausgegangen. Entscheidend ist dabei, dass die responsive Umgestaltung des institutio-

---

[5] Diese Perspektive der „partizipativen Durchsetzung" stellt eine erheblich weitergehende Perspektive als die der „Responsivität" dar, weil Responsivität notwendig auf Rechten aufbauen muss und nicht der Willkür des institutionell-professionellen Systems anheim gestellt ist.

nellen und organisationellen Systems auf eine Weise vorgenommen wird, die die „Möglichkeit der Bedürfnis- und Interessenartikulation sowie ihre partizipative Durchsetzung" seitens der Adressaten erst schafft und somit ihre „Forderungen" von der Angebotsseite „aufgenommen" werden. Auch hier stellen die realen Bedingungen der Dienstleistungsproduktion eine Einschränkung der Nachfrageaktivitäten der Subjekte dar, die es im Hinblick auf eine höhere Effizienz des Angebotes jugendhilfespezifischer Dienstleistungen zu relativieren gilt.

V. Dienstleistung als professioneller Handlungsmodus

In der Variante der Dienstleistungstheorie, wie sie hier vertreten wird (vgl. Schaarschuch 1999), wird der starke Impuls, der von den neueren Dienstleistungsansätzen im Hinblick auf die Rolle der Nachfrageseite ausgeht, zum *Anlass* genommen und mit einer kritischen Aufarbeitung der Grundlagen der „klassischen" dienstleistungstheoretischen Ansätze verbunden.

Die Notwendigkeit der Privilegierung der Nachfrageseite ist nicht erst im Rahmen des neoliberalen New Public Management thematisiert worden, sondern bereits in den kritischen Ansätzen der Sozialpolitik und Sozialen Arbeit im Anschluss an die in den Selbsthilfebewegungen zu Beginn der 1980er Jahre formulierten sozialstaats- und professionskritischen Positionen herausgestellt worden. Die zentrale Aufgabe dieses theoretischen wie politischen Projekts bestand darin, angesichts der herrschaftlichen Verfasstheit des erodierenden Sozialstaates einen „alternativen" Typus von Sozialpolitik aus der Perspektive der Subjekte heraus zu konzipieren und damit die herrschaftlich-funktionale Perspektive von Politik zu durchbrechen. Dabei ging es im Kern darum, den gesellschaftlichen Zusammenhang und die Sozialpolitik mit ihren Institutionen und Professionellen „von den Subjekten her" zu denken. Grundlage dieser Perspektive ist die Annahme, dass es die Menschen selber sind, die „ihre Lebenszusammenhänge, Krisen und Probleme *kollektiv* und *öffentlich* bearbeiten", also „Produzenten" ihres Lebens sind und nicht mehr nur Opfer und Betroffene, also Objekte herrschaftlicher Politik. Eine Sozialpolitik, die dem Rechnung trägt, wird tentativ als „Produzenten-Sozialpolitk" (Redaktion Widersprüche 1984, 131) gefasst. Diese Grundidee wurde weiterentwickelt zu einem alternativen Konzept von Sozialpolitik, das in Absetzung von herrschaftlichen Formen der Sozialpolitik begrifflich als „Politik des Sozialen" gefasst wurde. Der subjekttheoretische Fokus wird bestimmt als „Gestaltung der Lebensverhältnisse durch die Subjekte selbst". Damit ist gemeint:

„Wenn wir sowohl die wohlfahrtsstaatliche Logik der 'Normalisierung' als auch die konservative Regulierung durch Spaltung und eine Politik der Angst kritisieren, müssen wir von einer wohlvertrauten institutionenzentrierten Sicht auf die Subjekte als Objekte oder – durchaus auch wohlmeinend in einfacher Negation – als bloße Opfer Abschied nehmen. Diese Perspektive eines Belastungs- und Verelendungsdiskurses unterschlägt die realen Potenzen und Produktivitäten der Subjekte in der Verarbeitung ihrer sozialen Lagen. Eine alternative sozialpolitische Perspektive, die die Formen 'selbstbestimmter Vergesellschaftung' gesellschaftlich absichern und verallgemeinern will, muß die empirisch vorfindbaren, historischen Praxen der Menschen, ihre sozialen Lebenslagen, ihre 'Produktion des Sozialen' ernstnehmen. Die Subjekte konstituieren ihr 'Soziales' selber, aber nicht im luftleeren Raum, sondern in Auseinandersetzung mit sozialstaatlichen Definitionen und Regulationsweisen. Die Praxen der Subjekte gehen aber in den Definitionen, Defizienzzuschreibungen und auch romantischen Verelendungsprojektionen der – positiv oder negativ gefaßten – staatlich-institutionellen Perspektive nicht auf" (Redaktion Widersprüche 1989, 11f).

Damit ist eine zunächst sozial*politische* Perspektive umrissen, die, übersetzt in den Rahmen der sozial*pädagogischen* Theoriebildung, in Absetzung von Ansätzen, die sich aus einer professionellen Perspektive an den Subjekten, ihrer Lebenswelt und ihren Reproduktionsweisen „orientieren", den Versuch darstellt, Soziale Arbeit grundsätzlich aus der Perspektive der Subjekte zu konzipieren. In der Rückbindung an diesen Impetus einer Perspektive „von unten" und in der Weiterführung der theoretischen Einsichten der älteren Dienstleistungstheorie sind die grundlegenden Bestimmungen des theoretischen Konzepts „Soziale Arbeit als Dienstleistung" markiert. Soziale Dienstleistung wird hier in einer relationalen Konstruktion als ein „professioneller Handlungsmodus" rekonstruiert, der „vom nachfragenden ... Subjekt ausgeht und von diesem gesteuert wird". Aus diesem Grund wird im Vergleich zu den klassischen Dienstleistungskonzepten der 1970er Jahre eine entscheidende Wendung vorgenommen. Im so genannten „Erbringungsverhältnis" wird die *Nachfrageseite* als Produzent, die professionelle Erbringerseite als Ko-Produzent gefasst (vgl. Schaarschuch 1999). Die Begründung für diese Umkehrung der klassischen Erbringungsrelation wird zentral darin gesehen, dass jede Konsumtion zugleich Produktion ist, das heißt, jede Konsumtion von personenbezogenen Dienstleistungen zugleich eine aktive, selbstproduktive Tätigkeit ist. Insofern „jede Produktion ... Aneignung in und vermittels einer bestimmten Gesellschaftsform" (Marx) ist, besteht die produktive Tätigkeit der Subjekte in der Aneignung und Produktion ihrer eigenen Bildung, ihrer Gesundheit, ihres veränderten Handelns und Verhaltens. Ohne das ihnen prinzipiell zukommende Aneignungshandeln können sich keine Bildungsprozesse und Prozesse der Veränderung von Verhalten vollziehen. Professionelles Dienstleistungshandeln kann diese Prozesse nicht vollziehen oder kausal „bewirken". Es kann aber das eigenaktive Aneignungshandeln anregen, vorbereiten, fördern, irritieren oder auch konterkarieren und manipulieren. Das ko-produktive Handeln des Professionellen ist diesem aktiven Aneignungshandeln strukturell nachgeordnet – es dient der Selbstproduktion der Subjekte und ist so dem Wortsinne nach Dienstleistung. Allerdings, und das ist unhintergehbar, kann etwas nur konsumiert und im Aneignungsprozess re-produziert werden, wenn es einen faktischen Gebrauchswert hat. Dies gilt auch für das professionelle Dienst-leistungshandeln. Das Kriterium professionellen Handels ist somit seine Gebrauchswerthaltigkeit im Hinblick auf die gelingende, produktive Aneignung durch seine Konsumenten vor dem Hintergrund ihrer konkreten Aufgaben der Lebensbewältigung.

Das so aneignungstheoretisch fundierte Erbringungsverhältnis ist eingebet-tet in konkrete Erbringungskontexte, deren Strukturelemente dem produktiven Aneignungs- wie dem ko-produktiven Dienstleistungshandeln eine historisch-spezifische Form verleihen – es aber nicht determinieren. Konkretisiert man die historische Form des Kontextes, so sind es in unserem Fall die spezifischen regu-lativen Funktionen sowie die institutionellen und organisationellen Merkmale staatlicher Sozialpolitik, die hier einen formgebenden Einfluss ausüben (vgl. Lenhardt/Offe 1977). Diese Erbringungskontexte sind ihrerseits eingebettet in konkrete gesellschaftliche Bedingungen – konkret die bürgerlich-kapitalistische Gesellschaftsformation – mit ihren fundamentalen Konflikt- und Machtkonstella-tionen sowie den hieraus resultierenden strukturellen Charakteristika. Die Sozial-staatsanalyse und -kritik hat diese spezifischen Merkmale der sozialstaatlichen Bearbeitung von „sozialen Problemen" umfassend untersucht. Es sind dieser zufolge insbesondere die kontrollierenden, normierenden und regulierenden Formgehalte, die auf das Erbringungsverhältnis „einwirken" und versuchen, den Handlungen der Akteure eine bestimmte Richtung und Form zu geben. Dieser Formierungsprozess setzt sich im Handeln der Akteure allerdings nicht ohne weiteres durch. Vielmehr kommen Produzenten wie professionelle Ko-Produzenten im Dienstleistungsprozess nicht umhin, sich mit den formierenden und normierenden Imperativen auseinanderzusetzen. Insbesondere dann, wenn es wie in der Perspektive dieses dienstleistungstheoretischen Zugriffs darum geht, dass sich die Nutzer den Gebrauchswert professionellen Handelns im Hinblick auf die Entwicklung eigener Handlungsfähigkeiten und -optionen produktiv aneignen (müssen). Dann verläuft dieser Auseinandersetzungsprozess mit der normierenden Form, in der die sozialen Dienste dem konsumierenden Produzen-ten gegenübertreten, keineswegs konfliktfrei. Fokussiert man auf die Bedingun-gen der produktiven Aneignung professionellen Handelns durch die Nutzer, dann ist die Frage nach der Gebrauchswerthaltigkeit dieser Dienstleistungen im Kon-text ihrer konkreten professionellen, institutionellen und gesellschaftlichen Rah-mungen aufgeworfen. In der Perspektive des sich diesen Gebrauchswert aktiv aneignenden Subjekts rücken damit die konkreten gebrauchswert- oder nutzen-limitierenden, aber auch die nutzenfördernden[6] Faktoren und Bedingungen der je historischen Form des Dienstleistungsprozesses in den Mittelpunkt der theoreti-schen wie empirischen Analyse (vgl. Schaarschuch/Oelerich 2005).

Aufgrund des sozialstaatlichen Erbringungskontextes personenbezogener sozialer Dienstleistungen ist offenkundig, dass eine Veränderung der Bedingun-gen des Kontextes nicht durch „Abwanderung" hin zu einem anderen, den eige-nen Präferenzen eher entsprechenden Dienstleistungsanbieter erfolgen kann („exit"), sondern nur durch politischen „Widerspruch" („voice") (vgl. Hirschman 1970) möglich ist. Aus diesem Grund ist die Absicherung der politischen Ein-flussnahme der Nutzer auf die Bedingungen und damit auf die Form der Dienst-leistungserbringung durch die Demokratisierung der sozialen Dienste systema-tisch nicht nur aus diesem Grunde notwendig, sondern auch, weil die Nutzer zugleich immer auch „Bürger" sind, die in kollektiven Prozessen der politischen Entscheidungsfindung reflexiv auf ihre Lebensbedingungen Einfluss nehmen (vgl. Schaarschuch 1998).

Die konkreten Bedingungen der sozialstaatlichen Verfasstheit personenbe-zogener sozialer Dienstleistungen werden somit in dieser dienstleistungstheoreti-schen Perspektive – auf der Grundlage der Annahme des sich den Gebrauchswert von Dienstleistungen aktiv aneignenden, sein Leben selbst produzierenden Sub-jekts – zum Gegenstand kritischer Analyse, die diese im Hinblick auf die Poten-tialität der Entfaltung des Gebrauchswertes für die Nutzer in ihrem restringieren-den und limitierenden Charakter dechiffriert. Das Nutzersubjekt wird als prinzi-piell aktives Subjekt verstanden, dem die Bedingungen der Möglichkeit einer umfassenden Aneignung des Gehaltes personenbezogener Dienstleistungen im Rahmen seiner Lebensumstände verschafft werden müssen, damit diese ihren Gebrauchswertcharakter entfalten können.

VI. Resümee

Es ist ein gemeinsamer Grundzug aller hier vorgestellten dienstleistungstheoreti-schen Ansätze, dass sie die gemeinhin als 'Klienten' oder 'Adressaten' bezeichne-ten Personen prinzipiell als aktive Subjekte bestimmen. Sie tun dies mit unter-schiedlicher Fragestellung und mit unterschiedlicher Konnotierung: Sei es aus einer gesellschaftstheoretischen und demokratietheoretischen Frageperspektive wie bei Gartner und Riessman oder aus einer auf die Effektivierung der sozialen

---

[6] Etwa die sozialstaatlichen Garantien des Rechtsanspruchs oder die Rückbindung professionellen Handelns an wissenschaftlich generiertes Wissen.

Dienstleistungssysteme gerichteten, sozialpolitischen Fragestellung wie bei Badura und Gross; sei es aus einer neoliberalen, sozialstaats- und bürokratiekritischen Perspektive wie bei der KGSt[7] und bei Effinger oder aus einer jugendhilfepolitischen Perspektive des 9. Jugendberichtes oder schließlich in grundlagentheoretischer Absicht im Rahmen des von mir vertretenen dienstleistungstheoretischen Ansatzes. Sie alle gehen davon aus, dass die prinzipiell als aktiv handelnde vorgestellten und im Dienstleistungsprozess produktiv involvierten Klienten ihre Potentiale dann entfalten können, wenn die in der jeweilig gewählten Perspektive relevant erscheinenden Bedingungen der Dienstleistungserbringung, die als restriktiv und begrenzend wahrgenommen werden, verändert werden. Den dienstleistungstheoretischen Ansätzen ist somit gemein, dass sie an den gesellschaftlichen, den institutionellen und den interaktiven Bedingungen ansetzen und nicht an den Verhaltensweisen der als prinzipiell aktiv vorgestellten Subjekte. Bis auf den neoliberalen Ansatz, der die Eigenverantwortung der Kunden betont und damit partiell den Aktivierungsdiskurs vorwegnimmt, gehen die hier vorgestellten dienstleistungstheoretischen Ansätze von im Vergleich zu den Politiken der Aktivierung fundamental verschiedenen Prämissen aus.[8] Geht es dort zentral um eine pädagogisch gemeinte „Politik der Lebensführung" (Giddens), so fokussieren die dienstleistungstheoretischen Ansätze auf den Abbau von *strukturellen* institutionellen, organisationellen, professionellen und mit diesen allen verbundenen machtförmigen Restriktionen und Limitierungen in der Inanspruchnahme personenbezogener sozialer Dienstleistungen. Die damit verbundene Arbeitshypothese dieser Ansätze ist, dass das aktive Potential der Subjekte sich unter den neuen Bedingungen besser aktualisieren ließe. Aktive Subjekte brauchen nicht aktiviert zu werden. Gegenüber dem Subjektpessimismus der Aktivierungspolitiken ist mit dieser dienstleistungstheoretischen Perspektive ein gewisser Optimismus im Hinblick auf die Subjekte verbunden.[9] Wenn die entspre-

---

[7] Allerdings, und das macht eine fundamentale Differenz dieses Ansatzes zu den anderen aus, werden hier die sozialstaatlichen Merkmale des Erbringungskontextes als Verhinderung der freien Entfaltung eines auf seinen Vorteil bedachten, nutzenmaximierenden homo oeconomicus betrachtet.

[8] Die Kennzeichen des aktivierenden Sozialstaates sind systematisch beschrieben und analysiert worden (vgl. u.a. Dahme/Wohlfahrt 2002 und 2005; Kessl/Otto 2002; Dollinger (in diesem Band); Schaarschuch 2003) und sollen hier nicht rekapituliert werden.

[9] Es steht völlig außer Frage, dass die konkreten Subjekte in konkreten Gesellschaften leben. Die *Form*, in der Subjekte in dieser Gesellschaft auftreten, ist hochgradig abhängig von den Prinzipien ihrer Einbeziehung in die Gesellschaft – also von der Form der Vergesellschaftung. In kapitalistischen Gesellschaften geschieht Vergesellschaftung über den Wert – konkret die Wertform des Geldes. Die historische Form des mit sich identischen Subjekts, das als solches die Objekte seiner Welt identifiziert, ist der Durchsetzung der Wertform des Geldes als allgemeinem Äquivalent geschuldet. Dies heißt aber, dass es kein ein für allemal fixfertiges Subjekt gibt. Es tritt stets in historischer Form im Kontext der Form der Vergesellschaftung auf (vgl. Müller 1977; Sohn-Rethel 1978).

chenden Bedingungen geschaffen werden, dann ist es wahrscheinlich, dass die Subjekte ihre Potentiale in der Produktion ihres eigenen Lebens entfalten.

Vor diesem Hintergrund richten sich die dienstleistungstheoretischen Ansätze nicht nur nicht auf die Erziehung von Personen zur Aktivität – vielmehr können sie aus ihrer Perspektive auch als Bezugspunkt von Kritik gegenüber den neuen politischen Pädagogiken der „Aktivierung" fungieren.

Literatur

Badura, B./Gross, P. (1976): Sozialpolitische Perspektiven. München.

Banner, G. (1991): Von der Behörde zum Dienstleistungsunternehmen. Die Kommunen brauchen ein neues Steuerungsmodell. In: Verwaltungsführung I, S. 6-11.

Bell, D. (1979): Die Zukunft der westlichen Welt. Frankfurt.

Berger, J./Offe, C. (1980): Die Entwicklungsdynamik des Dienstleistungssektors. In: Leviathan 8, S. 41-75.

BMFSFJ (Hg.) (1994): 9. Jugendbericht. Bericht über die Situation der Kinder und Jugendlichen und die Entwicklung der Jugendhilfe in den neuen Bundesländern. Bonn.

Dahme, H.-J./Wohlfahrt, N. (2002): Aktivierender Staat – Ein neues sozialpolitisches Leitbild und seine Konsequenzen für die soziale Arbeit. In: neue praxis Heft 1, S. 10-32.

Dahme, H.-J./Wohlfahrt, N. (Hg.) (2002): Aktivierende Soziale Arbeit. Theorie – Handlungsfelder – Praxis. Baltmannsweiler.

Dollinger, B. (2006): Zur Einleitung: Perspektiven aktivierender Sozialpädagogik (siehe die Einleitung zu diesem Band).

Effinger, H. (1993): Soziale Dienste zwischen Gemeinschaft, Markt und Staat. In: ders./Luthe, D. (Hg.): Sozialmärkte und Management. Bremen, S. 13-39.

Fabricant, M. B./Burghardt, St. (1992): The Welfare State Crisis and the Transformation of Social Service Work. Armonk, New York.

Fourastié, J. (1954): Die große Hoffnung des zwanzigsten Jahrhunderts (frz. Orig. 1949), Köln.

Fuchs, V. R. (1968): The Service Economy. New York.

Gartner, A./Riessman, F. (1974): The Service Society and the Consumer Vanguard. New York.

Gartner, A./Riessman, F. (1978): Der aktive Konsument in der Dienstleistungsgesellschaft. Zur politischen Ökonomie des tertiären Sektors. Frankfurt.

Gross, P./Badura, B. (1977): Sozialpolitik und Soziale Dienste: Entwurf einer Theorie personenbezogener Dienstleistungen. In: Ferber, Chr. v./Kaufmann, F.-X. (Hg.): Soziologie und Sozialpolitik. KZfSS Sonderheft 19. Opladen, S. 361-385.

Harris, J. (2002): The Social Work Business. London.

Hirschman, A. O. (1970): Exit, Voice and Loyalty. Cambridge/Mass (dt. Abwanderung und Widerspruch. Tübingen 1974).

Kessl, F./Otto, H.-U. (2002): Entstaatlicht? Die neue Privatisierung personenbezogener sozialer Dienstleistungen. In: neue praxis Heft 2, S. 122-139.

KGSt (Kommunale Gemeinschaftsstelle für Verwaltungsvereinfachung) (1993): Das neue Steuerungsmodell. Begründung, Konturen, Umsetzung. Bericht Nr. 5. Köln.

May, M. (1994): Soziale Dienstleistungsproduktion und Legitimationsprobleme des Sozialstaates. In: Widersprüche Heft 52, S. 65-71.

May, M. (1997): Kritik der Dienstleistungsorientierung in der sozialen Arbeit. In: neue praxis Heft 4, S. 371-378.

Merchel, J. (1995): Sozialverwaltung oder Wohlfahrtsverband als „kunden-orientiertes Unternehmen": ein tragfähiges zukunfts-orientiertes Leitbild? In: neue praxis Heft 4, S. 325-340.

Müller, R.W. (1977): Geld und Geist. Zur Entstehungsgeschichte von Identitätsbewußtsein und Rationalität seit der Antike. Frankfurt.

Offe, C. (1987): Das Wachstum der Dienstleistungsarbeit: Vier soziologische Erklärungsansätze. In: Olk, Th./Otto, H.-U. (Hg.): Soziale Dienste im Wandel 1. Helfen im Sozialstaat. Neuwied/Frankfurt, S. 171-198.

Olk, Th. (1986): Abschied vom Experten. Sozialarbeit auf dem Weg zu einer alternativen Professionalität. München.

Redaktion Widersprüche (1984): Verteidigen, Kritisieren und Überwinden zugleich! In: Widersprüche Heft 11, S. 121-135.

Redaktion Widersprüche (1989): Sozialpolitik und Politik des Sozialen. Anmerkungen zum analytischen Zugang zu einem Politikfeld. In: Widersprüche Heft 32, S. 7-15.

Schaarschuch, A. (1998): Social Rights, Power and the Democratization of Social Services. In: Flösser, G./Otto, H.-U. (eds.), Towards More Democracy in the Social Services. Models and Culture of Welfare. Berlin/New York, S. 91-112.

Schaarschuch, A. (1999): Theoretische Grundelemente Sozialer Arbeit als Dienstleistung. Ein analytischer Zugang zur Neuorientierung Sozialer Arbeit. In: neue praxis Heft 6, S. 543-560.

Schaarschuch, A. (2003): Am langen Arm. Formwandel des Staates, Staatstheorie und Soziale Arbeit im entwickelten Kapitalismus. In: Homfeldt, H. G./Schulze-Krüdener, J. (Hg.): Akteure und Settings Sozialer Arbeit. Baltmannsweiler, S. 36-65.

Schaarschuch, A./Oelerich, G. (2005): Theoretische Grundlagen und Perspektiven sozialpädagogischer Nutzerforschung. In: Oelerich, G./Schaarschuch, A. (Hg.): Soziale Dienstleistungen aus Nutzersicht. Zum Gebrauchswert Sozialer Arbeit. München, S. 9-25.

Sohn-Rethel, A. (1978): Warenform und Denkform. Frankfurt.

Erlebnisorientierung/Erlebnispädagogik

Peter Sommerfeld

Die auf Kurt Hahn zurückgehende „Erlebnispädagogik" ist ein klassischer Ansatz der Pädagogik, an dem sich exemplarisch sowohl Begriffe, die im aktuellen Aktivierungsdiskurs eine zentrale Rolle spielen, als auch das dahinter liegende Verständnis von Persönlichkeitsbildung, von Erziehung und vor allem des Zusammenhangs zwischen Persönlichkeitsbildung und Erziehung mit der Gesellschaft darstellen und diskutieren lassen. Die Begriffe, um die es im Folgenden vorwiegend gehen wird, sind: *Verantwortung, Aktivität, Gemeinschaft, Emanzipation (Mündigkeit) und Selbst-Organisation.*

Geschichte des Ansatzes und Stellenwert der Erlebnisorientierung heute

Kurt Hahn entwickelte sein pädagogisches Konzept und dessen praktische Umsetzung zu Beginn des 20. Jahrhunderts. Im Zeitalter der Reformpädagogik und von deren Kritik an der Schule und der Gesellschaft bzw. der Kultur inspiriert (vgl. z.b. Ziegenspeck 1997; Röhrs 1966), entwarf Hahn seine pädagogischen Vorstellungen explizit als Gegenentwurf zur herrschenden Form der Schule. Seine Kritik bezog sich sowohl auf die Methodik der Schule als auch auf deren Zielsetzung. Hahn wollte den ganzen Menschen bilden, also nicht nur Wissen vermitteln, sondern den Menschen hin zu einer autonomen, (selbst-)verantwortlichen und sozial kompetenten, also mündigen Persönlichkeit bilden (Hahn 1958). Entsprechend der Zielsetzung forderte Hahn eine ganzheitliche Methodik: Lernen mit allen Sinnen, mit Kopf, Herz und Hand. Dieses ganzheitliche Lernen kann nicht, zumindest nicht ausschließlich, im Klassenzimmer stattfinden, in dem die Schüler im Wesentlichen zur Passivität verurteilt sind, sitzen und zuhören. Aktivität rückte also ins Zentrum der methodischen Überlegungen. Hahn hat seine pädagogischen Ideen, die im nächsten Kapitel ausführlicher beschrieben werden, mit drei unterschiedlichen Formen umgesetzt: die Internate Salem und Gordonstown, die „United World Colleges" und die „Kurzschulen".

Vor allem die „Kurzschulen" sind im Kontext von „Aktivierung" einer besonderen Erwähnung wert. Im Grunde sind die Kurzschulen ein frühes Aktivierungsprogramm. Hahn ging davon aus, dass die Lebensform in der modernen Gesellschaft die Menschen in weiten Bereichen des gesellschaftlichen Lebens, nicht nur in der Schule, zu passiven „Zuschauern" macht. Er spricht in diesem Zusammenhang von „Spectatoritis" (Hahn 1986a). Diese Mentalität des Zuschauens ist für Hahn Ausdruck des schleichenden Zerfalls der Gesellschaft, weil mit dieser Strukturierung des gesellschaftlichen Lebens die persönliche Verantwortung erodiert und schließlich verschwindet. Mit den Kurzschulen versucht er ein massenhaftes Gegengewicht zu dieser gesellschaftlichen Strukturierung zu schaffen und dadurch die Gesellschaft zu „heilen" (Hahn 1986b). Die „Erlebnistherapie" setzt auf die stimulierende Kraft eindrucksvoller Erlebnisse quasi als positives Gegenmodell zur destruktiven Wirkung des Traumas, aber auch als Gegenmodell zur abstumpfenden Wirkung des gesellschaftlichen Alltags. Die Idee der Kurzschulen ist in diesem Sinne bestechend einfach: Kindern und Jugendlichen aus allen Schichten der Gesellschaft sollen intensive Erlebnisse ermöglicht werden, indem sie sich in einer tendenziell gefährlichen Umgebung, nämlich auf See und in den Bergen, in einer starken Gemeinschaft „bewähren" („Bildung als Wagnis und Bewährung", Röhrs op. cit.). Diese Erfahrung der eigenen Kompetenz, so die Idee, setzt einen Entwicklungsimpuls, der eine Entwicklung einleitet, die den Kindern und Jugendlichen aus einer passiven Lebenshaltung heraus hilft und sie in diesem Sinn in Richtung auf eine aktive, verantwortliche und gemeinschaftsbezogene, eben mündige Lebenshaltung bildet. Um es noch einmal zu betonen: Aktivierung wird hier verstanden als eine Gegenkraft zu krankmachenden Tendenzen der (Konsum-)Gesellschaft.

Sowohl die Internate, als auch die United World Colleges und die Kurzschulen haben bis heute und praktisch ohne Unterbrechung Bestand (vgl. Fischer/Ziegenspeck 2000). Die Kurzschulen sind eine regelrechte internationale Bewegung geworden (vgl. Ziegenspeck 1987). Eine eigentliche Renaissance und weitere Verbreitung erlebte die Erlebnispädagogik aber Anfang der 1980er Jahre. Die ersten Impulse gingen wesentlich von sozialpädagogischen Projekten mit schwierigen Jugendlichen aus. Diese sozialpädagogischen Pionierprojekte mit „dissozialen" Jugendlichen (Schunk 1983; Kupko 1985) verstanden sich explizit als „*Alternative* zur geschlossenen Unterbringung" (Zimmermann 1983) bzw. zur Heimerziehung im Allgemeinen. Die Begründungen dieser frühen Projekte lehnten sich sehr stark an Hahn an und bezogen einen Teil ihres Erfolgs aus der Idee der Aktivität und der mit diesen Projekten assoziierten Möglichkeit, erfahrungsgestützte Kompetenzentwicklung in Richtung auf persönliche Verantwortungsübernahme betreiben zu können, verbunden mit der Suggestivkraft, die von der Hahnschen Konzeption ausgeht (vgl. Sommerfeld 1998 und die nachfolgenden Ausführungen).

Die Erlebnispädagogik hat sich seither in der Kinder- und Jugendhilfe als ein Angebot unter anderen etabliert und sie hat sich in der Zwischenzeit erheblich ausdifferenziert. Es gibt eine kaum überschaubare Vielzahl von Projekten mit unterschiedlichen Zielgruppen und Methoden. Die folgenden Entwicklungslinien lassen sich identifizieren: Neben der genannten Entwicklung von einer Alternative zur Heimerziehung hin zu einem Angebot unter anderen sind mittlerweile methodische Elemente der Erlebnispädagogik auch in der Heimerziehung zum Standard geworden. Eine andere Entwicklungslinie betrifft die Erweiterung der ursprünglich exklusiv als Medien genutzten natursportlichen „outdoor-Aktivitäten" hin zu gestalterischen, künstlerischen und musischen „indoor-Aktivitäten" (Fischer 1995a). Eine weitere Entwicklungslinie lässt sich beschreiben von „outward bound" zu „city bound". Damit wird der Versuch unternommen, erlebnispädagogische Projekte näher an die Lebenswelt der Jugendlichen anzubinden. (vgl. zu diesen Entwicklungslinien Ziegenspeck 1993; Fischer/Ziegenspeck 2000).

Die Erlebnispädagogik hat sich darüber hinaus aber in alle möglichen Bereiche der Bildung und Erziehung ausgedehnt und auch dort etabliert. In der offenen Kinder- und Jugendarbeit sind Elemente der Erlebnispädagogik schon lange eingebunden, ebenso wie in der vorschulischen Erziehung. Mit der methodischen und systematischen Entwicklung der Erlebnispädagogik sind diese Elemente in den genannten Bereichen verstärkt worden. Dasselbe gilt für die Schulpädagogik (Fischer 1999). Ohne die grundlegende Struktur der Schule zu verändern, sind methodische Elemente aus der Erlebnispädagogik teilweise schon lange Teil der schulischen Praxis (Exkursionen, Schullandheim-Aufenthalte). Formen des Projektunterrichts sind ein Erbe der Hahnschen Konzeption, auch wenn diese vermutlich kaum mit ihm in Verbindung gebracht werden. Weitere erfolgreiche Zweige der Erlebnispädagogik finden sich in der Erwachsenenbildung, beispielsweise als Manager-Trainings, Männer-Gruppen etc.

Entsprechend der Vielzahl von Angeboten sind die Möglichkeiten der Weiterbildung in erlebnispädagogischen Methoden vielfältig. Sie hat Einzug in die Curricula der Hochschulen gehalten und es gibt auch spezialisierte Weiterbildungs-Studiengänge. Auch hier deutet vieles auf die Etablierung der Erlebnispädagogik hin.

Kernaussagen

Nach diesem kurzen historischen Exkurs auf die Entwicklungsgeschichte der Erlebnispädagogik, bei der bereits einige Andeutungen auf ihre inhaltliche Konzeption gemacht wurden, geht es nun um die Beschreibung der Kernaussagen dieses Ansatzes. Hahn begreift Erziehung wie erwähnt als Gegenkraft zu den für die Heranwachsenden „schädlichen" gesellschaftlichen Prozessen. Es geht also um die Frage, wie man mittels Erziehung diesen schädlichen Einflüssen der Gesellschaft entgegenwirken kann? Würde dies gelingen, würde die Gesellschaft verändert oder eben „geheilt". Welches Idealbild, also welche Zielrichtung müsste angestrebt werden, so dass man von einer „gesunden" Persönlichkeit trotz der krankmachenden Einflüsse der Gesellschaft reden könnte? Das anzustrebende Idealbild des über Erziehung zu bildenden Individuums, das Hahn vor Augen hat, orientiert sich stark am angelsächsischen Ideal einer (aristokratischen) Elitepersönlichkeit. Dieses Idealbild einer autonomen Persönlichkeit, die sich und ihren Prinzipien auch in widrigen Umständen treu bleibt, versucht Hahn in den Kategorien einer demokratisch verfassten Gesellschaft zu denken und auf diese Gesellschaftsform hin erzieherisch umzusetzen (Hahn 1986a). Eine solche Persönlichkeit würde sich der Gemeinschaft und insbesondere auch den Schwachen in dieser Gesellschaft verpflichtet fühlen und sich für die Gestaltung dieser Gemeinschaft auf der Basis einer ausgewiesenen Werteorientierung mit hoher personaler und sozialer Kompetenz und ganzer Energie einsetzen. Dadurch wird *„Verantwortung"* zum Schlüsselbegriff einer auf Mündigkeit und „Emanzipation" von den pathogenen Anteilen der Gesellschaft zielenden Erziehung. Hahn baut um diesen Begriff herum seine erzieherische Methode auf (vgl. v.a. Hahn 1958). Die methodisch zu beantwortende Frage ist daher: *Wie kann man Verantwortung lernen bzw. wie kann man Verantwortung durch Erziehung vermitteln und dadurch verantwortungsbewusste und verantwortliche Persönlichkeiten bilden?*

Die Antworten auf diese Frage gewinnt Hahn durch einige einfache Negationen, die sich aus seiner Kritik und Diagnose von Schule, Kultur und Gesellschaft ableiten lassen. Die erste Antwort ist: *Nicht durch Belehren,* schon gleich gar nicht durch Moralisieren oder durch sanktionsgestützte Disziplinierung. Gesucht ist ein anderer Weg als ihn die konventionelle Schule beschreitet. Die Alternative zu Belehren ist *Experimentieren*, ist die eigene aktive Auseinandersetzung mit zu lösenden Problemen/Fragen und die darauf bezogene *Erfahrung*. Auf die Nähe dieses Ansatzes, nicht nur in terminologischer Hinsicht, zu Dewey und die Konzeption des „experimental learning" sei hier nur verwiesen (Dewey 1986; Dewey 2002; Wolf 2006). Hahn jedenfalls kommt zur Aktivität als Bedingung für das Lernen von Verantwortung durch die Negation der „schädlichen

Wirkungen" der Passivität (der „Spektatoritis") und dem damit unmittelbar zusammenhängenden „Verfall der Eigeninitiative" und der „Sorgsamkeit". *Bewährung in Situationen handelnder, aktiver Problemlösung* ist also die erste Antwort. Hinzu kommt der zweite Aspekt der idealen Persönlichkeit: *verantwortlich für die Gemeinschaft* („Anteilnahme, Hilfsbereitschaft, Nächstenliebe"). Dafür ist das Handeln in *Gruppen* notwendiger Bestandteil. Um dem Gedanken des Experimentierens gerecht zu werden, müssen Werte und sonstige Orientierungen, die als Leitplanken für die soziale Kompetenz gelten können, erfahrbar, im konkreten Handlungsvollzug *er-lebbar* werden. Die Bildung sozialer Kompetenz erfordert soziales Lernen. Die zu bewältigenden *Handlungssituationen müssen also gemeinschaftlich oder kooperativ gemeistert* werden. Mit seinen aufeinander bezogenen methodischen Elementen „körperliches Training, Projekt, Expedition und Rettungsdienst" (vgl. Ziegenspeck 1993) hat Hahn diese Grundgedanken in ein einfaches, praktikables und wirksames System übersetzt, das in seiner Anwendung ein erlebnis- und handlungsorientiertes Lehr-/Lernsystem (Fischer 1995b) darstellt und insofern den Lernprozess im Sinne der pädagogischen Ziele strukturiert.

Schließlich stellt sich die Frage nach dem *Ort*, an dem Herausforderungen in gemeinschaftlicher Bewährung handelnd bewältigt werden können. Auch hier führt eine Negation zur Lösung, nämlich die Negation der modernen urbanen Zivilisation führt zur *Natur*. Mit diesem Gedanken ist zugleich auch der „Inselcharakter" der Hahnschen Erziehungskonzeption verbunden. Um den schädlichen Wirkungen der gesellschaftlichen Erfahrungsräume entgegenwirken zu können, entwickelt er seine „pädagogische Provinz". Als Orte bzw. Medien zur Ermöglichung intensiver Erlebnisse werden tendenziell menschenfeindliche Regionen mit hohem Herausforderungspotential, nämlich die See und die Berge, gewählt, in denen traditionell die Sorge um andere Menschen tief verankert und in Form einer absoluten Verpflichtung zur uneingeschränkten Hilfeleistung institutionalisiert ist (war?).

Diskussion des Ansatzes

Die Grundideen, die im Hahnschen Konzept enthalten sind („ganzheitliches" Lernen durch Handlungsbezug, Erleben/Erfahrung gegenüber Belehren, gemeinschaftliche Organisation von Projektalltag und Problemlösung), bilden in unterschiedlicher Übersetzung das Fundament praktisch aller heutigen erlebnispädagogisch unterlegter erzieherischer Aktivitäten. Diese Grundideen sind in ihrer Einfachheit bestechend. Sie sind in ihrer Herleitung aus heutiger Sicht betrachtet aber naiv. Sie bauen auf lineare Wirkungserwartungen auf, die von hoher suggestiver Kraft sind und bis heute wirken, beispielsweise wenn in Midnight-Basketball-Projekten dem Sport und der dort inszenierten Gemeinschaft gesundheitsfördernde Wirkungen ebenso zugeschrieben werden wie Kriminalitätsprävention und ein Beitrag zur Herstellung von Chancengleichheit.

Die Hahnschen Begründungen, deren Echo in vielen neueren Projekten wie das genannte Midnight Basketball in differenzierterer Weise nachhallen, vor allem wenn es darum geht, die Erlebnispädagogik als die „bessere" Pädagogik im Sinne eines „Königswegs" (auch im Hinblick auf ihre Marktchancen) auszuweisen, spielen mit drei unterschiedlichen Suggestionen (vgl. dazu Oelkers 1992):

1. Mit der Suggestion der verändernden Kraft des Erlebnisses (nicht des Erlebens!), also des positiven, emotional herausgehobenen Ereignisses im Kontrast zu negativen oder alltäglichen Ereignissen.
2. Mit der Suggestion, die sich aus der „Illusion des anderen Lebens" ergibt, die gerade Anfang der 80-er Jahre in der so genannten „Alternativ-Szene" ihr gesellschaftspolitisch wirksames Pendant hatte. Die „Illusion des anderen Lebens" speist sich aus der Hoffnung, dass es möglich sei, die gesellschaftlichen Begrenzungen dadurch zu überwinden, dass man entweder auf die Insel fährt oder sich eine Insel schafft, die sich vom gesellschaftlichen Alltag so unterscheidet, dass sie befreiend (das Individuum emanzipierend) wirkt.
3. Schließlich mit der Suggestion der heilsamen Kraft der Natur (oder des Sports) an sich.

Alle drei suggestiven Dimensionen, die bis heute wirksame romantisch-utopische Strömungen aus der Zeit vor der vorletzten Jahrhundertwende aufgreifen, beziehen sich aufeinander und steigern sich in ihrer suggestiven Kraft durch Abgrenzung, durch die Betonung der Differenz zur Gesellschaft und zum gesellschaftlichen oder zum „normalen" pädagogischen Alltag gegenseitig.

Mit der soeben erfolgten Darstellung des Hahnschen Erbes und insbesondere seiner suggestiven - durchaus problematischen - Begründungen soll nicht ausgesagt werden, dass an den suggestiven Bildern nicht irgendetwas dran ist. Ganz im Gegenteil. Hahn hat ein wirksames pädagogisches System entwickelt. Die Frage, die er suggestiv beantwortet hat, stellt sich uns als handlungswissenschaftliche Aufgabe: Was sind die Wirkmechanismen dieses Systems? Wie entfaltet es seine Wirkung im Hinblick auf die Erziehung von verantwortlich handelnden, sozial kompetenten Persönlichkeiten? Gerade im Zusammenhang mit dem Aktivierungsdiskurs, der seinerseits mit rhetorischen Figuren und Suggestionen primär arbeitet, scheint es mir unerlässlich die Wirkmechanismen jenseits der naiven historischen Herleitung und deren suggestiver Kraft herauszuarbeiten. Was wissen wir heute über die Frage, wie verantwortlich handelnde und sozial kompetente Persönlichkeiten entstehen? Ich werde diese Frage aus Platzgründen vor allem unter Bezugnahme auf Jean Piaget sowie vor dem Hintergrund der an ihn anschließenden Arbeiten zur Entwicklung von „sozialen Kognitionen" (Edelstein/Habermas 1984) zurückgreifen[1]. Diese Theorie ist hier deshalb von besonderer Relevanz, weil sie Entwicklung als komplexen, interdependenten dynamischen Prozess fasst und deshalb den Hahnschen Ansatz gut unterlegen kann. Denn das Erlebnis ist ein Impuls, das die selbst-organisierenden Kräfte stimulieren soll.

Piaget begreift Menschen als natürliche Wesen, die in einem materialen Lebensprozess sich mit der (sozialen) Umwelt auseinandersetzen und dabei Wissen oder Erkenntnis über die Welt gewinnen und Kompetenzen ausbilden. Diesen Prozess der Erkenntnisgewinnung und Persönlichkeitsbildung konzipiert er als einen Prozess, der auf natürlichen Prinzipien oder Gesetzmäßigkeiten der Strukturbildung aufbaut, wie sie in allen Organismen zu finden sind. Das zentrale allgemeine Prinzip der dynamischen Strukturbildung ist Selbst-Organisation respektive Selbst-Steuerung („Auto-Regulation" bei Piaget) der Prozesse, die Piaget in Bezug auf die interne Steuerung mit dem Begriff der „Äquilibration" beschreibt. Unter Äquilibration ist ein dynamisches Gleichgewicht zu verstehen, das über „Akkomodation" und „Assimilation" (zu den Begriffen vgl. Piaget 2003: 32-38) darauf angelegt ist, angemessene oder angepasste Muster hervorzubringen, die in der je spezifischen Umwelt lebensfähig sind, das heißt eine Form hervorbringen, mit der die Bedürfnisse des Organismus befriedigt werden können. Der Prozess der Strukturbildung hat also zwei Seiten. Es gibt eine externe Seite, auf die bezogen Entwicklung zielgerichtet stattfindet. Und es gibt eine interne Seite, die durch selbst-gesteuerte Entwicklung eine Struktur hervorbringt, welche eine spezifische Transformation der Umweltbedingungen in eben diese Struktur darstellt. An dieser Stelle ist zu erwähnen, dass sobald der strukturbildende Prozess in Gang gekommen ist, die sich bildende Struktur im Selbstbezug operiert. Jede neue Erfahrung/Information wird in das bestehende Schema „assimiliert". Mit jeder Assimilation sind aber in Bezug auf die jeweiligen Umweltanforderungen minimale Akkomodationen des Schemas verbunden, so dass Ungleichgewichte oder Inkonsistenzen entstehen, die auf eine erneute Herstellung des Gleichgewichts, auf Äquilibration (durch Lernen) hindrängen. Dies

---

[1] Es wäre an sich angebracht, Piaget mit neueren Arbeiten zur Dynamik komplexer Systeme zu ergänzen. Die Einführung der bislang wenig bekannten „Synergetik" in diesem Rahmen würde aber zu weit führen, deshalb hier lediglich der Verweis: Haken/Schiepek (2006): Synergetik in der Psychologie: Selbstorganisation verstehen und gestalten. Göttingen.

kann unter bestimmten Umständen zu weit reichenden Restrukturierungen führen, solange bis das interne Muster auf die für den Organismus relevanten Umweltanforderungen angemessen reagieren kann und alle weiteren Erfahrungen
ohne erneute Restrukturierungen verarbeitet werden können. Der Antrieb für
diesen Prozess kommt aus den Lebensäußerungen der Organismen selbst, aus der
aktiven Auseinandersetzung mit den Umweltgegebenheiten. Umweltbezogene
Aktivität ist intrinsisch. Sie ist ein Merkmal von Leben. Sie muss (und kann)
nicht von außen erzeugt werden.

Piaget zeigt, dass sich die Kinder für diese aktive Auseinandersetzung *all*
ihrer Sinne bedienen, dass es sich um ein Be-Greifen der Umwelt im wahrsten
Sinne des Wortes handelt. Er stellt einen grundlegenden Zusammenhang her
zwischen der geistigen Entwicklung und körperlichen Aktivitäten (wobei auch
mentale Operationen körperliche Aktivitäten sind) und insofern zwischen Denken und Handeln, zwischen Kopf und Hand. Aktive Auseinandersetzung heißt,
dass die Welt mit den (u.a. geistigen) Mitteln erforscht, entdeckt wird, die einem
menschlichen Individuum zum gegebenen Zeitpunkt zur Verfügung stehen. Die
Betonung liegt bei Piaget auf Erforschen, Entdecken, Experimentieren. Aktive
Auseinandersetzung ist nicht identisch mit der Rezeption von sekundärem Wissen, wie es beispielsweise in der Schule versucht wird zu transferieren. Die Qualität des durch aktive Auseinandersetzung oder durch Rezeption erworbenen
Wissens unterscheidet sich grundlegend. In der aktiven Auseinandersetzung
entsteht die Struktur. Das rezipierte Wissen wird (eventuell und in seiner Reich-
weite in Bezug auf abrufbare Muster sehr begrenzt) von dieser Struktur verwendet und nur, wenn es für die Struktur Relevanz gewinnt, wirklich assimiliert.
Eine minimale Relevanz kann aufgrund externen Zwangs erzeugt werden, wie
dies im Falle der Schule durch die Notengebung für viele Schüler/innen gilt. Die
Anpassung an diesen Zwang erzeugt die mehr oder weniger vollständige Repro-
duktion des geforderten Stoffes und evtl. eine Struktur, die externe Anreize
braucht, um zielgerichtet zu handeln. Der Widerstand gegen diesen Zwang ist
unter Umständen in Richtung auf eine autonome Persönlichkeit strukturbildend,
weil im Widerstand sich die Frage nach der Sinnhaftigkeit stellt und dies den
Fokus auf die intrinsische Motivation lenkt. Aber auch der Stoff selbst kann in
diesem letztgenannten Sinne persönlichkeitsbildend wirken, etwa wenn ein
Schüler plötzlich die Mathematik *entdeckt*. Das ist vor allem davon abhängig, ob
dieser Schüler bei seiner Aneignung des Stoffes für sich den Sinn der Mathematik erschließen und in der Folge Kompetenz bzw. Selbst-Wirksamkeit erleben
kann.

Wie in dem Beispiel der Mathematik und der Schule ist die aktive Auseinandersetzung mit der Welt im Falle des Menschen immer eine Auseinandersetzung mit einer sozial bzw. kulturell überformten und vermittelten Welt. Jeder

Gegenstand hat eine oder mehrere kulturelle Bedingungen. Die primäre Welt des Menschen ist eine soziale Welt, die angeeignet werden muss (vgl. zu Aneignung Leontev 1973) und die in diesem Sinne Entwicklungsaufgaben stellt, die bewältigt werden müssen (Böhnisch 1994). Erziehung ist dann der Versuch, nachwachsenden Mitgliedern der Gesellschaft den Einstieg in diese soziale Welt zu vermitteln, zu erleichtern, zu ermöglichen, dabei Hilfestellung zu leisten. Erziehung hat aber zugleich die Tendenz diese soziale Welt zu sichern, in ihrem Bestand gegen die anarchischen Kräfte der Kinder zu verteidigen, dem Entdecken als Prinzip und den Entwicklungsfähigkeiten der Kinder im Allgemeinen zu misstrauen, so zu tun, als müsse Sozialität ganz allgemein mit Zwangsmaßnahmen erst hergestellt, in den Kindern geschaffen werden. Dies sind ganz grob die beiden grundlegenden Richtungen in der Pädagogik, die man auch als „konservativ" bzw. „emanzipatorisch" bezeichnen kann (vgl. Thiersch 1986: 33ff.).

Piaget hat sowohl die Tatsache der Sozialität bei der Entstehung individueller kognitiver Strukturen mitkonzipiert als auch die Entwicklung von Wissen über basale Regulierungen des menschlichen Zusammenlebens selbst untersucht, und zwar bereits am Anfang seines Schaffens als Entwicklungspsychologe. Das „Weltbild des Kindes" (1926/1980) zeigt die völlig anders geartete Sichtweise von Kindern auf die Welt. Das „moralische Urteil beim Kinde" (1932/1990) ist ein Meilenstein mit bis heute nicht übertroffener Erklärungskraft hinsichtlich des Zusammenhangs von sozialer Beziehungsstruktur und individuellem Lernen mit großer Bedeutung sowohl für die Sozialisationstheorie wie auch insbesondere für Arbeiten, die sich mit der Entwicklung sozial-kognitiver psychischer Strukturen befassen (vgl. z.B. Youniss 1982, Selman 1984, Kohlberg 2002). Piaget arbeitet im „moralischen Urteil", aber auch in Bezug auf die Entstehung von Intelligenz (Piaget 1984) und in Bezug auf seine „genetische Epistemologie" (Piaget 1974) zwei grundsätzlich differente, von der jeweiligen Beziehungsstruktur abhängige Lerntypen heraus: Das Lernen an Vorgaben oder am Beispiel in asymmetrischen Beziehungen (z.B. Eltern/Kind) und das Lernen unter Gleichen in symmetrischen Beziehungen (z.B. Kind/Kind) durch Experimentieren. Die erste Beziehungsform verknüpft er mit dem dynamischen Strukturierungsprinzip des „Zwangs", die zweite mit dem der „Kooperation". Die unterschiedliche Dynamik, die sich aus der unterschiedlichen Beziehungsstruktur ergibt, hat Konsequenzen für die Qualität des Gelernten. Während das unter Zwang Gelernte „heteronom" bleibt, also auf die Sanktionsgewalt bezogen bleibt, führt das mittels der Kooperation Gelernte zu einem „autonomen", d.h. selbstverantwortlichen Umgang mit dem erworbenen Wissen und insofern zu einer (höher) entwickelten sozialen Kompetenz. In einem späteren Aufsatz (Piaget 1960) spricht er in diesem Zusammenhang von „autonomer Obligation", von „Nicht-nicht-Anwenden-Können" des in kooperativen Interaktionen selbst entdeckten, selbst erworbenen

Wissens (vgl. zum Begriff des selbst-erworbenen Wissens im Zusammenhang mit den Generationenbeziehungen auch Mannheim 1971).

Hahn und Piaget gelangen aus völlig unterschiedlichen Perspektiven mit ganz anderen Prämissen und Erklärungsreichweiten zur selben Einsicht, nämlich dass Lernen Aktivität voraussetzt und dass Lernen ein sinnlicher Prozess ist. Eine weitere Übereinstimmung, die sich fast logisch aus dem Gedanken der Aktivität ergibt, besteht darin, dass Lernen Raum haben muss für das Experimentieren, für das Erfahrungen machen können, für das Erproben von Lösungsstrategien, die implizit auch immer Lernstrategien enthalten.

Verantwortung ist, wenn wir den Gedankengang zur Bildung und zur Emanzipation der Persönlichkeit hier wieder aufnehmen, durch Gehorsam, durch Nachahmung oder durch Zwang weder in seiner Qualität vollständig zu erfassen, noch zu vermitteln. Es ist eine Grundbedingung, Verantwortung erleben zu müssen, mit diesem Druck Erfahrungen machen zu können, um verantwortliches Handeln lernen und somit eine verantwortliche Persönlichkeit ausbilden zu können. Für Piaget gilt dies generell, nicht nur für den Erwerb einer autonomen und verantwortlichen Persönlichkeit. Lernen, das zu in der psychischen Struktur wirklich verankertem Wissen führt, braucht das Experimentieren, die aktive Auseinandersetzung. Hahn schafft mit drei Elementen seiner Methode dafür Voraussetzungen: Das Projekt, die Expedition, der Rettungsdienst. Ohne diese Elemente hier vollständig mit Piaget analytisch zu entschlüsseln, leuchtet unmittelbar ein, dass es v.a. bei den ersten beiden gilt, herausfordernde Erkenntnis- und Handlungsprobleme zu bewältigen, für deren Bearbeitung und Lösung Verantwortung übernommen werden muss und die nicht einfach durch die Erfüllung von Vorgaben gewährleistet werden kann. Der Rettungsdienst repräsentiert den Wert der Hilfe, der Nächstenliebe, der durch praktische Tätigkeit vermittelt werden soll, anstatt nutzlos zu predigen, dass Helfen gut ist, oder äußerliche moralische Zwänge aufzubauen, die psycho-dynamisch nur zu oft ihr Gegenteil hervorbringen (im Verborgenen, z.B. der Familie). Körperliches Training als viertes Element der auf Aktivität aufbauenden Hahnschen Erziehungsmethodologie dient der Herstellung eines sinnlichen Bezugs zum eigenen Körper. Der Körper, inklusive seiner mentalen Anteile, ist das Medium der Weltbewältigung.

Kursorisch lässt sich das Wirkmodell des Hahnschen Bildungs- und Erziehungssystems also wie folgt beschreiben: Die Dynamik des Bildungsprozesses entsteht aus der aktiven Auseinandersetzung mit den materiellen und gesellschaftlichen Umweltbedingungen. Sie ist Ausdruck des menschlichen Seins, als Werden und Vergehen, und insofern sich dieser Prozess im Medium der Sozialität vollzieht, der conditio humana (Plessner 2003). Hahn inszeniert allerdings in seinen „pädagogischen Provinzen" quasi außergesellschaftliche Gemeinschaften, in denen Werte und Prozesse herrschen, die den „krankmachenden" Einflüssen der Gesellschaft entgegengesetzt werden, so dass sich „gesunde" oder mündige, autonome Persönlichkeiten entwickeln, die genau dadurch gekennzeichnet sind, dass sie nicht so sind wie der mainstream der Gesellschaft. Sie übernehmen nämlich aktiv Verantwortung und engagieren sich für zentrale Werte gemeinschaftsbezogenen Handelns. Die erzieherische Wirkung entsteht im dynamischen Zusammenspiel der strukturierten erzieherischen Inszenierung, inklusive der gesetzten Werte und der darauf bezogenen Erziehungsziele mit den Möglichkeitsräumen, die in dieser Inszenierung systematisch zur Verfügung gestellt werden zum freien, engagierten und verantwortungsvollen Experimentieren. Oder anders formuliert: Zum Entfalten von Aktivität in eigener Verantwortung. Hahn schafft ein Arrangement von asymmetrischen und symmetrischen Beziehungsstrukturen, das seine Wirkung entfaltet, weil es einerseits Orientierung vorgibt und den Möglichkeitshorizont definiert, dabei aber einen weit reichenden Freiraum zur Verfügung stellt, der die Kompetenz- und Wissensbildung gleichermaßen herausfordert und deren Folgen als (Selbst-)Wirksamkeit erlebbar macht. Weil diese Prozesse konsequent nicht als Selbstverwirklichungstrip (im Gegensatz zu den meisten kommerziellen Angeboten mit Erlebnischarakter heute), sondern als soziales Unternehmen angelegt sind, geht Wissens- und soziale Kompetenzentwicklung Hand in Hand. Schließlich ist ein Teil der dynamischen Wirkungsentfaltung auf eine ausgewogene Entwicklung des Körpers und seiner geistigen Aspekte zurückzuführen. Nirgends ist Disziplin (im Sinne eigen- und fremdbestimmter Sorge um Kontinuität) als erfolgsfördernder Faktor so unmittelbar erfahrbar wie beim körperlichen Training.

Die wirksamen Faktoren, die der Hahnschen Bildungs- und Erziehungskonzeption zugrunde liegen, sind also zusammenfassend in soziale Arrangements (symmetrische und asymmetrische Beziehungen) eingebettete Erfahrungsräume, die *Wissen, sozialen Sinn* (z.B. Mitgefühl, Disziplin als Sorgsamkeit und Verantwortung) sowie *Selbstwirksamkeit* erfahrbar machen. Dadurch entstehen tendenziell autonome, selbst-verantwortliche und sozial engagierte, mindestens aber kompetente Persönlichkeiten, die sich dann auch in gesellschaftlichen Umwelten „bewähren", in denen die Bedingungen zur Entfaltung einer sorgsamen und sozial verantwortlichen Aktivität möglicherweise nicht gelten oder nicht gefragt sind. Dieser letzte Punkt rechtfertigt die „pädagogische Provinz" als Schonraum zur Entwicklung mündiger Persönlichkeiten, die sich auch gegenüber einer „krankmachenden" Gesellschaft behaupten. Ganz wesentlich für das hier skizzierte Wirkmodell ist aber, dass all die genannten dynamischen Elemente unmittelbar mit *Sinn* bzw. mit *Werten* verknüpft werden. Es ist keineswegs so, dass das Erlebnis als solches derart weit reichende Effekte hat. Der Stimulus muss aufgegriffen und verarbeitet werden. Und in welche Richtung diese Verarbeitung geht, hängt sowohl von der Beschaffenheit der verarbeitenden Struktur (des

Individuums) als auch von der sie rahmenden sozialen Strukturierung ab. Die *erfahrbare soziale Sinnhaftigkeit* ist die entscheidende Bezugsgröße für die Entwicklung einer autonomen sozial und persönlich verantwortlichen Persönlichkeitsstruktur. Die Erfahrung von und das daraus entstehende Vertrauen in die eigene Selbstwirksamkeit erhält die Motivation aufrecht, notwendige Entwicklungsarbeit zu leisten bzw. sich für Werte und Andere einzusetzen.

Fazit im Hinblick auf den Aktivierungsdiskurs

Wenn wir also davon ausgehen, dass Hahn ein wirksames Lehr-/Lernsystem entwickelt hat, mit dem es möglich ist, selbst-verantwortliche, eigen-initiative, sozial-kompetente, kurz: mündige Persönlichkeiten zu bilden, wenn wir weiter davon ausgehen, dass die herausgearbeiteten Prinzipien diese Wirksamkeit in Umrissen erklären, dann können wir vor diesem Hintergrund auf den sozialpolitischen Diskurs und die dort ergriffenen Maßnahmen reflektieren und diese diskutieren. Was lässt sich aus der hier entfalteten Position mit Hahn und dem kurz skizzierten Wirkmodell auf einige Aspekte des sozialpolitischen Aktivierungsdiskurses erwidern? Welches Fazit lässt sich ziehen? Obwohl Hahn einen ähnlichen Ausgangspunkt wählt, wie die neo-liberale Attacke auf den Wohlfahrtsstaat, nämlich die Klage über den Zerfall der individuellen Verantwortung und Initiative, ergibt sich doch eine völlig andere Perspektive. Im Folgenden sollen die zwei mir wesentlich erscheinenden Aspekte dieser differenten Perspektive kurz dargestellt werden, die meines Erachtens stellvertretend einen wichtigen Unterschied zwischen der sozialpolitischen Semantik das aktivierenden Staats und der Semantik der Sozialen Arbeit markiert, trotz aller oberflächlich gleich lautender Begriffe.

Der erste Unterschied betrifft die Problemgenese. Hahn stellt strukturelle Merkmale der Gesellschaft und deren schädliche Wirkungen auf die Entwicklung der nachwachsenden Generation als Kern der Problemverursachung fest, die sich dann auf der Ebene des Individuums als problematisches Verhalten zeigen. Dadurch gewinnt er seine pädagogische Eigenständigkeit und in der Folge davon seine professionelle Autonomie. Konsistent mit der Entwicklungstheorie, die wir ihm unterlegt haben, sind individuelle Merkmale und Verhaltensweisen Ausdruck der unter den Bedingungen der Selbst-Organisation stattfindenden Anpassung an spezifische gesellschaftliche Verhältnisse. Während bei Hahn also die Verursachungskette grob von der krankmachenden Gesellschaft zum Individuum verläuft, das in der Folge passiv wird, bestimmte Kompetenzen verliert oder nicht ausbildet, und deshalb durch Aktivierung in die Lage versetzt werden soll, sich von diesen schädlichen Einflüssen zu befreien, sich durch Lernen und Entwicklung zu emanzipieren, verläuft die Verursachungskette im Aktivierungsdiskurs genau umgekehrt: Weil das Individuum bestimmte Kompetenzen nicht ausgebildet hat, weil es passiv ist und es sich in der „sozialen Hängematte" bequem gemacht hat, wird es für die Gesellschaft bzw. für den Staat zum Problem.

Damit kommen wir zum zweiten, dem entscheidenden Unterschied, nämlich den Maßnahmen. Im Kern und etwas zugespitzt heißt Aktivierung im sozialpolitischen Verständnis, dem Individuum die Hängematte wegzunehmen, so dass ein „Anreiz" geschaffen wird, die Kompetenzen eigen-verantwortlich zu erwerben, die ihn in die Lage versetzen, seinen autonomen Platz in der Gesellschaft wieder einzunehmen. Das Ganze geschieht unter vollständiger Ausblendung der gesellschaftlichen Struktur, insbesondere ihrer vertikalen Differenzierung und der Frage nach den gesellschaftlichen Bedingungen von Integration und Ausschluss (vgl. z.B. Kronauer 2002). Folgerichtig wird daher Integration auf Integration in den Arbeitsmarkt reduziert, weil dann das Problem verschwinden würde, weil keine Transferzahlungen mehr geleistet werden müssten. Wenn wir das oben ausgeführte Wirkungsmodell hier heranziehen, dann ist relativ leicht erkennbar, dass abgesehen von der nicht vorhandenen Integrationskapazität des Arbeitsmarktes dieses zweite Interventionsmodell auf der Ebene des Individuums und seiner Entwicklungsbedingungen unterkomplex ist. Aktive, eigen-initiative Verantwortungsübernahme ist eine voraussetzungsvolle Kompetenz. Selbst wenn deren Fehlen das Problem verursachen würde, dann wird sich das Problem nicht lösen, wenn man die Lebensumstände verschärft. Wir wissen beispielsweise, dass Langzeitarbeitslosigkeit einen negativen Einfluss auf die Betroffenen hat und auch ihre Leistungsfähigkeit beeinträchtigt (Cottle 2002), und dass der Weg zum Erhalt oder Wiederaufbau der Kompetenzen u.a. über drei Faktoren führt, die sich auch im Wirkungsmodell oben finden (vgl. Onken et al. 2002): Sinn (inklusive Hoffnung), Selbst-Wirksamkeit (Kompetenzerleben) und ein strukturierter, Sicherheit und Unterstützung ebenso wie Herausforderung bietender Rahmen. Wenn überhaupt, dann kann die Verschärfung der Lebensumstände nur für diejenigen tatsächlich zum Kompetenzerwerb beitragen, die auch eine Chance bekommen, Sinn und Selbst-Wirksamkeit zu erfahren und sich dadurch als kompetent zu erleben. Für die Übrigen gilt das Wirkungsmodell in seiner Umkehrung: Sinnlosigkeit, Selbst- Unwirksamkeit, Inkompetenzerleben und die weitere Prekarisierung der Lebensverhältnisse führen zu einer Verschärfung der Problemlage, zu größerem Leiden an der Gesellschaft (vgl. Bourdieu u.a. 1997) und sind daher entwicklungstheoretisch (und empirisch) kontraproduktiv. Ein weiterer Aspekt dieses Zugangs ist, dass neben der Etikettierung als Versager auch noch die Etikettierung als „unwillig" und damit als moralisch verwerfliche Person dazu kommt, was die psycho-soziale Situation der Betroffenen noch einmal erheblich verschlechtert. Und um es ganz deutlich zu sagen: Das persön-

liche Leiden wird bewusst und absichtlich gesteigert, weil in dem zugrunde liegenden Wirkungsmodell erhöhter Leidensdruck angeblich zu Problemlösung
führt. Wenn schon (strukturell) keine positiven Anreize geboten werden können,
dann wenigstens negative, was sich auch in der tatsächlichen Sanktionspraxis
zeigt. Das ist zynisch und kann nicht das Ziel der Sozialen Arbeit sein.

Während Hahn seine Lehr-Lern-Systeme konsequent als Entwicklungsräu-
me konzipiert und gestaltet, die (befristeten) Schutz vor den Zumutungen der
Gesellschaft bieten, die positive Erlebnisse ermöglichen und dadurch insbesondere Selbstwirksamkeit, Kompetenzerleben und Verantwortlichkeit durch aktives
Experimentieren erfahrbar machen, um sich dann in der Gesellschaft wertegelei-
tet, also sinnbezogen bewähren und durchsetzen zu können, setzt der aktivierende Sozialstaat auf Arbeitsintegration um jeden Preis (vgl. Nadai 2005) und damit
einhergehend auf Zwang. Die Zumutbarkeit von Arbeit (ohne das Recht auf
Arbeit mit zu thematisieren) ist hier ein Aspekt, aber auch die weitgehende Einschränkung jeglicher Wahlmöglichkeit, u.a. auch in Bezug auf Weiterbildungs-
und Beschäftigungsmaßnahmen[2]. Damit zeigt sich erneut, immer vor dem Hintergrund unseres Wirkungsmodells, dass es nicht um Kompetenzbildung im
Sinne der Wahrnehmung von Eigen-Verantwortung und Eigen-Initiative geht,
sondern ganz im Gegenteil um die bedingungslose Unterordnung unter bestehende Normen und Machtverhältnisse. Legitimiert wird dies mit dem aus der
Ökonomie stammenden Modell der „Anreize". Dieses setzt auf externe Stimulation, um den an sich trägen und manipulierbaren Menschen (Konsumenten, sic!)
zum Handeln (in die gewünschte Richtung) zu bewegen. Dadurch werden
Zwang, Sanktionen und Verknappung von Ressourcen zu den Erfolg verspre-
chenden Mitteln, um den „faulen" und „unmoralischen" Sozialhilfebezü-
ger/innen auf die Sprünge zu helfen. Beschäftigungsprogramme und 1-Euro-Jobs
sind in diesem Modell Bewährungsstellen, in denen gezeigt werden kann, dass
man nicht faul ist, auch wenn sie faktisch weder einen Zuwachs an Kompetenz,
noch an Einkommen, noch an Autonomie, noch an Sinn, noch an Re-
Integrationschancen bieten. Weil diese Integration in einen hoch subventionier-
ten sekundären und tertiären Arbeitsmarkt für viele Betroffene wenig Sinn
macht, sind die Sanktionen und die moralische Verpflichtung zur Gegenleistung
notwendig, um das System überhaupt am Laufen zu halten. Mit dem Zwang ist
das Lernfeld strukturiert: Der handlungsleitende Sinn ist Anpassung im Sinne
von Unterordnung bzw. Disziplinierung, nicht eine wie auch immer geartete
Entwicklung der Persönlichkeit und die Wiederherstellung einer integrierten
Autonomie der Lebenspraxis.

---

[2] Wahlmöglichkeiten in Bezug auf Unterstützungsleistungen sind ein weiterer empirisch nachgewie-
sener Wirkfaktor bei der Rehabilitation psychisch Kranker (vgl. Onken et al. op. cit.).

Mit dieser holzschnittartigen Gegenüberstellung sollten die grundsätzlichen Unterschiede in der Herangehensweise im Zusammenhang mit „Aktivierung" und den dahinter liegenden gesellschaftlichen, sozialen und individuellen Integrationsproblemen verdeutlicht werden. Zum Abschluss ist es mir wichtig zu betonen, dass aus meiner Sicht in der heute vorfindbaren Praxis der Sozialen Arbeit sowohl die sozialpolitische Aktivierungslogik, wie sie eingangs dieses Bandes skizziert worden ist, als auch eine Logik vorzufinden ist, die Emanzipation und Integration in einer Art und Weise angehen, die sich an den Modellen und Konzepten unserer Profession, inklusive Berufsethos und Menschenbild, orientieren, wie sie mit Hahn und dem ihm unterlegten Wirkungsmodell hier stellvertretend dargestellt wurde. Es ist nicht entschieden, wohin sich die komplexe Dynamik der Sozialstaaten entwickelt. Die Soziale Arbeit ist ein gewichtiger Faktor in dieser Dynamik und wir können sehr viele Autonomiespielräume nutzen oder nicht und damit die Dynamik selbst mit beeinflussen.

Um dies abschließend zu illustrieren: Wir können als Sozialarbeiter/innen Langzeitarbeitslose beispielsweise in virtuelle Firmen stecken, von denen es ca. 40 in der Schweiz gibt, die Arbeit auf eine sehr kostspielige Art und Weise simulieren. Das Wirkmodell beruht auf einer linearen Wirkungserwartung von hoher suggestiver Kraft: Arbeit (und die damit einhergehende Strukturierung und Disziplinierung des Alltags) als solche führt zu Kompetenzbildung (Nadai 2005). Es findet in diesen virtuellen Firmen keine Qualifizierung und keine wie auch immer geartete Bildung oder Problembearbeitung statt, abgesehen von Bewerbungstrainings und der Arbeit am „Selbst". Dass diese Maßnahme für viele der Betroffenen eine Potenzierung von Sinnlosigkeit darstellt und damit mindestens auf einer Wirkdimension Schaden anrichtet und dass die „workfare"-Programme, dort wo sie empirisch untersucht wurden, eben nicht auf die Steigerung von Selbstverantwortung hinauslaufen (Pilivian et al. 2003), wie mit dem skizzierten Wirkungsmodell verstanden werden kann, sondern auf Stigmatisierung und Disziplinierung und dass die Prekarisierung durch so genannte „Anreizsysteme" zu einer Steigerung des Elends und nicht zu Reintegration oder gar „besserer" Lebensführung führt (Cancian et al. 2003), muss Professionelle in ihren Entscheidungen interessieren und mindestens von ihnen zur Kenntnis genommen werden.

Und wir haben Alternativen: Wir können innovative und wirksame Projekte auf die Beine stellen, wie es beispielsweise das Nachsorge-Projekt „Azzurro" in Bern ist (www.azzurro-bern.ch). Dieses Projekt bietet Menschen mit Suchtproblemen und psychischen Problemen, die längst aus dem Arbeitsmarkt ausgegliedert worden sind, einen Treffpunkt (einen sozialen Raum, eine „Provinz"), der von professionellen Sozialarbeiter/innen geleitet und strukturiert wird, der zugleich eine Reihe von Mitgestaltungsmöglichkeiten bietet, der Beschäftigung im Treffpunkt bietet, von dem Selbsthilfegruppen ausgehen, die professionell unterstützt werden. Die Struktur dieses Projekts ähnelt dem oben beschriebenen Wirkmodell: Es ist ein Lehr-Lernarrangement geschaffen worden, das den durchaus beschädigten Menschen ihre Würde lässt, das ihnen etwas zutraut und Möglichkeiten bietet, mit Verantwortung und Arbeit zu experimentieren, sich nach einer Therapie im Alltag wieder als jemanden zu erfahren, der/die etwas kann. Kurz: Es handelt sich um einen sozialen Raum, in dem diese Menschen Sinn (und damit Identifikation und Hoffnung) erleben können, in dem sie Verantwortung übernehmen und sich selbst als wirksam und damit kompetent erleben können. Mittlerweile hat sich das Projekt weiter ausdifferenziert und ein Arbeitsintegrationsprogramm ist angeschlossen worden, mit dem diejenigen erfolgreich in den primären Arbeitsmarkt vermittelt werden können, die aufgrund der Entwicklungsprozesse, die sie durchlaufen haben, wieder in die Lage versetzt wurden, Arbeit unter den herrschenden Bedingungen im primären Arbeitsmarkt durchzustehen. Dieses Projekt hat den Sozialpreis 2005 der Stadt Bern gewonnen und seine Finanzierung aus staatlichen Mitteln erheblich gesteigert und wurde in die Leistungsvereinbarung zwischen der kantonalen Gesundheits- und Fürsorgedirektion und dem Trägerverein übernommen. Es ist nicht so, dass wir im aktivierenden Sozialstaat keine Chance haben, die herrschende Semantik mit professioneller Qualität zu füllen und politische respektive administrative Anerkennung dafür zu bekommen. Dazu müssen wir aber unsere eigene Semantik ernst nehmen und auf die professionellen Prinzipien insistieren. Das sind u.a. ethische Prinzipien (z.B. Würde des Menschen, Menschenrechte) und wissensbasierte, in der Tradition des Faches tief verwurzelte, empirisch geprüfte Wirkmechanismen wie die oben beschriebenen.

Literatur

Böhnisch, L. (1994): Gespaltene Normalität: Lebensbewältigung und Sozialpädagogik an den Grenzen der Wohlfahrtsgesellschaft. Weinheim und München.

Bourdieu, P. u.a. (1997): Das Elend der Welt. Zeugnisse und Diagnosen alltäglichen Leidens an der Gesellschaft. Konstanz.

Cancian, M./Haveman, R./Meyer, D.C./Wolfe, B. (2003): The Employment, Earnings and Income of Single Mothers in Wisconsin who left Cash Assistance: Comparisons among three Cohorts. Madison. January 2003. www.ssc.wisc.edu\irp\

Cottle, T.J. (2002): Harte Zeiten: das Trauma der Langzeitarbeitslosigkeit. Berlin.

Dewey, J. (1986): Erziehung durch und für Erfahrung. Stuttgart.

Dewey, J. (2002): Democracy and Education. Bristol.

Edelstein, W./Habermas, J. (Hg.) (1984): Soziale Interaktion und soziales Verstehen. Beiträge zur Entwicklung der Interaktionskompetenz. Frankfurt.

Fischer, T. (1995a): Erlebnispädagogik im Dickicht der Großstadt. In: Zeitschrift für Erlebnispädagogik, 15. Jg., S. 3-4.

Fischer, T. (1995b): Zur Wirksamkeit erlebnispädagogischer Prozesse. In: Zeitschrift für Erlebnispädagogik, 15. Jg., S. 1-69.

Fischer, T. (1999): Erlebnispädagogik - Das Erlebnis in der Schule. Frankfurt, Berlin, Bern u.a.

Fischer, T./Ziegenspeck, J. (2000): Handbuch Erlebnispädagogik. Von den Ursprüngen bis zur Gegenwart. Bad Heilbrunn/Obb.

Hahn, K. (1958): Erziehung zur Verantwortung. Stuttgart.

Hahn, K. (1986a): Erziehung und die Krise der Demokratie. In: Hahn, K. (Hg.): Erziehung und die Krise der Demokratie. Stuttgart, S. 91-106.

Hahn, K. (1986b): Kurzschulen. In: Hahn, K. (Hg.): Erziehung und die Krise der Demokratie. Stuttgart. S. 83-86.

Haken, H./Schiepek, G. (2006): Synergetik in der Psychologie: Selbstorganisation verstehen und gestalten. Göttingen.

Kohlberg, L. (2002): Die Psychologie der Moralentwicklung. Frankfurt am Main.

Kronauer, M. (2002): Exklusion. Frankfurt/New York.

Kupko, S. (1985): Entstehung und Bewältigung jugendlicher Dissozialität. Lüneburg.

Leontev, A.N. (1973): Probleme der Entwicklung des Psychischen. Frankfurt a. M.

Mannheim, K. (1971): Das Problem der Generationen. In: Friedeburg, v.E. (Hg.): Jugend in der modernen Gesellschaft. Köln, Berlin. S. 23-48.

Nadai, E. (2005): Der kategorische Imperativ der Arbeit. Vom Armenhaus zur aktivierenden Sozialpolitik. In: Widerspruch, 25. Jg., S. 19-27.

Oelkers, J. (1992): Kann „Erleben" erziehen? In: Zeitschrift für Erlebnispädagogik, 12. Jg., S. 3-13.

Onken, S.J./Dumont, J.M./Ridgway, P./Dorman, D.H./Ralph, R.O. (2002): Mental Health Recovery: What Helps and What Hinders. New York: Columbia University. Oktober 2002. <http://www.nasmhpd.org/ntac/reports/index.html>

Piaget, J. (1960): Problèmes de la Psycho-Sociologie de l'enfance. In: Gurvitch, G. (Hg.): Traité de Sociologie, Vol. 2. Paris. S. 229-254.

Piaget, J. (1974): Abriss der genetischen Epistemologie. Olten.

Piaget, J. (1984): Psychologie der Intelligenz. Stuttgart.

Piaget, J. (2003): Meine Theorie der geistigen Entwicklung. Weinheim.

Pilivian, I./Dworsky, A./Courtney, M.E. (2003): What happens to Families under W-2 in Milwaukee County, Wisconsin? Chicago/Madison: Chapin Hall Center for Children at the University of Chicago and Institute for Research on Poverty, University of Wisconsin. September 2003. www.ssc.wisc.edu\irp\

Plessner, H. (2003): Conditio Humana. Darmstadt.

Röhrs, H. (Hg.) (1966): Bildung als Wagnis und Bewährung: Eine Darstellung des Lebenswerks von Kurt Hahn. Heidelberg.

Schunk, J. (1983): Voraussetzungen und Bedingungen von pädagogisch-therapeutischen Gruppenreisen auf einem Segelschiff. Lüneburg.

Selman, R.L. (1984): Interpersonale Verhandlungen. Eine entwicklungstheoretische Analyse. In: Edelstein, W./Habermas, J. (Hg.): Soziale Interaktion und soziales Verstehen. Frankfurt a.M., S. 113-166.

Sommerfeld, P. (1998): Erlebnispädagogik: Gestern, heute und morgen. In: Zeitschrift für Erlebnispädagogik, 18. Jg., S. 9-24.

Thiersch, H. (1986): Die Erfahrung der Wirklichkeit. Weinheim und München.

Wolf, G. (2006): Erlebnis oder Erfahrung? In: Zeitschrift für Erlebnispädagogik, 26. Jg., S. 3-11.

Youniss, J.E. (1982): Die Entwicklung und Funktion von Freundschaftsbeziehungen. In: Edelstein, W./Keller, M. (Hg.): Perspektivität und Interpretation. Zur Entwicklung des sozialen Verstehens. Frankfurt a.M., S. 78-109.

Ziegenspeck, J. (1987): Kurt Hahn und die internationale Kurzschulbewegung. In: ders. (Hg.): Kurt Hahn. Lüneburg, S. 117-132.

Ziegenspeck, J. (1993): Erlebnispädagogik. Lüneburg.

Ziegenspeck, J. (Hg.) (1997): Kurt Hahn: Erinnerungen - Gedanken - Aufforderungen: Beiträge zum 100. Geburtstag des Reformpädagogen. Lüneburg.

Zimmermann, M. (1983): Sozialtherapeutische Segelfahrten als mögliche Alternative zur geschlossenen Unterbringung (Heimerziehung). Lüneburg.

Lebensweltorientierung in der Sozialen Arbeit

Cornelia Füssenhäuser

Eine lebensweltorientierte Soziale Arbeit orientiert sich einerseits an den Adres-satInnen Sozialer Arbeit, an ihren Deutungen ihrer Lebensverhältnisse, Lebens-schwierigkeiten sowie ihren Ressourcen. Andererseits bezieht sie sich auf sub-jektbezogene wie auch auf gesellschaftliche Bedingungen und Möglichkeiten. Im Mittelpunkt steht dabei die Stärkung der Lebensräume und der sozialen Bezüge der AdressatInnen und ihrer Ressourcen und (Selbst-)Hilfemöglichkeiten, um ihnen so einen gelingenderen Alltag zu ermöglichen. Anders formuliert, die Lebensweltorientierung bearbeitet Schwierigkeiten und Probleme in der Kom-plexität des Alltags. Gleichzeitig agiert sie aber auch provozierend und verfrem-dend, um Menschen aus den Verstrickungen des Alltags herauszubegleiten. Le-bensweltlich zu arbeiten heißt insofern, auf die in der Lebenswelt vorfindlichen Probleme von Menschen einzugehen und gemeinsam mit ihnen eine „Vision" gelingenderen Lebens zu entwickeln und zu unterstützen.

Zentrales Anliegen meiner weiteren Ausführungen ist eine verdichtende Rekonstruktion der zentralen Prämissen und Überlegungen der Lebensweltorien-tierung. Ich beginne mit einer Positionierung der Lebensweltorientierung im gegenwärtigen Nebeneinander von theoretischen Zugängen und Diskursen sowie einigen knappen Hinweisen zur historischen Entwicklung des Konzepts (vgl. Füssenhäuser/Thiersch 2001; Füssenhäuser 2005; vgl. 1). Voraussetzung für eine Darstellung der Kernaussagen und zentralen Prämissen der Lebensweltorientie-rung ist immer auch eine Klärung der für sie zentralen Begriffe Alltag und Le-benswelt. Ziel ist dabei nicht eine wissenschaftstheoretische Klärung dieser Beg-riffe, sondern eine Erinnerung an die von Hans Thiersch in die Diskussion einge-führten Begriffe. Sie wird ergänzt um einige knappe Hinweise auf die für die Lebensweltorientierung zentralen Theorietraditionen und Diskurse (vgl. 2) und eine Darstellung der zentralen Aufgaben und Handlungsmuster einer lebenswelt-orientierten Sozialen Arbeit (vgl. 3). Vor diesem Hintergrund stellt sich die – hier nur knapp diskutierte – Frage, welche Optionen und kritischen Reflexionen gegenüber dem politisch vorangetriebenen Aktivierungsdiskurs sichtbar werden und welche Perspektiven sich daraus für die Soziale Arbeit ergeben (vgl. 4). Ein

Resümee mit einigen knappen Anmerkungen zum kritischen Potential der Lebensweltorientierung schließt die Darstellung ab (vgl. 5).

1. Gegenwärtiger Stellenwert und Entwicklung des Konzepts

Das von Hans Thiersch begründete Konzept der Alltags- und/oder Lebensweltorientierung ist ein, für die sozialpädagogische Theorieentwicklung wichtiger, Gegenentwurf zu den die 1960er/1970er Jahre dominierenden eher politischen Konzepten und hat seitdem das Verständnis und die Entwicklung der Sozialen Arbeit maßgeblich mitbestimmt (vgl. Füssenhäuser 2005, 141–147). Die Lebensweltorientierung kritisiert einerseits die gegebenen gesellschaftlichen wie institutionellen Strukturen, andererseits entwirft sie damit in die Alltagsverhältnisse der AdressatInnen Sozialer Arbeit hineinreichende, institutionelle wie professionelle (Handlungs-)Muster. Lebensweltorientierung fragt nach dem subjektiven Eigensinn von Selbstdeutungen und Handlungsmustern im Alltag, nach der Ganzheitlichkeit, in der Menschen sich vorfinden, und nach den darin eingelagerten Bewältigungsmustern in der Ambivalenz von Offenheit und Routinen (vgl. Thiersch 2003, 115).

Verknüpft wird diese „methodische" Orientierung mit einem emanzipativen Anspruch, der darauf zielt, eine gelingendere Lebenswelt zu ermöglichen. (vgl. Füssenhäuser/Thiersch 2001, 1892; Grunwald/Thiersch 2001, 1136 f.).[1] Mit ihrer Kritik an funktionsanalytisch argumentierenden Konzepten trug die Lebensweltorientierung wesentlich zu einer Umorientierung der Sozialen Arbeit bei. Gleichzeitig ist die Alltags- bzw. Lebensweltorientierung als Fortführung und „Einlösung" der kritisch sozialwissenschaftlichen Orientierung der Erziehungswissenschaft, wie sie von Heinrich Roth mit dem Titel der „realistischen Wende" proklamiert wurde, zu verstehen (vgl. 1978b; Winkler 1986). In der Hinwendung zur alltäglichen Lebenspraxis bleibt die Soziale Arbeit aber stets *kritische* Soziale Arbeit: Kritischer Bezugs- und Ausgangspunkt ist der Alltag des/der Einzelnen in seinen Widersprüchen und (verschütteten) Hoffnungen im Sinne einer bewältigungsorientierten Unterstützung zur „Selbsthilfe" (a.a.O.).

Zusammenfassend und über die Jahrzehnte hinweg betrachtet, entwickelte sich also der Theorieansatz einer alltags- und lebensweltorientierten Sozialen Arbeit immer mehr zu einer grundlegenden Orientierung sozialpädagogischer

---

[1] Eine Öffnung zu alltags- und lebensweltorientierten Fragen findet sich parallel zu Thiersch in Diskussionen anderer Disziplinen wie z.B. in der kritischen Psychologie bei Heiner Keupp, der kritischen Kriminologie und der Sonderpädagogik (zum Begriff des Alltags vgl. z.B. Dieter Lenzen 1980). Zur „Entdeckung" des Alltags in der Psychiatrie und der Berücksichtigung des Alltags bei der Therapie vgl. Lempp 1996.

Praxis, die sich in politisch-strukturellen Rahmenbedingungen verfestigt und in sozialpädagogischen Institutionen und Handlungsmustern formiert hat (vgl. BMJFFG 1990). Ein solcher Theoriezugang führt, so die Grundüberzeugung Thierschs, über die Kritik an den Strukturen und Handlungsmustern der Sozialen Arbeit hinaus zur Frage nach einer, den heutigen Lebensverhältnissen angemessenen „modernen" Professionalität im Sinne einer lebensweltorientierten sozialen Dienstleistung.

Thiersch selbst bezeichnet seinen Entwurf der Alltags- und Lebensweltorientierung als einen allgemeinen Rahmen, der im gesellschaftlichen und sozialpolitischen Kontext konkretisiert werden muss. Lebensweltorientierung zielt dabei „neben Theorien der Gesellschaft, der Biographie und der Institutionen auf einen spezifischen Aspekt einer sozialpädagogischen Theorie" (Thiersch 2002b, 204). Das heißt Thiersch versteht das Konzept der Lebensweltorientierung als *eine* mögliche Fokussierung Sozialer Arbeit. Dennoch kann und muss der theoretische Zugang der Lebensweltorientierung zwischenzeitlich zu Recht als ein relativ ausgearbeiteter Theorieansatz Sozialer Arbeit bezeichnet werden (vgl. Füssenhäuser 2005; Füssenhäuser/Thiersch 2001; Thiersch 2002a).

In Bezug auf die *historische Entwicklung des Konzepts* ist zunächst festzuhalten, dass die Wendung zum Alltag eine Wiederthematisierung eines bereits zu Beginn des 20. Jahrhunderts angelegten Diskurses darstellt, der die sozialpädagogische Theoriediskussion *seit den 1970er Jahren* wesentlich mitbestimmt hat. Sie wurde beeinflusst von sowohl disziplin- und professionspolitischen Entwicklungen, wie der zunehmenden Verrechtlichung, Verwissenschaftlichung, Institutionalisierung und Professionalisierung der Sozialen Arbeit, wie sie seit dem Ende der 1950er und in den 1960er Jahren festzustellen waren, als auch mit zeitbedingten gesellschaftsstrukturellen Veränderungen. Sie wurde zudem geprägt und vorangetrieben durch soziale Bewegungen wie z.B. der Studentenbewegung, der Kinderladen- und Jugendhausbewegung und der Frauenbewegung sowie durch die Heimkampagne mit ihrer Kritik an den Disziplinierungs- und Repressionsanteilen von Heimerziehung (vgl. Füssenhäuser 2005, 30-39).

Vor diesem Hintergrund entfaltet sich die Alltags- wie Lebensweltorientierung als Kritik und Gegenorientierung und führt neben einer Orientierung der Sozialen Arbeit an den AdressatInnen selbst (vgl. Thiersch 1986, 11; Thiersch 1993, 13) zu einem veränderten Selbstverständnis der Sozialen Arbeit. Soziale Arbeit erklärt sich nunmehr auch für Lebensbewältigungsaufgaben zuständig und überschreitet so ihren bisherigen Aufgabenbereich, wie er sich in der Unterstützung und Hilfe bei sozialen Problemen bzw. im Kontext von Armut, Verelendung und Ausgrenzung darstellt (vgl. Thiersch 2002a, 102).

Bereits in den *1980er Jahren* erfolgt eine erste Erweiterung des Konzepts. Gegenüber einer „naiven" Wiederherstellung von Alltag und Alltäglichkeit wird nun die „Brüchigkeit" des Alltags betont. Gesellschaftliche Entwicklungen, wie die der Individualisierung und Pluralisierung von Verhältnissen, führen zu einer immer stärkeren Infragestellung der Verlässlichkeit von Handlungs- und Deutungsmustern. „Die Rede von Alltag und Lebenswelt" wird für die Lebensweltorientierung deshalb zum „Indiz der Krise lebensweltlicher Selbstverständlichkeiten" (Grunwald/Thiersch 2001, 1137): Alltag und Alltagsorientierung sind nun nicht mehr nur notwendiger Gegenentwurf zur zunehmenden Verwissenschaftlichung, sondern werden im Sinne eines „qualitativen Sprungs" (Thiersch 1992, 44) verstanden als eine modernisierungstheoretisch rückgebundene Kategorie der Analyse von Verhältnissen, die zu einer Erweiterung der Funktionsbestimmung und des Gegenstands Sozialer Arbeit führen.

In den *1990er Jahren* verschiebt sich der Schwerpunkt erneut. In den Vordergrund der fachlichen Diskussion und auch von Thierschs Arbeiten rücken Fragen der praktischen Umsetzung der Lebensweltorientierung. Diese veränderte Gewichtung ist eng verknüpft mit der Erarbeitung und der „Durchsetzung" des Achten Jugendberichtes (BMJFFG 1990), der darin entworfenen Struktur- und Handlungsmaximen einer lebensweltorientierten Jugendhilfe und der sich anbahnenden Umgestaltung und Modernisierung der Erziehungshilfen unter dem Leitparadigma der Lebensweltorientierung. Damit einher geht ein Begriffswechsel. Stand bis zu Beginn der 1990er Jahre der Begriff des Alltags bzw. der Alltagsorientierung im Vordergrund, ist nun immer häufiger von der Lebensweltorientierung die Rede.

2. Begriffe und wissenschaftstheoretische Fundierungen

Begriffe wie Alltag, Alltäglichkeit, Alltags- und Lebenswelt(-en) charakterisieren das Konzept der Alltags- bzw. Lebensweltorientierung, sie verbinden sich jedoch mit unterschiedlichen Konnotationen und verweisen auf unterschiedliche wissenschaftstheoretische Bezugsdiskurse (vgl. hierzu ausführlicher Füssenhäuser 2005, 151–155).

Der Begriff des *Alltags* zielt auf das pragmatische Handeln im Unmittelbaren und bezieht sich auf die unmittelbaren räumlichen, zeitlichen und sozialen Erfahrungen: Der Begriff des Alltags markiert so ein vertrautes und als sicher erlebtes Feld – er meint nicht neue oder zufällige Erfahrungen. Krisenerfahrungen von Menschen, mit denen Soziale Arbeit zentral konfrontiert ist, werden sehr häufig verursacht durch das Zusammenbrechen alltäglicher Handlungsmuster und Sicherheiten und darauf bezogene „unglückliche" Lösungsmuster im Alltag.

Konstitutiv für den Alltagsbegriff ist seine Doppelbödigkeit, auf Grund derer die strukturelle bzw. deskriptive Seite des Alltags mit einem normativen Zugang zu ihm verknüpft wird. Das kritische Potential der Lebensweltorientierung konkretisiert sich dabei in dem, zu den beiden Polen des Individuums und der Gesellschaft offenen, Begriff des Alltags. Alltag verweist sowohl auf konkrete Lebensverhältnisse als auch auf real bestehende Produktionsverhältnisse und zeigt die gesellschaftliche Vermitteltheit von Individuen auf (vgl. Thiersch 1986, 12; 1992).

Für das Konzept der Lebensweltorientierung ist zudem der Begriff *Alltäglichkeit* zentral. Alltäglichkeit meint einerseits einen spezifischen Modus des Handelns und Verstehens sowie ein Rahmenkonzept andererseits. Alltäglichkeit lässt sich mit folgendem Bild näher präzisieren: Wie bei einem Bühnenbild ist Alltäglichkeit als eine Vorderbühne zu betrachten, auf der nach spezifischen Handlungs- und Verstehensmustern gehandelt wird. Diese sind jedoch geprägt von den dahinterliegenden „objektiven" Bedingungen und Strukturen (dem Bühnenbild, den Requisiten, den Regieanweisungen) – der so genannten Hinterbühne. Mit diesem Bild wird die Abhängigkeit der Alltäglichkeit von historisch wandelbaren gesellschaftlichen, ökonomischen und politischen Strukturen in die Sprache der Lebensweltorientierung übersetzt (vgl. Thiersch 1992, 47 f.).

Der Begriff der *Alltagswelten* (bzw. des Alltagslebens) bezeichnet die unterschiedlichen Lebenslagen und Lebensfelder (z.B. Armut, Jugend, Generation, Geschlecht), in denen alltäglich gehandelt wird, das heißt angesprochen wird hier ein empirisch operationalisierbarer phänomenologischer Begriff. Zur strukturellen Betrachtung von Alltagswelten findet sich hingegen in den Arbeiten von Thiersch selbst sehr häufig der Begriff der *Lebenswelten*. Der Begriff der Lebenswelten umfasst die verschiedenen institutionellen Arrangements (z.B. Familie, Schule, Beruf), in denen alltäglich gehandelt wird (vgl. Thiersch 1986, 21).

In seinem Theorieentwurf verbindet Thiersch folgende vier wissenschaftstheoretische Traditionen und Diskurse (vgl. Grunwald/Thiersch 2001). Ein wichtiges Fundament der Lebensweltorientierung ist erstens die *hermeneutisch-pragmatische* Tradition. Dieses zeigt sich u. a. in ihrem Interesse am Bildungsbegriff, im unhintergehbaren Bezug zur sozialpädagogischen Praxis sowie im Respekt vor der Eigensinnigkeit der AdressatInnen und der Figur des pädagogischen Takts. Zweitens bezieht sich die Lebensweltorientierung, an die sozialwissenschaftliche Öffnung der Erziehungswissenschaft und Sozialpädagogik anschließend, auf *sozialwissenschaftlich-phänomenologische Diskurse* (u. a. von Schütz, Berger/Luckmann und Goffman) und darin insbesondere auf das interaktionistische Paradigma. Aus den Arbeiten von Schütz und Berger/Luckmann resultiert die grundlegende Prämisse von Alltag als unmittelbarer Erfahrung von Raum, Zeit und sozialen Beziehungen sowie der Hinweis auf die zentrale Bedeutung der Pragmatik des Alltags und die Notwendigkeit von Routinen. In diesem Kontext steht auch eine Rekonstruktion der Alltagsstrukturen konkreter Lebensfelder (z.B. von Familie, Schule und Arbeit). Auf Grund der Rezeption der *kritischen Tradition* (v. a. Kosik) spielt drittens die Dialektik von Pseudokonkretheit und Praxis eine große Rolle. Das heißt es geht immer auch darum, den Alltag in der Unmittelbarkeit der Erfahrung zugleich zu respektieren und zu destruieren, um so gelingenderen Alltag erst zu ermöglichen. Erst ein solch kritischer Blick illustriert die Einbettung des Alltags in den biographischen, sozialen und gesellschaftlichen Kontext. Er sieht das im Alltag liegende Protestpotential und nutzt produktiv die in ihm angelegten Differenzen und Widersprüche (vgl. Thiersch 1986, 34). Viertens sind für Thiersch *modernisierungstheoretische Diskurse* bzw. eine Analyse der gesellschaftlichen und historischen Kontexte, in denen Alltag gelebt wird, unverzichtbar (vgl. Thiersch 2002b, 204).

Vor diesem Hintergrund sieht die Lebensweltorientierung Alltag als die Schnittstelle der objektiven gesellschaftlichen Strukturen und normativen Horizonte mit den subjektiven Bewältigungsmustern von Menschen (vgl. Thiersch 1995a, 222). Auf Grund der zunehmenden Pluralisierung und Differenzierung der Gesellschaft und der damit einhergehenden Auflösung von Routinen sowie dem Verlust von Hintergrundsicherheit wird Alltäglichkeit immer mehr in Frage gestellt. Gleichzeitig ergeben sich daraus sowohl neue Möglichkeiten wie auch Risiken, so dass für die einzelnen Individuen Fragen der Lebensgestaltung immer zentraler werden und neue Ungleichheiten entstehen. Lebensweltorientierte Soziale Arbeit muss deshalb fragen, welche Aufgaben in einem veränderten gesellschaftlichen Raum notwendig und sinnvoll sind und welche Konsequenzen sich hieraus für die Entwicklung der Institutionen Sozialer Arbeit und hinsichtlich der professionellen Handlungskompetenzen ergeben.

Insgesamt betrachtet, verbindet Thiersch in seinem theoretischen – und an die Praxis rückgebundenen – Zugang der Lebensweltorientierung sowohl hermeneutisch-pragmatische als auch kritische Traditionen. Wissenschaftstheoretisch betrachtet stellt die Lebensweltorientierung insofern eine empirisch gewendete und sozialwissenschaftlich angereicherte hermeneutisch-pragmatische Pädagogik dar, die sich mit einem kritisch-emanzipativen Moment sowie einem normativ bzw. moralisch aufgeladenen Insistieren auf ein Verständnis von Sozialer Arbeit als Repräsentation von sozialer Gerechtigkeit verbindet (vgl. Grunwald/Thiersch 2001; Thiersch/Grunwald/Köngeter 2002).

3. Aufgaben und Handlungsmuster der Sozialen Arbeit

Die Aufgaben einer lebensweltorientierten Sozialen Arbeit bewegen auf zwei Ebenen: Es geht einerseits um die Arbeit bzw. Unterstützung in sozialen Problemlagen und marginalisierten Lebenslagen sowie um die bewältigungsorientierte Begleitung der Individuen, wie sie auf Grund der immer komplexer werdenden Lebensverhältnisse und gesellschaftlichen Veränderungen notwendig werden, andererseits. Die Herstellung sozialer Gerechtigkeit ist dabei der zentrale Gedanke, den Soziale Arbeit verfolgt bzw. verfolgen soll (vgl. Thiersch 1995a, 2002a). Zentrale Aufgabe ist dabei immer auch die Gestaltung des Sozialen bzw. die Gestaltung sozialräumlicher Verhältnisse sowie die Querschnittsarbeit im Sinne politischer Einmischung, um so das Ziel sozialer Gerechtigkeit zu realisieren.

Vor dem Hintergrund der oben genannten Bezugsdiskurse wird dabei ein Verständnis von Sozialer Arbeit entworfen, nach dem diese in der Komplexität und den Ressourcen des Alltags begleitend, unterstützend, aber auch provozierend und kritisch agiert, um soziale Strukturen und Lebensräume so zu gestalten, dass Menschen sich in ihnen als Subjekt ihres Lebens erfahren können. Sie ist insofern subjektorientiert und parteilich (vgl. Thiersch 2002a). Wie sich dieser Anspruch auf die Organisations- und Handlungsebene der sozialpädagogischen Praxis überführen lässt, wird in den, im Achten Jugendbericht formulierten, *Struktur- und Handlungsmaximen* der Prävention, der Regionalisierung bzw. Dezentralisierung, der Niedrigschwelligkeit, der Integration sowie der Partizipation deutlich (vgl. BMJFFG 1990; Grunwald/Thiersch 2001, 1143–1144; Thiersch 1992, 2002a).

- *Prävention* im Sinne allgemeiner Prävention zielt auf die Herstellung und Stabilisierung unterstützender Infrastrukturen, die Herstellung und Stabilisierung allgemeiner Kompetenzen zur Lebensbewältigung sowie – verkürzt gesprochen – die Initiierung gerechterer Lebensverhältnisse. Im Sinne der Allgemeinen Prävention wird Soziale Arbeit zu einem Angebot, das sich prinzipiell an alle Individuen richtet, sie rückt so gesehen „in die Mitte der Gesellschaft". Prävention als spezielle Prävention umreißt das Ziel, nicht erst dann einzugreifen, wenn sich Probleme dramatisieren, sondern bereits vorausschauend, z.B. in Situationen besonderer Belastung, einzutreten (vgl. Grunwald/Thiersch 2001, 1143).

- *Dezentralisierung, Regionalisierung und Vernetzung* zielen auf eine „Präsenz der Hilfen vor Ort". Angesprochen werden damit sowohl eine bessere Erreichbarkeit der Institutionen und Angebote der Sozialen Arbeit als auch deren Einbettung in sozialräumliche Gegebenheiten und Bedarfe. Vernetzung hat darüber hinaus zum Ziel, neue Formen der Kooperation zwischen den Dienstleistungen der Sozialen Arbeit und den Aktivitäten der BürgerInnen selbst herzustellen, um so vorhandene Ressourcen zu nutzen bzw. neue zu erschließen (vgl. a.a.O., 1144).

- *Alltagsorientierung* bzw. Alltagsnähe sprechen die Präsenz der Hilfen „in der Lebenswelt der AdressatInnen an" (a.a.O., 1143). Gemeint sind damit sowohl die Steigerung der Erreichbarkeit und Niedrigschwelligkeit durch den Abbau von Zugangsbarrieren als auch eine „ganzheitliche" Ausrichtung der professionellen Unterstützungsangebote, die den komplexen Lebensverhältnissen und den Selbstdeutungen der AdressatInnen gerecht werden.

- *Integration* meint einerseits die Anerkennung von bzw. den Respekt vor Unterschieden auf der Basis elementarer Gleichheit. Zu verbinden ist diese andererseits mit der Sicherung der Ressourcen und Rechte, aus denen sich eine solche Gleichheit erst konstituiert. Hier wird deutlich, wie wichtig die Einbindung der Sozialen Arbeit in die Politik ist bzw. welchen zentralen Stellenwert der Querschnittsaufgabe der Einmischung zukommt (vgl. a.a.O., 1144).

- *Partizipation* schließlich zielt auf die Stärkung von Beteiligungs- und Mitbestimmungsmöglichkeiten; diese lassen sich in der Sozialen Arbeit jedoch nur dann realisieren, wenn Gleichheit gegeben ist. Die Herstellung von Gleichheit – und zwar gerade in der Asymmetrie derjenigen, die auf Hilfe und Unterstützung angewiesen sind und derjenigen, die diese gewähren – ist von daher eine unverzichtbare Voraussetzung. Die Gewährung von Mitbestimmung in der Sozialen Arbeit erfordert darüber hinaus die Anerkennung der Rechtsposition der AdressatInnen sowie die Institutionalisierung von Einspruchs- und Beschwerderechten. Nur so kann vermieden werden, dass die in der Sozialen Arbeit Tätigen ihre Macht missbrauchen und die AdressatInnen gleichsam entmündigt werden (vgl. ebd.).

- Quer dazu betont das Prinzip der *Einmischung*, dass eine kritische Soziale Arbeit nur möglich ist, wenn sie von ihrem sozialpolitischen Mandat Gebrauch macht, das heißt wenn sie „ihre Erfahrungen und Interessen quer zu gegebenen Ressortzuständigkeiten in jenen Feldern (...) offensiv vertritt, die anderen Zuständigkeiten und Bestimmungsregeln unterliegen" (Thiersch 2002a, 137 f.). Da die Soziale Arbeit immer auch in den strukturellen, gesellschaftlichen Gegebenheiten und den darin angelegten Problembereichen agieren muss, ist es für sie unabdingbar sich in das Feld der Politik „einzumischen". Politische Entscheidungen prägen die Lebensverhältnisse der AdressatInnen aber auch die der Professionellen und die Institutionen der Sozialen Arbeit. Daher gilt es für die Soziale Arbeit über das Feld der (Sozial-)Politik strukturelle Veränderungen anzustreben, um so die Lebensbedingungen ihrer AdressatInnen, aber auch die eigenen Möglichkeiten zu verbessern. Auch die Herstellung sozialer Gerechtigkeit ist nur über den Weg der politischen Einmischung zu realisieren.

Diese allgemein gehaltenen Maximen erfordern dabei stets eine auf die einzelnen Handlungsfelder bezogene Konkretisierung (vgl. Grunwald/Thiersch 2004; Thiersch 2002b, 210–215, 1995a). Des Weiteren führen sie zu einer veränderten Ausgestaltung der Institutionen bzw. des Hilfesystems Sozialer Arbeit: Intendiert ist hier eine Verschiebung hin zu präventiven und ambulanten Hilfen und zu einem stärkeren Interesse an einer Infrastrukturpolitik. Das heißt eine lebensweltorientierte Soziale Arbeit fordert eine entsprechende Gewichtung und Gestaltung der Institutionen bzw. des Settings Sozialer Arbeit, wie der Beratung oder der erzieherischen Hilfen. Die Angebote und Institutionen werden dabei einerseits als (sozial-)pädagogische Lebenswelt inszeniert, andererseits ist es unabdingbar, dass sie sich in die Lebenswelt der AdressatInnen bzw. deren sozialen Lebensraum hinein öffnen. Hierzu gehört auch der Entwurf neuer begleitender oder auch unkonventioneller Formen der Hilfe in der Lebenswelt der AdressatInnen, wie z.B. die Familienhilfe, die Straßensozialarbeit oder die flexiblen Erziehungshilfen.

In der lebensweltorientierten Sozialen Arbeit profiliert sich das professionelle Handeln in einer Form, die von Thiersch als „strukturierte Offenheit" bezeichnet wird (Thiersch 2002b). Zentral ist in diesem Kontext der Aspekt des Verhandelns. „Verhandlung meint, dass die für jede helfende und unterstützende Arbeit unaufhebbare prinzipielle Asymmetrie des Verhältnisses zwischen denen, die darauf angewiesen sind, in einer Weise praktiziert werden muss, dass die Professionellen in ihrer Menschlichkeit erkennbar bleiben" (Grunwald/Thiersch 2001, 1145). Das Prinzip der „strukturierten Offenheit" wird umso wichtiger, in je entgrenzteren Konstellationen sich die Soziale Arbeit vorfindet. Soziale Arbeit ist in einer modernisierten Gesellschaft einerseits strukturell offener, andererseits auf die pädagogische Beziehung bezogen schwieriger und anspruchsvoller geworden; sie agiert „in der Spannung von Offenheit und Halt" (Böhnisch/Schröer/Thiersch 2005, 263). Zentraler Kern der Sozialen Arbeit sind nunmehr weniger ihre Institutionen und organisationellen Möglichkeiten, sondern die lebensweltlichen Verhältnisse der AdressatInnen in ihrer Biographizität. Soziale Arbeit schließt an diesen Verhältnissen an und entwickelt gemeinsam und sozusagen „auf gleicher Augenhöhe" öffnende Perspektiven (vgl. ebd.).

Darüber hinaus weist der Begriff der „strukturierten Offenheit" darauf hin, dass eine lebensweltorientierte Soziale Arbeit auf doppelte Weise „gefährlich" bzw. in sich gefährdet ist. Dadurch, dass sie Menschen in deren unmittelbaren Alltag unterstützt, lässt sie ihnen gleichzeitig wenig Raum sich zu entziehen;

Möglichkeiten der Kontrolle rücken hautnah. Gleichzeitig beinhaltet die Lebensweltorientierung ein hohes Gefährdungspotential für die Professionellen selbst. Sie handeln stets in der Option, in die Strukturen der Lebenswelt der AdressatInnen hineingezogen zu werden und dabei die immer auch notwendige kritische Dekonstruktion des Alltags zu übergehen (vgl. Thiersch 1992, 17 f., 2002b).

Der Zugang der Lebensweltorientierung ist ein deutlich normativer Entwurf. Dies zeigt sich zum einem in ihrem Verständnis von Alltag und Lebenswelt – so ist die Vision des „gelingenderen Alltags" ohne eine normative Rückbindung kaum denkbar. Sichtbar wird dies zum anderen im Begriff einer „moralisch inspirierten Kasuistik" (Thiersch 1995b), der sich sowohl auf individuelle als auch auf gesellschaftliche Aushandlungsprozesse hinsichtlich moralischer, ethischer und normativer Fragestellungen bezieht. Begriffe wie soziale Gerechtigkeit, Moral, Emanzipation, Teilhabe oder Parteilichkeit und die damit verbundenen normativen Implikationen sind dabei stets in ihrem Zusammenhang mit gesellschaftlichen Bedingungen und Strukturen bzw. als Momente des Sozialstaatspostulates zu entschlüsseln. Sowohl die Frage der Gerechtigkeit wie auch der Begriff der Moral sind insofern nicht an sich zu diskutieren, sondern als strukturelle Kategorie zu verstehen.

Für die Lebensweltorientierung ist deshalb eine kritische Analyse der gesellschaftlichen Strukturbedingungen der Sozialen Arbeit und die darauf bezogene Frage nach den daraus folgenden Konsequenzen für eine Ausgestaltung der Institutionen und Unterstützungsformen der Sozialen Arbeit ein zentraler Aspekt. Dazu gehört auch die Frage, wie sich unter den Vorzeichen der Modernisierung Gerechtigkeit als *soziale Gerechtigkeit* und als *Zugangsgerechtigkeit* herstellen und ethisch begründen lässt (vgl. Böhnisch/Schröer/Thiersch 2005; Thiersch 1995a, 31; 2002, 32).

Ein historisch und sozialstaatlich fundiertes Verständnis von sozialer Gerechtigkeit versteht soziale Gerechtigkeit als „dialektisches Ergebnis eines strukturell angelegten Konflikts und seiner sozialen und politischen Austragung und Regulierung" (Böhnisch/Schröer/Thiersch 2005, 249) und zielt auf die Gestaltung der alltäglichen Lebensverhältnisse. Der lebensweltorientierten Sozialen Arbeit kommt in diesem Kontext die Herstellung von Zugangsgerechtigkeit zu, diese umfasst die „Arbeit an der Schaffung gerechter Zugänge zu Ressourcen der Lebensgestaltung wie zur Erreichung gesellschaftlich anerkannter Ziele und Integrationswege" (a.a.O., 251). Die hier angesprochene Zugangsgerechtigkeit gilt es dabei v. a. in ihrer gesellschaftlichen Perspektive zu fördern und gegen die Tendenzen der Biographisierung, Privatisierung und der Ökonomisierung und der damit einhergehenden Entkoppelung von Gerechtigkeit zu verteidigen. Zentral ist hierbei die Prämisse der „Anerkennung" (a.a.O., 253), da der Modus der

Anerkennung die subjektbezogene, interaktive Perspektive mit der sozialstruktu-rell- integrativen Perspektive sozialer Gerechtigkeit verknüpft.

Neben der Frage der Anerkennung ist dabei die Frage der Zugänge von gro-ßer Relevanz für die Soziale Arbeit. Zugänge sind dabei nicht nur sozialstruktu-rell, sondern immer auch geschlechterpolitisch verwehrt und geschlechterdiffe-rent strukturiert. Notwendig ist von daher zum einen eine geschlechterpolitische Rückbindung der Sozialen Arbeit in gesellschafts- und sozialpolitische Bereiche hinein, da ansonsten die Gefahr besteht, dass Geschlechtergerechtigkeit weiter-hin privat ausgehandelt werden muss und so aus der öffentlichen Thematisierung verschwindet (vgl. Bitzan 1996; Böhnisch/Schröer/Thiersch 2005, 255-257). Sinnvoll erscheint daneben zum zweiten eine Aufnahme und Verknüpfung der Lebensweltorientierung mit der Care-Debatte, da durch eine solche Verknüpfung deutlicher werden könnte, welche Chancen in einer systematischen Anerkennung von Fürsorglichkeit und Sorgetätigkeit liegen. Anliegen einer Care-Ethik ist auf der gesellschaftlichen Ebene die Sichtbarmachung des Verhältnisses von priva-ten Sorgetätigkeiten und öffentlichen Dienstleistungen sowie des Zusammen-hangs zwischen Sorgetätigkeiten und Bürgerrechten (vgl. Brückner 2003, 162), v.a. aber die „Gleichbehandlung von Erwerbs- und Sorgetätigkeit" (a.a.O., 169). Auf ihrer ethischen Ebene stehen gleichzeitig die Anerkennung von Sorgetätig-keiten als gesellschaftliche Aufgabe und der Respekt vor einer Fürsorgerationali-tät, die ihren Schwerpunkt auf die interaktive-beziehungsorientierte Seite des Sorgeprozesses legt, im Vordergrund.

4. Lebensweltorientierung und die „Gestaltung des Sozialen": eine kritische Lesart des aktivierenden Sozialstaats?

Die gegenwärtige Transformation des Sozialstaats in einen Gewährleistungsstaat und die damit einhergehende Ideologisierung der sozialpolitischen Aktivierung bleibt nicht ohne Auswirkungen auf die Profession wie auch die Disziplin der Sozialen Arbeit. Die, mit Schlagworten wie „fordern statt fördern", „Eigenver-antwortung", „Eigeninitiative", sozialpolitisch angestrebte Aktivierung der Bür-ger und Bürgerinnen trifft auf einen sozialpädagogischen Theorie- und Praxis-diskurs, der mit Zieldimensionen wie „Hilfe zur Selbsthilfe", Selbstbildung bzw. Selbstbefähigung scheinbar das gleiche anstrebt – sich darin aber dennoch fun-damental unterscheidet, wie im Folgenden vor dem Hintergrund der Lebenswelt-orientierung kursorisch dargestellt wird. Gleichermaßen anschlussfähig wie kri-tisch zu lesen gegenüber den politisch ins Spiel gebrachten Aktivierungsstrate-gien sind Thierschs Überlegungen zur „Gestaltung des Sozialen" (vgl. Thiersch 2001b, 230–232; 2002a, 48–50; Grunwald/Thiersch 2001).

Lebensweltorientierte Soziale Arbeit, so eine zentrale Grundprämisse, ist nur möglich, wenn sie im gesellschaftlichen Zusammenhang und bezogen auf die „heutige soziale Kultur" (Thiersch 2001b, 231) bestimmt wird. Anders formuliert, die Lebensweltorientierung beharrt darauf, die Soziale Arbeit nicht isoliert zu betrachten, sondern sie in ihrem Zusammenhang zu sehen mit anderen Formen sozialer Unterstützung (z.b. Nachbarschaften, Vereinen, bürgerschaftlich engagierten Gruppen) (vgl. Thiersch 2001b, 231). Gelesen als bürgergesellschaftliche bzw. gemeinschaftsorientierte Variante der Aktivierung (vgl. Maaser 2006, 40) könnte hier die Vermutung aufkommen, dass die geforderte Aktivierung bürgerschaftlicher Assoziationen mit dazu beitragen soll sozialstaatliches Engagement zurückzunehmen und in die Selbstverantwortung der Einzelnen zu legen. Dem aber ist nicht so, wichtig ist der Lebensweltorientierung die Betonung *einer* Kultur des Sozialen. Gemeint ist hier das Zusammenspiel von professionellen und im weitesten Sinn bürgerschaftlichen Hilfeformen – und eben nicht der Ersatz professioneller Sozialer Arbeit durch bürgergesellschaftliches Engagement (vgl. Thiersch 2001b, 231). Selbsthilfe und bürgerschaftliches Engagement werden dabei als *ein* wichtiges Instrument gegen das gesellschaftlich strukturelle Moment von Individualisierung und Isolierung verstanden; sie verweisen aber auch auf die Gewährleistung einer sozialpolitischen Sicherung und Reflexivität. Sie sind so gesehen sinnvoll, um Selbstzuständigkeit und Sinn zu erfahren. Zudem wird es, aufgrund der institutionell bedingten Unzulänglichkeit der Sozialen Arbeit für die einzelnen AdressatInnen immer unverzichtbarer, Probleme selbstverantwortlich anzugehen und zu bewältigen. Soziale Arbeit verändert ihre Gestalt, sie lässt sich definieren als „Organisator und Mediator in neuen Fragen von bürgerschaftlichem Engagement und Selbsthilfe" (Thiersch 2001b, 232).

Die Figur der „Kultur des Sozialen" zielt – lebensweltorientiert gelesen – auf eine Gestaltung gerechter Lebensverhältnisse in einer sich zunehmend spaltenden Gesellschaft. Eine radikal verstandene lebensweltorientierte Soziale Arbeit entwickelt „gerechte und belastbare Verhältnisse und angstfreie und stabile Kompetenzen der Lebensbewältigung. Sie agiert, kooperierend und koalierend im Geflecht mit anderen Institutionen und Politiken, in den Möglichkeiten der demokratischen Bürgergesellschaft. Sie agiert so als Glied einer Kultur des Sozialen, die [...] ihr Profil im Ineinandergreifen lebensweltlicher und professioneller Ressourcen hat" (Thiersch 2002b, 50).

Vor diesem Hintergrund und aufgrund der gesellschaftlichen Bedingtheit von Bewältigungsproblemen erweitert sich das Selbstverständnis und die Aufgaben der Sozialen Arbeit: wichtig wird die Einmischung in diejenigen Politikbereiche, die die Lebenswelt(-en) prägen (vgl. Thiersch 2002a, 35). Unter dieser Fokussierung präsentiert sich die Soziale Arbeit weniger als traditionelle Hilfe

und Unterstützung, sondern vielmehr als „Politik des Sozialen, als Life Politics" (a.a.O., 36, vgl. Thiersch 1998).[2]
  Für die Soziale Arbeit sind in diesem Kontext v. a. die in die bürgergesellschaftlichen Überlegungen eingelagerten sozialstaatskritischen Aspekte zentral. Sie versteht den Sozialstaat als historisch notwendig gewordene Antwort der sozialen Einbettung des Industriekapitalismus. Vor dem Hintergrund der gesellschaftlichen Entgrenzungstendenzen stellt sich gegenwärtig die Frage, wie Mensch und Ökonomie wieder in ein politisch regulierbares Verhältnis gebracht werden können (vgl. Böhnisch/Schröer/Thiersch 2005, 226). Dabei sind gerade die Adressaten und Adressatinnen der Sozialen Arbeit auch gegenwärtig auf eine sozialpolitisch verortete Hintergrundsicherheit angewiesen, überfällig scheint eine „Verknüpfung von Bürgergesellschaft und Sozialpolitik" (a.a.O., 227). Diese Überlegung insistiert auf die fundamentale Bedeutung von Bürgerrechten, v.a. aber die Unabdingbarkeit einer sozialpolitischen Rückendeckung der Sozialen Arbeit.
  Trotz der faktisch schwindenden Spielräume des Sozialstaates und einer veränderten Arbeitsteilung zwischen Staat, Gesellschaft und Individuum, in der der Staat seine aktive Rolle eines wohlfahrtsstaatlichen Akteurs zurücknimmt und er statt dessen eine stärkere Steuerung im Kontext seiner Rahmen- und Gewährleistungsverantwortung übernimmt (vgl. Maaser 2006, 43), entstehen Räume für neue Zugänge, Initiativen und lebensweltlich rückgebundene sozialpädagogische Bildungs- und Lernprozesse. Hierfür Zugangs- wie auch Befähigungsgerechtigkeit zu schaffen ist eine zentrale Zielsetzung einer lebensweltorientierten Sozialen Arbeit.

5. Das kritische Potential der Lebensweltorientierung

Insgesamt betrachtet, vereint die Lebensweltorientierung mit ihren theoretischen Analysen und Entwürfen für eine sozialpädagogische Praxis sowohl hermeneutisch-pragmatische als auch kritische Traditionen. Der Zugang der Lebensweltorientierung liest sich insofern als eine empirisch gewendete und sozialwissenschaftlich angereicherte hermeneutisch-pragmatische Pädagogik. Die Lebensweltorientierung zeichnet sich zudem aus durch eine immer auch kritischemanzipative Bewegung sowie ein normativ bzw. moralisch aufgeladenes Insistieren auf ein Verständnis von Sozialer Arbeit als Repräsentation von sozialer Gerechtigkeit (vgl. Grunwald/Thiersch 2001; Thiersch/Grunwald/Köngeter

---

[2] Mit dem Begriff der „life politic" schließt Thiersch an eine Grundfigur Anthony Giddens an, transformiert diese aber in den Kontext der Sozialen Arbeit; vgl. hierzu Giddens 1995, 1997.

2002). Daraus folgt auch, dass eine lebensweltorientierte Soziale Arbeit nicht wertfrei agiert, sondern sich am „Postulat der Parteilichkeit" orientiert (Thiersch 2001a, 1253). Bezogen auf Theorie- und Praxisüberlegungen ist darüber hinaus eine weitere Grundfiguration zentral. Soziale Arbeit, so Thiersch, erweitert sich in der modernen Gesellschaft zu folgender „Doppelgestalt": der Hilfe in besonderen Belastungen und Schwierigkeiten und der unterstützenden Begleitung in der Normalität von Lebensbewältigungsaufgaben (vgl. Thiersch 1995a, 1996b, 2002a).

Im Blick auf die „Erfolgsgeschichte" der Lebensweltorientierung, wie sie sich für das Feld der Jugendhilfe bzw. auch für weitere Handlungsfelder der Sozialen Arbeit darstellt, kann resümiert werden, dass sich das Konzept der Alltags- und Lebensweltorientierung im Verlauf der letzten Jahrzehnte einerseits durchgesetzt und konsolidiert hat. Andererseits aber war es von Anfang an, aufgrund seines Interesses an Praxisfragen, immer wieder umstritten (vgl. u.a. Thiersch 1999, 30; Kessl 2003; Reyer 2001, 2002; Winkler 1986, 2003). Die Leistung der Alltags- und Lebensweltorientierung zeigt sich dabei in der kontinuierlichen Verschränkung von sozialstruktureller Reflexivität und der (Selbst-)Bildungsbewegung von Individuen, die es ermöglicht, die Soziale Arbeit einerseits sozialwissenschaftlich aufzuklären und andererseits ihren pädagogisch-bildungstheoretischen Kern zu bewahren.[3] In diesen Überlegungen zeigt sich die unauflösbar miteinander verknüpfte Stärke und Schwäche der Lebensweltorientierung. Ihr Zugang ist zunächst sehr offen und allgemein formuliert: Alltag betrifft jeden Menschen. Von daher ist das Konzept zunächst nicht festgelegt auf den Gegenstandsbereich der Sozialen Arbeit, es bedarf einer weiteren Konkretisierung über Arbeitsfelder bzw. über rechtliche und/oder institutionelle Vorgaben, wie auch Thiersch wiederholt einfordert (vgl. Thiersch 1992). So gelesen ist das Konzept ein „'vorpädagogisches', [...] ein philosophisches oder auch politisches Konzept. Es bietet einen allgemeinen Wahrnehmungs- und Deutungsrahmen, es lenkt die Aufmerksamkeit" (Liebau 1996: 122), und darin liegt gerade auch die hohe Anschlussfähigkeit des Konzepts. Gleichzeitig aber bedarf es, „um pädagogisch fruchtbar zu werden, in jedem Fall der Konkretisierung" (a.a.O.).

Die breite Rezeption der Lebensweltorientierung in der Praxis birgt die Gefahr einer Überbetonung der deskriptiv-verstehenden Sicht auf lebensweltliche Verhältnisse und Subjekte einerseits und die Vernachlässigung einer immer auch mit zu denkenden Pseudokonkretheit dieser Verhältnisse und der Erwartungen in

---

[3] Für die im Alltag immer auch enthaltene Bildungskomponente vgl. auch Liebau 1996, der darauf hinweist, dass für Selbstaufklärung, Bildung und Alltagsbewältigung sowohl „Zugänge zum Geist" als auch „Zugänge zu einem gelingende(re)n Alltag" notwendig sind (a.a.O., 125; bzw. vgl. hierzu Böhnisch/Schröer 2000).

Bezug auf einen gelingenderen Alltag andererseits. Weitergehend formuliert, die Vernachlässigung des kritisch-normativen Anspruches beinhaltet die Gefahr der Vernachlässigung des, in die Lebensweltorientierung immanent eingelagerten, kritisch-bildungstheoretischen Potentials.

Des Weiteren stellt sich die Frage, wie es möglich ist, die in die Lebensweltorientierung eingelagerte Doppelstruktur von pädagogischer und sozialpolitischer Reflexivität, die eng an die Entwicklung der industriekapitalistischen Moderne und die Arbeitsgesellschaft geknüpft war im digitalen – und damit entgrenzten Spätkapitalismus – und den gleichzeitig prekärer werdenden Bewältigungs- und Integrationsaufgaben einzulösen (vgl. Böhnisch/Schröer/Thiersch 2005). Daran anschließend ergeben sich – und dies gilt insbesondere im Kontext der Frage nach einer „aktivierenden Sozialpädagogik" – einige anschließende Fragen. Ist nicht die Suggestion, dass sich Menschen selbst helfen können, eine mögliche „Falle" der Lebensweltorientierung? Birgt nicht die Forcierung der Sozialraumorientierung, verstanden als eine Konkretisierung der Struktur- und Handlungsmaxime der Regionalisierung und Dezentralisierung, die Gefahr, dass unter dem Label Bürgerengagement Selbsthilfe und Selbstzuständigkeit sozialpolitisch gestärkt werden, um so die politisch vorangetriebene Dethematisierung sozialer Probleme und den Abbau sozialstaatlicher Leistungen und Notwendigkeiten zu legitimieren? Besteht nicht die Gefahr der weiteren Privatisierung lebensweltlicher Bewältigungsprobleme und der lokalen Verschiebung primär strukturell bzw. politisch zu verantwortender sozialer Probleme (vgl. Böhnisch/Schröer/Thiersch 2005, 262)? Diese Fragen weisen noch einmal darauf hin, dass in einer „verkürzten" Rezeption der Lebensweltorientierung die Möglichkeit einer politischen Verkehrung und Instrumentalisierung ihrer eigentlich gerade sozialstaatlich kritischen Intentionen liegt.

Insgesamt betrachtet konturiert sich die Lebensweltorientierung als ein primär reflexives Paradigma, dessen Realisierung den im Feld der Sozialen Arbeit Tätigen ein hohes Maß an professioneller Reflexion und Selbstreflexion abfordert. Maßstab der sozialarbeiterischen und pädagogischen Reflexion ist dabei die Frage nach einer gelingenderen Alltagspraxis, nach unerkannten Hoffnungen und Wünschen. Die Spannung zwischen dem Gegebenen und dem Möglichen ist dabei eine bildungstheoretische Aufgabe, die den Subjekten selbst zugemutet wird und durch die Differenz des gelingenderen Alltags gefasst wird (vgl. Böhnisch/Schröer 2000, 29). Zentrales Anliegen einer lebensweltorientierten Sozialen Arbeit ist die Verknüpfung der Zugangsgerechtigkeit mit der Frage nach „lebensweltlichen Bewältigungshilfen und einer Politik der Bewältigung" (a.a.O., 258). Ein solches Unterfangen ist aber angesichts der öffentlichen Infragestellung des Sozialstaatsprinzips und der zunehmenden ökonomischen Durchdringung der sozialen Dienstleistungen nur dann möglich, wenn es gelingt soziale Gerechtigkeit und Lebensbewältigung sowohl rechtlich als auch institutionell abzusichern und so weiterhin die notwendige Hintergrundsicherheit sozialer Gerechtigkeit aufrechtzuerhalten (vgl. a.a.O., 260).

Angesichts des Erfolgs und der breiten Durchsetzung der Lebensweltorientierung in der Praxis ist abschließend noch einmal an das kritische Potential des Konzepts zu erinnern (vgl. Thiersch 2002a): Einer lebensweltorientierten Sozialen Arbeit geht es nicht um eine Festschreibung des Gegebenen, sondern um Aufklärung und eine verändernde Praxis. Sie beinhaltet insofern immer auch ein emanzipatives, bildungsinteressiertes Moment und zielt auf eine Überschreitung von sowohl biographischen als auch gesellschaftlichen Perspektiven.

Literatur

Beck, U. (1986): Risikogesellschaft. Auf dem Weg in eine andere Moderne, Frankfurt/M.

Beck, U./Giddens, A./Lash, S. (1996): Reflexive Modernisierung. Eine Kontroverse, Frankfurt/M.

Bitzan, M. (1996): Geschlechterhierarchie als kollektiver Realitätsverlust – zum Verhältnis von Alltagstheorie und Feminismus, in: Grunwald, K. u.a. (Hg.): Alltag, Nicht-Alltägliches, und die Lebenswelt. Beiträge zur lebensweltorientierten Sozialpädagogik, Weinheim, S. 29–37.

Bitzan, M. (2000): Konflikt und Eigensinn: Die Lebensweltorientierung repolitisieren, in: neue praxis 30. Jg., S. 335–346.

Böhnisch, L./Schröer, W. (2000): Zur (Wieder-)Entdeckung der Gestaltbarkeit des Alltags, in: Technische Universität Dresden (Hg.). a.a.O., S. 23–39.

Böhnisch, L./Schröer, W./Thiersch, H. (2005): Sozialpädagogisches Denken. Wege zu einer Neubestimmung, Weinheim.

Brückner, M. (2003): Care. Der gesellschaftliche Umgang mit zwischenmenschlicher Abhängigkeit und Sorgetätigkeiten, in: neue praxis 33. Jg., S. 162–171.

Bundesministerium für Jugend, Familie, Frauen und Gesundheit (BMJFFG) (Hg.) (1990): Achter Jugendbericht. Bericht über Bestrebungen und Leistungen der Jugendhilfe, Bonn.

Füssenhäuser, C. (2000): Rekonstruktionsversuche zum Alltagskonzept von Hans Thiersch: ein Rückblick auf 20 Jahre Alltagstheorie, in: Technische Universität Dresden (Hg.). a.a.O., S. 9–21.

Füssenhäuser, C. (2005): Werkgeschichte(n) der Sozialpädagogik: Klaus Mollenhauer – Hans Thiersch – Hans-Uwe Otto. Der Beitrag der ersten Generation nach 1945 zur Entwicklung der universitären Sozialpädagogik, Baltmannsweiler.

Füssenhäuser, C./Thiersch, H. (2001): Theorien Sozialer Arbeit, in: Otto, H.-U./Thiersch, H. (Hg.). a.a.O., S. 1876–1900.

Giddens, A. (1995): Konsequenzen der Moderne, Frankfurt/M.

Giddens, A. (1997): Jenseits von links und rechts. Die Zukunft radikaler Demokratie, Frankfurt/M.

Grunwald, K. u.a. (Hg.) (1996): Alltag, Nichtalltägliches, und die Lebenswelt. Beiträge zur lebensweltorientierten Sozialpädagogik, Weinheim/München.

Grunwald, K./Thiersch, H. (2001): Lebensweltorientierung, in: Otto, H.-U./Thiersch, H. (Hg.). a.a.O., S. 1136–1148.

Grunwald, K./Thiersch, H. (Hg.) (2004): Praxis lebensweltorientierter Sozialer Praxis, Weinheim.

Kessl, F. (2003): Buchbesprechung zu Thiersch, Hans: Positionsbestimmungen der Sozialen Arbeit, in: Zeitschrift für Sozialpädagogik, 1. Jg. Heft 1, S. 101–105.

Kessl, F./Otto, H.-U. (2002): Aktivierende Soziale Arbeit. Anmerkungen zu neosozialen Programmierungen Sozialer Arbeit, in: neue praxis, 31. Jg., S. 444–457.

Kosik, K. (1976): Dialektik des Konkreten, Frankfurt/M.

Lempp, R. (1996): Alltag und Psychiatrie, in: Grunwald, K. u.a. (Hg.). a.a.O., S. 51–58.

Lenzen, D. (Hg.) (1980): Pädagogik und Alltag. Methoden und Ergebnisse alltagsorientierter Forschung, Stuttgart.

Liebau, E. (1996): Alltag und Kreativität, in: Grunwald, K. u.a. (Hg.). a.a.O., S. 122–126.

Maaser, W. (2006): Aktivierungsdiskurs der Verantwortung, in: neue praxis, 36. Jg., S. 37–52.

Müller, B. (1987): Sozialpädagogische Ethik, in: Rauschenbach, T./Thiersch, H. (Hg.): Die herausgeforderte Moral. Lebensbewältigung in Erziehung und sozialer Arbeit, Bielefeld, S. 35–58.

neue praxis, Heft 3, 25. Jg. 1995: Hans Thiersch zum 60. Geburtstag.

Niemeyer, C. (1998): Klassiker der Sozialpädagogik, Weinheim/München.

Otto, H.-U./Thiersch, H. (Hg.) (^{2}2001): Handbuch Sozialarbeit/Sozialpädagogik, Neuwied.

Reyer, J. (2001): Der Theorieverlust der Sozialpädagogik, in: Zeitschrift für Pädagogik, 47. Jg., Heft 4, S. 641–660.

Reyer, J. (2002): Kleine Geschichte der Sozialpädagogik: Individuum und Gemeinschaft in der Pädagogik der Moderne, Baltmannsweiler.

Technische Universität Dresden. Institut für Sozialpädagogik (Hg.) (2000): „Morgen ist auch noch ein Tag...'' – Kritische Re(Konstruktion) einer Alltagstheorie und die Zukunft des Sozialen. Hans Thiersch zum 65. Geburtstag, Dresden.

Thiersch, H. (1978a): Alltagshandeln und Sozialpädagogik, in: neue praxis, 8. Jg., S. 6–25.

Thiersch, H. (1978b): Die hermeneutisch-pragmatische Tradition der Erziehungswissenschaft, in: Thiersch, H./Ruprecht, H./Herrmann, U.: Die Entwicklung der Erziehungswissenschaft, München, S. 11–108.

Thiersch, H. (1986): Die Erfahrung der Wirklichkeit. Perspektiven einer alltagsorientierten Sozialpädagogik, Weinheim/München.

Thiersch, H. (1992): Lebensweltorientierte Soziale Arbeit. Aufgaben der Praxis im sozialen Wandel, Weinheim/München.

Thiersch, H. (1993): Strukturierte Offenheit. Zur Methodenfrage einer lebensweltorientierten Sozialen Arbeit, in: Rauschenbach, T./Ortmann, F./Karsten, M.-E. (Hg.): Der sozialpädagogische Blick. Lebensweltorientierte Methoden in der Sozialen Arbeit, Weinheim/München, S. 11–28.

Thiersch, H. (1995a): Lebenswelt und Moral, Weinheim/München 1995.

Thiersch, H. (1995b): Moral, Gesellschaft, Sozialpolitik – Überlegungen zu einer moralisch inspirierten Kasuistik, in: Thiersch, S. 11–24.

Thiersch, H. (⁴1996): Theorie der Sozialarbeit/Sozialpädagogik, in: Kreft, D./Mielenz, I. (Hg.): Wörterbuch Soziale Arbeit, Weinheim, S. 618–623.

Thiersch, H. (1997): Armut und Gerechtigkeit, in: Müller, S./Otto, U. (Hg.): Armut im Sozialstaat. Gesellschaftliche Analysen und sozialpädagogische Konsequenzen, Darmstadt, S. 265–280.

Thiersch, H. (1998): Notizen zum Zusammenhang von Lebenswelt, Flexibilität und flexiblen Hilfen, in: Peters, F./Trede, W./Winkler, M. (Hg.): Integrierte Erziehungshilfen – Was ist dran an den Hilfen aus einer Hand? Frankfurt/M., S. 24–36.

Thiersch, H. (1999): Stürmischer Aufbruch und allmähliche Profilierung, in: Homfeldt, H.-G./Schulze-Krüdener, J. (Hg.): Wissen und Nichtwissen. Herausforderungen für die Soziale Arbeit in der Wissensgesellschaft, Weinheim/München, S. 22–31.

Thiersch, H. (²2001a): Moral und Soziale Arbeit, in: Otto, H.-U./Thiersch, H. (Hg.). a.a.O., S. 1245–1258.

Thiersch, H. (2001b): Erziehungshilfen und Lebensweltorientierung – Bemerkungen zu Bilanz und Perspektiven, in: Birtsch, V./Münstermann, K./Trede, W. (Hg.): Handbuch Erziehungshilfen. Leitfaden für Ausbildung, Praxis und Forschung. Münster, S. 213–233.

Thiersch, H. (2002a): Positionsbestimmungen der Sozialen Arbeit. Gesellschaftspolitik, Theorie und Ausbildung, Weinheim/München.

Thiersch, H. (2002b): Strukturierte Offenheit. Zur Methodenfrage einer lebensweltorientierten Sozialen Arbeit, in: Thiersch, H.. a.a.O., S. 203–220.

Thiersch, H. (2003): 25 Jahre alltagsorientierte Soziale Arbeit – Erinnerung und Aufgabe, in: Zeitschrift für Sozialpädagogik, 1. Jg., S. 114–130.

Thiersch, H. (⁵2005): Theorie der Sozialarbeit/Sozialpädagogik, in: Kreft, D./Mielenz, I. (Hg.): Wörterbuch Soziale Arbeit, Weinheim, S. 965–969.

Thiersch, H./Grunwald, K./Köngeter, S. (2002): Lebensweltorientierte Soziale Arbeit, in: Thole, W. (Hg.): Grundriss Soziale Arbeit, Opladen, S. 161–178.

Winkler, M. (1986): Einzelbesprechung zu Hans Thiersch: Die Erfahrung der Wirklichkeit, in: Sozialwissenschaftliche Literaturrundschau, 9. Jg., Heft 13, S. 67–70.

Prävention. Unintendierte Nebenfolgen guter Absichten

Bernd Dollinger

1. Das Kind vor dem Brunnen

Hat man ein Übel ausgemacht, so ist es offensichtlich umso besser, je früher man etwas dagegen unternimmt. Wer sollte etwas gegen Prävention haben, da glaubhaft versichert wird, man könne mit Prävention effektiv gegen Probleme vorgehen und dabei die Nebenfolgen einer nur reaktiven Interventionsstrategie vermeiden? Man sollte etwas tun, bevor das Kind in den Brunnen gefallen ist.

Bleibt man bei dem Beispiel, so wird die Vielschichtigkeit und Eigenlogik von Prävention sichtbar. Was ist zu tun? Damit ein Kind nicht in den Brunnen fällt – und damit höchstens noch Therapie oder tertiäre Prävention möglich wären –, kann es ratsam sein, den Brunnen auf eine Weise zu sichern, die Risiken des Wasserschöpfens oder des Spielens in Brunnennähe minimiert (*Verhältnis- bzw. strukturelle Prävention*), etwa durch einen Sicherheitszaun, der nur von autorisierten Personen passiert werden kann, und durch entsprechende gesetzliche Richtlinien. Eine Bewachung oder ein Verschluss von Zäunen garantieren, dass nur ‚berechtigte‘, risikokompetente Personen Zugang erhalten. Allerdings ist dies teuer und das Wasserschöpfen wird für die Allgemeinheit komplizierter. Eine andere Strategie könnte deshalb darin liegen, nicht bei den Rahmenbedingungen des Schöpfens anzusetzen, sondern bei dem Kind (*Verhaltens- bzw. personale Prävention*): Es über die Gefährlichkeit des Brunnens aufzuklären könnte helfen, einen sorgsamen und vorsichtigen Umgang mit ihm herbeizuführen. Da Appelle an die Vernunft des Einzelnen und zumal bei einem Kind allerdings nicht unbedingt Erfolg versprechen, wäre eine erweiterte, ‚ganzheitliche‘ Strategie zu verfolgen. Nicht nur die kognitiven Fähigkeiten des Kindes, sondern auch seine emotionalen, sozialen, moralischen und motivationalen Persönlichkeitsbereiche wären in den Blick zu nehmen. Ein sozialer Trainingskurs, Peer-Education, Lebenskompetenzprogramme und die Vermittlung eines hohen, stabilen Selbstwertgefühls als Fähigkeit, zu riskantem Wasserschöpfen und zu riskantem Spielen in Brunnennähe „Nein" sagen zu können u.a.m., könnten berechtigterweise eine Problemreduktion für sich beanspruchen. Allerdings steigt mit diesen Strategien der Aufwand beträchtlich. Jedem Kind entsprechende Maßnahmen zugute kommen zu lassen (*primäre Prävention*), würde umfassende Mittel in Anspruch nehmen, so dass es nötig wird, die ökonomischen Grundlagen dieser Prävention in den Blick zu nehmen, ihre Effizienz zu kalkulieren und die Qualität der Maßnahmen im Einzelnen zu problematisieren. Dabei würde sich zeigen, dass nicht alle Kinder im gleichen Maße gefährdet sind, sondern divergente Risikowahrscheinlichkeiten bestehen („Vulnerabilität"); manche neigen mehr, andere weniger zum riskanten Schöpf- und Spielverhalten. Es wäre aus ökonomischen und pädagogischen Gründen sinnvoll, mit den Risikokindern besondere Maßnahmen zu unternehmen (*sekundäre Prävention*), um gezielt auf ihre Entwicklung Einfluss zu nehmen und die Hintergründe ihres Problemverhaltens aufzudecken. Statistische Zusammenhänge wären nötig, um differentielle Gefährdungsstufen zu objektivieren und je nach Grad der Gefährdung Interventionen einzuleiten, denn eventuell ist riskantes Brunnenspiel ein Symptom einer nicht verarbeiteten elterlichen Scheidung, eines laissez-faire-Erziehungsstils oder anderer Risikomarker. In der Folge könnte vor einer Stigmatisierung dieser Kinder durch Prävention gewarnt, über die Schicht-, Geschlechts- oder Altersverteilung der Schöpf- und Spielrisiken gestritten und die Effektivität einzelner Maßnahmen unterschiedlich beurteilt werden. Im Zeitverlauf hätten sich aber bereits Interessensgruppen gebildet, die Präventionsprogramme anbieten, sie evaluieren oder auf politischer Ebene ihre Implementation als eigenen Erfolg reklamieren, so dass eine heterogene Präventionslandschaft entstanden wäre, in der – selbst bei wissenschaftlich belegtem Misserfolg – gegen das Brunnenproblem vorgegangen wird.

2. Voraussetzungen und Probleme aus sozialpädagogischer Sicht

Das erweiterungsfähige Beispiel verdeutlicht die Eigenlogik, die eine konsequent realisierte Präventionsorientierung gewinnt, da sie interessensspezifisch verarbeitet wird, im Rahmen kultureller Normen- und Wertkomplexe eingelöst wird und einzelne (Standes- und Status-)Gruppen zur Aktivität mobilisiert. Ersetzt man den Bezug auf Brunnen durch Jugendgewalt oder Drogenkonsum, so wird der Realitätsgehalt der Darstellung sichtbar. Prävention ist längst in Institutions-, Interessens- und Berufsstrukturen involviert, während die positive Konnotation weitgehend unberührt vom Präventionsalltag fortlebt.

Die meist positive Haltung Prävention gegenüber verdankt sich der Annahme, es sei sinnvoll, möglichst früh gegen ein Problem zu intervenieren. Damit werden implizit wichtige Voraussetzungen kommuniziert, die zu reflektieren sind. Zunächst ist Prävention als eine Form von Intervention zu kennzeichnen. „Soziale Interventionen" sind nach Kaufmann (1999, 924) ein „analytisches Grundkonzept zur sozialwissenschaftlichen Rekonstruktion intentionaler Eingriffe in soziale Zusammenhänge". Der Begriff „Prävention" nimmt eine Spezifizierung dieser Eingriffe in temporärer Hinsicht vor: Interventionen erfolgen nicht zeitgleich mit Auftreten eines Problems als aktuale Problembearbeitung bzw. „Risikobegleitung" (Franzkowiak 1999) und nicht reaktiv nach Auftreten eines Problems als Postvention. Prävention erfolgt, wenn ein Problem noch nicht oder noch nicht im erwartbaren Umfang aufgetreten ist. Daraus ergeben sich mehrere Besonderheiten: So ist Prävention schwer mess- und evaluierbar, da im Idealfall etwas nicht auftritt. Der Prävenierende muss glaubhaft machen, dass ohne sein Handeln ein Unglück aufgetreten wäre oder dessen nicht zu verhinderndes Auftreten ein negativeres Ausmaß angenommen hätte. Für sozialpädagogisches Handeln sind damit zwei wesentliche Aspekte verbunden, die grundlegend auf die Konstitution der Ordnung moderner Gesellschaften rückverweisen, eine moralische und eine rationalistische Dimensionen präventiver Handlungslogiken:

a. *Die Moral der Prävention:* Da ein Problem noch nicht aufgetreten ist, muss vor seinem Auftreten ein Konsens darüber bestehen oder simuliert werden, dass der betreffende soziale Sachverhalt unerwünscht ist. In diesem Sinne aktualisiert Prävention moralische Bindungen und Grenzziehungen, da man sich – so wird zumindest suggeriert – einig ist über die Unerwünschtheit des Phänomens. Dies kann im Einzelfall relativ unstrittig sein, etwa bei drohenden Unfällen von Kindern; im anderen Fall besteht Dissens, etwa ob Drogenkonsum in jedem Fall zu verhindern ist oder, zumindest in einigen Fällen, tolerierbar. Je nach Perspektive erscheinen unterschiedliche Sachverhalte problematisch und zu verhindern, so dass bei der Realisierung präventiver Maßnahmen bestimmte Moralkonzeptionen als höherwertig definiert werden, um aus ihnen Handlungspräskriptionen zu gewinnen. Setzen sich bei der Konstitution sozialer Probleme „moralische Unternehmer" (Becker 1981; s.a. Spector/Kitsuse 1973) durch, so geht Prävention noch einen Schritt weiter: Auf die Problematisierung und die ihr immanente Verbindlichmachung moralischer Vorschriften aufbauend werden Normierungen eingelöst, mit denen Menschen konfrontiert werden, obwohl sie ein Fehlverhalten noch nicht gezeigt haben. Aus demokratisch-rechtsstaatlicher Perspektive ist diese moralische Diskreditierung problematisch, da die Betreffenden sich gegen diese Zuschreibungen kaum wehren können: Ihnen wird attestiert, sie würden sich deviant verhalten, wenn sie nicht an Präventionsmaßnahmen teilhaben würden. Dies bedeutet ein tendenzielle Entmündigung: Partikulare und begründungspflichtige moralische Präskriptionen werden zur Richtschnur künftigen – und damit nicht zweifelsfrei prognostizierbaren (zur Problematik von Karriereprognosen im Devianzbereich vgl. Albrecht 1993; Erster Periodischer Sicherheitsbericht 2001, 482; Heinz 2003, 80f) – Verhaltens. Diese Problematik wird noch dadurch verschärft, dass Präventionsstrategien in ihrer zunehmend ‚ganzheitlichen' und ‚lebensweltorientierten' Ausrichtung aus der Sicht des Einzelnen alternativloser werden, wenn sie tiefer in die Privatsphäre und Persönlichkeit eindringen und die Gefahr eines „kontrollierten Alltags" (Müller 1995) mit sich führen.

Da Prävention als Form sozialer Intervention stets normorientiert ist und soziale Kontrolle realisiert, bedarf sie einer besonderen ethischen Rechtfertigung. Es kann sinnhaft sein, etwa Karies oder das Fallen in den Brunnen zu verhindern – aber es ist stets zu bedenken, dass trotz bester Absicht nicht-intendierte Handlungsfolgen möglich sind, und so befördert, „wer dem einen Übel vorbeugt, (…) häufig ein anderes, und der Imperativ der Leidensfreiheit entpuppt sich nicht selten als ein Freibrief für Mitleidslosigkeit" (Bröckling 2004, 2111). Diese ethische Problematik, die durch die Komplexität moderner Lebensverhältnisse verschärft wird, wird in der Präventionspraxis und -programmatik meist außer acht gelassen wird. Der nötige Vertrauensvorschuss, dass Prävention dem (extern definierten) Besten des Betreffenden dient, wird in der Regel implizit vorausgesetzt. Problematisch ist hieran neben der faktischen Konflikthaftigkeit der normativen Orientierungen, die jeder Prävention zugrunde liegen, und der einzukalkulierenden Präventionsnebenfolgen die strukturkonservative Tendenz von Prävention: Normen werden als verbindliche Handlungsmaximen definiert und das sie fundierende Moralsystem reproduziert. Prävention steht deshalb in latentem Dauerkonflikt mit der Tatsache sozialen Wandels. Bereits Durkheim (1984, 155ff) insistierte darauf, dass abweichendes Verhalten weder verhindert werden kann noch, aus gesellschaftlicher Sicht, nur negativ zu werten sei, da es z.B. als Innovationsmotor fungiere und künftige Normen anzeige. Prävention wäre, selbst wenn sie erfolgreich sein könnte, aus dieser Perspektive sozial dysfunktional, da sie eine Modernisierung moralischer Integrationsformen verhinderte. Sie sucht das Bestehende in seinen moralischen Grundstrukturen in die Zukunft zu verlängern und verliert damit den Blick für die Unplanbarkeit sozialen Lebens.

Zudem ist zweifelhaft, ob Prävention für das Individuum sinnhaft ist. So ist es für Jugendliche ein Bestandteil der Konstitution von Identität, (vorübergehend) von Normen abzuweichen und deren Gültigkeit durch ihre Überschreitung und die ‚Testung' normativer Toleranzgrenzen zu evaluieren. Angesichts der Ubiquität jugendlicher Normabweichungen – „irgendwelche Delikte kommen bei fast jedem in der Jugend vor" (Kreuzer 1993, 185; s.a. Heinz 2003) – ist dies für die überwältigende Mehrheit Jugendlicher zu bedenken; ihnen durch präventive Kontrolle die Option der (Bagatell-)Devianz vorzuenthalten, würde ihnen Möglichkeiten der Entwicklung einer selbstverantwortlichen, autonomen Handlungspraxis nehmen (vgl. Sturzenhecker 2000). Da es weder möglich noch wünschenswert ist, abweichendes Verhalten insgesamt zu verhindern, kann es in der Präventionslogik plausibel sein, nur bestimmte Jugendliche zu selektieren, deren Devianz als besonders riskant und problematisch gewertet wird. Eine entsprechende Selektionsleistung legt eine populäre These von Moffitt (1993) nahe, derzufolge zwischen dauerhaft delinquenten („life-course persistent") und sozial unangepassten Jugendlichen auf der einen, und nur kurzfristig devianten („adolescence-limited") Jugendlichen auf der anderen Seite zu unterscheiden sei. Auf diese Weise wird eine „von früh an geschädigte Minderheit" von der „Mehrheit der Jugendlichen" (Silbereisen 1999, 225) differenziert. Aus empirischer Sicht ist diese Polarisierung nicht haltbar (vgl. Schumann 2003); sie widerspricht zudem der Nicht-Prognostizierbarkeit von Deviankarrieren und impliziert moralische Diskreditierungen.

b. *Der Rationalitätsmythos von Prävention*: Wer Prävention realisiert, strukturiert Zeit und definiert Kausalitäten. Es wird behauptet, ein unerwünschter, zukünftig auftretender Sachverhalt könne durch rational begründete Maßnahmen in der Gegenwart verhindert werden (vgl. Bröckling 2002). Dies entspricht dem Rationalitätsmythos der Moderne; die Geschichte erscheint „als Wachstum und Fortschritt von einer Vergangenheit, die durch Enge, Unwissenheit und Knechtschaft bestimmt war, durch eine Handlungsgegenwart in eine befreite und aufgeklärte Zukunft"; soziales Leben ist „schon in der Geschichte perfektibel" (Giesen 1986, 368). Diese Hoffnung aber wird, wie Giesen (ebd.) warnt, „häufig von der Angst begleitet, daß dieser Prozess in einen katastrophischen Abgrund entgleitet". Durch Prävention scheint ein besseres Leben realisierbar, da man vorgibt, gegebene Zeit durch rationale Maßnahme zur Verbesserung einer (prognostizierten) schlechten Lage nutzen zu können.

Dem steht entgegen, dass bei den wichtigsten sozialen Problemen keine Einigkeit über ihre Ursachen besteht; es gibt weder eine konsensuelle ätiologische Theorie von Drogenkonsum, Armut, Rechtsextremismus, Gewaltausübung, Suizid oder anderem. Gleichwohl wird versucht, diesen Erscheinungen durch Prävention zu begegnen. Die unternommene Lösung verweist auf probabilistische Aussagen: Prävention basiert auf der Konstruktion korrelativer Zusammenhänge, der Mensch wird zum Träger von Risikofaktoren (vgl. Castel 1983). Da Prävention Risikofaktoren zu isolieren sucht und dabei nur mehr oder weniger stringente Zusammenhänge zutage fördert, ist sie nie perfekt und stets auf der Suche nach Verdächtigem: „Wer vorbeugen will, darf sich niemals zurücklehnen" (Bröckling 2004, 212) und dehnt seinen Verdacht immer weiter aus. Probleme können angesichts ungeklärter Kausalitäten und komplexer Lebensbezüge nicht verhindert werden und probabilistische Zusammenhänge identifizieren nur Wahrscheinlichkeiten, keine Determinismen; deshalb muss Prävention ihr Ziel, die Verhinderung von Devianz, verfehlen. Evaluationen präventiver Maßnahmen sind deshalb, v.a. bei langen Follow-Up-Zeiträumen, in aller Regel enttäuschend (vgl. hierzu Quensel 2004). Gleichwohl ist dies bislang kein Argument gegen Prävention. Ebenso wie der Rationalisierungsprozess der Moderne nicht auf einer Steigerung des sicheren Wissen um Lebensbedingungen beruht, sondern auf dem *Glauben* daran, dass dieses Wissen besteht und beschafft werden kann (vgl. Weber 1988, 594), lebt Prävention von der ihr attestierten Rationalität. Angesichts der Alltagsplausibilität von Prävention und ihres Versprechens, Sicherheit zu gewährleisten, scheinen präventive Misserfolge ein Mehr an Prävention zu fordern. Um gegen alle Bedrohungsgefühle und Unsicherheiten den Schein der Handlungsmächtigkeit zu wahren, ist Prävention attraktiv. Sie wird zur „symbolischen Ersatzpolitik" (Lindner 2005, 257), die das Misstrauen, auf dem sie fußt, generalisiert.

Die aus sozialpädagogischer Sicht relevanten Problempunkte sind nahe liegend: Prävention ist einseitig norm- und defizitorientiert sowie hochgradig kontrollfokussiert, sie verdeutlicht eine Fremdbestimmung der Sozialpädagogik durch ihr vorgegebene Normen, sie führt im beschriebenen Sinne zur tendenziellen Entmündigung von Personen, sie generalisiert Misstrauen und gründet auf simplifizierten Kausalkonstruktionen von Devianz (vgl. Herriger 1983; Lindner/Freund 2001; Sturzenhecker 2000). Zudem ist auf die immanente Diskreditierung von Minderheiten hinzuweisen. Erkenntnisleitend für die Realisierung von Präventionsmaßnahmen ist eine Differenzannahme (vgl. O'Neill 2005): Es scheint besondere Anzeichen zu geben, die zukünftige Devianz schon in der Gegenwart von Normalität differenzieren, und so wird der Blick auf das Ungewöhnliche und Unerwünschte gelegt, dem man attestiert, sich kumulativ zu einem (noch größeren) Problem zu entwickeln. Stigmatisierungen sind folglich kein Randbereich präventiver Unternehmungen, die eine ‚positive', ressourcenorientierte Prävention (vgl. Hellerich 1989) ablegen könnte. Sie stehen konstitutiv im Zentrum präventiver Logiken, die zwischen Normalität und Abweichung, Gesundheit und Krankheit, risikoträchtigem und ‚normalem' Lebensstil, Problemgruppen und Mehrheit unterscheiden *müssen*, um einen Ansatzpunkt für ihre probabilistische Eskalationsunterstellung markieren zu können.

3. Aktivierungspolitische Prävention

Der ordnungsstaatlich geprägte Aufbau sozialpolitischer Sicherungssysteme am Ende des 19. und zu Beginn des 20. Jahrhunderts unternahm den Versuch, allgemeine Unwägbarkeiten der (zunächst: Arbeiter-)Lebensführung durch solidarische Sicherungsleistungen abzusichern. Als soziale Risiken waren Krankheiten, Unfälle, Alter und später Arbeitslosigkeit durch die Versicherungsleistungen in ihren negativen Folgen für den Einzelnen abzumildern. Für diesen bedeutet die solidarische Versicherung eine Stütze im Schadensfall. Eine Verhinderung dieses Falles war damit aber nicht intendiert, im Gegenteil setzte Bismarcks Sozialpolitik bewusst „auf nachträgliche Bekämpfung von Schadensfällen" (Schmidt 2005, 24). Präventiver Arbeitsschutz drohte seiner Ansicht nach, die Handlungsfähigkeit der Arbeitgeber zu reduzieren. Unabhängig davon, dass „Bismarcks Arbeitsschutzfeindlichkeit" (Nahnsen 1975, 156) die Expansion des Arbeitsschutzes nicht dauerhaft beschränken konnte, waren die sozialpolitischen Sicherungssysteme nicht präventiv ausgerichtet. Der Einzelne partizipierte in ihnen als Schutz gegen Schadensfolgen und zwar, dem Grundprinzip nach, unabhängig von seiner Risikobelastung. Die von ihm zu entrichtenden Beiträge waren nicht an ihr, sondern am Einkommen orientiert.

Ganz anders gelagert sind versicherungsmathematische Systeme (vgl. Schmidt-Semisch 2000), in denen der Einzelne je nach seiner Risikobelastung unterschiedliche Aufwendungen zu erbringen hat. Wer eine größere Belastung aufweist, muss für seine Absicherung mehr bezahlen, etwa wenn bei der Aufnahme in eine private Krankenversicherung besondere Risiken für spätere teure Gesundheitsschäden vorliegen. Die Basis entsprechender Berechnungen bieten probabilistische Befunde, die über die Wahrscheinlichkeit künftiger Kostenverursachung Auskunft geben und anhand derer der Einzelne taxiert wird (vgl. im Kriminalitätskontext hierzu Feeley/Simon 1994).

Einfallstore dieser Logiken in Modelle der Sozialversicherung lagen insbesondere dort, wo Probleme als individuell verhaltensbedingt gelten und eine entsprechende Pflicht zur eigenverantwortlichen Schonung kollektiver Ressourcen angemahnt werden konnte, etwa bei bestimmten Krankheiten, Unfällen oder manchen Formen der Erwerbslosigkeit (vgl. Schmidt-Semisch 2000, 171; s.a. Kühn 1998). Die aktivierende Sozialpolitik unternimmt eine weitere Aushöhlung des Solidarprinzips, indem Elemente des versicherungsmathematischen Modells an Kernstellen vorrücken. Charakteristisch hierfür sind die Risikoprofilierung

Einzelner und die Aufwertung der individuellen Selbstsorge als Eigen-Prävention. Arbeitslose etwa werden von Arbeitsagenturen in drei Kategorien eingeteilt (vgl. Bothmer 2005, 5): In „Informations- oder Marktkunden", die relativ schnell durch eigene Initiative oder durch die ihnen offerierten Stellen in den Erwerbsarbeitsmarkt integriert werden; daneben in „Beratungskunden", die hierzu der Beratung oder eventuell einer Maßnahme der Fort- oder Weiterbildung bedürfen, und schließlich in „Betreuungskunden", die erhebliche Vermittlungshemmnisse aufweisen und als besonders problembehaftet wahrgenommen werden. Gemäß dem Solidarversicherungsmodell ist es angezeigt, die besonders Hilfsbedürftigen von individualistischen Problemzurechnungen in Schutz zu nehmen und ihnen angesichts einer defizitären Ressourcenausstattung weitgehende Unterstützungen zukommen zu lassen. Die neuere aktivierende Sozialpolitik tendiert im Gegenteil dazu, in diejenigen zu ‚investieren', von denen eine Integration in die Erwerbsarbeit zu erwarten ist, d.h. nicht unbedingt in die besonders Problembelasteten (vgl. Buhr 2005; Dahme/Wohlfahrt 2005). Ursächlich hierfür ist zum einen die spezifische Präventionslogik: Wer in hohem Maße von Problemen affiziert ist, scheint dem „moralischen Imperativ" (Bröckling 2004) der Vorbeugung nicht nachgekommen zu sein. Seine soziale Exklusion wird als eigene Schuld hypostasiert, da er nicht rechtzeitig in seine Bildung, seine Weiterbildung, seine Gesundheit, sein Beziehungsnetzwerk usw. ‚investiert' hat. Zum anderen sollen in einer sozialinvestiven Sozialpolitik knappe Mittel gezielt eingesetzt werden. In Personengruppen zu ‚investieren', die im Konkurrenzkampf im ersten Arbeitsmarkt voraussichtlich keine Chance der Behauptung besitzen, kann als irrational angesehen werden, um im Gegenzug Gruppen mit höherer Erfolgswahrscheinlichkeit zu fördern. Die beiden Strategien greifen dort ineinander, wo den (prospektiv) Ausgeschlossenen als vermeintlich Inaktiven die Schuld zugesprochen wird, nicht für sich selbst gesorgt zu haben. Hätten sie früh ‚rational' gehandelt, wäre ihnen der Ausschluss scheinbar erspart geblieben. *Damit wird das Subjekt sein eigenes Risiko:* Es hat sich als Subjekt zum Objekt einer Gefahrenkalkulationen zu machen und sich selbst als Risikokalkulator hervorzubringen – ein Spiel, dessen Regeln dem Einzelnen vorgegeben sind. Handelt der Betreffende nicht gemäß der in diesem Prozess erwartbaren Investitionsmuster, so scheint es unnötig, extern in ihn zu ‚investieren', da er die entsprechende ‚Eigenverantwortung' nicht geleistet hat. Der Inaktive ist der „Prototyp des Abweichlers in einem aktivierenden Staat" (Lindenberg/Ziegler 2004, 620), und die Erosion des integrativen Solidarmotivs, die Abweichenden in den Kreis der ‚Normalen' zurückzuholen, kann zu Indifferenz oder Repression als favorisierten Interventionsformen führen (vgl. Stehr 2005).

Die ursprünglich gute Absicht von Prävention, von der oben ausgegangen wurde, verkehrt sich damit in ihr Gegenteil: Nicht mehr der Schutz des Einzelnen vor sozial verursachten Problemen, sondern der Schutz der Gesamtheit und ihrer Ressourcen vor dem Einzelnen angesichts sozialer Probleme gerät in den Mittelpunkt. Es besteht deshalb genug Anlass für die Sozialpädagogik, Prävention zu misstrauen und nach ihrer expliziten ethischen Rechtfertigung zu fragen, da Prävention bedeutet, Verhaltensnormierungen als Erwartungshorizonte an die Adressaten zu vermitteln. Es ist von entscheidender Bedeutung zu fragen, wessen Erwartungen dies ursprünglich sind, wem sie tatsächlich dienen und in welchem gesellschaftlichen Klima der Sozialpädagogik die entsprechenden Ziele vorgegeben werden.

Literatur

Albrecht, H.-J. (1993[3]): Kriminelle Karrieren. In: Kaiser, G./Kerner, H.-J./Sack, F./Schellhoss, H. (Hg.): Kleines Kriminologisches Wörterbuch. Heidelberg. S. 301-308.

Becker, H.S. (1981): Außenseiter. Zur Soziologie abweichenden Verhaltens. Frankfurt.

Bothmer, H.v. (2005): Pädagogik im Fallmanagement. Darmstadt.

Buhr, P. (2005): Ausgrenzung, Entgrenzung, Aktivierung: Armut und Armutspolitik in Deutschland. In: Anhorn, R./Bettinger, F. (Hg.): Sozialer Ausschluss und Soziale Arbeit. Wiesbaden. S. 185-202.

Bröckling, U. (2002): Die Macht der Vorbeugung. In: Widersprüche. 22. Jg., S. 39-52.

Bröckling, U. (2004): Prävention. In: Bröckling, U./Krasmann, S./Lemke, T. (Hg.): Glossar der Gegenwart. Frankfurt a.m. S. 210-215.

Castel, R. (1983): Von der Gefährlichkeit zum Risiko. In: Wambach, M.M. (Hg.): Der Mensch als Risiko. Frankfurt. S. 51-74.

Dahme, H-J./Wohlfahrt, N. (2005): Sozialinvestitionen. Zur Selektivität der neuen Sozialpolitik und den Folgen für die Soziale Arbeit. In: Dahme, H.-J./Wohlfahrt, N. (Hg.): Aktivierende Soziale Arbeit. Baltmannsweiler. S. 6-20.

Durkheim, E. (1984): Die Regeln der soziologischen Methode. Neuwied.

Erster Periodischer Sicherheitsbericht der Bundesregierung 2001. Langfassung. Berlin.

Feeley, M./Simon, J. (1994): Actuarial Justice: The Emerging New Criminal Law. In: Nelken, D. (Hg.): The Futures of Criminology. London. S. 173-201.

Franzkowiak, P. (1999): Risikokompetenz und „Regeln für Räusche". In: Stöver, H. (Hg.): Akzeptierende Drogenarbeit. Eine Zwischenbilanz. Freiburg i.Br. S. 57-73.

Giesen, B. (1986): Der Herbst der Moderne? Zum zeitdiagnostischen Potential neuer sozialer Bewegungen. In: Berger, J. (Hg.): Die Moderne. Kontinuitäten und Zäsuren. Göttingen. S. 359-376.

Heinz, W. (2003): Jugendkriminalität in Deutschland. Aktualisierte Ausgabe Juli 2003. http://www.uni-konstanz.de/rtf/kik/Jugendkriminalitaet-2003-7-e.pdf (März 2005).

Hellerich, G. (1989): Die Transformation von der nekrophilen zur biophilen Prävention. In: Stark, W. (Hg.): Lebensweltbezogene Prävention und Gesundheitsförderung. Freiburg. S. 40-56.

Herriger, N. (1983): Präventive Jugendkontrolle – eine staatliche Strategie zur Kolonialisierung des Alltags. In: Zeitschrift für Pädagogik. 29. Jg., S. 231-236.

Kaufmann, F.-X. (1999): Konzept und Formen sozialer Intervention. In: Albrecht, G./Groenemeyer, A./Stallberg, F.W. (Hg.): Handbuch soziale Probleme. Opladen. S. 921-940.

Kreuzer, A. (1993³): Jugendkriminalität. In: Kaiser, G./Kerner, H.-J./Sack, F./Schellhoss, H. (Hg.): Kleines Kriminologisches Wörterbuch. Heidelberg. S. 182-191.

Kühn, H. (1998): Gesundheit/Gesundheitssystem. In: Schäfers, B./Zapf, W. (Hg.): Handwörterbuch zur Gesellschaft Deutschlands. Opladen. S. 263-275.

Lindenberg, M./Ziegler, H. (2004): Prävention. In: Kessl, F./Reutlinger, C./Maurer, S./Frey, O. (Hg.): Handbuch Sozialraum. Wiesbaden. S. 611-627.

Lindner, W. (2005³): „Prävention" in der Offenen Kinder- und Jugendarbeit. In: Deinet, U./Sturzenhecker, B. (Hg.): Handbuch Offene Kinder- und Jugendarbeit. Wiesbaden. S. 254-262.

Lindner, W./Freund, T. (2001): Der Prävention vorbeugen? In: Freund, T./Lindner, W. (Hg.): Prävention. Zur kritischen Bewertung von Präventionsansätzen in der Jugendarbeit. Opladen. S. 69-96.

Moffitt, T.E. (1993): Adolescence-Limited and Life-Course-Persistent Antisocial Behavior. A Developmental Taxonomy. In: Psychological Review. 100. Jg., S. 674-701.

Müller, S. (1995): Der kontrollierte Alltag. In: Neue Praxis. 25. Jg., S. 259-262.

Nahnsen, I. (1975): Bemerkungen zum Begriff und zur Geschichte des Arbeitsschutzes. In: Osterland, M. (Hg.): Arbeitssituation, Lebenslage und Konfliktpotential. Frankfurt a.M./Köln. S. 145-166.

O'Neill, P. (2005): The Ethics of Problem Definition. In: Canadian Psychology. 46. Jg., S. 13-20.

Quensel, S. (2004): Das Elend der Suchtprävention. Wiesbaden.

Schmidt, M.G. (2005³): Sozialpolitik in Deutschland. Historische Entwicklung und internationaler Vergleich. Wiesbaden.

Schmidt-Semisch, H. (2000): Selber schuld. Skizzen versicherungsmathematischer Gerechtigkeit. In: Bröckling, U./Krasmann, S./Lemke, T. (Hg.): Gouvernementalität der Gegenwart. Frankfurt a.M. S. 168-193.

Schumann, K.F. (Hg.) (2003): Delinquenz im Lebensverlauf. Weinheim/München.

Silbereisen, R.K. (1999): Entwicklungspsychologische Aspekte von Alkohol- und Drogengebrauch. In: Höfling, S. (Hg.): Kampf gegen Sucht und Drogen. München. S. 217-237.

Spector, M./Kitsuse, J.I. (1973): Social Problems: A Re-Formulation. In: Social Problems. 21. Jg., S. 145-159.

Stehr, J. (2005): Soziale Ausschließung durch Kriminalisierung. In: Anhorn, R./Bettinger, F. (Hg.): Sozialer Ausschluss und Soziale Arbeit. Wiesbaden. S. 273-285.

Sturzenhecker, B. (2000): Prävention ist keine Jugendarbeit. Thesen zu Risiken und Nebenwirkungen der Präventionsorientierung. In: Sozialmagazin. 25. Jg., S. 14-21.

Weber, M. (1988): Wissenschaft als Beruf. In: ders.: Gesammelte Aufsätze zur Wissenschaftslehre. Tübingen. S. 582-613.

Qualität/Qualitätsmanagement

Gaby Flösser und Melanie Oechler

Im Irrgarten der Qualität

Seit Ende der 90er Jahre des letzten Jahrhunderts beherrscht das Qualitätsthema die Soziale Arbeit (vgl. Merchel 1998; Speck 1999; Widersprüche 1996; Materialienreihe „Qualitätssicherung in der Kinder- und Jugendhilfe" des Bundesministeriums für Familie, Senioren, Frauen und Jugend 1996-2001). Allerdings könnte es sein, dass es seinen Zenit erreicht hat, denn schon droht eine neue Welle der Modernisierung durch die sozialen Dienste zu schwappen. Von der Qualität zur Wirksamkeit – so oder so ähnlich lauten die neuerlichen Rufe nach Reformen. Ursachen hierfür liegen in der wenig erfolgreichen Implementation des Qualitätsdiskurses und der Qualitätsmanagementkonzepte in der Sozialen Arbeit aus einer sozialpolitischen Perspektive. Wenig zielführend – insbesondere im Sinne der durch fiskalische Restriktionen notwendig gewordenen Einsparungen in sozialpolitischen Haushalten – hat sich die Qualitätsdebatte dabei gleich in mehreren Leistungsfeldern der Sozialen Arbeit gezeigt: Weder im Gesundheits-, noch im Altenhilfe-, noch im Jugendhilfesektor und schon gar nicht in den arbeitsmarktbezogenen Handlungsfeldern konnten nennenswerte Konsolidierungen erzielt werden, oftmals ist sogar der worst case, das Gegenteil, eingetreten. Qualität hat offensichtlich ihren Preis; auch wenn hier und da Effizienzlücken geschlossen werden konnten, ist die Formel von „mehr Qualität bei weniger Kosten" offensichtlich gescheitert.

Unterhalb dieser makropolitischen Ebene hat die Qualitätsdebatte selbst aber durchaus Wirkungen gezeigt. Als integraler Bestandteil in der Einführung markt- und wettbewerbsorientierter Steuerungsmechanismen in der Sozialen Arbeit hat sie die Profession herausgefordert, die Bedingungen der Möglichkeit einer guten Sozialen Arbeit zu reflektieren und im besten Fall auch zu formulieren (für die Kinder- und Jugendhilfe: vgl. Merchel 1998). Qualitätsmanagement und der hierdurch erforderlich gewordene Ausweis sozialpädagogischer Standards ist im Zuge struktureller Organisationsreformen zum entscheidenden Wettbewerbsindikator avanciert, der Nachweis über die Qualität personenbezogener sozialer Dienstleistungen aus den konzeptionellen Erneuerungsversuchen der sozialen Dienste nicht mehr wegzudenken. Diese professionelle Wende in der Reformdebatte stellt nach wie vor eine Herausforderung dar und belebt die Qualitätsdiskussion immer wieder neu. Insofern gilt es, die Diskussion um Qualitätsmanagement trotz seines ursprünglichen Ausgangspunktes in sozialpolitischen Modernisierungsdebatten für sozialpädagogische Handlungs- und Aktivierungsoptionen fruchtbar zu machen.

Die Qualitätsdebatte revisited: Variationen der Interpretation

Wenn von Qualität in der Sozialen Arbeit die Rede ist, so greift es zu kurz, diese Forderung auf die zweite Hälfte des letzten Jahrzehnts des vorherigen Jahrhunderts zu begrenzen. Zwar dominiert seit Mitte der 1990er Jahren die Frage nach der Qualität personenbezogener sozialer Dienstleistungen die Fachdiskussionen in Deutschland, dabei ist die Frage nach der Qualität von Sozialen Dienstleistungen aber keineswegs neu. Bereits in der Vergangenheit gab es Versuche des Nachweises gelingender Sozialer Arbeit, ohne dass dabei das Qualitätsvokabular im Mittelpunkt gestanden hat. Die Anforderungen, qualitativ „gute" Soziale Arbeit nachzuweisen, lassen sich chronologisch ordnen (vgl. Flösser 2001; Bauer/Hansen 1998), thematisieren je nach Epoche unterschiedliche Aspekte und stehen zunächst in keinem übergeordneten sozialpolitischen Zusammenhang, sondern repräsentieren eher den Status Quo erreichter Fachlichkeit.

So wurden lange vor dem Einzug des New Public Management in die Soziale Arbeit und der damit verbundenen zunehmenden Einführung von Mess-, Dokumentations- und Beobachtungsinstrumenten als Informations- und/oder Steuerungsinstrumente statistische Daten über Strukturen und Leistungen der Sozialen Arbeit im Rahmen von amtlichen Statistiken erhoben. Während zunächst nur der rechenschaftliche Nachweis von Finanzen, Personal und Leistungen der jeweiligen Organisationen im Rahmen der amtlichen Statistiken erhoben wurde, wandelte sich die Berichterstattung von der Bestanderhebung zu einer Sozialstatistik, bei der zunehmend die fachliche Entwicklung ins Zentrum rückte (vgl. Rauschenbach/Schilling 1997: 23ff).

Auch die Versuche, die Qualität sozialer Arbeit qua Gesetzgebung zu steuern, gibt es nicht erst mit den seit Mitte der 90er Jahre sukzessive in Kraft tretenden rechtlichen Regelungen zu Leistungs-, Entgelt- und Qualitätssicherungsvereinbarungen (z.B. § 93 BSHG; §§ 78aff SGB VIII; § 80ff SGV XI). Die Kodifizierung von qualitativen Standards für die Soziale Arbeit geht bis zur Einführung der ersten Sozialgesetzbücher zurück. Die Etablierung gewisser Minimalstandards in der organisatorischen und personalen Ausstattung sowie der Festschreibung institutioneller Verfahrensregeln (z.B. Schutz und Mitspracherecht von

Heimbewohnern und ihr Verhältnis zu der Leistung der Institution) sind dabei durchaus als erste Anzeichen eines „Qualitätsmanagements" zu werten. Gleichwohl im Zentrum dieser Regelungen hauptsächlich die Überprüfung der Einhaltung von Gesundheitsstandards und der Sorgeleistungen standen (vgl. Bauer/Hansen 1998: 400), verweist ihre Institutionalisierung bereits auf formalrechtliche Kriterien der Qualitätssicherung (vgl. Flösser 2001). Auch sind hier erste Indizien zu finden, dass die Bedürfnisse der Adressaten für die Bestimmung der Qualität Berücksichtigung finden sollten.

Im Zuge der Professionalisierungsdebatte in der Sozialen Arbeit wurde im Rahmen der Methodendiskussion der Sozialen Arbeit immer schon darum gerungen, mit welchen Handlungsformen Ziele am besten erreichen werden können (vgl. Müller u.a. 1982; Olk/Otto 1989). Insbesondere in der seit den 70er Jahren geführten Handlungskompetenzdebatte rückte in den Konzepten und Arbeitsansätzen die Relevanz der professionellen Beachtung von Ressourcen und Beteiligungsmöglichkeiten der Adressaten ins Interesse der Fachdiskussionen[1]. Ein wesentliches Moment in der Dynamik bildete der Einzug dienstleistungstheoretischer Überlegungen, emphatisch vorgetragen als Empowermentstrategien (vgl. v.a. Gartner/Riessman 1978, ; Badura/Gross 1976) in die Soziale Arbeit. Strapaziert wurde dabei das zentrale Merkmal von Dienstleistungen, welche Dienstleistungen von industriellen Produktionsweisen unterscheidet, das uno-actu-Prinzip, das Zusammenfallen von Produktion und Konsumtion der Leistung. Muss der Kunde bzw. Adressat bei der Erbringung der Dienstleistung anwesend sein, ergibt sich für die Steuerung der Produktion sozialer Dienstleistungen eine Fokussierung auf die Interaktion und Kommunikation zwischen ProduzentInnen und KonsumentInnen eben jener Dienstleistung als primärer Qualitätsparameter. Da soziale Dienstleistungen darüber hinaus nicht in erster Linie der Herstellung eines Produktes dienen, sondern „darauf ab (zielen), Wirkungen auszulösen" (Bauer 1996: 27), wird die Qualität weniger in Form von quantifizierbaren Nachweisen organisatorischen Handelns erzeugt, sondern bemisst sich in dem Grad der ausgehandelten Zielerreichung im Sinne von Verhaltensänderungen bei ihren Adressaten (vgl. Flösser/Oechler 2005).

Diese fachlich äußerst motiviert geführte Debatte unterlag nachfolgend ihrer eigenen Erfolgsgeschichte, die – wiederum im Zuge der Dienstleistungstheorien – die Qualität quantifizierte: Die Diagnose einer irreversiblen Expansion des

---

[1] Die Frage nach dem pädagogischen Handeln und seinen Bewertungsmöglichkeiten sind der Sozialen Arbeit seit ihrer Entstehung inhärent. Somit ist die Frage nach der Qualität professionellen Handelns nicht erst im Zuge der Kundenorientierung im Rahmen der Neuen Steuerungsmodelle entstanden (vgl. Rose 2004). Erinnert sei an die Jugendarbeitsdebatte der 60er Jahre (vgl. Müller u.a. 1972), die Debatte um Gemeinwesenorientierung (vgl. Boulet, J.J./Kraus, E.J./Oelschlägel, D. 1980) sowie die lebensweltorientierte Soziale Arbeit ab Ende der 80er Jahre (vgl. Thiersch 1992).

tertiären Sektors bei gleichzeitiger quantitativer Reduktion des primären und sekundären Sektors im ausgehenden 20. Jahrhundert, in fast allen modernen spätkapitalistischen Gesellschaften als ein ungebrochener Trend des Wachstums der Dienstleistungsökonomien zu beobachten, verschaffte der Sozialen Arbeit einen Boom, der sie auf der Erfolgswelle mitschwimmen ließ.[2] Im Zuge der allgemeinen Expansion zeigte sich schnell, dass auch das Segment der personenbezogenen sozialen Dienstleistungen anwächst: Massenarbeitslosigkeit, Drogenprobleme, Kriminalität, gesundheitliche Risiken, die Zerstörung der informellen sozialen Netzwerke von Verwandtschaft und Nachbarschaft sind nur einige der Anlässe für eine stetige Ausweitung von Aktivitäten in den Handlungsfeldern von Sozialer Arbeit, Therapie, Polizei oder der Arbeitsverwaltung u.ä. (vgl. Häußermann/Siebel 1995). Die Unübersichtlichkeit moderner Gesellschaften, die ihnen inhärenten Risiken und Gefahren der Fehleinschätzung, Fehlplanung und Fehlentscheidung des Einzelnen beinhalten danach ein schier unerschöpfliches Reservoir für die Dienstleistungsexpansion, in dem immanente Limitierungen nicht vorhanden zu sein scheinen und von dem gerade auch die Soziale Arbeit ungemein profitiert: Vor dem Hintergrund eines relativ ungehemmten quantitativen Wachstums in den sozialen Diensten, da der Bedarf an öffentlich bereitgestellten Hilfe- und Unterstützungsleistungen allen Gesellschaftsanalysen zu Folge nicht sinken wird, diskutiert die interessierte Fachöffentlichkeit seit nunmehr knapp 25 Jahren über die Bedeutung, die Kosten, Nutzen und die Qualität der Sozialen Arbeit.

Begrenzungen des Spielfeldes: Qualität als Technologie

Diese Epochen der interpretativen Spielräume, die die Qualitätsdebatte politisch, programmatisch und auch fachlich changieren ließen, werden mittlerweile überlagert durch allgemeinere, unter volkswirtschaftlicher Ägide stehende Überlegungen zu einer neuen Gesellschaftsordnung. Zukunftsvisionen, die unter den einschlägigen Titeln „Vom Wohlfahrtstaat zum Wettbewerbsstaat" (Heinze u.a. 1999) oder „Schöne neue Arbeitswelt. Vision: Weltbürgergesellschaft" (Beck 1999) stehen, künden von einem neuen Zeitgeist, der auch für die Soziale Arbeit in den 90er Jahren an Relevanz gewinnt. Entsprechend reformulierten auch die einstmaligen Protagonisten der Dienstleistungsgesellschaft ihre Eckpfeiler:

---

[2] Obwohl nachhaltige Unterschiede im erreichten Umfang und den spezifischen Expansionsbrachen der „Dienstleistungsgesellschaften" zu verzeichnen sind (vgl. zur Typologisierung von Dienstleistungsgesellschaften im internationalen Vergleich: Esping-Andersen 1990; Häußermann/Siebel 1995).

„Was in der amerikanischen betriebswirtschaftlichen Literatur seit Viktor R. Fuchs und in der Sozialpolitik auch hierzulande energisch diskutiert worden ist, nämlich die besonderen Merkmale der personenbezogenen Dienstleistungen, ihr immaterieller Charakter, ihre Nicht-Lagerungsfähigkeit, die Notwendigkeit einer räumlichen und zeitlichen Synchronisierung von Produzent und Klient und die Bedeutung der Kundenbeteiligung (Ko-Produktion) in der unmittelbaren Erbringung, werden nun auch betriebswirtschaftlich repetiert" (Gross 1993: 14).

Die Verwendung der Begrifflichkeiten „Qualität" und „Qualitätsmanagement" werden damit eingeengt, auf die Wirtschaftswissenschaften reduziert, wo sie im Rahmen der Produktionsorganisation aus Wettbewerbsgründen eine wichtige Rolle spielen. Der Stellenwert der Qualitätssicherung im industriellen Sektor lässt sich damit begründen, dass „Differenzierungsmöglichkeiten über andere, die Wettbewerbssituation beeinflussende, Faktoren nicht mehr die erwartete Wirkung bei den Kunden und gegenüber der Konkurrenz erzielen" (Reiss 1995: 59).

So berechtigt auch Zweifel gegenüber dem Neuerungswert ökonomischer Theorien für die Sozialpädagogik sein mögen, so sehr hebt deren Forderung nach einer stärkeren Kundenorientierung, der Privilegierung der Nachfrageseite die schon früher entwickelte Qualitätsdimension für die Soziale Arbeit hervor (vgl. BMFSFJ 1994: 583). Dabei wird von einer qualitativ guten Sozialen Arbeit erwartet, dass sie sowohl die legitimatorische Krise der sozialen Dienste, in deren Zusammenhang ein allgemeiner gesellschaftlicher Akzeptanzverlust im Hinblick auf öffentlich bereitgestellte Dienstleistungen beklagt wird, wie auch die Krise des Managements löst, die sich in der Innovationsresistenz vieler Träger, Dienste und Einrichtungen ausdrückt, indem geänderte Umweltbedingungen (demographischer Wandel, Wertewandel, veränderte Erwerbsarbeitsbiographien etc.) keinen systematischen Niederschlag in entsprechend angepassten organisatorischen Programmen finden. Diese Hoffnungen begleiten jedenfalls die Reformbestrebungen der öffentlichen Verwaltungen wie auch der freien Träger in der Alten-, Familien-, Jugend- und Sozialhilfe, die mit Ende der 80er Jahre fast flächendeckend begonnen wurden.

Die Koppelung des Qualitätsgedankens mit einem neo-liberalen Gesellschaftsmodell lenkt den Fokus der Aufmerksamkeit in der sozialen Dienstleistungsproduktion auf die systemimmanenten Voraussetzungen, die eine angemessene, d.h. öffentlich erwünschte und u.U. sogar lukrative Bearbeitung sozialer Problemlagen ermöglichen. In diesem Zusammenhang ist es bedeutsam, sich noch einmal des Kristallisationspunktes, vielleicht sogar des zentralen Ausgangspunktes ernstzunehmender Kritiken an dem bestehenden Sozialstaatsmodell zu vergewissern, der lautete, dass das gegenwärtige Sozialstaatsmodell durch ein Übermaß an Regulierungen zum einen die Bedürfnisse, Interessen und

Wünsche der Abnehmerinnen und Abnehmer sozialstaatlich produzierter Dienstleistungen strukturell missachte und zum anderen, dass die sozialen Dienste – einer Art Perpetuum mobile gleich – sich ausschließlich mit sich selbst beschäftigen würden, was auf der einen Seite die Anspruchsspirale der Bürgerinnen und Bürger hochschraube und auf der anderen Seite Ressourcen verschwende. Diese Kritik an der Verrechtlichung, Expertokratisierung und Bürokratisierung der sozialen Dienste bildet nach wie vor den Anlass, der neben den Argumenten der Kostendämpfung auch eine Initialzündung der neueren Qualitätsdebatte nicht nur in Deutschland, sondern europaweit darstellt. Im Zentrum der sich rasant und fast flächendeckend ausbreitenden Diskussion um eine angemessene[3] Dienstleistungsproduktion in den Handlungsfeldern der Sozialen Arbeit steht dabei die feste Überzeugung, dass rationales Verwaltungshandeln, bis dato nahezu konsensfähige Legitimation in der Bearbeitung von Hilfeersuchen, nicht geeignet ist, den Ansprüchen moderner Risikogesellschaften zu genügen, da ihm ein wesentlicher Bestandteil erfolgreichen unternehmerischen Handelns fehle: Die Verantwortung für die erzeugten Leistungen zu übernehmen. Das Verwaltungshandeln, das Anspruchsberechtigungen und -niveaus lediglich nach dem Maßstab ihrer Legitimität und Legalität beurteile, dispensiere die Anbieter sozialer Dienstleistungen davon, die Effekte, Ergebnisse, Wirkungen oder kurz: die Qualität ihrer Leistungen nachzuweisen und führe mithin dazu, dass Rechenschaftspflichten, in denen Aufwendungen zu den erzielten Erträgen in Relation gesetzt werden, in den Bereich des Unseriösen verdrängt werden. Der Transfer betriebswirtschaftlicher Ansätze stellt mithin zum einen die Reaktion auf einen bedrohlichen Verlust an Legitimität öffentlich erbrachter Aufgabenerledigung dar. Die Philosophie des „value for money", „der Gedanke, dass auch jede öffentliche Leistung Geld kostet und der Bürger Anspruch darauf hat, einen echten Gegenwert zu angemessenen Preisen und mit einem hohen Qualitätsstandard zu erhalten" (KGST 1992: 44), wird als Gegenmodell zu dem bestehenden „System organisierter Unverantwortlichkeit" (Banner 1991) entworfen.

„Value for money" ist zum anderen der entsprechende Slogan, mit dem unüberhörbar verkündet wird, dass nicht nur die direkten Kunden sozialer Dienstleistungen, diejenigen, die für die Leistungserbringung auch zahlen, sondern darüber hinaus auch die mittelbaren Kunden, die Öffentlichkeit in ihrer Funktion als Steuerzahlerinnen und Steuerzahler, ein vitales Interesse daran entwickeln, Gegenwerte für ihre Zahlungsbereitschaft zu erhalten.

Eine Einordnung der Qualitätsdebatte in einen demgegenüber erweiterten Rahmen ist von daher wichtig, weil sich hieraus bestimmte Anforderungen an

---

[3] Die Zauberformel Qualität verliert in diesem Zusammenschluss neo-liberaler Ideen und betriebswirtschaftlicher Modelle ihre visionäre Kraft. Es wird sich von dem Optimierungsgedanken („Beste Qualität") verabschiedet, relevant wird künftig eine relationale Größe („angemessene Qualität").

die Modelle der Qualitätsentwicklung bzw. -sicherung ergeben: Die derzeit durchaus kontrovers diskutierten Instrumente zur Qualitätssicherung müssen hiernach eine notwendige und eine hinreichende Bedingung erfüllen: Sie müssen – das ist die notwendige Bedingung – dazu geeignet sein, die – aus der Sicht der sozialen Dienste – extern eingeforderten Legitimierungen der Dienstleistungsproduktion, also das Kontrollbedürfnis des Staates und Wettbewerbsbedingungen, zu befriedigen. Darüber hinaus sollten sie geeignet sein, die Güte der Dienstleistungsproduktion intern zu steigern, dies wäre die hinreichende Bedingung. Modelle, die nur eine Seite in den Blick nehmen, greifen in diesem Kontext zu kurz. Diese Aussage ist dabei zwar schnell formuliert, bei weitem aber nicht so einfach in das praktische Handeln zu übersetzen. Die auch noch so engagierte Mitarbeiterin, die mit ihrer fachlichen Kompetenz an der Entwicklung von Qualitätssicherungsmodellen für ihren Dienst oder ihre Einrichtung mitwirkt, merkt schnell, dass sie auf doppeltem Boden agieren muss; es kommt eben nur bedingt darauf an, die Güte der fachlichen Praxis zu erfassen und zu dokumentieren, daneben müssen diese Ergebnisse in den öffentlichen Raum transportiert werden, was häufig an Kommunikationsbarrieren oder schlichtem Desinteresse scheitert. Die immer noch engagierte Mitarbeiterin macht dann eine Erfahrung, die ihr zwar nicht neu ist – sie hat auch vorher schon Produktpläne geschrieben, Schlüssel- oder Kernprozesse identifiziert, Kennziffern entwickelt und vieles mehr –, wird jedoch allmählich immer unwilliger, sich an den nicht enden wollenden Erfindungen moderner Verwaltungssteuerung zu beteiligen. Stellt man den bisher betriebenen Aufwand der praktischen Reformen in den sozialen Diensten in Relation zu den intendierten Veränderungen des fachlichen Handelns als Ergebnisse dieser Prozesse in Rechnung, dann wären Kosten-Nutzen-Analysen eher sarkastisch und die sich abzeichnende Koalition zwischen den neoliberalen Steuerungsinstrumenten und einem fachlichen Pragmatismus werden zunehmend verständlicher. Kurzum: Die Bereitschaft zur Adaption vermeintlich oder tatsächlich erprobter Modelle der Qualitätssicherung aus anderen Produktionssegmenten, vor allem der Industrie, steigt und schlägt zwei Fliegen mit einer Klappe: Zukunftsoptimismus und Fortschrittswille entsprechend der neuen Sozialstaatsphilosophie werden signalisiert und eine Optimierung des eigenen Handelns fällt als Nebenprodukt – wenn es gut läuft – auch noch ab.

Die Wiederaneignung von Handlungsspielräumen

Als gesellschaftliches Funktionssystem unterliegt die Soziale Arbeit den Notwendigkeiten der Reinterpretation des sozialstaatlichen und sozialpolitischen Auftrags. Nichtsdestotrotz kann die Binnenrationalität und Eigenlogik des Systems auch Reservoirs für eine fachlich geführte Qualitätsdiskussion bieten. Anknüpfungspunkte liegen hier vor allem in längst in das Allgemeinwissen übergegangenen Merkmalen von Qualität an sich. Die Qualität Sozialer Arbeit – das weiß dann auch jeder – ist keine absolute Größe. Schon die dienstleistungsorientierten Debatten im letzten Jahrhundert haben herausgearbeitet, dass die relationale Verwiesenheit der Akteure Sozialer Arbeit aufeinander in entscheidendem Maße qualitätsgenerierend ist (vgl. Badura/Gross 1976: 69), mithin sowohl die Anbieter als auch die Adressaten der Dienstleistungen Einfluss auf die Qualität der Sozialen Arbeit nehmen. Entsprechend differiert die Qualität „(...) je nach Bezugspunkt, d.h. je nach dem, welcher Ausschnitt aus der Realität einer Beurteilung unterzogen und aus welcher Perspektive diese Beurteilung vorgenommen wird" (Piel 1995: 7). Die Beurteilung der Qualität als gut oder schlecht ergibt sich dabei aus dem Grad an Übereinstimmung mit den Erwartungshaltungen der Akteure, die diese im Hinblick auf eine Dienstleistung oder ein Produkt formulieren: „(...) quality is not a thing, but a concept, a particular construction or abstraction of reality. It has no independent existence in the world" (Osborne 1992).

Der in den modernen Sozialstaatsrevisionen geforderte Abschied vom Paternalismus, dessen verborgene Hand die aktiven Bürgerinnen und Bürger allenfalls gängeln würde, pointiert den neuen Status der Abnehmer der sozialen Dienstleistungen: Als „freie" Konsumenten wird die wahre Macht der Definition von Qualität nun in ihre Hand gelegt. Solche konsumeristischen Ansätze radikalisieren die Bedeutung, die den Kunden für die Qualitätsbemessung zukommt: „(...) quality is that which gives complete consumer satisfaction" (Ellis 1988: 7). Obwohl mit diesem Ansatz der aus der Dienstleistungs- wie auch der sozialpädagogischen Handlungskompetenzdebatte resultierenden Forderung nach einer Privilegierung des Adressatenstatus in Ansätzen Rechnung getragen würde, ist eine konsequente Verlagerung der Definitionsmacht zu den Adressaten der Dienstleistungen illusorisch. Zu berücksichtigen ist zum einen, dass öffentlich erbrachte Dienstleistungen – im Unterschied zu privatwirtschaftlichen Gütern – an Bedarfskriterien orientiert sind und nicht an subjektiven Bedürfnissen oder Wünschen der Konsumenten. Die Konsumentenzufriedenheit ist für die Soziale Arbeit mithin höchstens ein erfreuliches Nebenprodukt, keinesfalls aber der zentrale Qualitätsindikator. Zum anderen sind die Adressaten der Sozialen Arbeit häufig durch das Merkmal mangelnder Konsumentensouveränität gekennzeichnet, was mit einer der Prämissen des Konsumerism kollidiert: „(...) that consumers know what they want and (...) that they can articulate these wants by making demands" (Morrison 1988: 207). Eine konsequente Missachtung der eingeschränkten Konsumentensouveränität widerspricht aber dem sozialpolitischen

Auftrag Sozialer Arbeit, der auf den Abbau von Benachteiligungen und Chancenausgleich abzielt.

Genau diese Funktionsbestimmung aber, die auf einer fundamentalen Differenz zwischen Bürger- und Kundenstatus beruht (vgl. Schaarschuch 1999), gerät momentan ins Wanken, wenn die Formeln einer Stärkung der Eigenverantwortung letztlich meinen, dass die (staatlich) garantierte Sicherheit gegen (individuelle) Freiheit in der Daseinsvorsorge eingetauscht wird (vgl. Schröder 2002)[4]. Gesellschaftliche Segregationsprozesse werden bei diesem Richtungswechsel „From welfare as we know it to social investment" (Sherradon 2003) bewusst in Kauf genommen, wenn die Ideen des Konsumerismus dazu führen, dass „(...) unabhängig von den vorhandenen Ressourcen und Fähigkeiten (...) den nicht zum Zuge gekommenen Gruppen die Verantwortung dafür, dass sie die 'Dienstleistungen' nicht 'nachgefragt' hätten, nun selbst zugeschoben werden (kann)" (May 1994: 69).

Chancen gegenüber dieser einseitigen Verantwortungsverlagerung bieten kollektive Rückbesinnungen auf die Mehrdimensionalität des Qualitätsbegriffs, seine fachliche Rezeption in der Sozialen Arbeit und die Variationsbreite seiner Operationalisierung in unterschiedlichen Qualitätsmanagementmodellen. Gerade die bislang nicht gelungene Standardisierung von Qualität und ihre Übersetzung in geeignete Qualitätsmanagementkonzepte hilft unter Umständen nun, zu einem Modell der Qualitätsbemessung zu gelangen, das den unterschiedlichen Interessen und Erwartungen an die Soziale Arbeit gerecht wird. Verabschiedet man sich in diesem Sinne von einem universalistischen Qualitätsmodell, das produktionstypusunabhängig Qualität messen und bewerten lassen will, geraten Subqualitäten sozialpädagogischer Dienstleistungsproduktion in den Blick, die durch ihre Offenlegung die vielfältigen Akteursgruppen in der Sozialen Arbeit bedienen können. Manager und Managerinnen, Professionelle, Konsumenten, die Politik wie die Öffentlichkeit können ihr Informationsbedürfnis über die Qualität Sozialer Arbeit zumindest partiell befriedigt bekommen, wenn vorab definiert würde, welcher Abschnitt in der Produktion der sozialen Dienstleistung aus Sicht der jeweiligen Akteursgruppe relevant ist. Ein Vorschlag in diese Richtung könnte dann etwa wie folgt aussehen:

---

[4] Aus der Regierungserklärung von Bundeskanzler Gerhard Schröder vor dem Deutschen Bundestag am 29. Oktober 2002 in Berlin: „Gerechtigkeit im Zeitalter der Globalisierung schaffen – für eine Partnerschaft in Verantwortung".

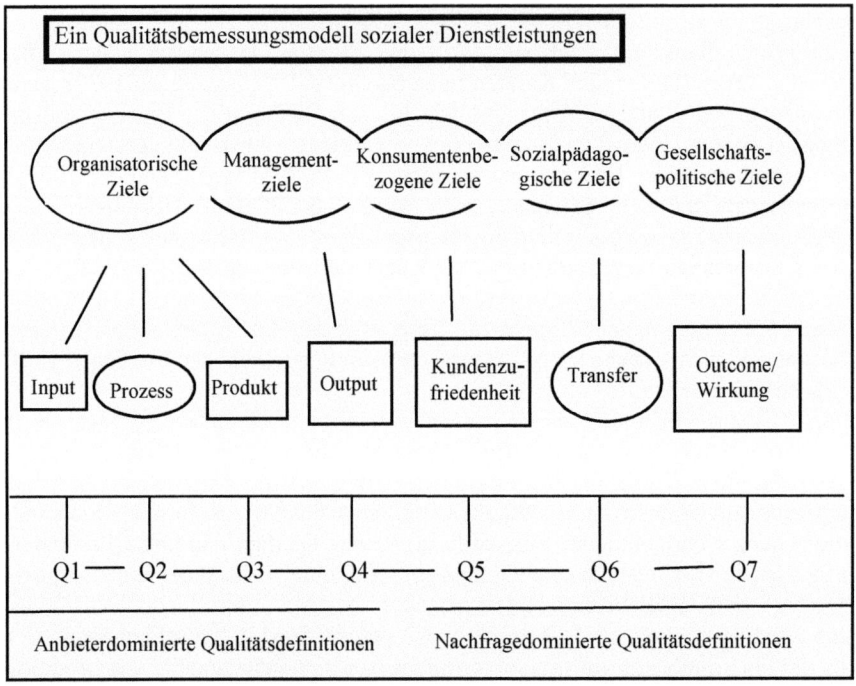

In der Abbildung wird deutlich, dass gerade die Soziale Arbeit nicht frei in ihren Zielstellungen ist, dass die Ziele ineinander greifen und auch nicht eindeutig einer der Prozessvariablen zuzuordnen sind. Insofern reduziert die Abbildung die Komplexität sozialpädagogischer Zielsetzungsprozesse erheblich. Vor allem gesellschaftliche und sozialpolitische Zielsetzungen begrenzen den Definitionsbereich der Sozialen Arbeit. Darüber hinaus fehlt der Abbildung die Kennzeichnung der prozessgestaltenden Größe. Als zentrale Konstante, die den gesamten Produktionsprozess beeinflusst, muss hier die Profession angesehen werden, wobei ab der Subqualität Q3 die Adressaten der Dienstleistungen ebenfalls – wie oben ausgeführt – mit in die Qualitätsbemessung einbezogen werden müssen.

Da von einer Interessenidentität und/oder übereinstimmenden Definition der Problemstellungen wie auch der erwünschten Ergebnisse der am Leistungsprozess beteiligten Akteurinnen und Akteure allerdings nicht zwingend ausgegangen werden kann, die Qualität Sozialer Arbeit somit keine objektive, statische Größe darstellt, sondern zudem noch zeit- und zeitgeistspezifischen Interpretationen unterliegt, wird in der neueren Debatte eine eher den Besonderheiten des sozialen Sektors Rechnung tragende Konzeptualisierung von Qualität aus einer konstruktivistischen Perspektive zugrunde gelegt: „Its nature (the nature of quality, d.V.) varies with organizational context, with stakeholder perspective, with experience and according to the personal values and situations of the individuals using the service in question. In this view, therefore, quality is not something that is given or determined by some higher authority, but rather something that is discovered and constructed by the various stakeholders in each service" (Pollitt 1990). Damit wird auch in der internationalen Qualitätsdebatte seit einigen Jahren ein Perspektivenwechsel von ausschließlich anbieter- bzw. nachfragezentrierten Konzeptionen hin zu multiperspektivischen Konzepten eingefordert (vgl. Flösser 2001; Harvey/Green 2000; Pollitt 1990; Pollitt/Bouckaert 1995). Wie schon für die dienstleistungstheoretische Reformulierung der Sozialen Arbeit nachgezeichnet, treffen sich auch hier unterschiedliche Motivationslagen, die insgesamt jedoch auf eine Schwerpunktverlagerung durch die Einbeziehung der Adressatenseite hinweisen:

> „Obwohl Nonprofit-Organisationen in einer Situation des Nicht-Marktes tätig sind, erfordert (auch, d.V.) das Gebot der Effizienz, sich bei der Leistungserstellung nach den Bedürfnissen der Kunden, Klienten und Bürger zu richten. Nonprofit-Organisationen können sich, auch wegen ihrer mitgliedschaftlichen Struktur, nicht auf hoheitliche oder caritativ-mildtätige Akte beschränken. Vielmehr kommt es darauf an, sowohl bei der Zieldefinition als auch bei der Mittelauswahl die Mitgliederinteressen, Bürgerwünsche, Betroffenenbedürfnisse einzubeziehen. Die Soziale Arbeit wird nicht nur aus ethischen und theoretischen Erwägungen heraus, sondern auch im Interesse ihrer Effizienz zunehmend klienten- und bedürfnisorientierter, zielgruppen- und teilnehmerbezogener" (Meier-Ziegler 1993: 55).

Allerdings weisen die Befunde übereinstimmend auf eine nur geringe Durchsetzungsfähigkeit dieser umfassenden Konzepte der Beteiligung aller Akteure hin: Entscheidungs- und Handlungsspielräume verschieben sich organisations-intern eher zugunsten der Leitungskräfte unter Einbeziehung der an der Basis tätigen Professionellen (vgl. Pollitt 1990). Die Adressatinnen und Adressaten hingegen werden nur höchst selektiv und anhand persönlicher Präferenzen an dem Produktionsprozess beteiligt, wenn sie nicht sogar als Störfaktor für die „eigentlichen" Trägerinteressen gewertet werden: „Während Kunden- und Wählerabwanderung unmissverständliche Signale sind, gelten Klientenwünsche gegenüber Dritte-Sektor-Organisationen zunächst als interpretationsbedürftige »Meinungsäußerung«, die zum Gegenstand langwieriger Debatten und Verhandlungen werden können. Hier gilt der strategische Vorteil der »inneren Linie«: die Verteidiger des Status quo sind immer in der Vorhand (...) Klientenwünsche aus der Welt jenseits des inneren Zirkels sind hier lästig und dementsprechend gering ist der Anreiz, ihnen Rechnung zu tragen" (Seibel 1992: 288).

Eine dienstleistungstheoretisch fundierte Qualitätsbemessung der Sozialen Arbeit steht demgegenüber vor der Herausforderung, alle beteiligten Akteure in den Blick zu nehmen, wenn die Güte sozialer Dienstleistungen definiert werden soll. In erster Linie sind hier die Abnehmerinnen und Abnehmer der Dienstleistungen, die Politik, die Klientinnen und Klienten sowie die kommunale Öffentlichkeit zu nennen, die mit mehr oder weniger konkreten Erwartungen die Anbieterinnen und Anbieter, vor allem haupt- und ehrenamtliche Mitarbeiterinnen und Mitarbeiter sowie Leitungs- und Führungskräfte konfrontieren. Diese Erwartungen, die die Beteiligten an soziale Dienstleistungen richten, betonen dabei mitunter spezifische Aspekte der Qualität Sozialer Arbeit, z.B. in Form transparenter Nachweise über die geleistete Arbeit, die Erfüllung von Kriterien sachlicher Richtigkeit und Legalität, guten Arbeitsbedingungen etc. Diese Qualitätskriterien sind dabei weder hierarchisierbar noch subsumtionslogisch ableitbar, sondern werden durch die unterschiedlichen Positionen der Beteiligten im Produktionsprozess sozialer Dienstleistungen systematisch begründet. Obwohl in praxi die Relevanz einzelner Aspekte der Qualität Sozialer Arbeit durch machtvolle Einflussnahmen Einzelner oder kollektiver Zusammenschlüsse von Beteiligten gesteigert oder verringert werden kann und wird, sind sie insgesamt für die Bestimmung der Qualität erforderlich.

Neben der Institutionalisierung der Inblicknahme von Erwartungshaltungen der Adressatinnen und Adressaten der Sozialen Arbeit gilt es darüber hinaus auch den Produktionsprozess der Dienstleistungen selbst beteiligungsorientiert zu gestalten: Aufgrund des spezifischen kommunikativen Charakters sozialer Dienstleistungen ist ihre Wirksamkeit an die Akzeptanz bzw. Mitwirkung(-sbereitschaft) der Adressatinnen und Adressaten gebunden. Diese jedoch hat die Anerkennung ihres Subjektstatusses zur unmittelbaren Voraussetzung: Die Adressatinnen und Adressaten sollen „(...) durch sozialpädagogische Interventionen nicht aus ihrem sozialen Lebenszusammenhang herausgerissen und für sie fremden, von anderen vorformulierten Handlungen unterworfen werden, sondern ihre eigenen Bedürfnisse, ihre Problemsicht und ihre Lösungsvorstellungen zur Geltung bringen können" (Marzahn 1982: 74; vgl. auch Sünker 1992). Diese aktive Beteiligung der Adressatinnen und Adressaten kann nur gelingen auf der Basis einer symmetrischen Konstruktion der komplementären Rollen von Professionellen und Nachfragenden: Erst in der sozialen Beziehung zwischen Subjekt und Subjekt werden in einer verständigungsorientierten Einstellung kommunikativen Handelns (vgl. Habermas 1981) Sinn, Zweck und Risiken der professionellen Behandlung im Hinblick auf die Lebenspraxis der Hilfebedürftigen thematisiert. Ein so gestalteter Interaktionsprozess überwindet die Degradierung der

Adressatinnen und Adressaten zu Objekten, indem er auf Aushandlung zwischen den beteiligten Subjekten als zentralem Qualitätsmerkmal Sozialer Arbeit setzt. Eine aktive Beteiligung der Adressatinnen und Adressaten impliziert entsprechend eine Neugewichtung ihres Verhältnisses zu den Professionellen in den sozialen Diensten, da allein durch institutionalisierte Beteiligungsformen die „Nachfrage determinierende Anbieter-Autonomie" (Offe 1985: 185) nicht aufgehoben werden kann. Vielmehr muss die Dienstleistungserbringung in Strukturen und mit Methoden stattfinden, die Partnerschaftlichkeit, Mitwirkung und Teilhabe nicht nur erlauben, sondern forcieren, so dass die Produktivkraft Partizipation in den Vordergrund rückt (vgl. Strasser 1984: 1096). Beteiligung der Adressatinnen und Adressaten in der Sozialen Arbeit konsequent umgesetzt, bedeutet deshalb, die Nachfragenden erst einmal in die Lage zu versetzen, ihre Rechte auf „voice" und „choice" (Hirschmann 1974) in den sozialen Diensten zu nutzen und zur Grundlage professioneller Handlungsvollzüge zu machen. Dieses neue Anbieter-Nachfrage-Verhältnis gilt es auf den verschiedenen Ebenen einer modernen Sozialen Arbeit durchzudeklinieren, um es an den Schnittstellen der Interaktion, der Organisation und der Programmentwicklung entsprechend umzusetzen. Partizipation der Adressatinnen und Adressaten legt somit die Entscheidungen über den Zugang, den Produktionsprozess und das Ergebnis wohlfahrtsstaatlicher Leistungen zurück in die Hände der Betroffenen. Hierin liegt die neue, strukturelle Qualität einer modernen Sozialen Arbeit als personenbezogene soziale Dienstleistung. Inwieweit diese Anforderungen an eine moderne dienstleistungsorientierte Soziale Arbeit handlungsleitend in den praktischen Arbeitsvollzügen von Sozialarbeiterinnen und Sozialarbeitern sind, bleibt vorerst jedoch eine Forschungsfrage.

Qualität, das ist auch das Menschliche (Theodor Heuss)

Hiernach lassen sich zwischen einer politisch initiierten Neujustierung des Wohlfahrtsstaatsregimes, das künftig als zentrales Merkmal auf die Aktivierung seiner Staatsbürger setzt, und den sozialpädagogischen Debatten um die Qualität öffentlicher Güter und Dienstleistungen nachhaltige Gemeinsamkeiten wie auch Unterschiede feststellen: Die radikalisierte Unterstellung aktiver Bürgerinnen und Bürger, die den neuen Sozialstaat aktiv formieren, die über ihr eigenes Wohl und Wehe wie auch gemeinschaftlich wünschenswerte Standards sozialpolitischer Leistungserbringung kompetent entscheiden, bildet einen scheinbar geteilten kulturellen Wertehorizont der modernen Gesellschaft. Wie oben nachgezeichnet, finden sich in der sozialpädagogischen Diskussion um die Qualität und ein angemessenes Qualitätsmanagement diese Überlegungen in vertieften Debatten zur Partizipation und Beteiligung der Adressaten sozialer Dienstleistungen wieder. Die in der Qualitätsdebatte so prominent gehandelte Multiperspektivität, die aus dem dienstleistungstheoretischen Merkmal der Ko-Produktion personenbezogener sozialer Dienstleistungen resultiert und durch das sozialrechtliche Dreiecksverhältnis geprägt ist, setzt aktive Beteiligung unmittelbar voraus. Beteiligung im Rahmen von Qualitätsmanagementmodellen ist eine notwendige, wenn auch keine hinreichende Bedingung. Machen die prinzipiell aktiven Bürgerinnen und Bürger von den ihnen verbürgten Rechten auf Beteiligung keinen Gebrauch (können sie nicht oder wollen sie nicht), dann wird aus der sozialpädagogischen Perspektive damit ein neuer Handlungsauftrag begründet, indem die Voraussetzungen für deren aktive Beteiligung zum Gegenstand pädagogischer Interventionen werden (vgl. Wohlfahrt 2002). Es gehört zum professionellen Selbstverständnis, die prinzipielle Aktivierungsfähigkeit und -bereitschaft – häufig kontrafaktisch zu den praktischen Erfahrungen – als Gegeben zu unterstellen und diese gleichsam mäeutisch ans Licht zu befördern. Insofern stellt für die Sozialpädagogik erst die Totalverweigerung der Beteiligung ein Problem dar.

Dieses emphatische Bemühen, das auf großem pädagogischem Optimismus gründet, wird durch die neuerliche sozialpolitische Aktivierungslogik allerdings zurückgedrängt. Indem dort die aktiven Bürgerinnen und Bürger nicht nur Rechte, sondern auch Pflichten zur Beteiligung zugesprochen bekommen, wird Nicht-Beteiligung als Option individueller Entscheidungsfindung gewertet und mit negativen Sanktionen belegt. Die Voraussetzungen für die Beteiligung dagegen werden als prinzipiell vorhanden unterstellt und sind deshalb nicht primär regulierungsbedürftig. In diesem Sinne nimmt der aktivierende Sozialstaat seine Bürgerinnen und Bürger ernst und entzieht ihnen die aus seiner Sicht überfürsorgenden und pädagogisierenden Hände. Frei nach dem Motto „Wer immer liebevoll getragen wird, lernt nicht laufen" (www.wochensprueche.de/neue.htm) verliert die Soziale Arbeit ihren Pathos und setzt auf rational kalkulierte Entwicklungshilfe.[5] Für die Profession sind hierdurch erhebliche Irritationen vorprogrammiert. Galt es bislang als eine der zentralen Aufgaben der Sozialen Arbeit, die Bedürfnisse der Adressaten sowie deren Ressourcen in diesem sozialpolitischen Reformprozess einzubringen und zu diskutieren, überlagern nun Forderungen danach, Wirkungen sozialpädagogischen Handelns nachzuweisen die professionelle Identität. Hier liegt die Vermutung dann sehr nahe, dass die dienstleistungstheoretische Forderung nach Beteiligung und Mitwirkung von

---

[5] „Nur auf den eigenen Beinen können die Armen laufen lernen", so titelt entsprechend ein Politikinformationsdienst zur modernen Entwicklungshilfe, die sich selbst – ganz sozialpädagogisch – als Hilfe zur Selbsthilfe, beschreibt (www.politikerscreen.de/.../id/124723/name/Nur+auf+den+eigenen+Beinen+k%F6nnen+die+Armen +laufen+lernen – 36k – 18. Juli 2006).

Adressaten rhetorisch umgangen wird, denn die zu erzeugenden Wirkungen ergeben sich aus der sozialpolitischen Programmatik und nicht aus den ausgehandelten Hilfen zwischen Professionellen und Adressaten.[6]

Auch wenn mittlerweile hinlänglich die Schwierigkeiten der sozialpädagogischen Praxis mit der Partizipationsforderung dokumentiert wurden, so bildet die Herausforderung nach immer neuem Suchen nach geeigneten Handlungsmustern der Beteiligung ein Kernstück ihrer Qualität. Verabschiedet sich die Soziale Arbeit von diesem nicht eingelösten und vielleicht auch prinzipiell nicht einzulösenden Anspruch, würde sie ihre Professionalität verlieren. Im undurchsichtigen Nebel von Case- und Care-Managern würde sie zwar noch sozialpolitische Programme verwalten, ihr kritischer, auf eine Emanzipation der Subjekte gerichteter Anspruch ginge aber verloren. Erst die immer neu initiierte Frage nach der Beteiligung zwingt die sozialen Dienste nämlich von ihrer anbieterzentrierten Machtperspektive ein Stück abzurücken und stellt damit für die Soziale Arbeit die Möglichkeit der Selbstreflektion bereit: „(…) ohne ‚Aktivierung' der Institutionen durch die Bürger droht nämlich schlicht der neokonservative Gemeinschaftsmythos, der von Gemeinschaft spricht, doch die Herrschaft mit den Beherrschten nicht teilen will" (Opielka 2003, 555)

Literatur

Badura, B./Gross, P. (1976): Sozialpolitische Perspektiven. Eine Einführung in Grundlagen und Probleme sozialer Dienstleistungen, München.

Banner, G. (1991): Von der Behörde zum Dienstleistungsunternehmen. In: Verwaltungsführung, Organisation und Personalführung (VOP) 1, S. 6-11.

Bauer, R. (1996): „Hier geht es um Menschen, dort um Gegenstände. Über Dienstleistung, Qualität und Qualitätssicherung, In: Widersprüche – Abgeschaut und mitgebaut? Zum Einzug des Qualitätsmanagements in die Soziale Arbeit, 16. Jg. Heft 61, S. 11-49.

Bauer, R./Hansen, E. (1998): Quality assurance of voluntary welfare oranisations. A question of moral, law, contract or participation? In: Flösser, G./Otto, H.-U. (Hg.): Towards more Democracy in Social Services, Berlin/New York, S. 395-407.

Beck, U. (1999): Schöne neue Arbeitswelt. Vision: Weltbürgergesellschaft, Frankfurt/New York.

Boulet, J./Kraus, E.J./Oelschlägel, D. (1980): Gemeinwesenarbeit als Arbeitsprinzip, Bielefeld.

---

[6] Die Vermutung liegt nahe, wenn im Rahmen der wirksamkeitsorientierten Steuerung Sozialer Arbeit festgelegte Erfolgsquoten nicht mehr die Ressourcen der Adressaten, sondern auch nicht eingetroffene potentielle negative Effekte den Beweis für wirksame Soziale Arbeit liefern (vgl. Schröder 2001).

Bundesministerium für Familie, Senioren, Frauen und Jugend (1994): Neunter Jugendbericht. Bericht über die Situation der Kinder und Jugendlichen und die Entwicklung der Jugendhilfe in den neuen Bundesländern, Bonn.

Bundesministerium für Familie, Senioren, Frauen und Jugend (1996-2001): Materialienreihe „Qualitätssicherung in der Kinder- und Jugendhilfe", QS-Reihe, Bonn.

Ellis, R. (1988): Quality Assurance and Care. In: ders. (Hg.): Professional Competence and Quality Assurance in the Caring Professions, London, S. 5-42.

Esping-Andersen, G.(1990): The Three Worlds of Welfare Capitalism, Cornwall.

Flösser, G. (2001): Qualität. In: Otto, H.-U./Thiersch, H. (Hg.): Handbuch Sozialarbeit/Sozialpädagogik. 2. völlig überarbeitete Auflage. Luchterhand, Neuwied und Kriftel. S. 1462-1468.

Flösser, G./Oechler, M. (2005): Dienstleistungen in der Sozialen Arbeit. In: Kreft, D./Mielenz, I.: Soziale Arbeit, Weinheim/München, S. 197-201.

Gartner, A./Riessman, F. (1978): Der aktive Konsument in der Dienstleistungsgesellschaft. Zur politischen Ökonomie des tertiären Sektors, Frankfurt a. M.

Gross, P. (1993): Die Dienstleistungsstrategie in der Sozialpolitik. Neue Herausforderungen. In: Braun, H./Johne, G. (Hg.): Die Rolle sozialer Dienste in der Sozialpolitik, Frankfurt a. M./New York, S. 11-26.

Habermas, J. (1981): Theorie des kommunikativen Handels, 2 Bd., Frankfurt a. M.

Harvey, L./Green, D.(2000): Qualität definieren. Fünf unterschiedliche Ansätze. In: Zeitschrift für Pädagogik - Qualität und Qualitätssicherung im Bildungsbereich: Schule, Sozialpädagogik, Hochschule, Heft 41, S. 17-39.

Häußermann, H./Siebel, W. (1995): Dienstleistungsgesellschaften, Frankfurt a. M.

Heinze, H./Schmid, J./Strünck, Ch. (1999): Vom Wohlfahrtsstaat zum Wettbewerbstaat, Opladen.

Hirschmann, A.O. (1974): Abwanderung und Widerspruch. Reaktionen auf Leistungsabfall bei Unternehmen, Organisation und Staaten, Tübingen.

Kommunale Gemeinschaftsstelle für Verwaltungsvereinfachung (1992): Wege zum Dienstleistungsunternehmen Kommunalverwaltung. Bericht Nr. 19/1992, Köln.

Marzahn, Ch. (1982): Partizipation, Selbsthilfe und sozialpädagogische Kompetenz. In: Müller, S./Otto, H.-U./Peter, H./Sünker, H. (Hg.): Handlungskompetenz in der Sozialarbeit/Sozialpädagogik, Bd. 1, Bielefeld, S. 65-78.

May, M. (1994): Soziale Dienstleistungsproduktion und Legitimationsprobleme des Sozialstaates. In: Widersprüche, 14. Jg., Heft 52, S. 65-72.

Meier-Ziegler, R. (1993): Lean Management und Lean Production. Überlegungen für ein radikales Umdenken im Sozialwesen. In: Archiv für Wissenschaft und Praxis der Sozialen Arbeit, 24. Jg., Heft 1, S. 48-63.

Merchel, J. (Hg.) (1998): Qualität in der Jugendhilfe. Kriterien und Bewertungsmöglichkeiten, Münster.

Morrisson, Ch. (1988): Consumerism- Lessions from Community Work. In: Public Administration, vol. 66, no 2, S. 205-213.

Müller, C.W. (1972): Was ist Jugendarbeit? München.

Müller, S. u.a. (1982): Handlungskompetenz in der Sozialarbeit/Sozialpädagogik, Bd.1+2, Bielefeld.

Offe, C. (1985): Das Wachstum der Dienstleistungsarbeit. Vier soziologische Erklärungsansätze. In: Olk, Th./Otto, H.-U. (Hg.): Soziale Dienste im Wandel. Entwürfe sozialpädagogischen Handelns, Bd. 2, Neuwied/Kriftel, S. 171-198.

Olk, Th./Otto, H.-U. (1989): Soziale Dienste im Wandel. Entwürfe sozialpädagogischen
Handelns, Bd. 2, Neuwied/Kriftel.

Opielka, M. (2003): Was spricht gegen die Idee eines aktivierenden Sozialstaats? In: neue
praxis, 33. Jg., S. 543-557.

Osborne, S.P. (1992): The Quality Dimension. Evaluating Quality of Services and Quality
of Life in Human Services. In: British Journal of Social Work, vol. 22, S. 437-454.

Piel, K. (1995): „...denn Qualität ist das beste Rezept". In: Flösser, G./Otto, H.-U. (Hg.):
Neue Steuerungsmodelle für die Jugendhilfe, Neuwied/Kriftel/Berlin, S. 88-109.

Pollitt, Ch. (1990): Doing business in the temple? Managers and quality assurance in the
public services. In: Public Administration, vol. 68, No. 4, S. 435-452.

Pollitt, Ch./Bouckaert, G. (1995): Defining Quality. In: Pollitt, Ch./Bouckaert, G. (Hg.):
Quality improvement in European Public Services. Concepts, Cases und Commen-
tary, London/Thousand Oaks/New Delhi, S. 3-19.

Rauschenbach, Th./Schilling, M. (1997): Die Kinder- und Jugendhilfe und ihre Statistik.
Bd. 1: Einführung und Grundlagen, Neuwied/Kriftel.

Reiss, H.-C. (1995): Qualitätssicherung in Sozialen Diensten als Controllingproblem. In:
Badelt, Ch. (Hg.) (1995): Qualitätssicherung in den Sozialen Diensten (Tagungs-
band), Krems, S. 59-90.

Rose, B. (2004): Wer bestimmt die Qualität? Anmerkungen zum Qualitäts-Diskurs und
seinen Wirkungen in der Sozialen Arbeit. In: Beckmann, Chr. u.a. (Hg.): Qualität in
der Sozialen Arbeit zwischen Nutzerinteressen und Kostenkontrolle, Wiesbaden, S.
211ff.

Schaarschuch, A., (1999): Theoretische Grundelemente Sozialer Arbeit als Dienstleistung.
Ein analytischer Zugang zur Neuorientierung Sozialer Arbeit. In: neue Praxis, 29.
Jg., Heft 6, S. 543-560.

Schröder, J./Kettiger, D. (2001): Wirkungsorientierte Steuerung in der sozialen Arbeit.
Ergebnisse einer internationalen Recherche in den USA, den Niederlanden und der
Schweiz, Schriftenreihe des Bundesministeriums für Familie, Senioren, Frauen und
Jugend, Bd. 229, Bonn.

Schröder, G. (2002): Gerechtigkeit im Zeitalter der Globalisierung schaffen – für eine
Partnerschaft in Verantwortung. Regierungserklärung vor dem Deutschen Bundestag
am 29. Oktober 2002 in Berlin.

Seibel, W. (1992): Funktionaler Dilettantismus. Erfolgreich scheiternde Organisationen
im „Dritten Sektor" zwischen Markt und Staat, Baden-Baden.

Sherradon, M. (2003): "From the Social Welfare State to the Social Investment State" –
Will using asset-building strategies to fight poverty shape 21st century social policy.
In: NHI (National House Institute), Shelter Force Online, Issue 128.

Speck, O. (1999): Die Ökonomisierung sozialer Qualität, München/Basel.

Strasser, J. (1984): Sozialstaat. In: Eyferth, H./Otto, H.-U./Thiersch, H. (Hg.): Handbuch
Sozialarbeit/Sozialpädagogik, Neuwied/Darmstadt, S. 1083-1101.

Sünker, H. (1992): The Discourse of Social Work: Normalization versus the autonomy of Life Praxis. In: Otto, H.-U./Flösser, G. (Hg.) How to Organize Prevention, Berlin/New York, S. 201-217.

Thiersch, H. (1992): Lebensweltorientierte Soziale Arbeit: Aufgaben der Praxis im sozialen Wandel, Neuwied/München.

Widersprüche. Zeitschrift für sozialistische Politik im Bildungs-, Gesundheits- und Sozialbereich: Abgeschaut und mitgebaut? Zum Einzug des Qualitätsmanagements in die Soziale Arbeit. Heft 61, 1996, Bielefeld.

Wohlfahrt, N. (2002): Aktivierender Staat. Ein neues sozialpolitisches Leitbild und seine Konsequenzen für die Soziale Arbeit. In: Neue Praxis, 32. Jg., Heft 1, S. 10-32.

Internetquellen:

www.wochensprueche.de/neue.htm

www.politikerscreen.de/.../id/124723/name/Nur+auf+den+eigenen+Beinen+k%F6nnen+ die+Armen +laufen+lernen - 36k

www.qs-kompendium.de

Salutogenese. Macht über die eigene Gesundheit?

Bernd Dollinger

1. Das Versprechen der Salutogenese

Salutogenetische Perspektiven führen Hoffnungsformeln mit sich: Der Mensch befreit sich durch die salutogenetische Sicht auf seine Gesundheit aus den Zwängen biomedizinischer und krankheitsfixierter Einseitigkeit. Im Gegenzug erhält er die Option zugesprochen, Gesundheit individuell zu entwickeln, es geht um die Entstehung (griech. „genesis") der Gesundheit (lat. „salus"), nicht um Krankheiten und ihre Ursachen. Salutogenese setzt an der positiven Konnotation von Gesundheit und ihrer Konzeptualisierung an, um sich von pathogenetischen Engführungen zu distanzieren.

Entsprechend breit ist die aktuelle Inanspruchnahme salutogenetischer Perspektiven: Von der Suizidprävention (vgl. Bründel 2004) zur Identitätsforschung (vgl. Höfer 2000), von der Suchtforschung (vgl. Welbrink/Franke 2000) zur Familientherapie (vgl. Hansson/Cederblad 2004), von der Frage nach der Stressresistenz von Seelsorgern (vgl. Jacobs 2000) bis zum Einsatz bei chronischem Tinnitus (vgl. Ross 2000) und weit darüber hinaus finden salutogenetische Konzepte heterogene Verwendung. Nach der Herauslösung der Frage nach Krankheit/Gesundheit aus biomedizinischem Denken wurden disziplinäre und professionelle Grenzen überschritten, was mit einem erheblichen Konturverlust verbunden war. Auch innerhalb der Sozialpädagogik wird der Terminus „Salutogenese" höchst heterogen verwendet. Drei Verwendungsarten sind zu differenzieren:

1. ist Salutogenese, im engeren Sinne, als Frage nach dem Ursprung der Gesundheit verbunden mit dem Namen Aaron Antonovsky. Er war vor allem als Stressforscher tätig und kam durch ein Forschungsprojekt auf die Frage zu sprechen, wie Gesundheit angesichts vielfältiger und dauerhafter Belastungen möglich sei. Er entwickelte ein spezifisches, resilienzorientiertes Erklärungskonzept (s.u.).
2. wurden salutogenetische Sichtweisen und Terminologien im Zuge der Propagierung des Konzepts „Gesundheitsförderung" durch die Weltgesund-

heitsorganisation (WHO) verbreitet. Mit der grundlegenden Definition von Gesundheit als „Zustand des vollständigen körperlichen, geistigen und sozialen Wohlbefindens" (zit.n. Franzkowiak/Sabo 1998, 60), die die WHO im Jahre 1946 vorlegte, wurde eine Distanzierung von biomedinizischem Denken verfolgt. Gegen die explizit abgelehnte Fokussierung auf Krankheit bzw. auf Gesundheit im Sinne des „Freiseins von Krankheit und Gebrechen" (ebd.) wurde das Konzept des Wohlbefindens als Alternativreferenz eingebracht. Ungeachtet der zahlreichen Kritiken an der Definition (Gesundheit als „Zustand", nicht als Prozess; Tendenz zur Überforderung der Menschen und deren implizite Pathologisierung; Inhaltsleere und Konturlosigkeit) wurde mit ihr ein anspruchsvolles mehrschichtiges Gesundheitspostulat aufgestellt, das gegen eine medizinisch-expertokratische Verengung gesundheitsbezogenen Denkens und Handelns ausgerichtet war.

Auf dieser Basis wurden Weiterentwicklungen vorgenommen. U.a. sollte gezielt gegen Ungleichheiten von Gesundheitschancen vorgegangen werden, was auch bedeutete, die Thematik sozialer Ungleichheit zu problematisieren (vgl. Mielck 2002). Die bekannteste und von der Sozialpädagogik nachhaltig rezipierte Konzeption ist die „Gesundheitsförderung". Ein entsprechendes Programm wurde seit 1981 von der WHO geplant, 1984 eingerichtet und 1986 mit der Ottawa-Charta allgemein verbreitet. In dieser Charta heißt es: „Gesundheitsförderung zielt auf einen Prozess, allen Menschen ein höheres Maß an Selbstbestimmung über ihre Gesundheit zu ermöglichen und sie damit zur Stärkung ihrer Gesundheit zu befähigen. (...) Gesundheit steht für ein positives Konzept, das in gleicher Weise die Bedeutung sozialer und individueller Ressourcen für die Gesundheit ebenso betont wie die körperlichen Fähigkeiten. Die Verantwortung für Gesundheitsförderung liegt deshalb nicht nur bei dem Gesundheitssektor, sondern bei allen Politikbereichen und zielt über die Entwicklung gesünderer Lebensweisen hinaus auf die Förderung von umfassendem Wohlbefinden" (zit.n. Franzkowiak/Sabo 1998, 96). Das Motiv der Selbstbestimmung über das eigene Wohlbefinden wird von der WO auf umfassende Grundbedingungen bezogen, da angenommen wird, diese Form von Gesundheit könne nur bei ausreichender Ressourcenausstattung in körperlicher, bildungsbezogener, ökonomischer, sozialer, kultureller und politischer Hinsicht realisiert werden. Folglich wurde der hohe Anspruch einer weiten Gesundheitsdefinition nicht reduziert, sondern es wurden konsequent die sehr weit reichenden Aufgaben dekliniert, die zur sukzessiven Annäherung an diese Zielkonzeption angezeigt erschienen.

Das Modell Antonovskys, der die weite Gesundheitsdefinition der WHO im Übrigen kritisierte (vgl. Noack 1993, 13), wird mit dem WHO-

Konzept der Gesundheitsförderung zuweilen in engem Zusammenhang gesehen. Dennoch ist eine Unterscheidung angebracht. Antonovsky legte ein aus stresstheoretischen Studien und Überlegungen stammendes Modell vor, das spezifische Angaben über die Aufrechterhaltung von Gesundheit macht. Die entsprechenden Annahmen sind empirisch und theoretisch zu diskutieren und zu prüfen. Trotz der normativen und teilweise programmatischen Implikationen wurde von Beginn an der Anspruch auf Wissenschaftlichkeit erhoben, und zahlreiche Studien haben in der Folgezeit den Versuch einer Evaluation unternommen (vgl. Bengel u.a. 1999). Die Vorgaben der WHO hingegen sind erstrangig als programmatische Ausführungen zu verstehen. „Gesundheitsförderung" ist zunächst kein wissenschaftliches Konzept, sondern eine politische Handlungsaufforderung mit hohem Anspruch, wobei die Interventionsbotschaften, wie Franzkowiak und Wenzel (1989; 1990) ausführen, dem Selbstverständnis der Sozialen Arbeit grundlegend entsprechen.

3. ist für die vergangenen Jahre eine Anknüpfung an die positive Konnotation der Salutogenese zu konstatieren, ohne dass diese mit dem Anspruch der Übernahme einer spezifischen Sichtweise der Erklärung von Gesundheit und Gesundheitserhaltung gekoppelt wäre. „Salutogenese" bringt hier die allgemeine und relativ vage Perspektive und Forderung zum Ausdruck, dass Menschen „ihr" Leben mit Blick auf Gesundheitsfragen selbstverantwortlich und auf der Basis eigener Ressourcen führen können und sollen. Es handelt sich um eine Art gesundheitsbezogenen Empowerments. Allerdings besteht, soweit der Begriff über die bloße Abwesenheit von Krankheiten hinausreicht, nach wie vor keine Einigkeit über den Kerngehalt von Gesundheit. Es lassen sich allenfalls interdisziplinäre „Leitvorstellungen" (Hurrelmann/Franzkowiak 2004, 53) identifizieren, etwa Gesundheit als erfolgreiche Bewältigung von Anforderungen, als Gleichgewicht, als kriterienabhängige relative Annäherung an ein Gesundheitsoptimum oder als Reaktion auf äußere Umstände. Die tendenzielle Konturlosigkeit dieser weit verstandenen salutogenetischen Sichtweise ist damit systematisch in ihrem Gegenstand festgeschrieben. Neuere Gesundheitskonzepte gehen, wie das Beispiel der WHO-Definition zeigt, nicht mehr in jedem Fall davon aus, Gesundheit sei ein Gegenpol von Krankheit. Es wird z.T. gefordert, Gesundheit als eigenständige Dimension des Lebens nachzuvollziehen, ohne auf Krankheit Bezug nehmen zu müssen. Dies führt zu der Möglichkeit, von einer Gleichzeitigkeit von Krankheit und Gesundheit sowie von vielfältigen Mischungsverhältnissen auszugehen. Dichotomisierende Sichtweisen, aber auch die Annahme eines Kontinuums – wer in hohem Maße krank ist, ist automatisch kaum gesund und umgekehrt (z.B. Antonovsky 1997, 23) –,

werden entsprechend zurückgewiesen. In empirischen Studien zu Gesundheit im Sinne von Wohlbefinden zeigt sich, dass zumindest kleinere Beeinträchtigung nicht ausgeschlossen werden, wenn Personen sich als gesund beschreiben (vgl. Glatzer/Bös 1997, 558). Viele Menschen erleben sich subjektiv als gesund trotz gewisser Beschwerden. Zur Rekonstruktion dieser Einschätzungen kann es sinnvoll sein, Gesundheit als eigenständiges Mehrebenenphänomen zu erschließen, indem auf soziale, psychische und biologische Dimensionen Bezug genommen wird. Diese auch für medizinische Konzepte im Sinne einer biopsychosozialen Ausrichtung geforderte Perspektivenerweiterung (vgl. Engel 1977) gilt im Besonderen für eine positive sozialwissenschaftliche Konzipierung von Gesundheit. In Kauf zu nehmen ist in der Konsequenz eine hohe Komplexität der resultierenden Modelle, da die einzelnen Ebenen zwar zusammenhängen (können), aber prinzipiell eigenständig zu betrachten sind. Dies führt zu einer komplizierten konzeptionellen Ausgangslage, die der Tatsache entspricht, dass Menschen ein mehrdimensionales subjektives Gesundheitsverständnis verfolgen (vgl. Noack 1993, 25).

2. Zur Geschichte der Salutogenese

Je nach Begriffsverständnis ergeben sich andere historische Bezugslinien, wobei prinzipiell eine lange Tradition der positiven Sorge um die Gesundheit zu bedenken ist. Die Sichtweise, derzufolge Gesundheit vorrangig eine Frage der individuellen Aneignung der Welt und der Auseinandersetzung mit ihr ist, verweist auf die antike Medizin. Eine in diesem weiten Sinne salutogenetische Perspektive ist wesentlich älteren Datums als die erst im Verlauf des 19. Jahrhunderts wirkmächtig etablierte naturwissenschaftlich-biomedizinische Krankheitsdeutung.

Bereits in der antiken Medizin liegt ein Wechselspiel von Deutungen begründet, die entweder Gesundheit im Sinne eines positiven Lebensstils interpretieren oder alternativ dazu stärker die Behandlung von Krankheiten in den Blick nehmen (vgl. McKeown 1982, 25f). Die beiden Vorstellungen waren mit den Mythen von Hygieia und Asklepios assoziiert. Hygienische Vorstellungen verdeutlichen die Annahme, Gesundheit sei eine vom Individuum realisierte Leistung. Sie sei weit mehr als die Abwesenheit von Krankheiten, da der Einzelne aktiv und gemäß seiner Individualität einen vernünftigen Lebensstil etablieren muss. Das Feld, in dem er über seine Gesundheit bestimmte, indem er durch die konstruktive Verarbeitung von Umgebungsreizen Körper und Geist in einem Gleichgewicht behielt und damit seine individuelle Gesundheit fand, waren nach Galens Haus der Medizin die „sex res non naturales". Sie standen zwischen dem

Bereich des Gesunden (den sieben „res naturales") und dem des Kranken (den drei „res contra naturam") und entschieden über Gesundheit oder Krankheit je nach den sechs Bereichen Licht und Luft, Essen und Trinken, Bewegung und Ruhe, Wachen und Schlafen, den Ausscheidungen und den Gemütsbewegungen (vgl. Sarasin 2001, 36). Kurz ausgedrückt: Gesundheit und Wohlbefinden waren eine Frage des psychosozialen Lebensstils, der sich in der aktiven Auseinandersetzung des Menschen mit sich und seiner materiellen, gesellschaftlichen und klimatischen Umwelt bildete.

Die auf Asklepios rekurrierende Tradition betonte in stärkerem Maße die Heilung von Krankheiten und die Kontrastierung von Gesundheit und Krankheit (vgl. Spijk 1993). Dabei war die antike Medizin insgesamt in hohem Maße präventiv ausgerichtet und lange Zeit hatte die Hygiene Vorrang vor einer Behandlung durch Medikamente und vor anderweitigen Eingriffen in den Organismus (vgl. Körtgen 1982, 55; Sünkel 1994). Der medizinischen Maxime des „primum non nocere" – des Primats, durch Eingriffe vor allem nicht zu schädigen – entsprach eine Zurückhaltung von Interventionen und ein Vertrauen auf die Selbstheilungskräfte der Natur. Erst wenn die Hygiene ihr Ziel nicht erreichte, waren andere Mittel angezeigt.

Einem weiten Sinne nach salutogenetische Konzepte sind demnach in der Geschichte verankert. Sie dominierten über Jahrhunderte medizinisches Denken. Im Zuge der „neohippokratischen Wende" im 18. Jahrhundert erfuhren antike Gesundheitskonzeptionen eine Revitalisierung, und mit ihnen insbesondere hygienisches Denken (vgl. Sarasin 2001). Entgegen dem stark individualbezogenen Ausgangspunkt der Hygiene wurden dabei auch Vorstellungen einer öffentlichen Hygiene realisiert (vgl. Labisch/Woelk 1998). So wurde Ende des 18. Jahrhunderts neben dem individualistisch-moralisierenden Konzept der Gesundheitslehre, wie es Bernhard Christoph Hufeland 1794 mit seinem „Gesundheits-Katechismus" vorlegte, 1790 von Johann Peter Frank ein „System einer vollständigen medicinischen Polizey" veröffentlicht, um auf die Notwendigkeit vorausplanender staatlicher und öffentlicher Gesundheitspflege und Krankheitsvermeidung hinzuweisen (vgl. Hörmann 1999, 8f).

Das heutige, verengte Verständnis von Hygiene als Keimfreiheit oder Antisepsis wurde erst im Verlauf des 19. Jahrhunderts durch den Siegeszug der naturwissenschaftlichen Medizin und die Etablierung bakteriologischer Erkenntnisse dominant, während die ältere Hygiene an das breite Gesundheitskonzept der Hygieia anschloss. Am Ende des 19. Jahrhunderts wurden die kontagionistischen, d.h. auf Ansteckung als Krankheitsursache abstellenden, Thesen der experimentellen Bakteriologen im Zuge entscheidender Entdeckungen u.a. durch Robert Koch und Louis Pasteur popularisiert. Die der naturwissenschaftlichen Medizin in der Auseinandersetzung verschiedener Gesundheits-/Krankheitskonzepte fehlenden Belege für die Entstehung von Krankheiten schienen endlich erbracht zu sein, und die früheren medizinischen Theorien wurden fundamental irritiert, wenn nicht sogar, wie Canguilhem (1979, 121) schreibt, dem „Untergang" geweiht. Weiter gefasste Gesundheitskonzepte verloren aber nicht gänzlich an Bedeutung. Es zeigte sich am Beispiel von Krankheiten wie der Tuberkulose schnell und eindrücklich, dass selbst die mit bakterieller Infektion assoziierten Krankheiten nicht ausschließlich bakteriologisch erklärt werden können, da nicht alle Menschen im Kontaktfall erkranken und soziale und psychische Dimensionen beachtet werden müssen. Sozialmedizinische und sozialhygienische Ansätze, wie sie z.b. Salomon Neumann, Rudolf Virchow, Alfred Grotjahn oder Alfons Fischer verfolgten, behielten, zumal in der Sozialen Arbeit, größere Bedeutung[1]. Mindestens implizit schließt der weite Gesundheitsbegriff der Sozialen Arbeit in ihren unterschiedlichen Handlungsfeldern (zu einem Überblick vgl. Homfeldt/Hünersdorf 1997; Sting/Zurhorst 2000a) an die hygienische und sozialmedizinische Tradition an.

Dies bezeugt, dass Antonovsky mit seiner Forderung, Gesundheit statt Krankheit zu beachten, kein Neuland betrat. In geschichtlichen Dimensionen war ein weiter, psychosozialer Gesundheitsbegriff nur kurz „vergessen" worden, und Antonovsky ist das Verdienst zuzurechnen, ihn wieder popularisiert zu haben. Wie oben angedeutet, kam Antonovsky allerdings nicht durch historische Studien zu seinem Gesundheitskonzept. Er selbst schreibt sein Interesse für die gesundheitsbezogene Resilienz einer zufälligen Entdeckung zu (vgl. Antonovsky 1991; 1997, 15). Er arbeitete 1970 in Israel an einer Studie über die ethnische Spezifität der Anpassung von Frauen an das Klimakterium. Einige der Frauen waren Überlebende von Konzentrationslagern während des Zweiten Weltkrieges gewesen. Einer Teilgruppe dieser Frauen war nach Antonovsky „eine recht gute emotionale Gesundheit" (1997, 15) zu attestieren, obwohl sie den schrecklichen Erfahrungen der Lager ausgesetzt gewesen waren. Die salutogenetische Orientierung ergab sich in der Folge aus der Frage, wie Menschen in der Lage sind, trotz Belastungen gesund zu bleiben.

3. Kernaussagen

Den Ausgangspunkt der Überlegungen Antonovskys bildet die Erkenntnis, der Mensch sei permanent von Stressoren umgeben. Deswegen werde allerdings nicht automatisch jeder krank. Wie bei den Überlebenden des Holocaust sei

---

[1] Z.T. gingen sie, wie im Falle Grotjahns, Koalitionen mit der Rassenhygiene ein (vgl. Hering/Münchmeier 2003, 102ff; Kappeler 2000; Sachße/Tennstedt 1988, 114ff).

selbst im Falle schlimmster äußerer Einflüsse Krankheit nicht die zwingende Folge einer Belastungsexposition. Es sei folglich nicht danach zu fragen, warum Menschen krank sind, sondern danach, weshalb manche trotz der Belastungen gesund bleiben oder werden. Dies führte Antonovsky zum Konzept der generalisierten Widerstandsressourcen („generalized resistance resources"; GRR). Sie können verstanden werden als Optionen eines Individuums, dem Ansturm widriger Umstände etwas entgegenzusetzen. Antonovsky nennt verschiedene denkbare Ressourcen, von Geld bis zu sozialer Unterstützung, denen gemeinsam ist, dass „sie es leichter machen, den zahllosen Stressoren, von denen wir fortwährend bombardiert werden, einen Sinn zu geben" (Antonovsky 1997, 16).

Durch die dauerhafte Erfahrung, Belastungen erfolgreich Widerstand entgegen setzen zu können, komme es zur Entwicklung eines hohen Kohärenzsinnes („sense of coherence"; SOC) als Möglichkeit, Ordnung in der Unordnung der Umwelt zu konstituieren. Ein hoher SOC sei eine entscheidende Variable, um Stress zu widerstehen und Widerstandsressourcen gegen ihn zu mobilisieren. Eine Person mit hoher Ressourcenausstattung mache Lebenserfahrungen, „die durch Konsistenz, Partizipation an der Gestaltung des Outcomes und eine Balance zwischen Überforderung und Unterforderung charakterisiert sind" (ebd., 43), und sie entwickle dadurch ein hohes SOC-Niveau. Bei bestimmten Personen sei aber auch ein niedriges Maß an Ressourcen einzukalkulieren. Es sei deshalb angemessener, von einem Kontinuum der Widerstandsressourcen (GRR) und der Widerstandsdefizite („generalized resistance deficits"; GRD) auszugehen als nur von einem mehr oder weniger hohen GRR (ebd., 44).

Die subjektive Betroffenheit von Stress ist mit dem individuellen Platz auf diesem Kontinuum eng verbunden. Viele Ressourcen führen der These zufolge zu einem geringen Stresserleben und zu einem hohen SOC, das wiederum dazu führt, dass möglicherweise problematische Sachverhalte nicht als belastend erfahren werden. Prinzipiell sind dabei verschiedene Arten von Stressoren zu bedenken. Sie können als physikalische, biochemische oder psychosoziale Einwirkungen und Belastungen auftreten. Eine hohe Relevanz des SOC vermutet Antonovsky bei psychosozialen Stressoren (vgl. Bengel u.a. 1999, 33). Als kritische Lebensereignisse, als chronische Belastungen oder als tägliche Widrigkeiten wirken sie auf unterschiedliche Weise (vgl. Antonovsky 1997, 44f). Obwohl die Relevanz dieser Arten von Stressoren in der Stresstheorie umstritten ist, sieht Antonovsky die täglichen Belastungen nicht als bedeutsam an, während er chronische Stressoren als „die primären Determinanten des SOC-Niveaus" (ebd., 44) bezeichnet. Menschen mit hohem SOC reagierten, so wird angenommen, angemessen und flexibel auf (potentielle) Belastungen, wozu Menschen mit geringem SOC nicht in der Lage seien. Damit ist das SOC eine Art Regulationsmodus von Bewältigungshandlungen, es prästrukturiert und organisiert sie situationsadäquat.

Antonovsky (ebd., 36) definiert den SOC folgendermaßen: Er „ist eine globale Orientierung, die ausdrückt, in welchem Ausmaß man ein durchdringendes, andauerndes und dennoch dynamisches Gefühl des Vertrauens hat, dass 1. die Stimuli, die sich im Verlauf des Lebens aus der inneren und äußeren Umgebung ergeben, strukturiert, vorhersehbar und erklärbar sind; 2. einem die Ressourcen zur Verfügung stehen, um den Anforderungen, die diese Stimuli stellen, zu begegnen; 3. diese Anforderungen Herausforderungen sind, die Anstrengung und Engagement lohnen". Damit sind die drei Dimensionen angesprochen, auf denen Antonovsky (1997, 34ff) den SOC erörtert:

a. *Comprehensibility (Verstehbarkeit):* Bei hoher Verstehbarkeit erscheint die Umwelt nachvollziehbar und sinnvoll geordnet. Externen und internen Reizen wird ein hohes Maß an kognitiver Konsistenz und Strukturiertheit zugewiesen.

b. *Manageability (Handhabbarkeit):* Anforderungen werden, im Falle einer stark ausgeprägten Handhabbarkeit, nicht als überfordernd erlebt. Man besitzt genug Ressourcen, um mit ihnen umzugehen, selbst wenn sie an sich unangenehm sind.

c. *Meaningfulness (Bedeutsamkeit):* Sie beschreibt weniger kognitive als motivationale und emotionale Belange. Eine Person mit ausgeprägter Bedeutsamkeit findet in ihrem Leben Sinn und positive Herausforderungen, denen sie sich verpflichtet fühlt.

Wie die drei Dimensionen zeigen, rückte Antonovsky entgegen seiner oben zitierten Aussage, er habe bei seiner Entdeckung des Themas der Salutogenese bei einigen Probanden eine hohe *emotionale* Gesundheit vorgefunden, emotionale Aspekte nicht in den Vordergrund. Der SOC war zunächst kognitiv geprägt und wurde dann zu einem ganzheitlich auftretenden Konstrukt erweitert. Mit ihm wird versucht, Gesundheit als mehrdimensionales Phänomen zu erklären.

Der Zusammenhang von SOC und Gesundheit kann nach Antonovsky auf drei Arten konzipiert werden (vgl. Bengel u.a. 1999, 37f): Erstens kann der Organismus durch den SOC direkt beeinflusst werden. „Er wirkt bei den gedanklichen Prozessen (Kognitionen) mit, die darüber entscheiden, ob Situationen als gefährlich, ungefährlich oder als willkommen bewertet werden. (…). D.h. die Ausprägung des SOC (…) wirkt direkt als Filter bei der Verarbeitung von Informationen" (ebd., 37) in einer Weise, die unmittelbar Reaktionen des Organismus hervorruft. Zweitens kann der SOC vorhandene Ressourcen mobilisieren. Der Ressourceneinsatz reduziert gegebenenfalls Spannungszustände und dient damit indirekt der Stressverarbeitung. Drittens besteht die Möglichkeit, dass Personen mit einem hohen SOC dazu neigen, ihre Gesundheit durch ihr Verhalten zu fördern, indem sie bspw. viel Sport treiben, sich gesund ernähren oder nicht rauchen.

Antonovsky (1997, 140ff) favorisierte den zuerst genannten, direkten Zusammenhang zwischen SOC und Gesundheit, wobei er insbesondere an körperliche Gesundheit dachte. Er zeigte sich zurückhaltend, was die Berücksichtigung psychischer Gesundheit anbetrifft (ebd., 161). Der SOC sei eine stabile „dispositionale Orientierung" (ebd., 164), die eine Person durch ihr gesamtes Leben als Erwachsener charakterisiere. Er sei etwa ab dem 30. Lebensjahr etabliert und könne nur noch schwer verändert werden.

Empirische Ergebnisse, die vor allem mit zwei, in deutscher Übersetzung vorliegenden, Versionen des SOC-Fragebogens erzielt wurden, legen allerdings nahe, verschiedene Annahmen zu hinterfragen. Der postulierte direkte Zusammenhang von SOC und körperlicher Gesundheit erfährt durch die Forschungslage keine Bestätigung (vgl. Bengel u.a. 1999, 44ff). Eine Kausalbeziehung, derzufolge Menschen mit hohem SOC ein hohes Maß an körperlicher Gesundheit aufweisen, ist empirisch nicht eindeutig erhärtet. Demgegenüber zeigen Studien einen engen Zusammenhang zwischen Maßen der psychischen Gesundheit und dem SOC (ebd., 44; Franke 1997, 172f). Der negative Zusammenhang zwischen dem SOC und Werten, die über psychische Auffälligkeiten Auskunft geben, ist teilweise derart hoch, dass der Verdacht geäußert wird, es würden mit den SOC-Fragebögen „inverse Maße für Angst und Depression" (Geyer 2000, 71) erbracht. Ferner liegen v.a. Querschnittstudien vor, die es nicht zulassen, begründete Aussagen über Kausalitäten zu treffen. So wäre es z.B. denkbar, dass Menschen mit guter Gesundheit überdurchschnittlich handlungsfähig und erfolgreich sind und entsprechende Rückmeldungen über sich erhalten. Sie können ihr Leben als geordnet empfinden, fühlen sich kompetent und erzielen deshalb hohe SOC-Werte. Damit wäre Gesundheit nicht primär Folge, sondern Ursache eines hohen SOC. Längsschnittstudien, die hierüber Auskunft geben und Kausalitäten klären können, liegen nicht vor bzw. liefern die wenigen vorhandenen keine eindeutigen Erkenntnisse (vgl. Bengel u.a. 1999; Geyer 2000). Empirische Nachweise zeigen sich hingegen in der Richtung, dass Frauen ein durchschnittlich geringeres SOC-Niveau erzielen als Männer, dass die Werte im Allgemeinen im Laufe des individuellen Lebens wachsen und dass klinische Gruppen niedrigere Ausprägungen erhalten als Zufallsstichproben; nur der dritte Aspekt deckt sich mit Antonovskys Erwartungen (vgl. Franke 1997, 177).

Zur Prüfung der Vorgaben Antonovskys sind diese empirischen Erkenntnisse bedeutsam. Allerdings ist gleichzeitig zu bedenken, dass die Komplexität des Modells die Möglichkeit einer umfassenden empirischen Analyse unmöglich macht, wie Bengel, Strittmatter und Willmann (1999, 99) zu Recht anmerken. Obwohl Antonovskys Vorschläge nicht selten als (gesundheits-)psychologisches

Modell identifiziert werden, ist es für die Sozialpädagogik nicht unerheblich, dass er sich selbst als Soziologe wahrnahm (vgl. Antonovsky 1993, 13; 1997, 34, Fn. 2) und ein entsprechend weiter Themenkreis angesprochen wird. So geht Antonovsky (1997, 17) nicht davon aus, jeder Einzelne könne seine SOC-Werte individuell verbessern, da die Prozesse des Belastungserlebens und der Bewältigung gesellschaftlich verankert seien. „Die eigentlichen Quellen" des Kohärenzsinnes liegen laut Antonovsky (1993, 13) „in der Natur der Gesellschaft (...), in der jemand lebt, in einer bestimmten historischen Periode, in einer bestimmten sozialen Rolle, in die jemand eingebettet ist". Damit wird der These, Menschen könnten in hohem Maße ihre Gesundheit selbst realisieren und verantworten, eine klare Absage erteilt.

4. Diskussion

Salutogenetische Sichtweisen beinhalten gegenüber einem begrenzten naturwissenschaftlich-biologischen Krankheitskonzept einen wesentlichen Fortschritt. Es dürfte heute unstrittig sein, dass Gesundheit mehr ist als nur die Abwesenheit von Krankheiten und dass sie auf verschiedenen Ebenen des Lebens zu verorten ist. Aus sozialpädagogischer Sicht bedeutsam ist die Tatsache, dass Antonovskys Ansatz der Salutogenese nicht nur die Theoretisierung eines positiven Gesundheitsbegriffes erlaubt, sondern auch gesundheitliche Ungleichheiten erschlossen werden, wenngleich die offerierten Optionen bisher nicht ausreichend genutzt wurden (vgl. Mielck 2000, 291f). Daneben sind Risiken und Nebenwirkungen dieser Orientierung zu bedenken, die bereits zu manifesten Problemen geführt haben.

Zunächst ist zu konstatieren, dass Antonovsky mit der stresstheoretischen Betonung von inneren und äußeren Reizen dem älteren hygienischen Gesundheitskonzept folgt, so dass die mitunter angestrengte Rede von einem salutogenetischen „Paradigmenwechsel" problematisch erscheint. Es ging Antonovsky nicht nur programmatisch darum, die Frage nach der Möglichkeit von Gesundheit zu stellen, sondern um einen spezifischen Blick auf Gesundheit. Dabei fällt auf, dass er keine Definition von Gesundheit gab, sondern nur Umschreibungen lieferte (vgl. Franke 1997, 182). Gesundheit erscheint als Leistung eines soziokulturell integrierten Individuums, das permanent mit Stress konfrontiert ist, der in Abhängigkeit von Ressourcen mehr oder weniger gelingend abgearbeitet wird. Da Gesundheit und Wohlbefinden aber nicht nur stresstheoretisch erklärt werden können, sondern sie beispielsweise auch, ganz trivial, aus positiven Erfahrungen und fehlenden Schädigungen resultieren können, ist mit dem Konzept Antonovskys die Möglichkeit einer verengten Sichtweise gegeben. Einer Expansion positiver Gesundheitsbegriffe und -ansätze, die sich selbst als salutogenetisch verstehen, steht somit eine überkonturierte salutogenetische Konzeption Antonovskys gegenüber. Beiden Perspektiven gemeinsam ist die Ablehnung der biomedizinischen Pathogenese. Die Erweiterung *dieser* verengten Sicht ist positiv zu würdigen, aber es ist auch zu fragen, ob eine bloße Kontrastierung für die Sozialpädagogik tatsächlich sinnvoll ist. So hat ein biopsychosozialer Gesundheitsbegriff die Frage nach der Entstehung von Krankheiten zu berücksichtigen und zu integrieren (vgl. Hörmann 1997). Da man in der Sozialen Arbeit mit der Unterstützung einer Klientel beauftragt ist, der gegenüber das traditionelle Gesundheitssystem „häufig eine ausgeprägte Abwehr entwickelt" (Sting/Zurhorst 2000b, 7) hat, muss es als Minimalziel anerkannt werden, eine adäquate und solidarisch gesicherte Versorgung zu gewährleisten. Die sozialepidemiologischen Daten zu mitunter massiven gesundheitlichen Ungleichheiten zeigen, dass die sozial egalitäre Verhinderung von Krankheiten – im ganz traditionellen pathogenetischen Sinne – nach wie vor eine herausforderungsreiche Aufgabe ist, die der Lösung bedarf. Hierbei biomedizinische Fragestellungen gänzlich auszublenden und sich nur auf individuelles (psychisches) Wohlbefinden zu konzentrieren, wäre überzogen. Ein biopsychosoziales Verständnis von Gesundheit und Krankheit hat biomedizinische, psychologische, soziologische, soziodemographische und allgemein gesundheitswissenschaftliche Erkenntnisse zu respektieren.

Trotz aller Warnungen ist eine Fokussierung der kulturellen Gesundheitsperspektive auf bloßes Wohlbefinden, auf „Fitness", allerdings bereits zu bemerken (vgl. Bauman 1995; Kühn 1993). Damit betritt man das Feld der gesundheitsbezogenen Aktivierung. Gesundheit ist nach dem salutogenetischen Perspektivenwechsel, „durch den permanenten gesellschaftlichen Zwang zur Reflexion der eigenen Gesundheit" (Jungbauer-Gans/Schneider 2000, 229), nicht mehr unhinterfragt präsent und gegeben, sondern man muss etwas für sie tun; sie bedarf der permanenten Sorge. Man hat für sie Verantwortung zu übernehmen und zu beweisen, dass man sich genug um sie bemüht hat. Drei Kritikpunkte seien genannt, die zur Reflexion des eingeschlagenen Weges anregen sollen:

a) Abhängigkeit/Autonomie

Das erklärte Ziel der Salutogenetiker ist die Verbreitung eines positiven Gesundheitsbegriffes. Dabei wird in aller Regel die Möglichkeit des Einzelnen in den Mittelpunkt gestellt, seine individuelle Gesundheitslage zu optimieren. Er soll mündig gemacht werden, einen gesunden Lebensstil zu etablieren und sich von expertokratischer Abhängigkeit zu lösen.

Am Beispiel Antonovskys konfligiert dies eigentümlich mit einem Ausgangspunkt, den Antonovsky (1997, 31) selbst als „pessimistisch" bezeichnet: „Im menschlichen Leben sind Stressoren omnipräsent" (ebd., 16). Wer ihnen nichts entgegen setzt, wird unweigerlich krank. Selbst wenn Antonovsky sich zur Propagierung des „Healthismus" (Kühn 1993), der permanenten gesundheitlichen Selbstsorge und des Fitnesskults, wenig eignet, verdeutlicht sein Ansatz ein permanentes Bedrohungsgefühl. Man scheint leicht von Krankheit überwältigt zu werden, wenn Gesundheit nicht gesichert wird. So wird Gesundheit „potentielle Krankheit" (Gerhard 1999, 403). Um sich zu schützen, sind Informationen nötig, die der Einzelne nicht an sich besitzt. Wer sich „rational" und gesundheitsförderlich verhalten will, benötigt kontinuierlichen Informationsnachschub über die Gefährlichkeit des Lebens und der Umwelt.

Was die Autonomie fördern sollte, gerät damit zur Autonomiefalle: Wer im Zweifelsfall über die „vernünftige" Gesundheitssorge Auskunft zu geben weiß, sind Experten. Damit aber „vollzieht sich die Emanzipation von medizinischer ‚Expertokratie' um den Preis der Erweiterung des Expertenkreises in die psychosozialen Berufe hinein. Dadurch entsteht aber noch nichts prinzipiell Neues" (Franzkowiak/Wenzel 1990, 37), sondern die Abhängigkeit wird lediglich einem erweiterten Kreis zugewiesen. Aber selbst dieser Kreis kann nicht unbedingt letztgültige Antworten vermitteln, sondern es stehen sich oftmals konträre Positionen gegenüber. Zuweilen wird vor dem ein oder anderen Nahrungsmittel oder einer Tätigkeit gewarnt, dann gelten sie als unschädlich. Wer dann noch Sicherheit vermittelt, ist eine werbewirksam auftretende Gesundheitsindustrie. Gesundheit wird, je positiver sie formuliert und je weniger sie als gesichert gelten kann, um so mehr kommodifiziert. Kühn (1993, 26ff) merkt an, dass Marktgängigkeit ein markantes Kriterium des Healthismus ist.

b) Verantwortungstransfer

Wer krank ist, nimmt im pathogenetischen Denken eine besondere Stellung ein, die Rolle des Kranken (Parsons). Er soll sich um die Wiederherstellung von Gesundheit und Leistungsfähigkeit bemühen, während er im Zustand der Krankheit von seinen Verpflichtungen befreit ist.

Wie verhält es sich damit nach dem Perspektivenwechsel zur Gesundheit? In ihrem Fall gibt es keine Verantwortungsentlastung, sondern, ganz im Gegenteil, eine Verantwortungserhöhung, denn gesund zu sein bedeutet, noch nicht krank zu sein und sich entsprechend rüsten zu müssen. Wer krank ist, hat es versäumt, sich um seine Gesundheit zu sorgen, und scheint verantwortungslos zu sein. Damit werden Gesundheit und Krankheit zu Zeichen von Leistungsfähigkeit und Moralität: „The event of illness has become a moment of truth about a subject's moral aptitude to form part of the society within which he or she lives" (Greco 1993, 362). Gesundheit ist kein Zufall und kein Schicksal mehr, sondern sie fungiert als sichtbares Zeichen, „it is the visible sign of initiative, adaptability, balance and strength of will. In this sense, physical health has come to represent, for the neo-liberal individual who has ‚chosen' it, an ‚objective' witness to his or her suitability to function as a free and rational agent" (ebd., 369f). Im umgekehrten Fall ist Krankheit (scheinbar) eine Konsequenz der versäumten Gelegenheit zu selbstverantwortlicher Gesundheitssorge. Steht die Herstellung von Gesundheit in der Disposition des Individuums, dann liegt es nahe, es für Krankheit haftbar und verantwortlich zu machen (vgl. Greco 2000, 281).

Welche Zumutungen mit dieser Attribution verbunden sind, liegt auf der Hand. Sich selbstverantwortlich der eigenen Gesundheit annehmen zu können, bedarf der Ressourcen. Am deutlichsten von gesundheitlichen Einschränkungen betroffen sind gemäß sozialepidemiologischer Befunde Angehörige unterer Schichten (vgl. Mielck 2000). Krankheit ist auch eine Folge sozialer Benachteiligung. Vor diesem Hintergrund ist es problematisch, ein höheres Maß an Selbstverantwortung zu postulieren, solange nicht die entsprechende Versorgung auf der Basis solidarischer Absicherungs- und Transferleistungen gesichert ist. Salutogenetische Sichtweisen befinden sich folglich in einem veritablen Dilemma: Sie fordern den Menschen zu einer individuellen Leistung auf, die ihm strukturell immer wieder unmöglich gemacht wird. In Rechnung zu stellen ist in diesem Zusammenhang der empirische Nachweis, dass der „Beitrag der verhaltensbedingten Risikofaktoren (gemessen in Cholesterin, Übergewicht, Raucherquote, Blutdruck und körperlicher Bewegung) zur Morbidität (…) sehr überschätzt" (Kühn 1998, 266) wird. So stellt Keupp (2000, 21) fest: „Die Aufforderung, sich selbstbewusst zu inszenieren, hat ohne Zugang zu den erforderlichen Ressourcen etwas Zynisches".

Noch zynischer ist diese Aufforderung, wenn manifeste gesundheitspolitische Tendenzen eines Abbaus von Solidarleistungen im Zuge von Appellationen einer „Eigenverantwortung" bedacht werden, die faktisch eine steigende finanzielle „Zusatzbelastung" (Butterwegge 2005, 214) der gesetzlich Krankenversicherten mit sich führen. Legitimationsversuche unterstellen hierbei, wie Baecker u.a. (2000, 137) anmerken, eine „‚Vollkasko-Mentalität'" und ein „‚Anspruchsverhalten'" – ganz ähnlich, wies dies auch in anderen Bereichen der Sozialpolitik unternommen wird, um Kosten zu reduzieren und Marktstrategien zu bestärken. Insbesondere die letzte Phase rot-grüner Gesundheitspolitik war von Reformtendenzen geprägt, die Arbeitgeberseite finanziell zu ent- und die Versicherten bzw. Patienten zu belasten (vgl. Gerlinger 2003). In diesem Sinne rekonstruiert Butterwegge (2005, 218) mit Blick auf aktuelle Reformen der Gesundheitspolitik

eine „Ökonomisierung, Privatisierung und Kommerzialisierung des Gesundheits-
sektors" zu Lasten des Solidarprinzips.

c) Gesundheitliche Trennungslinien

Manches kann man aus der Geschichte lernen, u.a., dass ein weit gefasster Gesundheitsbegriff nicht automatisch etwas „Besseres" oder „Wünschenswertes"
darstellt. Die soziale Hygiene der Weimarer Zeit verdeutlicht „die Ambivalenz
im Verhältnis von positiven und negativ-repressiven Maßnahmen" (Sach-
ße/Tennstedt 1988, 136). Wie Sachße und Tennstedt rekonstruieren, wurden
Maßnahmen direkter Kontrolle zunächst zurückgenommen, aber komplementär
dazu Steuerungspotentiale aufgebaut und „Risikogruppen" verschärft kontrolliert. Die These der Autoren, dies sei kein historischer Zufall, sondern systematisch mit Gesundheitsnormen assoziiert, muss zu denken geben, denn wer einen
positiven Gesundheitsbegriff fordert, transportiert Risikobotschaften und er muss
fragen, wer der Verantwortung zu ihrer Übernahme – im (vermeintlichen) Interesse für den Schutz der Gesamtheit – durch seine individuelle Leistungsfähigkeit nicht nachkommen will oder kann. Und dann ist zu fragen, wie mit den
Betreffenden zu verfahren ist: Sind sie leistungsunwillig und deshalb „selbst
schuld" oder benötigen sie Unterstützung? Derartige Entscheidungen müssen
getroffen werden, wenn behauptet wird, Gesundheit sei eine Frage individueller
Anstrengung, und die entsprechenden Personenkreise werden abhängig von
politischen Entscheidungen und kulturellen Einschätzungen.

Zwar ist einzuwenden, dass auch der Umgang mit Kranken im Rahmen des
biomedizinischen Modells von Entscheidungen abhängt. Aber in diesem Fall
sind Verantwortungsattributionen reduziert, während die Sozialpädagogik nun
mit neuen sozialen, gesundheitsbezogenen Grenzziehungen konfrontiert ist:
Neben den „rationalen" Förderer der eigenen Gesundheit tritt derjenige, der
durch Inaktivität Krankheit in Kauf nimmt oder sie durch Fehlverhalten sogar
fördert. Was ist zu folgern, wenn durch diese (vermeintliche) Inaktivität Krankheiten verbreitet werden, die sich schnell verbreiten können? Würde eine salutogenetische Sozialpädagogik die damit angedeutete mögliche Anbahnung von Re-
pressivität ignorieren, so würde sie unbewusst einer Stigmatisierung ihrer Klientel das Wort reden.

Es wird festgestellt, aus salutogenetischer Sicht solle sich die Sozialpädagogik von der Trennung von „krank" und „gesund" sowie von „abweichend" und
„normal" distanzieren und statt dessen die positive Seite der Ressourcen und der
Gesundheit in den Blick nehmen. Es ist aber nicht zu leugnen, dass Trennlinien
faktisch bestehen und einen Punkt bilden, von dem aus die Interessen und Rechte

benachteiligter Kreise in den Blick genommen werden müssen. Damit kann der gegenteilige Schluss Plausibilität beanspruchen, nämlich dass es angezeigt ist, sich von der Trennung nicht abzuwenden. Es scheint gerade im Kontext einer positiven Sorge um die Gesundheit nötig, gesundheitsbezogene Ungleichheiten und Benachteiligungen als Politikum zu betrachten (vgl. Hörmann 1997).

Es wäre fatal, die salutogenetische Sichtweise in dem Sinne misszuverstehen, als könne jeder seine Gesundheit nach eigenem Willen „basteln". Weder ein weites noch ein enges Verständnis von Salutogenese lassen sich in diesem Sinne wenden, denn entscheidend ist die Auseinandersetzung des Menschen mit seiner Umwelt und die stets nur partiell vom Einzelnen zu leistende Macht über Gesundheit. Ohne gesundheitsförderliche Rahmenbedingungen und Ressourcenausstattungen tendiert die Aufforderung zu gesundheitlicher Eigenverantwortung zum Zynismus oder zum bloßen Fitnesskult. Werden diese Voraussetzungen allerdings bedacht und ernst genommen, so erscheinen salutogenetische Perspektiven ertragreich. Sie müssen darauf drängen, die gesundheitsbezogene Aktivität und Selbstverantwortung des Einzelnen in Abhängigkeit von seinen Ressourcen und gesellschaftlichen Partizipationschancen wahrzunehmen, nicht als singuläre Leistung.

Literatur

Antonovsky, A. (1991): Meine Odyssee als Stressforscher. In: Jahrbuch für kritische Medizin. 17. Jg., S. 112-130.

Antonovsky, A. (1993): Gesundheitsforschung versus Krankheitsforschung. In: Franke, A./Broda, M. (Hg.): Psychosomatische Gesundheit. Versuch einer Abkehr vom Pathogenese-Konzept. Tübingen. S. 3-14.

Antonovsky, A. (1997): Salutogenese. Zur Entmystifizierung der Gesundheit. Tübingen.

Baecker, G./Bispinck, R./Hofemann, K./Naegele, G. (2000[3]): Sozialpolitik und soziale Lage in Deutschland. Bd. 2: Gesundheit und Gesundheitssystem, Familie, Alter, soziale Dienste. Wiesbaden.

Bauman, Z. (1995): Identitätsprobleme in der Postmoderne. In: Widersprüche. 15. Jg., S. 11-21.

Bengel, J./Strittmatter, R./Willmann, H. (1999[3]): Was erhält Menschen gesund? Antonovskys Modell der Salutogenese. Diskussionsstand und Stellenwert. Köln (BZgA).

Bründel, H. (2004): Jugendsuizidalität und Salutogenese. Hilfe und Unterstützung für suizidgefährdete Jugendliche. Stuttgart.

Butterwegge, C. (2005[2]): Krise und Zukunft des Sozialstaates. Wiesbaden.

Canguilhem, G. (1979): Der Beitrag der Bakteriologie zum Untergang der „medizinischen Theorien" im 19. Jahrhundert. In: ders. (Hg.): Wissenschaftsgeschichte und Epistemologie. Gesammelte Aufsätze. Frankfurt a.M. S. 110-133.

Engel, G.L. (1977): The need for a new medical model. A challenge for biomedicine. In: Science. Bd. 196. S. 129-136.

Franke, A. (1997): Zum Stand der konzeptionellen und empirischen Entwicklung des Salutogenesekonzepts. In: Antonovsky, A.: Salutogenese. Zur Entmystifizierung der Gesundheit. Tübingen. S. 169-190.

Franzkowiak, P./Hurrelmann, K. (2004[5]): Gesundheit. In: Bundeszentrale für gesundheitliche Aufklärung (Hg.): Leitbegriffe der Gesundheitsförderung. Schwabenheim a.d. Selz. S. 52-55.

Franzkowiak, P./Sabo, P. (Hg.) (1998[2]): Dokumente der Gesundheitsförderung. Mainz.

Franzkowiak, P./Wenzel, E. (1989): In Zukunft Gesundheit? Notizen zum einseitigen Liebeswerben der „neuen Prävention" um Sozialarbeit und Sozialpädagogik. In: Böllert, K./Otto, H.-U. (Hg.): Soziale Arbeit auf der Suche nach Zukunft. Bielefeld. 113-128.

Franzkowiak, P./Wenzel, E. (1990): Gesundheitsförderung: Karriere und Konsequenzen eines Trendbegriffs. In: Psychosozial. 12. Jg. Heft 2. S. 30-42.

Gerhardt, U. (1999): Gesundheit und Krankheit als soziales Problem. In: Albrecht, G./Groenemeyer, A./Stallberg, F.W. (Hg.): Handbuch soziale Probleme. Opladen/Wiesbaden. S. 402-418.

Gerlinger, T. (2003): Rot-grüne Gesundheitspolitik 1998-2003. In: Aus Politik und Zeitgeschehen. B 33-34, S. 6-13.

Geyer, S. (2000): Antonovsky's sense of coherence – ein gut geprüftes und empirisch bestätigtes Konzept? In: Wydler, H./Kolip, P./Abel, T. (Hg.): Salutogenese und Kohärenzgefühl. Grundlagen, Empirie und Praxis eines gesundheitswissenschaftlichen Konzepts. Weinheim/München. S. 71-83.

Glatzer, W./Bös, M. (1997): Anomietendenzen im Transformationsprozess – Analysen mit den Wohlfahrtssurveys. In: Heitmeyer, W. (Hg.): Was treibt die Gesellschaft auseinander? Frankfurt a.M. S. 557-585.

Greco, M. (1993): Psychosomatic subjects and the „duty to be well": personal agency within medical rationality. In: Economy and Society. 22. Jg., S. 357-372.

Greco, M. (2000): Homo vacuus. Alexithymie und das neoliberale Gebot des Selbstseins. In: Bröckling, U./Krasmann, S./Lemke, T. (Hg.): Gouvernementalität der Gegenwart. Studien zur Ökonomisierung des Sozialen. Frankfurt a.M. S. 265-285.

Hansson, K./Cederblad, M. (2004): Sense of Coherence as a Meta-Theory for Salutogenic Family Therapy. In: Journal of Family Psychotherapy. 15. Jg., S. 39-54.

Hering, S./Münchmeier, R. (2003[2]): Geschichte der Sozialen Arbeit. Eine Einführung. Weinheim/München.

Höfer, R. (2000): Jugend, Gesundheit und Identität: Studien zum Kohärenzgefühl. Opladen.

Homfeldt, H.G./Hünersdorf, B. (Hg.) (1997): Soziale Arbeit und Gesundheit. Neuwied/Kriftel/Berlin.

Hörmann, G. (1997): Zur Funktion der Sozialarbeit im Gesundheitswesen: Von der Gesundheitsfürsorge zur Gesundheitsförderung. In: Homfeldt, H.G./Hünersdorf, B. (Hg.): Soziale Arbeit und Gesundheit. Neuwied u.a. S. 11-27.

Hörmann, G. (1999): Stichwort: Gesundheitserziehung. In: Zeitschrift für Erziehungswissenschaft. 2. Jg., S. 5-29.

Jacobs., C. (2000): Salutogenese. Eine pastoralpsychologische Studie zu seelischer Gesundheit, Ressourcen und Umgang mit Belastung bei Seelsorgern. Würzburg.

Jungbauer-Gans, M./Schneider, W. (2000): Gesundheit. In: Allmendinger, J./Ludwig-Mayerhofer, W. (Hg.): Soziologie des Sozialstaats. Gesellschaftliche Grundlagen, historische Zusammenhänge und aktuelle Entwicklungstendenzen. Weinheim/München. S. 201-236.

Kappeler, M. (2000): Der schreckliche Traum vom vollkommenen Menschen. Rassenhygiene und Eugenik in der Sozialen Arbeit. Marburg.

Keupp, H. (2000): Gesundheitsförderung als Ermutigung zum aufrechten Gang. Eine salutogenetische Perspektive. In: Sting, S./Zurhorst, G. (Hg.): Gesundheit und Soziale Arbeit. Gesundheit und Gesundheitsförderung in den Praxisfeldern Sozialer Arbeit. Weinheim/München. S. 15-40.

Körtgen, A. (1982): Die Gesundheit des Fürsten. Diätetische Vorschriften für eine herausgehobene Menschengruppe von der Antike bis zum Anfang des zwanzigsten Jahrhunderts. Frankfurt a.M./Bern.

Kühn, H. (1993): Healthismus: Eine Analyse der Präventionspolitik und Gesundheitsförderung in den U.S.A. Berlin.

Kühn, H. (1998): Gesundheit/Gesundheitssystem. In: Schäfers, B./Zapf, W. (Hg.): Handwörterbuch zur Gesellschaft Deutschlands. Opladen. S. 263-275.

Labisch, A./Woelk, W. (1998): Geschichte der Gesundheitswissenschaften. In: Hurrelmann, K./Laaser, U. (Hg.): Handbuch Gesundheitswissenschaften. Weinheim/München. S. 49-89.

McKeown, T. (1982): Die Bedeutung der Medizin. Traum, Trugbild oder Nemesis? Frankfurt a.M.

Mielck, A. (2000): Soziale Ungleichheit und Gesundheit. Empirische Ergebnisse, Erklärungsansätze, Interventionsmöglichkeiten. Bern u.a.

Mielck, A. (2002): Gesundheitliche Ungleichheit: Empfehlungen für Prävention und Gesundheitsförderung. In: Homfeldt, G./Laaser, U./Prümel-Philippsen, U./Robertz-Grossmann, B. (Hg.): Studienbuch Gesundheit. Soziale Differenz – Strategien – Wissenschaftliche Disziplinen. Neuwied/Kriftel. S. 45-63.

Noack, H. (1993): Gesundheit: Medizinische, psychologische und soziologische Konzepte. In: Gawatz, R./Nowak, P. (Hg.): Soziale Konstruktionen von Gesundheit. Wissenschaftliche und alltagspraktische Gesundheitskonzepte. Ulm. S. 13-32.

Ross, U.H. (2000): Die praktische Umsetzung des Salutogenesekonzeptes bei chronischem Tinnitus als systemischer Hörwahrnehmungsstörung. In: Wydler, H./Kolip, P./Abel, T. (Hg.): Salutogenese und Kohärenzgefühl. Grundlagen, Empirie und Praxis eines gesundheitswissenschaftlichen Konzepts. Weinheim/München. S. 161-171.

Sachße, C./Tennstedt, F. (1988): Geschichte der Armenfürsorge in Deutschland. Bd. 2: Fürsorge und Wohlfahrtspflege 1871 bis 1929. Stuttgart u.a.

Sarasin, P. (2001): Reizbare Maschinen. Eine Geschichte des Körpers 1765-1914. Frankfurt a.M.

Spijk, P.v. (1993): Gesundheitskonzepte in historischer Perspektive. In: Gawatz, R./Nowak, P. (Hg.): Soziale Konstruktionen von Gesundheit. Wissenschaftliche und alltagspraktische Gesundheitskonzepte. Ulm. S. 47-59.

Sting, S./Zurhorst, G. (Hg.) (2000a): Gesundheit und Soziale Arbeit. Gesundheit und Gesundheitsförderung in den Praxisfeldern Sozialer Arbeit. Weinheim/München.

Sting, S./Zurhorst, G. (2000b): Einführung: Gesundheit – ein Kernthema Sozialer Arbeit? In: dies. (Hg.): Gesundheit und Soziale Arbeit. Gesundheit und Gesundheitsförderung in den Praxisfeldern Sozialer Arbeit. Weinheim/München. S. 7-11.

Sünkel, W. (1994): Diätetik. Zur kategorialen Vorgeschichte der Gesundheitserziehung. In: ders.: Im Blick auf Erziehung. Reden und Aufsätze. Bad Heilbrunn. S. 29-38.

Welbrink, A./Franke, A. (2000): Zwischen Genuss und Sucht – das Salutogenesemodell in der Suchtforschung. 43-55. In: Wydler, H./Kolip, P./Abel, T. (Hg.): Salutogenese und Kohärenzgefühl. Grundlagen, Empirie und Praxis eines gesundheitswissenschaftlichen Konzepts. Weinheim/München. S. 43-55.

Sozialraum

Fabian Kessl, Sandra Landhäußer und Holger Ziegler

„Wenn wir wollen, dass die Menschen ihr Leben selber in die Hand nehmen können, führen können, ihren Alltag selber bewältigen können, so dass möglichst Probleme nicht entstehen, müssen wir gucken, dass im sozialen Raum Ressourcen, Gelegenheitsstrukturen, Qualitäten, Zugang zu Hilfen, zu Know-how, zu Beratung, zu Kontakt, zu Entlastung, zu Rekreation usw. vorhanden sind. Nur dann funktioniert Prävention. Wenn Prävention nicht funktioniert, dann muss man immer mehr Sozialarbeiter haben, die immer mehr Probleme bearbeiten, ohne dass wir die Ursachen für diese Probleme jemals abstellen können. Und das ist ein ganz simpler, einfacher Grund, warum der Sozialraum für uns Sozialarbeiter so wichtig ist." (Münchmeier 2003: 2f.)

„Wenn sich die Kolleginnen und Kollegen aus einem ‚Sozialraum-Team' (…) zusammensetzen würden, um darüber nachzudenken, gemeinsam, was diese Sozialraumorientierung im Kontext radikaler Streichungen im Sozialhaushalt alles für Fallen beinhaltet und wie hier ein unter fachlichen Gesichtspunkten betrachtet wichtiges Prinzip politisch funktionalisiert wird, wenn sie die Sozialraumorientierung gegeninterpretieren würden (…), wenn sie es hinkriegen würden, sich außerhalb ihrer Qualifizierungsmodule, die sie machen müssen, mit dem Kollegen Hinte und anderen hinzusetzen und zu sagen: ‚Wir wollen doch mal selbst darüber nachdenken, was das eigentlich jetzt zu diesem Zeitpunkt bedeutet', wäre das ganz toll." (Kappeler/Müller 2006: 151)

1. Kommt die Soziale Arbeit im Sozialraum zu sich selbst?

Seit Anfang der 1990er Jahre wird Soziale Arbeit vielfach mit der Forderung konfrontiert, ihr Vorgehen und ihre Organisationsformen grundlegend zu verändern. Insbesondere auf drei Aspekte wird dabei abgestellt: einen Primat *präventiver* Vorgehensweisen, eine *adressatenorientierte* Ausgestaltung sozialpädagogischer Dienstleistungsangebote und deren Überprüfung auf *Effizienz* und *Effektivität*. Für jeden dieser Aspekte lassen sich entscheidende Diskursereignisse benennen. Das heißt von diesen Punkten aus ist eine veränderte Thematisierung im Sinne der drei Aspekte zu beobachten. Die damit identifizierbaren Diskursstränge finden sich auch in der aktuellen Diskussion um eine sozialraumorientierte Soziale Arbeit wieder, wie im Folgenden am Beispiel aktueller Beiträge illustriert wird. Auch eine sozialraumorientierte *Aktivierung* – und dies stellt einen Kernbereich von Sozialraumorientierung in der Sozialen Arbeit dar – soll präventiv, adressatenorientiert und effektiv wie effizient vollzogen werden.

Mit der Verabschiedung des Kinder- und Jugendhilfegesetzes ((KJHG) SGB VIII, Achtes Buch), das zum 01.01.1991 bundesweit in Kraft getreten ist, wird das Primat der *Prävention* juristisch fixiert. Während im Vorgängergesetz, dem Jugendwohlfahrtsgesetz (JWG) vom 11. August 1961 in § 3 Abs. 1 die Aufgabe der Jugendhilfe noch in folgender Weise bestimmt wird: Sie „soll die in der Familie des Kindes begonnene Erziehung unterstützen und ergänzen", lautet die entsprechende Funktionsbeschreibung der Kinder- und Jugendhilfe inzwischen: „Jugendhilfe soll (...) junge Menschen in ihrer individuellen und sozialen Entwicklung fördern und dazu beitragen, Benachteiligungen *zu vermeiden* oder abzubauen" (Hervorh., d. Verf.). Insbesondere für die Angebote der Kinder- und Jugendhilfe, das heißt für eine gezielte Förderung der nachwachsenden Generation, wird seither in verstärktem Maße eine *fallunspezifische* Ausgestaltung gefordert. Denn die veränderten Lebensbedingungen machten ein neues Verständnis von „öffentlicher Verantwortung für das Aufwachsen von Kindern und Jugendlichen" erforderlich, so schreiben beispielsweise die Autorinnen und Autoren des 11. Kinder- und Jugendberichts ein Jahrzehnt nach Inkrafttreten des KJHG. Die Lebensbedingungen müssten demnach so gestaltet werden, „dass die Eltern und die jungen Menschen für sich selbst und für einander Verantwortung tragen können" (BT-Drucksache 14/8181: 42). Zukünftige Notlagen (Erwerbslosigkeit, Armut, Sucht oder Devianz) gelte es möglichst frühzeitig durch nicht mehr primär einzelfallbezogene, aber dennoch personenbezogene Interventionen zu verhindern. Oder wie es Richard Münchmeier in dem eingangs zitierten Interview zur sozialpädagogischen Sozialraumorientierung ausdrückt: „Soziale Arbeit soll nicht warten bis das Kind in den Brunnen gefallen ist, also bis alle Jugendlichen und Erwachsenen Probleme haben, sondern (...) dazu beitragen, dass Probleme möglichst gar nicht entstehen" (Münchmeier 2003: 2).

   Adressatenorientierung stellt das verbindende Element der für die Soziale Arbeit sehr einflussreichen Kinder- und Jugendberichte Anfang der 1990er Jahre dar: Sowohl dem achten als auch dem neunten Jugendbericht liegt eine modernisierungstheoretische Diagnose der „Individualisierung von Lebensführung" zu Grunde. Lebenslagen, so die Annahme, unterlägen nicht mehr eindeutigen Normalisierungsmustern. Vielmehr sei eine „generelle Risikostruktur" für potenziell alle Gesellschaftsmitglieder entstanden und daher seien nicht mehr nur marginalisierte Schichten zu den Nutzerinnen und Nutzern sozialpädagogischer Unterstützungsangebote zu zählen (BT-Drucksache 13/70: 582). Damit brächen auch die „konventionellen Praxisformen" (ebd.) bzw. das „alte Konzept einer Einheit der Jugendhilfe" (BT-Drucksache 11/6576: 80) auf. Sozialpädagogische Interventionsformen müssten nunmehr explizit an den Bedarfen der Betroffenen ausgerichtet werden, um auf die veränderten Lebensverhältnisse (Individualisierung und Pluralisierung) angemessen reagieren zu können. Während die Expertenkommission des achten Jugendberichts Partizipation von Kindern und Jugendlichen dann für konstitutiv hält, wenn Jugendhilfe darauf abzielt, „daß Menschen sich als Subjekte ihres eigenen Lebens erfahren" (BT-Drucksache 11/6576: 88), unterlegen die Autorinnen und Autoren des neunten Jugendberichts ihrer Schlussfolgerung eine dienstleistungstheoretische Prämisse: Sozialpädagogische Angebote seien als personenbezogene Dienstleistungsangebote funktional nur bei einer Beteiligung der Adressatinnen und Adressaten zu realisieren (*Prinzip des Uno-Actu*). Denn andernfalls könne eine personenbezogene Dienstleistung nicht vollzogen werden: Wie beim Frisör die Anwesenheit des Kunden erforderlich sei, setze auch eine sozialpädagogische Beratungssituation oder ein Angebot der Kinder- und Jugendarbeit die Beteiligung der Nutzerinnen und Nutzer voraus. Ob programmatisch-konzeptionell oder funktional, die Schlussfolgerung beider Expertenkommissionen ist strukturanalog: Soziale Arbeit kann nichts ohne eine Beteiligung der Nutzerinnen und Nutzer. Damit werde die Ausrichtung sozialpädagogischer Handlungsvollzüge an den Betroffenen, ihre Adressatenorientierung also, zur Grundvoraussetzung angemessener Hilfen zur Bewältigung sozialer Lebensführungsprobleme. Dies wiederum müsse dazu führen, dass das Umfeld, die Lebenswelt, die Situativität und Kontextualität – oder anders gesprochen: die Umstände vor Ort – eine besondere Berücksichtigung finden. Wenn nicht an den vorhandenen Alltagsstrukturen angedockt werde, bestünde die Gefahr, vorhandene institutionelle Sichtweisen zu reproduzieren und damit an den Bedarfen der Adressatinnen und Adressaten vorbei zu zielen. Lebensweltwie dienstleistungsorientierte Deutungsangebote sind in diesem Sinne skeptisch gegenüber vorgestanzten sozialpädagogischen Angebotsstrukturen. Die angestrebten, alternativen Vorgehensweisen müssten vielmehr im „Erfahrungsraum der Adressaten unmittelbar präsent sein" (BT-Drucksache 11/6576: 87) und damit direkt an den „Aktivitäten des nachfragenden Subjekts" ansetzen (BT-Drucksache 13/70: 583). Hier deutet sich bereits die konzeptionelle Anschlussstelle für eine sozialraumorientierte Soziale Arbeit an, die sich Wolfgang Budde und Frank Früchtel zufolge dadurch auszeichne, dass „wie in keinem anderen Konzept der Wille der Betroffenen ernst genommen, ihre Möglichkeiten genutzt und passgenaue Lösungen entwickelt werden" (Budde/Früchtel 2006: 11; vgl. auch Weißenstein 2006: 22). Schließlich richte sich eine sozialraumorientierte Hilfegestaltung „ausschließlich an den Zielen der Betroffenen aus" (Stephan 2006: 14).

Mit diesen Hinweisen auf die Passgenauigkeit der Hilfen ist die Verbindungslinie zum dritten diskursiven Knotenpunkt markiert. Seit den 1970er Jahren werden die wohlfahrtsstaatlich verfassten Sicherungssysteme zunehmend mit Blick auf ihre *Effizienz* und *Effektivität* hin befragt und in Frage gestellt. Vor dem Hintergrund eines historisch bis dahin einmaligen Ausbaus sozialer Sicherungsstrukturen wird vor allem auf drei Konfliktlinien aufmerksam gemacht: Die deutlich angestiegenen Erwerbslosenzahlen, die veränderten Anforderungen einer sich zunehmend globalisierenden Ökonomie sowie die Überkommenheit einer strukturell verankerten Normalisierung von Lebensführungsweisen (Lohnarbeitszentrierung, traditionelle Geschlechterrollenmuster und Kleinfamilienstruktur). Mit Verweis auf diese Konfliktlinien werden funktionale wie legitimatorische Defizite des scheinbar gleichzeitig omnipräsenten und impotenten wohlfahrtsstaatlichen Arrangements skandalisiert. Während die politische ‚Linke' die disziplinierenden, asymmetrischen und expertokratischen Machtverhältnisse und eine Regulierung der Armen kritisiert (vgl. u.a. Illich 1975), lautet eine zentrale Kritik von ‚rechts' (vgl. u.a. Schelsky 1972) dass öffentliche Wohlfahrt nur wenig effektiv sei, weil sie unnötig in die Lebensführung der Gesellschaftsmitglieder eingreife. Ineffektiv sei eine solche staatlich verordnete Unfreiheit, weil sie verhindere, dass sich das kreative Potenzial „kluger Köpfe" freisetzen könne. Dieser Umstand sei aber für den wirtschaftlichen Fortschritt Grundvoraussetzung. Ferner sei die Finanzierungsgrundlage öffentlicher Wohlfahrt aufgrund der gestiegenen Erwerbslosigkeit und der Globalisierung der Wirtschaftsräume brüchig geworden. Vor allem kommunale Haushalte weisen seither immer vehementer auf ihre finanziellen Engpässe hin, zu denen der Einbruch der Gewerbesteuereinkünfte, gestiegene Kosten bei sozialpädagogischen Angeboten, wie den Hilfen zur Erziehung, und die steigende Zahl von „transferleistungsabhängigen" Personen geführt hätten. Eine radikale Umsteuerung der Organisationsstrukturen sozialer Dienstleister soll diesen Notstand beheben helfen. Für den sozialen Dienstleistungsbereich lässt sich von einer managerialistischen Neujustierung sprechen, die auf eine Steigerung der Wirksamkeit (*Effektivität*) und Wirtschaftlichkeit (*Effizienz*) der Sozialen Arbeit abzielt. Die Ausformulierung der bis heute prägenden Grundlinien für diese Umgestaltung der Sozialen Arbeit als Bestandteil öffentlicher Wohlfahrt hat Anfang der 1990er Jahre die Kommunale Gemeinschaftsstelle für Verwaltungsvereinfachung (KGSt) vorgenommen. Die so genannten KGSt-Papiere zu dem Modell der „Neuen Steuerung" bzw. einer „outputorientierten Steuerung" (vgl. KGSt 1993, 1994) waren ausschlaggebend für diesen Teil des Prozesses der Ökonomisierung des Sozialen in den Feldern Sozialer Arbeit (vgl. Pothmann 2003). Sozialraumorientierung nimmt diesen Diskursstrang vor allem über die Propagierung und Implementierung des Instruments des Sozialraumbudgets auf. Diese stadtteil- oder quartiersbezogene Budgetierung soll eine passgenauere und damit effizientere wie effektivere Präventions- und Interventionsarbeit ermöglichen. Dabei wird die klassische Fallfinanzierung als ein präventionsfeindliches, Probleme gerade produzierendes Instrument mit ‚fatalen Folgen' denunziert, das Träger und Fachkräfte dazu provoziere, „so intensiv und so lange wie möglich besonders bei den Fällen zu arbeiten, die möglichst einfach zu bearbeiten sind. […] Individuelle Rechtsansprüche von Betroffenen entstehen erst dann, wenn die Menschen ‚kaputt' sind. So geht fatalerweise viel Geld den Bach hinunter, an dem die Sozialindustrie ihre Mühlen gebaut hat und wenig Geld bleibt dafür aufzupassen, dass die Kinder nicht hinein fallen" (Budde/Früchtel 2005: 13). Demgegenüber trage das Sozialraumbudget „dazu bei, dass die Träger, die über das Geld bereits als Budget zu Anfang des Jahres verfügen können, viel stärker daran interessiert sind, keine Fälle zu erhalten, sondern Fälle zu verhindern oder sie zumindest möglichst zügig entsprechend der vereinbarten Standards zu bearbeiten. Die Träger werden also aktiv daran mitarbeiten, Prävention zu betreiben" (Hinte 1999: 170). Sozialraumbudgets würden es damit ermöglichen, „dass wesentlich mehr Leistung mit dem gleichen Geld erzielt wird", und werden entsprechend zum Garant dafür erhoben, dass die „pädagogische und ökonomische Logik die gleiche Zielrichtung haben". (Stephan 2006: 16; vgl. auch Liedtke/Juchems-Voets 2006: 18). Dies gilt, zumal es ja nicht darum gehe, möglichst viele Ressourcen in den Stadtteilen zu verausgaben. Denn, so das Argument, eine sozialraumorientierte Arbeit ziele „weniger auf Kompensation von Defiziten, sondern mehr auf die Gestaltung von Lebenswelten und auf die Mobilisierung von Ressourcen im unmittelbaren Bezugssystem ihrer Adressaten" (Schnurr 2005: 139).

Bemerkenswert ist mit Blick auf die Konjunktur von Programmen einer sozialraumorientierten Sozialen Arbeit in den letzten zehn Jahren, dass die Forderungen nach einer präventiven, adressatenorientierten und effizienten wie effektiven (Neu-)Justierung Sozialer Arbeit sich hier konzeptionell in einer verblüffenden Art und Weise vereinen. Legt man die drei Forderungen nach Prävention, Adressatenorientierung und Effizienz wie Effektivität als Prämissen einer ‚zeitgemäßen Sozialen Arbeit' zugrunde, scheint diese in den Programmen einer sozialraumorientierten Sozialen Arbeit zu sich selbst zu finden. Belegt scheint diese Einschätzung sowohl durch die Konjunktur sozialraumorientierter Strategien sowie die weitgehende Einigkeit in Profession und Disziplin über die Notwendigkeit und Angemessenheit sozialraumorientierter Vorgehensweisen.[1]

---

[1] Dieser Hinweis sollte nicht dahingehend missverstanden werden, es lägen keine kontroversen Einschätzungen zur Frage der Notwendigkeit und Angemessenheit sozialraumorientierter Strategien vor (vgl. Dahme/Wohlfahrt 2002; Landhäußer/Otto/Ziegler 2005; Hinte 2002; Kessl 2005a; Schipmann 2002). Allerdings beschränken sich diese häufig auf die Frage nach einer „richtigen Sozialraumorientierung" und zielen zumeist nicht darauf, diese generell in Frage zu stellen. Auch dieser Umstand deutet darauf hin, dass die Soziale Arbeit hier zu sich selbst zu kommen scheint. Denn wenn grundlegende Einwände fast unmöglich erscheinen, deutet einiges darauf hin, dass diese von den potenziellen Kritikerinnen und Kritikern als Häretiker- oder Ketzertum, das heißt als Angriff auf Glaubensgrundsätze, angesehen werden. Und einem solchen Verdacht möchten sich all diejenigen nicht unterziehen, deren Selbstverständnis durch ein Zugehörigkeitsgefühl – in diesem Fall zur Sozialen Arbeit – geprägt ist.

Eine solche Übereinstimmung ist allerdings durchaus verblüffend, weil andere Neujustierungsversuche mit strukturanalogem Inhalt, wie die Stadtteilorientierung der 1970er und 1980er Jahre, die ersten lebensweltorientierten Konzepte, gemeinwesenarbeiterische Strategien oder Versuche der dienstleistungstheoretisch basierten Nutzerorientierung, keineswegs Einigkeit ausgelöst haben, sondern zum Teil vehementen Einspruch. Es stellt sich somit die Frage, wie diese Übereinstimmung zu erklären ist.

Mit den nachfolgenden Überlegungen soll ein Antwortversuch auf diese Frage formuliert werden. Diesem liegt die Annahme zugrunde, dass nur eine politische Kontextualisierung und eine empirische Vergewisserung Klärung bringen können. Deshalb wird zunächst ein Blick auf den politischen Kontext der sozialpädagogischen Sozialraumorientierung geworfen, wie sie in den letzten Jahren entwickelt und gefordert wurde. Anschließend werden die konkreten Sachverhalte, an denen eine sozialraumorientierte Soziale Arbeit ansetzen will, fokussiert.

2. In welchem politischen Kontext stehen die Programme einer sozialraumorientierten Sozialen Arbeit?

Die gegenwärtig propagierte Perspektive einer sozialraumorientierten Sozialen Arbeit steht im Kontext grundlegender Veränderungen von sozialpolitischen Steuerungsformen, die häufig als „neo-liberal" gekennzeichnet werden. Die bisherigen wohlfahrtsstaatlichen Arrangements werden einer Transformation unterzogen, mit der allerdings entgegen der allgemeinen Neoliberalismus-Diagnose keineswegs nur auf einen ‚marktradikalen Rückzug des Sozialstaats', sondern auf veränderte Formen der Erzeugung und Regulation sozialer Ordnungen insgesamt gezielt wird. Das Soziale in seiner bisherigen Gestalt (*wohlfahrtsstaatliches Arrangement*) wird grundlegend transformiert. Daher scheint die Charakterisierung der aktuellen Transformationsprozesse als *neo-sozial* einsichtig. Denn die Frage nach den „sozialen Bindekräften" oder dem „Leim, der die Gesellschaft zusammenhält", hat nicht generell an Bedeutung verloren und weicht einem radikalen Liberalismus (*Neo-Liberalismus*), sondern wird auf eine veränderte Weise thematisiert und problematisiert. Die dabei bevorzugte Antwort heißt nicht mehr „Wohlfahrtsstaat" im Sinne einer öffentlich organisierten und sichergestellten administrativen Solidarität: „Nicht eine Abnahme staatlicher Souveränität und Planungskapazitäten, sondern eine Verschiebung von formellen zu informellen Formen der Regierung lässt sich beobachten. Diese umfasst die Verlagerung von nationalstaatlich definierten Handlungsmustern auf suprastaatliche Ebenen ebenso wie die Etablierung neuer Formen von ‚Subpolitik', die gleichsam ‚unterhalb' dessen operieren, was traditionellerweise das Politische ausmachte" (Lemke/Krasmann/Bröckling 2000: 26). Die aktuell zu beobachtenden neo-sozialen Transformationsprozesse streben nach einem „reformierten Wohlfahrtskapitalismus, der das Soziale in und an der Marktwirtschaft neu definiert und die Idee der Sozialbindung des Eigentums reinterpretiert – als gemeinwohlorientierte Nutzung der Verfügungsrechte der Individuen über sich selbst", wie Stephan Lessenich formuliert (Lessenich 2003: 91; vgl. Kessl/Otto 2003; Ziegler 2004; Richter 2004).

Im Zuge dieser neo-sozialen Transformationsprozesse wird eine Aktivierung der an die Träger gebundenen („*Humankapital*") sowie interpersonal und sozialökologisch eingebetteten Ressourcen („*Sozialkapital*") zunehmend zu einem zentralen Steuerungsmittel erklärt. Von materieller (Um-)Verteilung und direkten Transferzahlungen soll möglichst abgesehen werden. Bisherige wohlfahrtsstaatliche Unterstützungsleistungen werden als kontraproduktiv betrachtet. In Bezug auf den Arbeitsmarkt zeigt sich dies beispielhaft in der faktischen Abschaffung der Arbeitslosenhilfe, der Reduzierung aktiver Arbeitsförderungsmaßnahmen (z.B. ABM) und eines längerfristigen Arbeitslosengeldes. Denn diese Strategien hätten keinen arbeitsmarktpolitischen Erfolg gebracht, behaupten die neuen Aktivierungspropheten (vgl. Sinn et al. 2002: 8-10). Denn vor allem die monetär garantierten Hilfeleistungen seien der Grund dafür, dass erwerbslosen Gesellschaftsmitgliedern jegliche Motivation abhanden gekommen sei, vor allem eine gering bezahlte Beschäftigung zu übernehmen, obwohl genau in diesem Segment der so genannten „Niedriglohnjobs" das größte Arbeitsplatzpotenzial bereit liege.

Statt der redistributiven werden daher jetzt die „sozialinvestiven Bereiche" sozialpolitischer Aktivitäten ins Zentrum des Interesses gerückt. Im Zusammenhang mit dieser Neuausrichtung geht es um „ermunternde" Formen politischen Steuerns und kooperativen Ermöglichens, aber auch um Fragen der „Sozio-Kultur", des „bürgerschaftlichen Engagements" und der richtigen, verantwortungsvollen und „zivilen" Gesinnung der betroffenen Akteurinnen und Akteure. Vergewissert man sich dieses Kontextes, ist es kaum verwunderlich, dass Soziale Arbeit als eine personenbezogene soziale Dienstleistung relativ zu Geldleistungen innerhalb aktueller politischer Programme aufgewertet wird. Sie wird dabei allerdings aufgefordert, ihre bisherige sozialpädagogische Handlungsmaxime einer individuellen Unterstützungsorientierung grundlegend zu überdenken. Es solle nun eine neue Formel gelten, nämlich „Handlungsdruck statt Übernahmegarantie" (Esch et al. 2001: 522). Doch nicht nur für die Felder der Sozialen Arbeit habe diese neue Prämisse der Aktivierung zu gelten. Denn um nicht zuletzt diese demotivierten Gesellschaftsmitglieder wieder zur Eigenverantwortung zu bewegen, wird der Wohlfahrtsstaat selbst zum pädagogischen Akteur umdefiniert: Zentrales Prinzip der neuen – mitunter durchaus neo-patrimonialen (vgl. Groh-Samberg/Grundmann 2006) – aktivierungspolitischen Strategien ist eine staatlich inszenierte *Aktivierungspädagogik*, wie – auch hier symptomatisch – am Feld der Arbeitsmarktpolitik und der mit ihr verbundenen Berufshilfe beobachtet werden kann (vgl. Kessl 2006). Erwerbslose Gesellschaftsmitglieder müssen beispielsweise an so genannten Eingliederungsmaßnahmen teilnehmen, um nicht ihren Anspruch auf öffentliche Unterstützungsleistungen zu verlieren. Inwiefern diese Maßnahmen dem Betroffenen für einen Wiedereinstieg in den Arbeitsmarkt dienlich sind, ist dabei zweitrangig. Vorrangig ist ihre Demonstration von Bereitschaft zur Übernahme der geforderten Eigenverantwortung. Der Staat tritt hierbei in der Rolle des Erziehers auf: Der Erzieher gibt vor, der Zögling gehorcht - wenn nicht, wird er bestraft.

Als kleinräumige Strategie der Aktivierung und (Re-)Arrangierung informeller „kleiner Netze" (Brocke 2004), die zu einem wesentlichen Bestandteil öffentlicher Versorgung auf- und ausgebaut werden sollen, lässt sich eine sozialraumorientierte Soziale Arbeit in einem Entsprechungs- und Verstärkungsverhältnis zu dieser sozialpolitischen Neuausrichtung im Sinne eines aktivierenden Staates verstehen. Denn die neuen aktivierungspädagogischen Strategien sind ironischerweise gerade deswegen an die Soziale Arbeit so anschlussfähig, weil sie an deren relativ ausgeprägte staatskritische Haltung andocken können (vgl. Schaarschuch 2003: 37; Kessl 2005a: 75ff.). Ein solcher staatskritischer Impuls findet sich auch innerhalb neo-sozialer Transformationsprozesse wieder, sind diese doch dadurch gekennzeichnet, dass wohlfahrtsbezogene Dienste „disillusioned with the mechanisms of state government, turn to the possibilities of local and grassroots ‚capacity-building' to achieve their ends" (Heffron 2000: 478). Soziale Arbeit kann sich damit, so die Unterstellung, endlich ihrer scharf kritisierten Rolle als verlängerter Arm des Staates entledigen. Die Pointe dieser Perspektive ist, dass der Staat selbst staatskritisch zu werden scheint, was auf die Begeisterung vieler ausgeprägt staatskritisch argumentierender Sozialpädagoginnen und Sozialarbeiter trifft: „Die Revolution ist vorbei, wir haben gesiegt" (Oelschlägel/Hinte/Lüttringhaus/Preis 1997).

Damit verbunden ist das höchst verführerische Versprechen, den lange schon angestrebten Platz jenseits des „Systems" in der „Lebenswelt" der Adressatinnen und Adressaten einnehmen zu können. Denn die aktivierungspädagogischen Strategien setzen explizit auf einen Lebensweltbezug und ein damit verbundenes „Empowerment" der armen und/oder erwerbslosen Gesellschaftsmitglieder. Ihre nationalstaatlich scheinbar nicht mehr realisierbare Integration soll sich nun auf lokalem, das heißt kleinräumigem, Level affektiv und soziomoralisch einstellen (*nahräumliche Inklusion*). Verdeutlicht man sich auch diese Kontextdimension, wird deutlich, warum in der Diskussion um eine sozialraumorientierte Soziale Arbeit die typischerweise niedrige soziale und geographische Mobilität der Akteurinnen und Akteure in benachteiligten Gebieten plötzlich nicht mehr als problematisierungswürdig betrachtet wird. Sie wird vielmehr als eine „positive Ausgangsbedingung" für sozialraumorientierte Strategien betrachtet. Einige Protagonistinnen und Protagonisten dieser Strategien fordern bereits eine entsprechend veränderte „Erfolgsbewertung" sozialraumorientierter Ansätze, die sich „an den jeweils angemessenen Prozessen der Aktivierung (bzw. Mobilisierung) der QuartiersbewohnerInnen und dem Maß [ausrichten; d. Verf.], in dem die Bewohnerschaft ihre eigenen Möglichkeiten und Kompetenzen nutzen (können), um unabhängiger zu werden" (Alisch 2003: 2).

Die aktivierungspädagogischen Strategien rücken also sozialpädagogische Vorgehensweisen ins Zentrum, die auf eine Aktivierung wechselseitiger Selbsthilfe und Förderung der Selbstkoordinationsfähigkeit der Bewohnerinnen und Bewohner innerhalb ihres nahräumlichen Kontextes zielen. Der jeweils identifizierte Sozialraum stellt dabei mit seinen je spezifischen (Problem-)Charakteristika die zentrale Steuerungseinheit für entsprechende Planungsansätze dar, während „der Einzelfall seine zentrale Bedeutung zugunsten des ihn tragenden sozialen Raums" (Hinte 2004: 58) verliere[2].

Das zentrale Legitimationsargument in diesem Zusammenhang lautet: Diese lokale Konzentration von problembelasteten Akteurinnen und Akteuren führe zu sehr beschränkten sozialen Netzwerken, da sich die beteiligten Personen wiederum nur mit anderen Menschen in ähnlicher Situation zusammenfinden würden (vgl. Kazemipur 2000). Eine solche selektive Beschränkung der verfügbaren Netzwerke, die sich, so die Behauptung, vor allem in den „sozialen Brennpunkten" vorfänden, berge die Gefahr einer Entstehung von „Parallelgesellschaften" und einer „Kultur der Armut". In diesen „Problemgebieten" würde man sehen – so zitiert beispielsweise der STERN im November 2002 den wissenschaftlichen Leiter des deutschen Instituts für Urbanistik, Rolf-Peter Löhr[3] – „welche Kultur der Abhängigkeit der Sozialstaat geschaffen hat. Dort leben manche Leute schon in der dritten Generation von Sozialhilfe – da herrscht Sozialhilfeadel – die wissen gar nicht mehr, wie das ist, morgens aufstehen, sich rasieren, vernünftig anziehen und zur Arbeit fahren. Die kassieren ihr Geld vom Staat, machen nebenbei noch ein bisschen Schwarzarbeit, wenn sie nicht sogar kriminell werden.

---

[2] Es erscheint auf den ersten Blick nur allzu einsichtig, dass Soziale Arbeit diese identifizierten Bevölkerungsgruppen in den „sozialen Brennpunkten" als ihre Zielgruppen ansieht und die dort vorfindbaren menschlichen Notlagen nun als räumliche Probleme betrachtet. Schließlich findet sich eine empirisch dokumentierbare Konzentration sozialer Probleme in diesen Territorien, in diesen spezifischen Sozialräumen.

[3] Das Institut für Urbanistik wurde von Beginn des Bund-Länderprojekts „Soziale Stadt" an mit dessen wissenschaftlicher Begleitung beauftragt.

Wenn wir etwas bewegen wollen, müssen wir diese Leute aus ihrer Lethargie wecken, ihnen klar machen, dass sie für sich, ihre Stadt und ihr Viertel selbst verantwortlich sind". Heidede Becker et al. (2003: 11) fokussieren diese Behauptung für die nachwachsende Generation: Gerade Kinder und Jugendliche entwickelten demnach „eine ‚abweichende Kultur‘, da sie in einem Umfeld mit nur wenigen positiven Vorbildern und Repräsentanten eines ‚normalen‘ Lebens den Sinn von Schule, Ausbildung und Beruf nicht mehr ausreichend vermittelt bekommen, im Gegenteil: es erfolgt ein ‚negatives soziales Lernen". Das „Gefüge mehr oder minder dauerhafter sozialer Beziehungen, in die eine Person einbezogen ist" (BT-Drucksache 14/8118: 122), der „Nahraum" dieser Personen also, wird damit als defizitär definiert. Zugleich wird dieser im Sinne der Adressatenorientierung (Feldbezug, Lebensweltorientierung, Bürgernähe) als wesentlicher Ansatzpunkt für sozialpädagogische Interventionen bestimmt.

Die wesentliche Unterstellung ist hierbei, „that poor neighbourhoods in general lack the necessary qualities of self-help, mutuality and trust which could assist in their regeneration—and this in part explains, and is a cumulative product of, their decline" (Forrest/Kearns 2001: 2139). Auffällig ist daran allerdings, dass dieselben Netzwerke von spezifischen Akteurinnen und Akteuren damit auf der einen Seite pathologisiert, auf der anderen Seite als Ressource aktiviert und mobilisiert werden sollen (vgl. Duyvendak 2004). Über diesen Widerspruch hinaus werden bei einer genaueren, empirischen Betrachtung weitere Konfliktlinien bzw. Fallstricke einer sozialraumorientierten Sozialen Arbeit sichtbar. Diese stellen den Gegenstand des nächsten Kapitels dar.

3. Was sagt die Empirie zur sozialraumorientierten Sozialen Arbeit?

Die präventive Ausrichtung sozialpädagogischer Handlungsvollzüge im Rahmen einer sozialraumorientierten Sozialen Arbeit soll eine Problementstehung im Sinne eines manifesten Falles möglichst verhindern. Für die Protagonistinnen und Protagonisten einer sozialpädagogischen Sozialraumorientierung impliziert präventive Arbeit daher im Wesentlichen eine fallunspezifische Vorgehensweise. Wo und mit wem agiert Soziale Arbeit dann aber? Werden alle Bewohnerinnen und Bewohner solcher Wohnareale als potenzielle Adressatinnen und Adressaten angesehen, wie es etwa die Diagnose kleinräumiger Segregation, die eine trennscharfe Identifikation ‚benachteiligter Stadtteile‘ ermöglicht, nahe legt? Stellt ein so bestimmter „Sozialraum" überhaupt eine angemessene Bearbeitungsebene für die Soziale Arbeit dar?

Die Bestimmung eines bestimmten Gebiets als territoriale Grundlage einer sozialraumorientierten Sozialen Arbeit erfolgt gerade im Falle so genannter ‚benachteiligter Quartiere' häufig auf der Basis spezifischer, messbarer Problemcharakteristika, wie Armuts- und/oder Sozialhilfeempfängerquoten oder Kriminalitätsraten. Zugleich ist die Schlussfolgerung aus diesem Phänomen einer Konzentration von Problemlagen *in* einem bestimmten Raum, den Raum selbst als Ursache sowie als angemessene Problemlösungsebene zu betrachten, bemerkenswert. Denn eine solche Schlussfolgerung gerät allzu leicht in die Gefahr, einem folgenschweren ökologischen Fehlschluss aufzusitzen: Aus der Tatsache, dass Problemlagen räumlich identifiziert werden können, wird geschlossen, der Raum sei der zentrale Grund für ihre Entstehung und damit auch die angemessene Bearbeitungsebene (vgl. Duyvendak 2004).

Im Kontext eines DFG-Forschungsprojekts[4] sind wir auf der Basis einer umfangreichen Surveybefragung[5] der Frage nachgegangen, ob wesentliche, im Sozialraumdiskurs häufig erwähnte soziale Problemlagen sowie Unterschiede hinsichtlich Partizipation, die in den Debatten um die Zivilgesellschaft aber auch mit Blick auf die These der Entstehung räumlich identifizierbarer ‚Parallelgesellschaften' eine Rolle spielen, tatsächlich räumlich begründete Phänomene darstellen. So haben wir die typischen Indikatoren für „zivilgesellschaftliche" bzw. „Sozialintegration" wie „generalisiertes Vertrauen", „(politische) Beteiligung", die „Teilnahme an Wahlen" und die „Beteiligung an Vereinen und anderen Assoziationen", die sich scheinbar als sozialraumabhängig darstellen, regressionsanalytisch in einer Weise berechnet, die es erlaubt, gebietsspezifische Einflüsse trennscharf von gebietsunspezifischen sozialstrukturellen Einflüssen zu unterscheiden. Auf dieser Basis lässt sich dann beispielsweise bestimmen, ob es Sinn macht, von bestimmten ‚sozial benachteiligten Stadtquartieren' als „demokratiefreie(n) Zonen" (Stadt Bielefeld 2006: 6) zu sprechen oder ob die Beteiligung von bestimmten (Status-)Gruppen höher bzw. niedriger ist als die Beteiligung von anderen Gruppen – und zwar völlig unabhängig davon, in welchem Gebiet sie leben. Auf der Basis der vorgenommenen Regressionsanalysen konnte ein sehr deutlicher Einfluss von sozialstrukturellen Variablen wie Geschlecht, Migrationshintergrund (operationalisiert durch die Muttersprache der Befragten) und sozioökonomischen Status festgestellt werden, wohingegen (Sozial-)Raumeffekte eine zu vernachlässigende Größe darstellen (vgl. ausführlicher Landhäu-

---

[4] Das DFG-Projekt läuft unter dem Titel „Räumlichkeit und soziales Kapital in der Sozialen Arbeit. Zur Governance des sozialen Raums" und ist angesiedelt an der AG8: Sozialarbeit/Sozialpädagogik der Universität Bielefeld.

[5] Die Grundgesamtheit bilden knapp 4000 Personen zwischen 14 und 75, allesamt Bewohnerinnen und Bewohner eines Bielefelder Stadtteils, der zugleich einen statistischen Bezirk darstellt. Von ihnen wurde mittels Einwohnermeldeamtsdaten eine repräsentative Zufallsstichprobe gezogen, um letztlich n=491 Fälle bei einer Interviewdauer von durchschnittlich 45 Minuten realisiert zu haben (vgl. Landhäußer/Micheel 2005).

ßer/Micheel 2005). Beispielsweise verschwindet der scheinbar starke Zusammenhang zwischen Sozialraum und „Teilnahme an politischen Wahlen"[6] in regressionsanalytischen Berechnungen zugunsten starker Einflüsse durch das (hohe) Alter, (keinen) Migrationshintergrund sowie (hohen) sozioökonomischen Status (vgl. Abb. 1).

Abbildung 1: Lineare Regression zur abhängigen Variable ‚Wahl'

	Standardisierte Koeffizienten	Signifikanz
	Beta	
(Konstante)		,000
Geschlecht	-,001	,976
Alter	,354	,000
Muttersprache	,249	,000
Gebiet (‚benachteiligtes'/ ‚nicht-benachteiligtes' Quartier)	-,010	,827
sozioökonomischer Status	,296	,000

(nur Befragte über 18 Jahre mit deutscher Staatsangehörigkeit)

Für die Wahlbeteiligung zeigt auch Thomas Schwarzer am Beispiel Hannover für die Ebene von Stadtteilen auf, dass die Stadtteile mit den höchsten Arbeitslosen- und Sozialhilfezahlen die niedrigste Wahlbeteiligung aufweisen (vgl. Schwarzer 2001a). Hierbei scheint jedoch der Stadtteil eher die Ebene zu sein, auf der das Phänomen zwar gehäuft auftritt, aber nur deshalb, weil dort mehr oder weniger Menschen mit bestimmten sozialstrukturellen Merkmalen wohnen. Aufzuzeigen, dass es Unterschiede zwischen Quartieren oder Nachbarschaften gibt, ist eben nicht dasselbe wie das Aufzeigen von Nachbarschafts- oder Quartierseffekten. Während es unstrittig ist, dass sich Villenviertel in der Regel sowohl infrastrukturell als auch mit Blick auf ihre Bewohnerinnen und Bewohner von Stadtquartieren unterscheiden, in denen sich zum Beispiel in einem hohen Maß Sozialwohnungen oder erschwinglicher Wohnraum finden, sprechen die Ergebnisse unserer Forschungen zugleich dafür, dass viele der angeblichen Ge-

---

[6] ‚*Teilnahme an politischen Wahlen'* ist Ergebnis einer Hauptkomponentenanalyse aus den Antworten zu der Frage: An welchen der letzten dieser Wahlen haben Sie teilgenommen: Kommunalwahl, Landtagswahl, Bundestagswahl, Europawahl.

bietseffekte Scheineffekte sind, die mit dem Gebiet als solchem nahezu nichts zu tun haben. Dass diese Phänomene als sozialräumliche erscheinen, ist ein bloßer Verteilungs-, aber kein eigenständiger Raum- oder Kompositionseffekt. Er scheint lediglich dem Umstand geschuldet, dass in bestimmten Wohngebieten mehr oder weniger Menschen mit bestimmten sozialstrukturellen Merkmalen wohnen, die logisch wie praktisch unabhängig von der territorialen Verortung der Akteurinnen und Akteure bestimmte Handlungs- und Daseinsformen wahrscheinlicher bzw. unwahrscheinlicher machen.

Ein ähnliches Bild zeigt sich auch mit Blick auf (im weitesten Sinne) *politische Aktivitäten* jenseits der Beteiligung an Wahlen[7] – mit dem Unterschied, dass das Alter hier keine Rolle spielt, während direkte geschlechtspezifische Einflüsse zu messen sind (vgl. Abb. 2).

Abbildung 2: Lineare Regression zur abhängigen Variable ‚Aktion'

	Standardisierte Koeffizienten	Signifikanz
	Beta	
(Konstante)		,000
Geschlecht	,141	,003
Alter	,014	,784
Muttersprache	,200	,000
Gebiet (‚benachteiligtes'/ ‚nicht-benachteiligtes' Quartier)	,081	,119
sozioökonomischer Status	,260	,000

Das Gesamtbild bleibt das gleiche, wenn man neben den reinen Effekten einer territorialen Verortung der Befragten in ‚benachteiligten' oder ‚nicht-benachteiligten' Wohnquartieren auch die Binnendynamiken bzw. die ‚lokale Integrati-

---

[7] ‚*Aktion*' ist das Ergebnis einer Hauptkomponentenanalyse aus den Antworten zu den Fragen: Haben Sie in den letzten drei Jahren: …eine öffentliche Diskussionsveranstaltung besucht; …eine Geld- oder Sachspende gegeben; …an einer politischen Informations- oder Wahlveranstaltung teilgenommen; …an einer Protestveranstaltung oder einer Demonstration teilgenommen; …an einer Unterschriftenaktion teilgenommen; …ein Gericht oder die Polizei über ein Problem informiert; …Zeitung, Radio oder Fernsehen auf ein Problem aufmerksam gemacht (z.B. Leserbrief); (sind Sie) mit gewählten politischen Vertretern in Kontakt getreten.

on'[8] der Befragten berücksichtigt. Das Maß an ‚lokaler Integration' hat ebenfalls wenig oder keinen Einfluss auf die allgemeine politische Aktivität und Teilhabe der Befragten. Auch der häufig unterstellte Zusammenhang zwischen der Verortung in einem bestimmten Gebiet und Netzwerkcharakteristika im Sinne von Kontakthäufigkeiten sowie dem sozialen Status der Netzwerkalteri konnte in unserer Untersuchung nicht belegt werden, sofern wesentliche sozialdemographische Einflussgrößen kontrolliert wurden.

Wichtig erscheint in diesem Zusammenhang festzuhalten, dass der Sozialraumdiskurs teilweise auf einer zu niedrigen Ebene ansetzt: Eine Überbetonung von Räumlichkeit, wenn benachteiligte Stadtteile als von verschiedenen Ebenen der übrigen Gesellschaft abgeschnitten betrachtet werden. Dieses Phänomen findet sich auch mit Blick auf andere Problembeschreibungen: Typischerweise gilt dies etwa für Probleme wie Armut oder Arbeitslosigkeit, die in einem sehr breiten gesellschaftlichen Verursachungszusammenhang stehen können, aber häufig vorschnell auf die Sozialräume zurückgeführt werden, in denen überproportional häufig arme und arbeitslose Menschen wohnen[9]. Im Anschluss an Mark Stern (2004: 209) lässt sich dieser Fehlschluss als „Over-Spatialization" beschreiben.

Zugleich lässt sich aber auch eine verbreitete Tendenz feststellen, auf einer zu hohen Ebene anzusetzen: Von Problemkonstellationen bestimmter Menschen in einem Sozialraum wird auf ein Problem des Sozialraums selbst geschlossen. Wenn aber beispielsweise in einem bestimmten Quartier 25% der Bewohnerinnen und Bewohner ALG II oder Sozialgeld bekommen, sind es zunächst diese Personen, die ökonomische Deprivation erleiden. Das Problem muss keinesfalls ein Problem des „Sozialraums" sein, in dem zum Beispiel auch Handwerkerinnen oder Lehrer wohnen. Ein Anteil von 25% der Bewohnerinnen, die öffentliche Transferleistungen erhalten, bedeutet eben auch, dass dies für 75% nicht der Fall ist. Und ob es den zuerst genannten 25% besser ginge, wenn sie in einem so genannten ‚Mittelschichtsviertel' leben würden, ist keineswegs ausgemacht. Der Stand der Forschung spricht insgesamt dafür, dass die lokale Verortung sozialer

---

[8] *Lokale Integration'* ist das Ergebnis einer Hauptkomponentenanalyse aus den Antworten zu den Fragen: „Ich fühle mich in XY ‚zu Hause'"; „Wenn Sie in XY unterwegs sind, z.B. einkaufen oder spazieren gehen, wie wahrscheinlich oder unwahrscheinlich ist es, dass Sie dabei dann Freunde und Bekannte treffen?" „Ich bin ein wichtiger Teil meiner Nachbarschaft"; „Die Menschen hier helfen sich gegenseitig"; „Hier kennen sich die Menschen gut"; „Die Menschen hier halten zusammen"; „Man kann den Menschen in der Nachbarschaft vertrauen"; „Die Menschen hier kommen schlecht miteinander aus"; „Die Menschen hier haben keine gemeinsamen Werte"; „Die Menschen hier haben keinen Respekt vor Gesetz und Ordnung".

[9] Dies kann ebenso ein Fehlschluss sein, wie aus der Beobachtung, dass reiche Anwälte überproportional häufig Mercedes oder Porsche fahren, zu schließen, dass wer sich einen Porsche kauft, ein reicher Anwalt wird.

Akteure kaum als unabhängiger Erklärungsfaktor für soziale Benachteiligung tauglich ist (vgl. Nolan/Whelan 2000) und dass „neighbourhood effects are mostly the result of the ‚sum of individual differences' among residents, rather than unique neighbourhood-based norms, group behaviour and local ‚emergent properties'" (Bauder 2002: 87; vgl. Furstenberg et al. 1999). Zwar konnten einige – wenngleich nicht unumstrittene – Studien zusätzliche benachteiligende Effekte durch ‚benachteiligte Gebiete' aufzeigen, aber auch diese erweisen sich dann als ziemlich gering (vgl. Buck 2001; Friedrichs 1998).

Um nicht in die Falle eines ökologischen Fehlschlusses zu treten, ist die Soziale Arbeit daher gut beraten, nicht nur analytisch, sondern auch praktisch-politisch zwischen Wirkungen der sozialen Lage und Sozialraumeffekten zu unterscheiden (vgl. Kronauer/Vogel 2004). Nimmt man diese Unterscheidung ernst, werfen unsere Ergebnisse – im Einklang mit einer ganzen Reihe anderer Studien – Zweifel auf, ob der „Sozialraum" als Stadtteil für eine präventive Soziale Arbeit in einer so selbstverständlichen Form die angemessene Interventionsebene darstellt, wie es gegenwärtig häufig unhinterfragt unterstellt wird. Eine sozialraumorientierte Soziale Arbeit, die den (Sozial-)Raumeffekt zuungunsten des Lageeffektes überbetont, setzt sich jedenfalls der Gefahr aus, dass Präventionsbemühungen häufiger ins Leere laufen, als dies der Fall sein müsste, weil sie auf einer unter Umständen weniger relevanten Ebene ansetzen: Dies ist immer dann der Fall, wenn die Problemlagen, auf die sie sich richtet, zum größeren Teil mit den einzelnen Akteurinnen und Akteuren und deren sozialer Position, die sie einnehmen, zu tun haben und nur zu einem kleinen Teil als eine Folge räumlicher Konstellationen zu verstehen sind.

Ihre Neujustierung im Sinne einer Sozialraumorientierung bzw. einer Problemlösung ‚vor Ort' soll die Soziale Arbeit auch näher an die Bedürfnisse der Adressatinnen und Adressaten bringen. Empirische Vergewisserungen offenbaren auch hinsichtlich dieses Aspekts zwei zentrale Probleme. Das erste ist die strukturelle Überbelastung der Aktiven (vgl. Schwarzer 2001a): Menschen, die sich ohnehin für den Stadtteil verantwortlich fühlen, werden mit immer neuen und zusätzlichen Anforderungen konfrontiert. Das zweite Problem besteht darin, dass „sozialstrukturelle Selektivitäten, der nahezu schon sprichwörtliche Mittelschichtsbias der Bürgergesellschaft" (Nullmeier 2003: 970), nicht nur für die klassenspezifische Realität ‚der Zivilgesellschaft' ‚im Großen', sondern auch für die der lokalen Sozialräume ‚im Kleinen' charakteristisch sind.

Es stellt sich daher die Frage, inwiefern eine klein- oder nahräumliche Betrachtung von Problemen den Bedürfnissen *aller* Bewohnerinnen und Bewohner eines Quartiers entgegenkommt Dies wäre kein Problem, wenn sich die Homogenitätsunterstellung, die im Sozialraumdiskurs gerade mit Blick auf ‚benachteiligte Stadtteile' häufig vorgenommen wird, wenigstens ansatzweise belegen ließe. Tatsächlich ist diese Homogenitätsannahme zwar ein wesentlicher Bestandteil der pejorativen Rede von angeblichen Parallelgesellschaften und kulturell abweichenden Unterschichtsquartieren[10] (vgl. kritisch dazu Kessl 2005b, Klein/Landhäußer/Ziegler 2005), empirisch bestätigt wurde sie jedoch bisher nicht – nicht in den ‚sozialen Brennpunkten' in Deutschland, nicht in den französischen ‚banlieues' und nicht einmal in den so genannten ‚Ghettos' US-amerikanischer Großstädte. Wie Michael Katz (1993: 21) in Bezug auf die Letztgenannten verdeutlicht, führen Homogenitätsannahmen über angebliche ‚Underclass-Gebiete' nahezu zwangsläufig zu „simple and misleading stereotypes. [... A]reas of concentrated poverty emerge from much of the historical and contemporary underclass literature as monolithic islands of despair and degradation. By contrast, every ethnography reveals a rich array of people and associations within even the most impoverished neighbourhoods".

Vor diesem Hintergrund stellt sich dann die alles andere als triviale Frage, wer dann eigentlich *die* Interessen eines Quartiers repräsentiert. Angesichts der empirisch unstrittigen Heterogenität von Bewohnerinnen und Bewohnern (die gerade in so genannten ‚benachteiligten Quartieren' in der Regel etwa hinsichtlich ihrer sozialstrukturellen Charakteristika wesentlich ausgeprägter ist als in Wohnarealen der wohlhabenden Bevölkerung) ist es bedeutsam, wenn ein enger Zusammenhang zwischen politischer Beteiligung und sozialer Lage festgestellt werden kann. Differenziert man hierbei gebietsspezifisch, haben unseren Daten zufolge beispielsweise der sozioökonomische Status und der Migrationshintergrund von Akteurinnen und Akteuren im ‚benachteiligten' Gebiet einen erheblich größeren Einfluss auf die politische Beteiligung und damit auf die Interessenartikulation als im ‚nicht-benachteiligten' Gebiet. Insofern droht eine aktivierende sozialräumliche Bearbeitung von Problemen gerade in ‚benachteiligten Gebieten' vor allem den Personen zugute zu kommen, die sich sowieso bereits aktiv für ihre Interessen einsetzen (können): Personen mit höherem sozioökonomischem Status, höherem Alter und ohne Migrationshintergrund. Und deren

---

[10] Harald Bauder (2002: 85) hat treffend auf die diskursive Verwandtschaft zwischen der Rede von Nachbarschaftseffekten und der neo-konverservativen Konstruktion einer kulturell devianten ‚Underclass' aufmerksam gemacht: „The idea of neighbourhood effects is closely associated with the notion of the urban underclass, which [...] essentialises 'culture' – i.e. it assumes that dysfunctional cultural norms, values and behaviours cause marginality. What makes neighbourhood effects a particularly powerful idea within this discourse is that neighbourhoods, not personal characteristics, signify social dysfunction [...]. The idea of neighbourhood effects implies that the residents of the so called ghettos, barrios and slums are ultimately responsible for their own social and economic situation [...]. If public discourse uncritically embraces this essentialist conception of neighbourhood culture, then it sanctions policies and social conventions that enforce cultural exclusion and facilitate acculturation". Diesen Vorwurf muss sich auch ein großer Teil der Sozialraumdebatte gefallen lassen.

Interessen, Prioritäten und Problemwahrnehmungen unterscheiden sich teilweise erheblich von denen symbolisch subdominanter Gruppen und Personen[11]. Auch Studien im Kontext des Stadtentwicklungsprogramms „Soziale Stadt" verdeutlichen, wie lokal einflussreiche und durchsetzungsfähige Personen die neuen Spielräume nutzen, um ihre Anliegen durchzusetzen, und zwar auch dann, wenn es sich um Anliegen handelt, die im Stadtteil durchaus sehr kontrovers eingeschätzt werden (vgl. Schwarzer 2002).

Sofern sozialraumorientierte Aktivierungsstrategien nun darauf zielen, die lokale Solidargemeinschaft zu stärken, um Selbsthilfepotentiale freizusetzen, stellt sich schließlich auch die Frage, ob und inwiefern eine solche Strategie der Aktivierung kollektiven ‚lokalen Sozialkapitals' den aktivierten Bewohnerinnen und Bewohnern zusätzliche, individuell nutzbare Ressourcen verschafft. Ein solcher Zusammenhang von lokalem Zusammenhalt und individuellem Zugang zu Ressourcen mag zwar denkbar sein und findet sich auch in individuellen Berichten und Geschichten von Bewohnerinnen und Bewohnern und von sozialräumlich orientierten professionellen und disziplinären Vertreterinnen und Vertretern der Sozialen Arbeit. In einem sozialstatistisch messbaren Sinne finden sich solche Zusammenhänge allerdings nicht. In unserer Untersuchung, der bisher einzigen in der Sozialen Arbeit, die sich dieser Frage empirisch und systematisch widmet, zeigte sich zum einen, dass weder lokale Eingebundenheit noch Solidarität im Quartier noch das (Nicht-)Vorhandensein von Konflikten mit irgendwelchen (individuellen) Ressourcen korreliert (vgl. Landhäußer/Micheel 2005). Zum anderen wurde deutlich, dass gerade Menschen mit niedrigem sozioökonomischem Status und mit Migrationshintergrund die relativ höchste Netzwerkkonzentration in ihrem Stadtteil haben (das Gebiet selbst hat hier wiederum keinen eigenständigen Effekt) (vgl. Abb. 3).

Auch über die Aktivierung der Bewohnerinnen und Bewohner zur Lösung der Probleme ihres Stadtteils hinaus ist mit dem Fokus auf einzelne (Sozial-)Räume das Versprechen eines effektiveren und effizienteren Vorgehens Sozialer Arbeit verbunden. Der sozialpädagogische Handlungsvollzug soll dadurch passgenauer, zielgerichteter und schneller ermöglicht werden.

---

[11] Nicht selten scheinen ihre Probleme gerade in der physischen Nähe dieser Gruppen zu bestehen.

Abbildung 3: Lineare Regression zur abhängigen Variable ‚Netzwerkkonzentration im Stadtteil'[12]

	Standardisierte Koeffizienten	Signifikanz
	Beta	
Gebiet	-,002	,960
Muttersprache	,222	,000
soziale Lage	,136	,004
Alter	-,042	,368
Geschlecht	-,023	,603

Gegenüber diesem Versprechen hat Chantal Munsch in ihrer ethnografischen Studie am Beispiel eines sozialraumorientierten Gemeinwesenarbeitsprojektes in einer ostdeutschen Kommune jedoch sehr deutlich herausgearbeitet, dass die Nahraumorientierung nicht per se zu einer höheren Effektivität führen muss. Vielmehr bestehe umgekehrt die Gefahr, dass das Effektivitätsgebot selbst zur Handlungsanleitung wird (vgl. Munsch 2005). Die angestrebte effektive Planung führe zu strukturellen Ausschlüssen, weil *andere* als die als passend erscheinenden Kommunikationsformen und schnell realisierbaren Angebote und abweichende Lebensformen tendenziell als hinderliche Irritation und damit als zeitaufwändige Nebenschauplätze betrachtet werden[13] (Munsch 2005: 127ff.). Damit droht allerdings nicht zuletzt die Gefahr, so Munsch, „von sozialer Benachteiligung betroffene Menschen weiter auszugrenzen" (Munsch 2005: 150).

Effektivität und Effizienz sollen im Rahmen der sozialraumorientierten Neujustierung Sozialer Arbeit außerdem über die Vernetzung Sozialer Dienste in

---

[12] *‚Netzwerkkonzentration im Stadtteil'* ist das Ergebnis einer Hauptkomponentenanalyse aus den Variablen: (Nicht-)Zustimmung zu ‚meine Verwandten wohnen im Stadtteil' und ‚meine Freunde wohnen im Stadtteil' sowie der ‚Wahrscheinlichkeit, Bekannte im Stadtteil zu treffen, wenn man spazieren, einkaufen etc. geht'.

[13] Diese Tendenz zeigt sich auch in anderen ‚communities' oder ‚areas' oder ‚politics of proximity' in Europa und Nordamerika. „The incorporation of citizens in networks of government", so fast z.B. Marten Loopmans (2004: 7) zusammen, „is not merely a matter of empowerment, but tails the web of control and discipline that is woven around those deprived communities that are taken as a target of governmental action".

dem jeweiligen Quartier erreicht werden. Ämter- oder ressortübergreifende Kooperation ist inzwischen eine der zentralen Prämissen sozialpädagogischer Sozialraumorientierung. Nun sind solche Kooperationsformen vor allem in der Kinder- und Jugendhilfe – auch unabhängig von Sozialraumorientierung – weit verbreitet (vgl. Seckinger 2006: 1). Vernetzung erscheint dabei als das zentrale Element einer systematischen Steigerung institutioneller Leistungsfähigkeit, indem die Überforderung von Einzelinstitutionen abgebaut und zugleich die Transparenz und Akzeptanz der Institutionen und ihrer Arbeit erhöht wird. Diese Überzeugungen sowie die Aufforderung reflektierend, „dass alle Lösungen ‚vor Ort' gefunden werden sollen" (Budde/Früchtel 2005), besteht die Idee der Vernetzung darin, dem scheinbar dramatisch negativen – nämlich den „Lebenswelten" abgewandten – Effekt einer ‚Zersplitterung', ‚Versäulung' und ‚Spezialisierung' Sozialer Arbeit entgegenzuwirken. Außerdem erlaube sie es, „Wissen und andere Ressourcen der verschiedenen Akteure zusammenzutragen, in einen neuen übergreifenden Kontext unterschiedlicher Problemwahrnehmungen und Interessen einzubringen [...] und über Sektorgrenzen hinweg neue Lösungsansätze zu entwickeln" (Brocke 2003: 14). Vernetzung wird darüber hinaus als ein Modus präsentiert, der jenseits von Markt und zentralistischer Bürokratie verortet wird, der Selbstorganisation einen breiten Raum einräumen könne und auf flachen Hierarchien und Verfahren der Aushandlung und Konsensualität zwischen relativ autonomen Akteuren basiere. In seiner „Arbeitshilfe für die Praxis" zum Thema „Qualitätsentwicklung für lokale Netzwerkarbeit" definiert beispielsweise der AWO Bundesverband (2004: 19) Vernetzung bzw. „Netzwerkarbeit" als „Methode, mittels derer die Zusammenarbeit und Ressourcenauslastung verschiedener Akteure gesteuert wird. Grundlegend ist der Aushandlungsprozess, als zentrales qualitatives Element, zwischen den unterschiedlichen lokalen Akteuren, der u.a. von Respekt für die unterschiedlichen Kompetenzen, das Verständnis gegenseitiger Abhängigkeit und die Entwicklung von gemeinsamen Zielvorstellungen geprägt ist". Diese scheinbar hierarchiefreie, diskursiv und horizontal ausgerichtete Form der Vernetzung stellt eine Art Ideal sozialräumlicher Netzwerkarbeit dar.

Die Bündelung verstreuter personeller und institutioneller Ressourcen erscheint selbstverständlich und sinnvoll. Allerdings wird dabei immer wieder übersehen, dass in solchen ressortübergreifenden, inter-institutionellen Vernetzungsarrangements nicht nur unterschiedliche Organisationsstrukturen sowie Vorurteile und teils inkompatible Erwartungen an die Zusammenarbeit auf einer symbolischen Ebene, sondern auch differente und entgegengesetzte akteurs-, institutions- und statusspezifische Handlungs- und Entscheidungsrationalitäten sowie Handlungs- und Entscheidungskompetenzen und -präferenzen aufeinanderprallen (vgl. van Santen/Seckinger 2003). Hinter einer „Ideology of Unity"

(Crawford 1994) – die nicht selten auf einer Selektion der Kooperationspartner beruht – finden sich typischerweise beständige Kämpfe um Repräsentation bzw. um symbolische Macht, insbesondere um die Macht der „legitimen Benennung" von Problemen (vgl. Loader 1997). Zu diesen gehören z.b. ,die Interessen des Quartiers', aber auch Kämpfe um „Kompetenz" im Sinne der Fähigkeiten und der Berechtigung, diese Probleme zu bearbeiten und die Interessen zu befriedigen.

Thomas Klatetzki hat auf ein weiteres strukturelles Dilemma der Vernetzungsforderung hingewiesen. Ein wesentliches Manko solcher „egalitärer und partizipatorischer" Organisationsformen bestehe darin, dass Probleme „an die bestehende Weltsicht angepasst [werden; d. Verf.]. Dies geschieht vor allem durch Uminterpretation. Probleme, die dagegen nicht angepasst werden können, müssen ausgeblendet und ignoriert werden". Frank Berner und Axel Groenemeyer (2000) rekonstruieren ähnliche Aspekte am Beispiel der Vernetzung im Kontext kommunaler Kriminalprävention. Es waren – und dies scheint für lokale Vernetzungen dieser Art typisch – eher diffuse, thematisch weitgehend unbestimmte, zufällig bzw. ungeplant auftauchende oder zusammentreffende Inputs in Form von sich verändernden Problemen, Beteiligten und Wahlmöglichkeiten, aus denen sich nach außen darstellbare Ziele und Entscheidungen ergeben. Demgegenüber waren bestimmbare Organisationsgrenzen, konsistent festgelegte Arbeitsweisen und Mittel zur Zielereichung sowie institutionalisierte, klar strukturierte Entscheidungskriterien de facto nicht existent. Solche egalitären, auf „Aushandlung", „Anerkennung" und „Verständnis" basierenden Formen der Vernetzung lassen sich im Wesentlichen als ein Anwendungsfall des organisationssoziologischen „Garbage-Can"-Modells beschreiben. Möglicherweise können sie vergleichsweise flexibel auf sich wandelnde Themen und Probleme reagieren, allerdings um den Preis, dass „irgendwelche Beteiligten [...] irgendwelchen Problemen irgendwelche Lösungen zu(ordnen)" (Scott 1986: 363). Da typischerweise „Konsens im Prinzip für jedes Problem stets neu wiederhergestellt werden muss" (Klatetzki 2003), sind es dabei vor allem die Entscheidungsgelegenheiten, die letztlich die Art der Probleme sowie deren Lösung bestimmen. Da der benötigte Aufwand dabei eine ausschlaggebende Determinante der Entscheidungsqualität darstellt, ist „Übersehen" oder „Ignorieren" insbesondere im Falle von Dissens der wesentliche Problemlösungsmodus. Hierbei gehen sowohl die Theorie als auch die Empirie davon aus, dass dieser Entscheidungsmodus eher die wichtigen als die unwichtigen „Entscheidungsgelegenheiten" beendet.

4. Resümee

Der vorliegende Beitrag ist dem Phänomen einer in der Disziplin wie Profession nahezu unhinterfragten Übereinstimmung nachgegangen, dass eine Sozialraumorientierung Sozialer Arbeit angebracht und notwendig ist. Erklärbar wird dies mit Blick auf die drei zentralen Aspekte, die für eine ‚zeitgemäße Soziale Arbeit' insbesondere seit den 1970er Jahren immer wieder gefordert wurden: Prävention, Adressatenorientierung und Effektivität wie Effizienz. Die Integration dieser konzeptionellen Aspekte durch eine Sozialraumorientierung alleine kann allerdings nicht klären, warum sich ihre historischen Vorläufer, wie beispielsweise eine nutzerorientierte Soziale Arbeit oder die Gemeinwesenarbeit, nicht in dem Maße durchsetzen konnten. Im vorliegenden Beitrag wurde daher der Kontext der aktuellen sozialraumorientierten Neujustierungsversuche Sozialer Arbeit skizziert. Es wurde nachgezeichnet, inwiefern Prävention, Adressatenorientierung und Effektivitäts- wie Effizienzorientierung zu hegemonialen Forderungen im Rahmen einer staatlichen Aktivierungspädagogik geworden sind. Dies verweist auf einen seit den 1990er Jahren deutlich anderen Kontext als den, in dem beispielsweise die Gemeinwesenarbeit in den 1970er und 1980er Jahren verortet war. Für eine (selbst-)reflexive Form der Sozialen Arbeit ist über die Vergewisserung des politischen Kontextes, in dem sich ihre Erbringung konkretisiert, hinaus eine Auseinandersetzung mit empirischen Hinweisen auch dann notwendig, wenn diese die Grenzen konzeptionell formulierter Selbstansprüche verdeutlicht. In diesem Sinne sind im dritten Teil dieses Beitrags eine Reihe empirischer Befunde diskutiert und auf dieser Basis verkürzte Deutungen problematisiert worden, die einigen einflussreichen Konzeptionen einer sozialraumorientierten Sozialen Arbeit zugrunde liegen. Welche Konsequenzen können aus dem Dargestellten gezogen werden?

Vor dem Hintergrund dieser Vergewisserungen plädieren wir dafür, Aktivierung weniger als ein Bündel von Maßnahmen zu verstehen, das sich auf Bewohnerinnen und Bewohner sowie ihre Selbsthilfepotentiale bezieht, sondern vielmehr eine Aktivierung institutioneller Zugänge in den Vordergrund stellt, das heißt eine möglichst weitgehende Eröffnung und Erweiterung von Handlungsoptionen für die Betroffenen. Ebenfalls vor dem Hintergrund eigener empirischer Rekonstruktionen formuliert Helga Cremer-Schäfer dazu (2005: 154): „Die Leute sind aktiv, das Problem liegt in der Aktivierbarkeit von Sozialleistungen und sozialen Dienstleistungen, den absurden Vorbedingungen sozialer Sicherheit, die man erst einmal verdient haben muss".

Eine solche „Zugänge aktivierende Soziale Arbeit" hätte darüber hinaus zur Kenntnis zu nehmen, dass sich Zugehörigkeiten und Kooperationsbeziehungen eher an sozialen als an räumlich-physikalischen Demarkationslinien brechen.

Dies zu beachten ist eine Basis für eine Sozial-Raum-Orientierung, der es weniger darum geht, das Feld zum Fall zu machen, sondern vielmehr darum, Akteurinnen und Akteure in ihren Kontexten wahrzunehmen, die politisch und sozial strukturiert sind und Handlungs- und Daseinsmöglichkeiten eröffnen oder verschließen können. Die aktuell präferierten und propagierten ‚aktivierenden' Ansätze im Sinne einer sozialraumorientierten Sozialen Arbeit sind also daraufhin zu prüfen, inwiefern sie Entfaltungsmöglichkeiten und Lebenschancen von Gesellschaftsmitgliedern erweitern. Es geht um die Frage, inwiefern die individuellen und kollektiv-strukturellen Bedingungsmöglichkeiten gegeben sind, die Personen in die Lage versetzen, sich für ein für sie mit guten Gründen erstrebenswertes Leben entscheiden und dieses führen zu können. Ein Teil dieser Bedingungsmöglichkeiten kann durchaus im lokalen Nahraum der Akteurinnen und Akteure liegen. Die Mehrheit dieser Möglichkeiten und ihrer Beschränkungen ist jedoch – ebenso wie der lokale Nahraum selbst – mit dem Stand der Kräfteverhältnisse jenes sozialen Raums (Bourdieu) verknüpft, der in anderen Kontexten und bevor die ‚Revolution' scheinbar ‚gewonnen' werden konnte, manchmal auch in der Sozialen Arbeit als kapitalistische Klassengesellschaft bezeichnet worden ist.

Literatur

Alisch, M., 2003: ‚Philosophie' und Ansatz von Quartiersmanagement. 12 Thesen als Versuch, ein Konzept der Realität anzupassen (In: http://www.stadtteilarbeit.de).

AWO Bundesverband (Hg.), 2004: Qualitätsentwicklung für lokale Netzwerkarbeit. Eine Arbeitshilfe für die Praxis. Bonn.

Bauder, H., 2002: Neighbourhood Effects and Cultural Exclusion. In: Urban Studies 39, 1, S. 85-93.

Becker, H./Franke, T./Löhr, R.-P./Schuleri-Hartje, U.-K., 2003: Das Programm Soziale Stadt: von der traditionellen Stadterneuerung zur integrativen Stadtteilentwicklung. In: DIfU (Hg.): Strategien für die Soziale Stadt. Erfahrungen und Perspektiven. Berlin, S. 8-29.

Berner, F./Groenemeyer, A., 2000: ‚... denn sie wissen nicht, was sie tun' – Die Institutionalisierung kommunaler Kriminalprävention im Kriminalpräventiven Rat. In: Soziale Probleme, 11, S. 83-115.

Brocke, H., 2003: Soziale Arbeit als Koproduktion. In: Stiftung Sozialpädagogisches Institut (SPI): Jahresbericht 2002/2003, Berlin, S. 8-21.

Brocke, H., 2004: Pfusch am Kind wird teuer! Frühkindförderung/Familienförderung – integrierte Dienste im Stadtteil und lokale Aktionspläne. In: Journal der Regiestelle E&C, 12, 16.2.2004, S. 1-13.

Buck, N., 2001: Identifying Neighbourhood Effects on Social Exclusion. In: Urban Studies, 38, 12, S. 2251-2275.

Budde, W./Früchtel, F., 2005: Sozialraumorientierte Soziale Arbeit – Ein Modell zwischen Lebenswelt und Steuerung. In: NDV 7/2005, S. 238-342 und 8/2005, S. 287-292.

Budde, W./Früchtel, F., 2006: Chancen und Risiken eines Sozialraumbudgets. In: Sozialextra 6/2006.

Bull, A.C./Jones, B., 2006: Governance and social capital in urban regeneration: A comparison between Bristol and Naples. In: Urban Studies, 43, 4, S.767-786.

Crawford, A., 1994: The Partnership Approach: Corporatism at the Local Level? In: Social and Legal Studies, 3, S. 497-519.

Cremer-Schäfer, H., 2005: Situationen sozialer Ausschließung und ihre Bewältigung durch die Subjekte. In: Anhorn, R./Bettinger, F. (Hg.): Sozialer Ausschluss und Soziale Arbeit. Positionsbestimmungen einer kritischen Theorie und Praxis Sozialer Arbeit. Wiesbaden, S. 147-164.

Dahme, H.-J./Wohlfahrt, N., 2002: Sozialraumbudgets in der Kinder- und Jugendhilfe. Eine verwaltungswissenschaftliche Bewertung. Expertise Im Auftrag der Regiestelle E&C der Stiftung SPI. Berlin.

Duyvendak, J.W., 2004: Spacing Social Work? Möglichkeiten und Grenzen des Quartiersansatzes. In: Kessl, F./Otto, H.-U. (Hg.): Soziale Arbeit und Soziales Kapital. Zur Kritik lokaler Gemeinschaftlichkeit. Wiesbaden, S. 157-168.

Esch, K./Hilbert, J./Stöbe-Blossey, S., 2001: Der aktivierende Staat – Konzept, Potentiale und Entwicklungstrends am Beispiel der Jugendhilfe. In: Heinze, R./Olk, T. (Hg.): Bürgerengagement in Deutschland – Bestandsaufnahme und Perspektiven, Opladen.

Forrest, R./Kearns, A., 2001: Social cohesion, social capital and the neighbourhood. In: Urban Studies 38, S. 2125-2143.

Friedrichs, J., 1998: Do poor neighborhoods make their residents poorer? Context effects of poverty neighborhoods on residents. In: Andreß, H.-J. (Hg.): Empirical Poverty Research in a Comparative Perspective. Aldershot, S. 77-98.

Groh-Samberg, O./Grundmann, M., 2006: Soziale Ungleichheit im Kindes- und Jugendalter. In: Aus Politik und Zeitgeschichte, 26, S. 11-18.

Heffron, J.M., 2001: Beyond Community and Society: the Externalities of Social Capital Building. In: Policy Sciences 33, S. 477-494.

Hinte, W., 1999: Fallarbeit und Lebensweltgestaltung – Sozialraumbudgets statt Fallfinanzierung. In: Soziale Praxis, Heft 20 – Soziale Indikatoren und Sozialraumbudgets in der Kinder- und Jugendhilfe, S. 82-94.

Hinte, W., 2002: Von der Gemeinwesenarbeit über die Stadtteilarbeit zum Quartiermanagement, in: Thole, W. (Hg.): Grundriss Sozialer Arbeit. Ein einführendes Handbuch, Opladen, S. 535-548.

Hinte, W., 2004: Sozialraumorientierung, Budgets und die Praxis integrierter Erziehungshilfen. In: Peters, F./Koch, J. (Hg.): Integrierte erzieherische Hilfen. Flexibilität, Integration und Sozialraumbezug in der Jugendhilfe, Weinheim/Basel, S. 57-73.

Illich, I. 1975: Selbstbegrenzung: eine politische Kritik der Technik. Hamburg.

Jones, P.S., 2003: Urban regeneration's poisoned chalice: is there an impasse in (community) participation-based policy? In: Urban Studies, 40, 3, S. 581-601.

Kappeler, M./Müller, C.W., 2006: Anregung – Provokation – Utopie? Ein Gespräch über David G. Gils Buch „Gegen Ungerechtigkeit und Unterdrückung – Konzepte und Strategien für Sozialarbeiter". In: Widersprüche, 100, S. 137-150.

Katz, M.B., 1993: The Urban ‚Underclass' as a Metaphor of Social Transformation. In: Katz, M.B. (Hg.): The ‚Underclass' debate: Views From History. Princeton, S. 3-23.

Kazemipur, A., 2000: Ecology of Deprivation: Spatial Concentration of Poverty in Canada. In: Canadian Journal of Regional Science, XXIII-3, S. 403-426.

Kessl, F./Otto, H.-U., 2003: Gouvernementalität und Soziale Arbeit. Kontrolle und Selbstführung von Akteuren und Einrichtungen. In: Sozial Extra 8/9, S.15-16.

Kessl, F., 2005a: Der Gebrauch der eigenen Kräfte. Eine Gouvernementalität Sozialer Arbeit. Weinheim/München.

Kessl, F., 2005b: Das wahre Elend? Zur Rede von der „neuen Unterschicht". In: Widersprüche, 98, S. 29-44.

Kessl, F., 2006: Aktivierungspädagogik statt wohlfahrtsstaatlicher Dienstleistung? Das aktivierungspolitische Re-Arrangement der bundesrepublikanischen Kinder- und Jugendhilfe. In: Zeitschrift für Sozialreform, 52, S. 217-232.

KGSt 1993: Das Neue Steuerungsmodell. Begründung, Konturen, Umsetzung. Köln.

KGSt 1994: Outputorientierte Steuerung der Jugendhilfe, Bericht Nr. 9/1994. Köln.

Klatetzki, T., 2003: Egalitäre Organisation in den Einrichtungen und Diensten der Sozialen Arbeit. Vortrag auf der Theorie-AG der Sektion Sozialpädagogik in der DGfE in Bielefeld, Dezember 2003.

Klein, A./Landhäußer, S./Ziegler, H., 2005: The Salient Injuries of Class: Zur Kritik der Kulturalisierung struktureller Ungleichheit. In: Widersprüche 98, S. 45-74.

Kronauer, M./Vogel, B., 2004: Erfahrung und Bewältigung von sozialer Ausgrenzung in der Großstadt: Was sind Quartierseffekte, was Lageeffekte? In: Häußermann, H./Kronauer, M./Siebel, W. (Hg.): An den Rändern der Städte. Armut und Ausgrenzung. Frankfurt a.M. S. 235-257.

Landhäußer, S./Micheel, H.-G., 2005: Kollektives Sozialkapital als individuelle Ressource? Vortragsmanuskript zur Tagung „Soziale Netzwerke und Sozialkapital" der Sektion „Soziale Ungleichheit und Sozialstrukturanalyse" in der Deutschen Gesellschaft für Soziologie in Bielefeld, November 2005.

Landhäußer, S./Otto, H.-U./Ziegler, H., 2005: Informelles Lernen in benachteiligten Stadtteilen. In: Dokumentation des Fachforums: „Orte der Bildung im Stadtteil" am 16. und 17. Juni 2005 (http://www.eundc.de/download/ff_orte_bildung.pdf).

Lemke, T./Krasmann, S./Bröckling, U., 2000: Gouvernementalität, Neoliberalismus und Selbsttechnologien. Eine Einleitung. In: Bröckling, U./Krasmann, S./Lemke, T. (Hg.): Gouvernementalität der Gegenwart. Studien zur Ökonomisierung des Sozialen, Frankfurt a.M., S. 7-40.

Lessenich, S., 2003: Soziale Subjektivität. Die neue Regierung der Gesellschaft. In: Mittelweg 36, 12, 4, S. 80-93.

Liedtke, A./Juchems-Voets, A., 2006: Flexibilisierung und sozialräumliche Ausrichtung erzieherischer Hilfen in Siegen. Vom Modellprojekt zum Organisationsprinzip. In: Sozialextra 6/2006

Loader, I., 1997: Policing and the Social: Questions of Symbolic Power. In: British Journal of Sociology, 48, 1, S. 1-18.

Loopmans, M., 2004: Community involvement from a comparative perspective: an evaluation and confrontation of governmentality and regulation approaches. Urban Europe Between Identity and Change. RTN Working Papers 1/2004 (http://www.urban-europe.net/working/01_2004_Loopmans.pdf).

Lowndes, V./Wilson, D., 2001: Social capital and local governance: exploring the institutional design variable. In: Political Studies, 49, S. 629-647.

Münchmeier, R., 2003: Sozialraumorientierung, Interview an der Fachhochschule Feldkirchen, 3. Dezember 2003 (http://www.cti.ac.at/cms/dateien/Interview_Muenchmeier.pdf, Stand: 15. Mai 2006).

Munsch, C., 2005: Die Effektivitätsfalle. Bürgerschaftliches Engagement und Gemeinwesenarbeit zwischen Ergebnisorientierung und Lebensbewältigung. Baltmannsweiler.

Nolan, B./Whelan, C.T., 2000: Urban housing and the role of 'underclass' processes: the case of Ireland. In: Journal of European Social Policy, 10, S. 5-21.

Nullmeier, F., 2003: Wohlfahrtsmärkte und Bürgerengagement in der Marktgesellschaft. In: Allmendinger, J. (Hg.): Entstaatlichung und soziale Sicherheit. Opladen., S. 961-974.

Oelschlägel, D./Hinte, W./Lüttringhaus, M./Preis, M., 1997: GWA – Eine Idee wächst auf vielen Feldern. Doch lasst uns die Spreu vom Weizen trennen! (http://www.stadtteilarbeit.de/index.html?/Seiten/lernprogramm/gwa/aufsaetze/hinte_luettringhaus_oelschlaegel.htm; Stand: 6. Juli 2006).

Peck, J./Tickell, A., 2002: Neoliberalizing Space. In: Antipode, 34, 3, S. 380-404.

Pothmann, J. 2003: Kennzahlen in der Kinder- und Jugendhilfe: zur Bedeutung und Verwendung eines Messinstrumentes für Soziale Dienste. Universität Dortmund [Quelle: http://hdl.handle.net/2003/2910; Stand: 30. Juli 2006]

Richter, M., 2004: Zur (Neu)Ordnung des Familialen. In: Widersprüche, 92, S. 7-16.

Schaarschuch, A., 2003: Am langen Arm. Formwandel des Staates, Staatstheorie und Soziale Arbeit im entwickelten Kapitalismus. In: Homfeldt, H.-G./Schulze-Krüdener, J. (Hg.): Handlungsfelder der Sozialen Arbeit, Baltmannsweiler, S. 36-65.

Schelsky, H., 1972: Der selbstständige und der betreute Mensche: politische Schriften und Kommentare. Stuttgart.

Schipmann, W., 2002: „Sozialraumorientierung" in der Jugendhilfe – Kritische Anmerkungen zu einem (un-) zeitgemäßen Ansatz. In: Merten, R. (Hg.): Sozialraumorientierung. Zwischen fachlicher und rechtlicher Machbarkeit. Weinheim, S. 127-149.

Schnurr, J., 2006: Sozialraumorientierung und Ressourcensteuerung. In: Deinet, U./Gilles, C./Knopp, R.: Neue Perspektiven in der Sozialraumorientierung. Berlin, S. 139-147.

Schwarzer, T., 2001a: Aus Problemgebieten sollen lebensfähige und lebenswerte Stadtteile werden. agis Info Nr. 11 Januar 2001.

Schwarzer, T., 2001b: Hatte Hannover die Wahl? Bis zu 69% Wahlenthaltung in benachteiligten Stadtteilen. In: agis Info Nr. 12 Oktober 2001, S. 4-6.

Schwarzer, T., 2002: Auf dem Weg zur ‚Sozialen Stadt'? In: agis Info Nr. 13, Juni 2002, S. 2-3.

Scott, W.R. 1986: Grundlagen der Organisationstheorie. Frankfurt a.M.

Seckinger, M., 2006: Mythos Kooperation oder wie eine gute Zusammenarbeit zwischen Psychiatrie und Jugendhilfe trotzdem gelingt. Vortrag auf der Fachtagung Kinder psychisch kranker Eltern am 13. Februar 2006 in Mainz. Mainz.

Sinn, H.-W./Holzner, C./Meister, W./Ochel, W./Werding, M., 2002: Aktivierende Sozialhilfe. Ein Weg zu mehr Beschäftigung und Wachstum. In: ifo-Schnelldienst, 9/2002,
S. 3-52.

Stadt Bielefeld (Hg.), 2006: Zukunft Stadt. Heft 2: Räume der Zukunft. Bielefeld.

Stephan, B., 2006: Sozialraumbudgets – und was haben die Betroffenen davon? In: Sozialextra 6/2006, S. 14-16.

Stern, M., 2004: Unter- und Überbetonungen des Raums. Einige Dilemmata in der empirischen Übersetzung der Sozialkapitaltheorie. In: Kessl F./Otto H.-U. (Hg.): Soziale
Arbeit und Soziales Kapital. Zur Kritik lokaler Gemeinschaftlichkeit. Wiesbaden, S.
209-224.

van Santen, E./Seckinger, M., 2003: Kooperation: Mythos und Realität einer Praxis. Eine
empirische Studie zur interinstitutionellen Zusammenarbeit am Beispiel der Kinder-
und Jugendhilfe. München.

Weißenstein, R., 2006: Erfahrungen mit einem regionalen Budget in den Hilfen zur Erziehung. Die Verbindung von fachlicher und wirtschaftlicher Steuerung. In: Sozialextra 6/2006.

Ziegler, H., 2004: Jugendhilfe als Prävention – Die Refiguration sozialer Hilfe und Herrschaft in fortgeschritten liberalen Gesellschaftsformationen. Dissertation an der Fa-
kultät für Pädagogik der Universität Bielefeld. Bielefeld.

Verantwortung/Eigenverantwortung

Stefan Weyers

Bei der aktuellen Diskussion über die Reform der Sozialsysteme spielt der Begriff „Verantwortung" eine wichtige Rolle, insbesondere die *Eigen*verantwortung" hat im Kontext des Aktivierungsdiskurses Konjunktur. Im Konzept des „aktivierenden Staates" wird das Verhältnis von Bürger und Sozialstaat neu justiert. „Aktivierung" gilt als „Schlüsselbegriff für ein neues Sozialmodell" (Dahme u.a. 2003b: 9). Er steht für den Paradigmenwechsel vom versorgenden zum fordernden und fördernden Sozialstaat, von passiven zu aktivierenden Maßnahmen. Charakteristisch für das neue Sozialmodell ist nicht, dass Hilfeleistungen gekürzt werden, sondern dass sie ihre Selbstverständlichkeit verlieren und an Gegenleistungen geknüpft werden. Das Recht bzw. der Anspruch auf Hilfe setzt die Erfüllung von Pflichten voraus: Eigeninitiative bei der Arbeitssuche, die Bereitschaft, nahezu jede Arbeit anzunehmen etc. (vgl. Walther 2005).

Dieses Sozialmodell geht zwangsläufig mit einer erheblichen Ausweitung von Kontroll- und Sanktionsmechanismen einher bis hin zum Ausschluss von Leistungen. Auf der anderen Seite erzeugt der grundlegende Sozialumbau hohen Legitimationsbedarf. Der zunehmenden Individualisierung sozialer Risiken korrespondieren Leitvorstellungen, in denen die Verantwortung für die Bewältigung riskanter Lebenslagen vom Staat auf die Individuen verlagert wird. Im öffentlichen Diskurs werden die sozialstaatlichen Leitideen *Solidarität* und *soziale Gerechtigkeit* immer mehr durch die Leitideen *Leistungsbereitschaft* und *Eigenverantwortung* abgelöst, bei denen die Individuen im Mittelpunkt stehen. In diesem Sinne erfüllt der permanente Appell an (mehr) Eigenverantwortung eine wichtige legitimatorische Funktion für den Umbau der Sozialsysteme. Möglich ist dies auch deshalb, weil diese Begriffe positiv besetzt sind: Gegen „Selbstverantwortung" und „Eigeninitiative" kann eigentlich niemand etwas haben. Inwieweit *Eigen*verantwortung *von außen* erzwungen werden kann, wird dabei nicht reflektiert.

In der Diskussion um die Zukunft des Sozialstaats ist allerdings – vor allem von seinen Verteidigern – auch von *sozialer* Verantwortung die Rede. „Mut zur sozialen Verantwortung" lautete das Motto des diesjährigen Deutschen Fürsorgetages, der Fürsorgetag zuvor stand unter dem Motto „zwischen Versorgung und

Eigenverantwortung". Exemplarisch spiegelt sich darin die aktuelle sozialpolitische Debatte wider, in der *Eigen-* und *Sozial*verantwortung im Grunde als gegen-
überliegende Pole verstanden werden: Überspitzt gesagt ist „Eigenverantwortung" Teil des „neuen" Sozialmodells und steht für den Rückzug des Staates aus
den sozialen Sicherungssystemen, „soziale Verantwortung" steht für den Erhalt
sozialstaatlicher Ansprüche und damit für das „alte" Sozialmodell. In dieser
Logik geht die Zunahme des Einen notwendigerweise mit der Abnahme des
Anderen einher, Eigen- und Sozialverantwortung scheinen sich geradezu auszu-
schließen.

Der Verantwortungsbegriff wird im dominierenden sozialpolitischen Diskurs ebenso einseitig gebraucht wie der Begriff der Aktivierung. Demgegenüber
ist auf die Eigensinnigkeit sozialpädagogischer Sichtweisen zu insistieren. Zu
berücksichtigen ist, „dass Aktivierung nicht zwangsläufig gleichzusetzen ist mit
dem, was politisch damit vorangetrieben wird" (Walther 2005: 47). Dollinger
(2006) weist darauf hin, dass Aktivierung ein „Grundprinzip" der Sozialpädagogik ist. Aktivierungsstrategien sind ein wichtiger und ambivalenter Bestandteil
der sozialpädagogischen Tradition, sie enthalten befähigende und repressive
Aspekte.[1] Auch gegenwärtig werden in der Sozialpädagogik ganz verschiedene
Aktivierungsperspektiven diskutiert: von der Umstrukturierung der Sozialen
Arbeit im aktivierenden Staat (vgl. Dahme u.a. 2003) bis hin zu Strategien der
Aktivierung „nicht-motivierter Klienten" (Gehrmann/Müller 2005).

Der folgende Beitrag richtet sich nicht auf den sozialpolitischen Aktivierungsdiskurs, sondern fragt nach der möglichen Bedeutung des Verantwortungsbegriffs für die (Sozial-)Pädagogik. Seine starke Verkürzung im öffentlichen
Diskurs macht es notwendig, den Begriff zunächst im Rückgriff auf ethische
Konzeptionen genauer zu klären (1). Nach der Diskussion pädagogischer Beg-
riffsbestimmungen wird dann im Anschluss an Dewey, Piaget und Kohlberg eine
Aktivierungsperspektive entfaltet, die auf die Förderung von (Eigen-)Verantwor-
tung durch demokratische Partizipation zielt (2). Die Möglichkeiten, Grenzen
und Ambivalenzen der Demokratieerziehung in sozialpädagogischen Handlungsfeldern werden exemplarisch an einem Modellversuch zur demokratischen Partizipation im Jugendstrafvollzug beleuchtet (3) und abschließend noch einmal
allgemeiner bilanziert (4).

---

[1] Einen scharfen Gegensatz zu konstruieren zwischen der auf Verständigung zielenden Jugendarbeit
und der „paternalistischen Pädagogik der Aktivierung" (Sturzenhecker 2005: 137), verkürzt das
Problem. Weder gibt es *die* Pädagogik der Aktivierung, noch gibt es eine Pädagogik, der sich das
Paternalismusproblem *nicht* stellt.

1. Verantwortung als Begriff der Ethik

„Verantwortung" ist ein mehrstufiger relationaler Begriff, der sechs Elemente beinhaltet (vgl. Höffe 1997: 315; Lenk 1998: 273): Verantwortlich sind *Personen* (Institutionen), *gegenüber* einem Adressaten bzw. Betroffenen, *für* das eigene Handeln (und Unterlassen) oder für übernommene Aufgaben, *vor* einer Instanz, die Rechenschaft fordert (Personen, Gericht, Gewissen, Gott...), *in Bezug* auf bestimmte Kriterien, *im Rahmen* eines Handlungsbereichs.

Man unterscheidet die primäre, sekundäre und tertiäre Verantwortung. Als *primär* gilt die *Verantwortung, die jemand trägt*, sei es a) als *Handlungs*verantwortung, d.h. die Zuständigkeit für das eigene Tun oder Unterlassen und dessen Folgen, oder b) als *Aufgaben*verantwortung, also die Zuständigkeit für Aufgaben im Rahmen bestimmter Rollen und Funktionen (vgl. Höffe 1997: 314 f.). *Sekundär* ist die *Rechenschafts*verantwortung, die Verantwortung, *zu der man gezogen wird*: Hier ist das (primäre) Handeln begründungs- und rechenschaftspflichtig, insbesondere im Falle der Anschuldigung bzw. Verdächtigung, falsch gehandelt bzw. Aufgaben vernachlässigt zu haben. Die *Tertiär*verantwortung schließlich besteht in der *Haftung* für Verfehlungen bzw. Vernachlässigungen, etwa in Form von Sanktionierung, Entschädigung oder Wiedergutmachung. Auch hier wird man *zur Verantwortung gezogen*.[2]

Verantwortung impliziert immer einen (sozialen) Akt der Bewertung und der Zuschreibung: Wir schreiben entweder anderen oder uns selbst Verantwortung zu. Verantwortung kann zwar auch *deskriptiv* verwendet werden – zur Beschreibung der Beziehung von Handlungssubjekt und Handlungsfolgen –, in sozialen Zusammenhängen dominiert jedoch die Bewertung anhand *normativer* Kriterien. Insbesondere für Recht und Moral ist der Begriff der Verantwortung zentral: „Aufgrund seiner Fähigkeit zur Verantwortung wird der Mensch zum Rechtssubjekt bzw. moralischen Subjekt, das für sein Handeln und dessen Folgen einzustehen hat und im Bereich des Rechts Strafen oder Belohnungen, des Sozialen Lob oder Tadel, moralisch gesehen aber Achtung oder Verachtung verdient" (Höffe 1997: 315).

Verantwortung und Verantwortlichkeit werden bisweilen synonym gebraucht, meinen jedoch etwas Verschiedenes. Während sich *Verantwortung* auf die Zuschreibung der Zuständigkeit für Handlungen oder Aufgaben bezieht, meint *Verantwortlichkeit* die „Zuschreibung an Personen ... als Fähigkeit, bestimmten Verantwortungen ... gerecht zu werden" (Kaufmann, zit. n. Lempert 1999: 322). Verantwortung bezieht sich also auf Handlungen bzw. Aufgaben,

---

[2] Weitere Typen, Dimensionen und Polaritäten der Verantwortung unterscheidet Lenk (1998: 261 ff., 285 ff.).

Verantwortlichkeit auf Eigenschaften bzw. Fähigkeiten von Personen (vgl. Heid 1991). Verantwortlichkeit setzt die Fähigkeit voraus, die zu verantwortende Tätigkeit auszuüben. Ebenso bedarf sie der Handlungsfreiheit, in dem Sinne, dass man willentlich und bewusst handeln kann. Mit der Zuschreibung von Verantwortlichkeit wird unterstellt, dass der Mensch zum (moralischen) Urteilen und intentionalen Handeln fähig ist. Für Recht und Moral ist diese Unterstellung ebenso konstitutiv wie für die Pädagogik (vgl. Danner 1983: 188 ff.). In Psychoanalyse, Behaviorismus und neuerdings in der Gehirnforschung wird die Handlungsfreiheit des Menschen allerdings relativiert oder sogar explizit zurückgewiesen.

Für die Idee der Handlungsfreiheit ist die Annahme zentral, dass das Subjekt sich zu seinen Wünschen und Motiven verhalten kann. In den Worten Frankfurts (1993: 115): Es kann eine „evaluative Einstellung zu sich selbst einnehmen". Das Subjekt kann seine Impulse und Wünsche (teilweise) erkennen und reflektieren, kontrollieren und beeinflussen – und es kann anders handeln. Zwar ist der Mensch nicht frei von inneren und äußeren Zwängen, es gibt daher keine Autonomie im starken Sinne, keine „unbedingte Freiheit" (Bieri 2001: 165), aber es gibt Freiheitsgrade oder „bedingte Freiheit" (ebd.: 27). Der Mensch kann also nicht beliebig handeln, er kann nur aus den gegebenen – durch soziokulturelle, personale und situative Bedingungen begrenzten – Handlungsmöglichkeiten auswählen: Er kann sich entscheiden, etwas *Bestimmtes* zu tun oder zu lassen, nicht etwas *Beliebiges* (ebd.: 320 ff.). Ohne eine begrenzte Handlungsfreiheit aber gibt es weder Moral noch Verantwortung. In einer völlig determinierten Welt wäre der Mensch tatsächlich „jenseits von Freiheit und Würde" (Skinner). Das bedeutet im Umkehrschluss aber auch: Jemand kann für sein Handeln nur in dem Maße verantwortlich gemacht werden, in dem er die Zwecke und Mittel seines Handelns bestimmen oder beeinflussen kann. Man kann bspw. *Individuen* nicht für *gesellschaftliche* Probleme verantwortlich machen (vgl. Heid 1991).

Im sozialpolitischen Diskurs stehen Eigen- und Sozialverantwortung im Konflikt. Wie wird diese Beziehung in der Ethik bestimmt? Lenk (1998) diskutiert zwei kontroverse Konzeptionen des Verhältnisses von Sozial- und Eigenverantwortung. In Anlehnung an Weischedel verweist er zunächst auf die Doppelbedeutung von Eigenverantwortung als Verantwortung *vor* und *für* sich: „Selbstverantwortlichkeit bedeutet Verantwortung zunächst *vor* sich selber. Ich selbst bin die Instanz, die mich auch beurteilt, und habe somit eine Art von Dialogverhältnis zu mir ... Nur so kann Verantwortung *vor* mir selbst entstehen. Und natürlich ist in Selbstverantwortung ... auch Verantwortung *für* mich selbst, *für* mein Handeln, *für* mein Verhalten, *für* meine Entwicklung als Person, *für* mein Selbst enthalten" (ebd.: 208 f.). Mit Weischedel lässt sich *Selbst*verantwortung auch als Voraussetzung *sozialer* Verantwortung verstehen: „Um über soziale Verantwortlichkeit überhaupt reden zu können, muß ich im Grunde schon eine Selbstverantwortlichkeit mir gegenüber empfinden, entwickelt haben, zumindest analytisch voraussetzen" (ebd.: 209). Das heißt: Nur wer fähig ist, Verantwortung vor und für sich selbst zu übernehmen, kann auch Verantwortung für andere übernehmen. Soziale Verantwortung setzt also Eigenverantwortung voraus.

Lenk kontrastiert die Auffassung Weischedels mit der Konzeption von Levinas. Hier ist die Beziehung zwischen Eigen- und Sozialverantwortung gerade umgekehrt: Der Andere, die Begegnung mit dem Anderen ist die existenzielle Voraussetzung für die Bildung des Selbst und eines verantwortlichen Ichs (ebd.: 214 ff.). Levinas Ethik ist insofern radikal, als sie Verantwortlichkeit tendenziell vom Handeln des Menschen abkoppelt. Verantwortung wird nicht gewählt, sondern „fällt ein" (Levinas, zit. n. Lenk 1998: 217). Soziale Verantwortung erwächst in der Begegnung mit dem Anderen, sie ist eine ethische Forderung, der man sich nicht entziehen kann: „Das Ethische beginnt im Ich-Du-Dialog ohne Rückgriff auf ein allgemeines Prinzip" (zit. n. Lenk 1998: 218). Während Weischedel soziale Verantwortlichkeit auf Selbstverantwortlichkeit zurückführt, ist diese bei Levinas Ergebnis der Bildung des verantwortlichen Ichs in der Konfrontation mit dem Anderen.

Lenk kritisiert beide Positionen als zu einseitig und postuliert demgegenüber, dass es sich um verschiedene Typen der Verantwortung handele: Es gebe „die Verantwortlichkeit, *in die ich gestellt werde*, die ich mir nicht wählen kann, *und* ebenfalls die Verantwortlichkeit, *die ich mir selber gebe*, wobei ich *mich* der Verantwortlichkeit *stelle*" (ebd.: 231). Diese beiden Typen versteht Lenk als gleich fundamentale Verbindlichkeiten, sie seien zwar analytisch unterscheidbar, gleichwohl zusammenhängende Komponenten der Verantwortlichkeit. Nicht eine Verantwortung konstituiert die andere, sondern beide Typen bedingen sich gegenseitig: Das Subjekt muss sich also „sowohl als sozialverantwortlich als auch als selbstverantwortlich auffassen, wenn es sich denn überhaupt als verantwortlich verstehen will" (ebd.).

2. Erziehung zu Verantwortung und Verantwortlichkeit?

Der Verantwortungsbegriff wird in der pädagogischen Diskussion häufig verwandt. Wenn es stimmt, dass Wörterbücher die grundlegenden Begriffe einer Disziplin enthalten, dann ist Verantwortung allerdings *kein* zentraler Begriff der Erziehungswissenschaft. So enthält das „Wörterbuch Pädagogik" (Schaub/Zenke 2000, 2004) ca. 1700 Einträge, aber kein eigenes Stichwort zu Verantwortung oder Verantwortlichkeit, Eigen- oder Selbstverantwortung. Auf Verantwortung wird allerdings in über 30 Einträgen Bezug genommen. Dabei zeigen sich im

Wesentlichen vier Begriffsverwendungen: Am häufigsten wird der Begriff im Sinne einer *rechtlich-institutionellen Zuständigkeit* gebraucht, vor allem für die Verantwortung von Schulträgern und Behörden für das Schulsystem. Mehrfach wird auf die *pädagogische Verantwortung* von Lehrenden oder Erziehenden (für das Kind, den Unterricht...) Bezug genommen. Schließlich werden die *soziale* oder *ethische Verantwortung* sowie die *Eigen-* oder *Selbstverantwortung* genannt, primär als Erziehungsziele.

Auch zahlreiche aktuelle pädagogische Veröffentlichungen führen den Verantwortungsbegriff im Titel. Er bezieht sich hier primär auf die pädagogische Verantwortung oder Verantwortung als Erziehungsziel, die rechtlich-institutionelle Verantwortung spielt keine Rolle. Der Begriff taucht in vielen Arbeiten – so etwa in Liebaus „Erfahrung und Verantwortung" (1999) – im Verbund mit anderen Erziehungszielen wie Mündigkeit und Selbstbestimmung, Partizipation und Solidarität auf. Ohne systematische Diskussion des Begriffs wird Verantwortung hier als normative Zielvorstellung verwendet, zum Teil als notwendige Ergänzung von Autonomie: „Richtig verstandene Autonomie hat die Kehrseite der öffentlichen Verantwortung; sie ist nie bloß egozentrisch oder egoistisch; sie bezieht vielmehr Gemeinsinn mit ein" (ebd.: 41).

Eine systematische Entfaltung von Verantwortung als pädagogischer Grundbegriff findet sich bei Danner (1983). Er bestimmt das Verhältnis von Pädagogik und Verantwortung zunächst in doppelter Hinsicht: „Verantwortung ist zum einen eine *Voraussetzung* von Erziehung und Bildung; insofern haben wir es schwerpunkthaft mit der Verantwortung des Erziehers oder mit pädagogischer Verantwortung zu tun. Zugleich aber ist Verantwortung, da sie das Bild vom Menschen mit konstituiert, auch *Ziel* der Erziehung. Insofern geht es insbesondere um die Erziehung zur Verantwortlichkeit" (Danner 1983: 192).

Danner geht von einer pädagogisch-anthropologischen Bestimmung des Verantwortungsbegriffs aus. In seiner Konzeption wird das die Pädagogik leitende Menschenbild durch Verantwortung konstituiert: als „Bild des Kindes und des Jugendlichen, die in die Verantwortung hineinwachsen" (ebd.), sowie als Frage nach dem verantwortlichen Erzieher. Verantwortung wird damit zu *dem* Schlüsselbegriff der Pädagogik. Im Anschluss an seine pädagogisch-anthropologische Fassung von Verantwortung entfaltet Danner systematisch eine „Ethik des Erziehers", eine „verantwortete Erziehung", eine „verantwortete pädagogische Wissenschaft" sowie eine „Erziehung zur Verantwortlichkeit". In diesem Zusammenhang werden Bildung als „Ermöglichung von verantwortlichem Handeln" und Verantwortung als „der Sinn von Bildung" (ebd.: 299) wechselseitig bestimmt. Bildung wird als Prozess und als Zustand verstanden: als Prozess auf dem Weg zu verantwortlichem Handeln und – mit Weniger – als „Zustand, in dem man Verantwortung übernehmen kann" (zit. n. Danner 1983: 298). Den

Zustand der Verantwortlichkeit und damit das Ziel von Bildung bestimmt Danner im Wesentlichen als biographische und soziale Handlungs- und Urteilsfähigkeit: „als Fähigkeit des kompetenten und entschiedenen Stellungnehmens zu den Herausforderungen des persönlichen und gemeinsamen Lebens" (ebd.: 299). Diese Fähigkeit setze das Aneignen von Wissen und Können sowie von sachlichen und ethischen Maßstäben ebenso voraus wie Mündigkeit, d.h. die Fähigkeit, selbstständig zu leben und die Rechte anderer zu achten.

Danners Argumentation kann an dieser Stelle nicht detaillierter diskutiert werden, für unsere Zielsetzung ist vor allem dreierlei festzuhalten:

1. Erziehung zur Verantwortlichkeit zielt darauf, Verantwortung für *sich selbst* und *für andere* zu übernehmen. Wie bei Lenk sind die Begriffe hier nicht als Gegensätze, sondern als zwei Seiten derselben Medaille zu verstehen.
2. Pädagogische Verantwortung ist einerseits „stellvertretende Verantwortung" (ebd.: 218), d.h. der Erzieher muss Entscheidungen für das Kind treffen; sie baut andererseits aber auf das aktive Mitwirken und die Selbsttätigkeit des Kindes auf. Das Kind ist Subjekt, nicht bloßes Objekt des Erziehungsgeschehens (ebd.: 259 ff.).
3. Danner sieht einen engen Zusammenhang von Verantwortung zu Selbstbestimmung, Mündigkeit und Mitwirkung. Hier gibt es eine Nähe zu Klafkis (1991) Bildungsbegriff als Zusammenhang der drei Grundfähigkeiten Selbstbestimmung, Mitbestimmung und Solidarität.

Heid (1991) äußert Skepsis gegenüber dem Ziel einer Erziehung zur Verantwortlichkeit. Auf der Seite der Subjekte setze Verantwortung die freie Bestimmung oder zumindest Beeinflussung der Handlungszwecke und -mittel voraus sowie hinreichendes Wissen, um Bedingungen und Folgen des Handelns durchschauen zu können. Seien diese Voraussetzungen gegeben, bedürfe es keiner eigenen Erziehung zur Verantwortungsbereitschaft. Aufgrund gesellschaftlicher Komplexität und Machtstrukturen hält Heid diese Voraussetzungen aber in vielen Bereichen der Gesellschaft – etwa in der Arbeitswelt – für nicht gegeben. In der Vermittlung von Wissen über komplexe gesellschaftliche Zusammenhänge sieht er daher die zentrale Aufgabe einer Pädagogik, die nicht auf Unterordnung, sondern auf Selbstbestimmung ziele.

Nach Lempert (1999) zielt eine Erziehung zur Verantwortlichkeit weniger auf Wissenserwerb als vielmehr auf Selbstreflexion, die Einübung diskursiver Konfliktregelungen, moralische Gefühle sowie auf postkonventionelles moralisches Urteilen sensu Kohlberg (1995). Lempert macht deutlich, dass Kognitionen eine starke Entwicklungskomponente haben und knüpft damit an demokratiepädagogische Ansätze an, die im Bezugsrahmen strukturgenetischer Entwicklungstheorien entstanden sind. Ähnlich wie bei Danner (1983: 192) gilt Verantwortung auch hier als *Voraussetzung* und *Ziel* von Erziehung. (Eigen-)Verantwortung ist eine notwendige Bedingung für den Aufbau von Urteils- und Handlungsfähigkeit.

Verantwortung und Demokratie bei Dewey, Piaget und Kohlberg

Trotz erheblicher Differenzen in der Theoriebildung und der Begrifflichkeit konvergieren die Ansätze von John Dewey, Jean Piaget und Lawrence Kohlberg in zentralen Grundannahmen:[3]

1. Lernen und Entwicklung vollzieht sich durch die aktive und selbstständige Auseinandersetzung des Subjekts mit Konflikten und Problemen, Hindernissen und Barrieren und nicht (oder nur sekundär) durch das passive Nachvollziehen fertig strukturierten Wissens oder pädagogisch aufbereiteter Konflikt*lösungen*. Dies gilt sowohl für die intellektuelle als auch für die moralische Entwicklung, worauf besonders Piaget (1999: 160 ff.) hinweist.
2. In diesem Sinne setzt der Aufbau von Sozial- und Eigenverantwortlichkeit sowohl aktives Handeln und Erfahren als auch Eigen- oder Mit-Verantwortung für relevante persönliche und soziale Belange bzw. Lebensbereiche voraus. Demokratie ist in dieser Konzeption nicht nur Ziel, sondern „Bedingung der Erziehung" (Oelkers 2003: 23).
3. Die zentrale Aufgabe der Pädagogik ist daher nicht die Vermittlung von Wissen oder von moralischen Normen und Werten, sondern die Gestaltung von Lernumwelten und Entwicklungsbedingungen, die eigenverantwortliche Erfahrungen und soziale Kooperation unter Gleichen ermöglichen.

Aktivität, Selbstbestimmung, soziale Kooperation und demokratische Partizipation sind zentrale Leitideen dieser Pädagogik. Das Spezifische gegenüber anderen demokratiepädagogischen Ansätzen ist ihre Einbettung in differenzierte Entwicklungskonzepte. Entwicklung wird von allen drei Autoren als Prozess der ständigen Konstruktion und Rekonstruktion von Erfahrungen verstanden und wird damit selbst zum Ziel der Erziehung. Insbesondere die Theorien Piagets (2003) und Kohlbergs (1995) verdeutlichen, dass die Entwicklung sozialer Urteils- und Handlungsfähigkeit sukzessive verläuft, dass nachfolgende Entwicklungsschritte auf dem vorhandenen Handlungs- und Denkvermögen aufbauen

---

[3] Zu den pädagogischen Ansätzen dieser Autoren vgl. Dewey 1993; Kohlberg 1986, 1987; Piaget 1999; vgl. auch Bohnsack 2003; Oser/Althof 1992.

und es in die erweiterten Kompetenzen integrieren (vgl. Krappmann 2002). Auch der Aufbau von (Eigen-)Verantwortung hat also eine Entwicklungsdimension, bedeutet je nach Entwicklungsstand etwas Verschiedenes und muss daher auch unterschiedlich gefördert werden. Dabei ist das Vertrauen in die Handlungskompetenz der Lernenden, die aktuell noch nicht verfügbar, sondern erst zu entwickeln ist, ein entscheidendes Moment der Stimulation der Entwicklung: „Nur entsprechend der ihnen bereits zugestandenen Selbstverantwortlichkeit entwickeln sich Menschen zu verantwortlichen Subjekten" (Lempert 1999: 332).

Auf der Basis seiner Stufentheorie der Moralentwicklung hat Kohlberg (1986, 1987) einen viel beachteten Ansatz der Demokratieerziehung vorgelegt. Der „Just Community-Approach" zielt auf die Förderung moralischer Urteils- und Handlungsfähigkeit durch ein „System partizipatorischer Demokratie" (ebd.: 39).[4] Kohlberg stellt sich bewusst in die Tradition Deweys und Piagets, für die moralische Autonomie nicht Folge einer Werte*vermittlung* durch die ältere Generation, sondern primär die Frucht eigener Erfahrungen bzw. eigenverantwortlicher Aushandlungsprozesse in egalitären sozialen Beziehungen ist. Die berechtigte Kritik am Kognitivismus der Stufentheorie trifft den Just Community-Ansatz nicht, da dieser auf *praktische* Erfahrungen und Aushandlungen zielt, also sowohl auf *kognitive* als auch *motivationale* und *handlungsbezogene* Aspekte.

Ansätze demokratischer Partizipation haben eine lange Tradition in der Sozialpädagogik. Im Rückgriff auf drei Klassiker der Disziplin – auf Mager, Natorp und Dewey –, versteht Müller Sozialpädagogik als „soziale Erziehung" (2005: 22) und damit grundsätzlich als „Erziehung zur Demokratie". Aber auch wenn man Sozialpädagogik bescheidener fasst und sich an ihren gegenwärtigen Handlungsfeldern orientiert, bleibt Demokratie ein wichtiger Bezugspunkt. Oelkers (2003: 21, 31) weist darauf hin, dass demokratische Modellprojekte häufig zuerst in sozialpädagogischen Einrichtungen entstanden sind, z.B. in der Arbeit mit delinquenten Jugendlichen, und danach auf Reformschulen wie Summerhill übertragen wurden. Hier zeigt sich eine Parallele zum Just Community-Ansatz, der ab 1971 zuerst im Strafvollzug eingeführt wurde und erst danach in der Schule (vgl. Kohlberg et al. 1975; Hickey/Scharf 1980). In Deutschland wurde der Just Community-Ansatz in mehreren Jugendhilfeeinrichtungen eingeführt, u.a. im Rauhen Haus (vgl. Korte 1987; Klatetzki 1994; Glasstettner 2005). Ein Modellversuch zur demokratischen Partizipation im Jugendstrafvollzug wurde im Rahmen eines DFG-Projekts initiiert und wissenschaftlich begleitet (vgl. Brumlik 1998; Sutter/Baader/Weyers 1998; Sutter 2002, 2003; Weyers 2003).

---

[4] Zur Rezeption des Just Community-Ansatzes in der deutschsprachigen Pädagogik vgl. Brumlik 1989; Liebau 1999: 154 ff.; Lind/Raschert 1987; Oser/Althof 1992; Oser/Fatke/Höffe 1986; Sutter 2002.

Die Möglichkeiten, Grenzen und Ambivalenzen von Demokratieerziehung in sozialpädagogischen Handlungsfeldern werden im Folgenden anhand dieses Modellversuchs exemplarisch diskutiert.

3. Demokratieerziehung im Jugendstrafvollzug

Die Einführung von Demokratie im Knast erscheint widersinnig, ist doch das Gefängnis eine repressive und höchst *un*demokratische Institution, die soziomoralische Lernprozesse weitgehend verhindert. Folgt man den Einsichten Piagets und Kohlbergs, so wäre eine „Quadratur des Kreises" erforderlich: Die Institutionalisierung einer sozialen Praxis, die nicht auf die moralische Belehrung oder Besserung der Gefangenen zielt, sondern diese als moralische Akteure anerkennt. Der Modellversuch untersucht, inwieweit ein solches Programm im Strafvollzug zu realisieren ist. Es geht dabei um die Frage, ob es *innerhalb* des Gefängnisses einen Spielraum für substantielle Veränderungen gibt, ob sich also Formen demokratischer Partizipation etablieren lassen, die mehr sind als eine Spielwiese oder gar ein Deckmantel zur Verschleierung sozialer Kontrolle (vgl. Weyers 2003).

Das zentrale Organ des Modellversuchs ist die wöchentlich tagende „Demokratische Gemeinschaftsversammlung". Hier werden die Regeln der Gemeinschaft beschlossen, Alltagsfragen und Konflikte des Zusammenlebens besprochen, ggf. auch Disziplinarmaßnahmen verhängt. Mitglieder der Gemeinschaft sind alle Insassen und Bediensteten des Hauses. Jedes Mitglied hat in der Versammlung eine Stimme. Entscheidungen bedürfen der absoluten Mehrheit der Anwesenden.[5] Weitere Organe sind das Leitungs- und das Fairnesskomitee, deren Mitglieder von der Versammlung gewählt werden. Das Leitungskomitee (zwei Insassen) ist für die Vorbereitung und Leitung der Versammlungen verantwortlich. Das Fairnesskomitee (zwei Insassen, ein Bediensteter) kann in allen Konfliktsituationen angerufen werden, um zu vermitteln, Streit zu schlichten oder Maßnahmen der Hausleitung zu überprüfen. Es kann Entscheidungen nicht selbst treffen, sondern muss versuchen, zusammen mit den Betroffenen zu einer einvernehmlichen Lösung zu kommen.

Im Gefängnis sind Regeln und Tagesablauf normalerweise bis ins Detail vorgegeben, Regelverletzungen werden sanktioniert, häufig ohne Prüfung des Einzelfalls. Gemessen daran hat die Demokratische Gemeinschaft weitgehende

---

[5] Der Modellversuch wurde in einem Haus des gelockerten Vollzuges mit 15 Haftplätzen eingeführt. An den Versammlungen nahmen 12-15 Insassen, 2-4 Bedienstete und in den ersten vier Jahren 1-2 wissenschaftliche Mitarbeiter teil. Letztere hatten Rederecht, waren aber nicht stimmberechtigt (vgl. Sutter/Baader/Weyers 1998).

Mitbestimmungsrechte und Entscheidungsbefugnisse: Über das Zusammenleben ihrer Mitglieder und die Belange des Hauses entscheidet sie in eigener Verantwortung. Zu Bereichen, die in die rechtliche Zuständigkeit der Anstaltsleitung fallen, gibt es ein Vorschlagsrecht. Jede Ablehnung von Vorschlägen muss gegenüber der Gemeinschaft begründet werden (vgl. Sutter/Baader/Weyers 1998). Viele Regeln wurden auf Initiative der Insassen eingeführt oder verändert, vormals automatisch verhängte Sanktionen wie „Strafbau" bei so genannter Arbeitsverweigerung oder Rückverlegung in den Regelvollzug bei Cannabiskonsum wurden abgeschafft bzw. gemildert.

Die empirischen Analysen zeigen, dass die Einführung demokratischer Mitbestimmungsrechte moralische Lern- und Entwicklungsprozesse auch unter den repressiven Bedingungen des Vollzugs ermöglichen kann.[6] Sie belegen aber auch, dass dem viele institutionelle und subkulturelle Bedingungen des Vollzugsalltags entgegenstehen. Der für Soziale Arbeit konstitutive Widerspruch zwischen Hilfe und Kontrolle, Unterstützung und Zwang ist im Gefängnis besonders ausgeprägt: Die Kontrollfunktion der Sozialpädagogen und Vollzugsbeamten ist hier dominant; dieser unilaterale Zwang strukturiert in hohem Maße die Beziehungen zu den Insassen. Die Anstaltsregeln sind vor allem auf Sicherheitsbelange ausgerichtet; die eingespielten Handlungsroutinen der Bediensteten sind eher an einem reibungslosen Ablauf und an Verhaltenskonformität der Insassen orientiert als an dem vergleichsweise aufwendigen Versuch, Konflikte zu besprechen und einvernehmlich zu lösen. Aber nicht nur die institutionellen Bedingungen im Strafvollzug, sondern auch die meist hierarchische, vorwiegend an der Aushandlung von Rangpositionen orientierte Insassensubkultur lässt wenig Spielraum für demokratische Konfliktregelungen auf der Basis gegenseitigen Respekts. Aushandlungen, die soziomoralische Entwicklungsprozesse stimulieren, werden unter solchen Bedingungen tendenziell verunmöglicht (vgl. Sutter 2003: 253ff.).

Diese Strukturen und Machtverhältnisse reproduzieren sich auch in der Versammlung, so dass *nicht alles* thematisiert werden kann und schon gar nicht *von jeder Person*. Die Etablierung demokratischer Verfahrensregeln hebt den Einfluss von Anstaltsordnung und Subkultur nicht auf. Sie schafft keine „demokratischen Verhältnisse", erweitert die soziale Struktur des Vollzuges jedoch – und das ist entscheidend – um ein drittes Element. Trotz schwieriger Phasen erwies sich die wöchentliche Versammlung über viele Jahre hinweg als Ort, an dem die Strukturen des Vollzugsalltags zumindest teilweise thematisiert, reflektiert und kritisiert werden konnten. Somit reproduzieren sich diese Strukturen „nicht mehr

---

[6] Die Analysen beziehen sich auf die (per Videokamera aufgezeichneten) Versammlungen sowie auf Interviews a) zur moralischen Urteilsfähigkeit und b) zu Erfahrungen im Vollzug (vgl. Sutter/Baader/Weyers 1998; Sutter 2002, 2003; Weyers 2003).

umstandslos und werden – so die sozialisationstheoretische Annahme – eher zum Gegenstand einer reflexiven Auseinandersetzung mit der Sozialwelt des Vollzugs" (ebd.: 254). Die häufigere Diskussion von Themen, die zunehmende Themenvielfalt, die Thematisierung von besonders brisanten Themen wie die Unterdrückung von Mitgefangenen, die Kritik an Bediensteten, die Änderung von Regeln, die Bereitschaft zur Mitarbeit in Leitungs- und Fairnesskomitee, aber auch Rücktritte von diesen Ämtern und Enttäuschungen (vgl. Sutter/Baader/Weyers 1998: 386 ff.): All diese Aspekte zeigen die Eigendynamik und die praktische Akzeptanz des Modellversuches – auch wenn sich die meisten Strukturen des Vollzugs nicht wesentlich ändern, viele Konflikte latent oder manifest fortbestehen und häufig eher Bagatellverstöße als moralisch relevante Themen besprochen werden.

Insbesondere bei den engagierten Insassen sind deutliche Fortschritte in der moralischen Urteilsfähigkeit zu verzeichnen, was die Entwicklungsbedeutsamkeit demokratischer Beteiligungsmodelle belegt. Anders als es die Programmatik des Just Community-Ansatzes suggeriert, sind diese Veränderungen jedoch kaum auf explizite *moralische* Argumentationen zurückzuführen oder auf Konfliktregelungen, bei denen auf *moralische* Regeln oder Prinzipien rekurriert wird, denn diese spielen in den Versammlungen nur eine geringe Rolle. Sutter verortet die sozialisatorische Relevanz und Entwicklungsbedeutsamkeit demokratischer Partizipation daher in der Dynamik sozialer Aushandlungsprozesse: „Potenziell entwicklungsstimulierend wirkt die soziale Dynamik der Aushandlungsprozeduren demokratischer Selbstbestimmung und Interessenvertretung – eine Dynamik, die im Vollzugsalltag von den Beteiligten – kognitiv wie emotional – eine fortlaufende Ausbalancierung und Koordinierung widerstreitender Interessen, Normensysteme und Loyalitätsverpflichtungen erfordert" (Sutter 2002: 195).

Die Analysen zeigen, dass sich die Widersprüchlichkeit dieses Interaktionssystems einer vereinfachenden Typisierung als „totale Institution" versus „partizipatorische Demokratie" entzieht, und dass es gerade diese Widersprüchlichkeit sein könnte, die sozialisatorisch relevant ist. Entscheidend dürfte somit weniger die moralisch-argumentative Qualität der Diskussionsbeiträge sein, sondern vielmehr dass soziale Aushandlungsprozesse im Vollzug durch demokratische Beteiligungsmodelle stimuliert werden und ihren Charakter verändern: Eine „schlichte" Orientierung an Anstaltsordnung oder Subkultur reicht nicht aus, stattdessen muss eine Vielzahl von Perspektiven, Normen und Interessen berücksichtigt, koordiniert und ggf. argumentativ ausgewiesen werden – und das gilt für alle Beteiligten, für Insassen wie für Bedienstete. Für die praktischen Erfolgschancen solcher Reformmodelle ist dieser Befund insofern positiv, als eine primär *moralische* Reflexion der sozialen Praxis nicht notwendig erscheint. Eine solche Strategie erschiene sogar problematisch, denn sie würde nicht mit den

lebensweltlichen Orientierungen und habitualisierten Konfliktregelungsstrate-
gien der Insassen und Bediensteten korrespondieren – vermutlich nicht nur im
Gefängnis, sondern auch in anderen sozialpädagogischen Handlungsfeldern.
Eine solche Strategie stünde zudem in Gefahr, zu einer *Moralisierung* der sozialen Praxis zu führen, was in einer Institution, die in hohem Maße durch soziale
Zwänge strukturiert ist, vermutlich nicht zu einer Aufhebung von Zwängen führen, sondern eher „paradoxale Effekte zeitigen" (ebd.) würde.

Beteiligungsmodelle auf der Basis demokratischer Verfahrensprinzipien
gewährleisten die *institutionalisierte* Anerkennung des Einzelnen, sie sind aber
auch auf dessen Anerkennung durch die Anstaltsordnung und ihre Träger sowie
durch die Bezugsgruppe angewiesen. Gerade Letztere ist nur schwer zu beeinflussen und steht im Jugendvollzug oftmals in Frage. Allerdings zeigt der Modellversuch, dass eine demokratisierte Praxis auch für das soziale Klima im
Vollzug förderlich ist.

4. Kritik und Fazit

Das zentrale Problem einer Demokratieerziehung in sozialpädagogischen Kontexten ist das Spannungsverhältnis zwischen Prinzipien demokratischer Partizipation auf der einen und an Kontrolle und Sanktionen orientierten institutionellen Bedingungen auf der anderen Seite. Diese erfordern von Seiten der Jugendlichen eher soziale Anpassung als egalitäre Verständigung. Innerhalb dieses Span-
nungsfeldes lassen sich – sofern sich eine Institution und ihre Mitarbeiter überhaupt auf ein solches Modell einlassen – drei Problembereiche spezifizieren, die
sich als *Pädagogisierung, Trivialisierung* und *subkulturelle Unterminierung*
charakterisieren lassen.

In sozialpädagogischen Handlungsfeldern besteht *erstens* die Gefahr einer
Defizitorientierung und damit einer sozialtechnokratischen Verkürzung demokratischer Beteiligung – bspw. hin zu einem sozialen Trainingsprogramm gegen
Delinquenz. Ein solches Konzept mag die Akzeptanz in der Öffentlichkeit, in der
eigenen Institution und in der Ministerialbürokratie erhöhen, sie hat jedoch für
das Interaktionssystem negative Folgen: Pädagogisierende Diskurse und Konfliktregelungen folgen einer anderen Logik, tendenziell konterkarieren sie an
Demokratie und an Gleichheit der Interaktionspartner orientierte Aushandlungsprozesse.

Die *zweite* Gefahr für solche Ansätze ist, wenn es nichts Relevantes zu entscheiden gibt, wenn der Spielraum für eigenverantwortliche Entscheidungen so
gering ist, dass keine aus Sicht der Jugendlichen bedeutsamen und ggf. für die
Institution auch unangenehmen Entscheidungen getroffen werden können. Hier

ist „Demokratie" nicht mehr als eine Spielwiese und dient eher der Verschleierung als dem Abbau sozialer Kontrolle. Bedeutsame Aushandlungsprozesse können nicht stattfinden, eben weil es um nichts geht. Die *dritte* Gefahr hängt mit der sozialen Struktur der Subkultur zusammen. Demokratische Verfahren gefährden auch subkulturelle Positionen und Entscheidungsmuster. Um den eigenen Einfluss zu sichern, wird daher zum Teil an anderer Stelle geregelt, was in der Versammlung gesagt und entschieden werden darf und was nicht. Hier besteht das Risiko einer großen Diskrepanz zwischen der „demokratischen" Versammlung und der repressiven Realität außerhalb. Spätestens an dieser Stelle wird deutlich, dass Pädagogen in einem solchen Modell keine passive Rolle einnehmen. Sie sind ein wichtiger Bestandteil dieses Konzepts und müssen nicht nur im Krisenfall Teilnehmer und Parteigänger demokratischer Aushandlungsprozesse sein.

Kritisch anzumerken ist, dass ein rein demokratiepädagogischer Ansatz nur eingeschränkt an der Lebenswelt, den Bedürfnissen und Ressourcen der Adressaten orientiert ist. Modelle demokratischer Partizipation bedürfen daher der Ergänzung durch (sozial-)pädagogische Angebote. Zu denken ist dabei insbesondere an einzelfall- und problemzentrierte Unterstützung, Beratung und ggf. Krisenhilfe: von der Hilfe bei der Bewältigung schwieriger biographischer Lebenslagen bis hin zur Unterstützung bei Alltagsproblemen und schulischer oder beruflicher Bildung. Für die Mitarbeiter sind zudem professionelle Angebote wie Supervision und Weiterbildung unabdingbar, um die widersprüchlichen Anforderungen des Vollzugalltags reflektieren und im Sinne verständigungsorientierter Handlungsstrategien bewältigen zu können (vgl. Weyers 2005).

Ansätze demokratischer Partizipation verweisen auf sozialpädagogische Aktivierungsoptionen, die den aktuellen sozialpolitischen Aktivierungsstrategien diametral entgegengesetzt sind. Während Eigenverantwortung dort durch Kontrolle und Sanktionen erzwungen werden soll, zielen Beteiligungsmodelle auf den Aufbau von Verantwortlichkeit durch Mitbestimmung und Partizipation an den das eigene Leben betreffenden Fragen. Ihre Chance liegt in der Förderung sozialer und moralischer Urteilsfähigkeit, im Lernen alternativer Strategien der Konfliktlösung sowie in der reflexiven Verarbeitung eigener Handlungen und Erfahrungen. In diesem Sinne sollen Denk- und Handlungskompetenzen gestärkt und alternative Handlungsmöglichkeiten eröffnet werden. Ob diese genutzt werden können, hängt nicht nur von den Akteuren ab, sondern von vielen sozialen Bedingungen. Demokratische Beteiligungsmodelle haben da ihre Grenze, wo soziale Zwänge übermächtig sind; sie sind daher nicht nur im Strafvollzug eine Gratwanderung – mit dem Risiko des Scheiterns. Der gegenwärtige kriminal- und sozialpolitische Diskurs spricht gegen die Einführung demokratischer Mitbestimmungsrechte in sozialpädagogischen Handlungsfeldern, aber gerade deshalb erscheint es notwendig, verstärkt über Alternativen zu Disziplinierungstechniken, Anti-Aggressivitätstrainings oder autoritären Modellen à la Glenn Mills nachzudenken.

Literatur

Bieri, P. (2001): Das Handwerk der Freiheit. Über die Entdeckung des eigenen Willens. München.

Bohnsack, F. (2003): John Dewey (1859-1952). In: Tenorth, H.-E. (Hg.). a.a.O., S. 44-60.

Brumlik, M. (1989): Kohlbergs „Just Community"-Ansatz als Grundlage einer Theorie der Sozialpädagogik. In: Ders.: Advokatorische Ethik. Zur Legitimation pädagogischer Eingriffe. Bielefeld, S. 256-273.

Brumlik, M. (1998): „Just Community" – a social cognitive research project in the penal system. In: European Journal of Social Work 1, S. 339-346.

Dahme, H.-J./Otto, H.-U./Trube, A./Wohlfahrt, N. (2003): Einleitung. In: Dies. (Hg.): Soziale Arbeit für den aktivierenden Staat. Opladen, S. 9-13.

Dahme, H.-J./Wohlfahrt, N. (2005) (Hg.): Aktivierende Soziale Arbeit Theorie – Handlungsfelder – Praxis. Baltmannsweiler.

Danner, H. (1983): Verantwortung und Pädagogik. Anthropologische und ethische Untersuchungen zu einer sinnorientierten Pädagogik. Königstein.

Dewey, J. (1993): Demokratie und Erziehung. Eine Einleitung in die philosophische Pädagogik. Weinheim.

Dollinger, B. (2006): Zur Einleitung: Perspektiven aktivierender Sozialpädagogik (siehe die Einleitung zu diesem Band).

Frankfurt, H. (1993): Die Notwendigkeit von Idealen. In: Edelstein, W./Nunner-Winkler, G./Noam, G. (Hg.): Moral und Person. Frankfurt, S. 107-118.

Gehrmann, G./Müller, K.D. (2005): Aktivierende Soziale Arbeit mit nicht motivierten Klienten. Regensburg.

Glasstetter, S. (2005): Moralerziehung nach Lawrence Kohlberg. Über die Auswirkungen der „Just Community" in einem geschlossenen Heim für delinquente Jugendliche. Unv. Diplomarbeit, Universität Landau.

Hickey, J./Scharf, P. (1980): Toward a just correctional system. Experiments in implementing democracy in prisons. San Francisco.

Heid, H. (1991): Problematik einer Erziehung zur Verantwortungsbereitschaft. In: Neue Sammlung, Jg. 31, S. 459-481.

Höffe, O. (Hg.) (1997): Lexikon der Ethik, 5. Auflage. München.

Klafki, W. (1991): Neue Studien zur Bildungstheorie und Didaktik, 2. Auflage. Weinheim.

Klatetzki, T. (1994): Gerechte Gemeinschaften in der Jugendhilfe. Manuskript. Hamburg.

Korte, M. (1987): Die Entwicklung der moralischen Atmosphäre in einem Jugendwohnheim: eine Interventionsstudie. Frankfurt.

Kohlberg, L. (1986): Der „Just Community"-Ansatz der Moralerziehung in Theorie und Praxis. In: Oser, F./Fatke, R./Höffe, O. (Hg.). a.a.O., S. 21-55.

Kohlberg, L. (1987): Moralische Entwicklung und demokratische Erziehung. In: Lind, G./Raschert, J. (Hg.). a.a.O., S. 25-43.

Kohlberg, L. (1995): Die Psychologie der Moralentwicklung. Frankfurt/Main.

Kohlberg, L./Kauffman, K./Scharf, P./Hickey, J. (1975): The Just Community approach to corrections: A theory. In: Journal of Moral Education, Vol. 4, S. 243-260.

Krappmann, L. (2002): Politische Sozialisation in Kindheit und Jugend durch Partizipation an alltäglichen Entscheidungen – ein Forschungskonzept. In: Kuhn, H.-P./Uhlendorff, H./Krappmann, L. (Hg.): Sozialisation zur Mitbürgerlichkeit. Opladen 2000, S. 77-94.

Lempert, W. (1999): Verantwortlichkeit als Erziehungsziel? In: Pollak, G./Prim, R. (Hg.): Erziehungswissenschaft und Pädagogik zwischen kritischer Reflexion und Dienstleistung. Festschrift zum 65. Geburtstag von Helmut Heid. Weinheim, S. 319-335.

Lenk, H. (1998): Konkrete Humanität. Vorlesungen über Verantwortung und Menschlichkeit. Frankfurt.

Liebau, E. (1999): Erfahrung und Verantwortung. Werteerziehung als Pädagogik der Teilhabe. Weinheim.

Lind, G./Raschert, J. (Hg.) (1987): Moralische Urteilsfähigkeit: Eine Auseinandersetzung mit Lawrence Kohlberg über Moral, Erziehung und Demokratie. Weinheim.

Müller, C. (2005): Sozialpädagogik als Erziehung zur Demokratie. Ein problemgeschichtlicher Theorieentwurf. Bad Heilbrunn.

Oelkers, J. (2003): Krise der Moderne und Reformer der Erziehung. In: Tenorth, H.-E. (Hg.). a.a.O., S. 7-31.

Oser, F./Althof, W. (1992): Moralische Selbstbestimmung. Modelle der Entwicklung und Erziehung im Wertebereich. Stuttgart.

Oser, F./Fatke, R./Höffe, O. (Hg.) (1986): Transformation und Entwicklung. Grundlagen der Moralerziehung. Frankfurt/M.

Piaget, J. (1999): Über Pädagogik. Weinheim.

Piaget. J. (2003): Meine Theorie der geistigen Entwicklung. Weinheim.

Schaub, H./Zenke, K. G. (2000): Wörterbuch Pädagogik, 4. Auflage. München.

Schaub, H./Zenke, K. G. (2004): Wörterbuch Pädagogik, CD-ROM-Ausgabe, Digitale Bibliothek. Berlin.

Sutter, H. (2002): Sozio-moralische Lern- und Entwicklungsprozesse. Perspektiven einer soziologisch-strukturtheoretischen Forschung und Kritik an Kohlbergs kognitionszentrierter Entwicklungspsychologie und Just Community-Forschung. In: Otto, H.-U./Oelerich, G./Micheel, H. (Hg.): Empirische Forschung und Soziale Arbeit. Neuwied, S. 159-214.

Sutter, H. (2003): Die sozialisatorische Relevanz des Alltäglichen in einem demokratisierten Vollzug. In: Schweppe, C. (Hg.): Qualitative Forschung in der Sozialpädagogik. Opladen, S. 245-277.

Sutter, H./Baader, M./Weyers, S. (1998): Die „Demokratische Gemeinschaft" als Ort sozialen und moralischen Lernens. Der Modellversuch in der Justizvollzugsanstalt Adelsheim – eine Zwischenbilanz. In: Neue Praxis, Jg. 28, S. 383-400.

Sturzenhecker, B. (2005): Aktivierung in der Jugendarbeit. In: Dahme, H.-J./Wohlfahrt, N. (Hg.). a.a.O., S. 134-149.

Tenorth, H.-E. (Hg.) (2003): Klassiker der Pädagogik 2. Von John Dewey bis Paulo Frei-
re. München.

Walther, A. (2005): Partizipation als Weg aus dem Aktivierungsdilemma? In: Dahme, H.-
J./Wohlfahrt, N. (Hg.). a.a.O., S. 44-57.

Weyers, S. (2003): Funktioniert Demokratie(erziehung) im Knast? Demokratische Partizipation und moralisches Lernen im Vollzug. In: Neue Kriminalpolitik 15, S. 106-
109.

Weyers, S. (2005): Moralische und biographische Entwicklung straffälliger Jugendlicher.
Perspektiven für die Sozialpädagogik. In: Zeitschrift für Sozialpädagogik, Jg. 3, S.
114-137.

Methoden

Hans Benninghaus
Deskriptive Statistik
Eine Einführung
für Sozialwissenschaftler
10., durchges. Aufl. 2005. 285 S.
Br. EUR 19,90
ISBN 3-531-14607-6

Alexander Bogner / Beate Littig /
Wolfgang Menz (Hrsg.)
Das Experteninterview
Theorie, Methode, Anwendung
2., durchges. Aufl. 2005. 278 S.
Br. EUR 24,90
ISBN 3-531-14447-2

Cornelia Helfferich
Die Qualität qualitativer Daten
Manual für die Durchführung
qualitativer Interviews
2. Aufl. 2005. 193 S. Br. EUR 14,90
ISBN 3-531-14493-6

Betina Hollstein / Florian Straus (Hrsg.)
Qualitative Netzwerkanalyse
Konzepte, Methoden, Anwendungen
2006. 514 S. Br. EUR 39,90
ISBN 3-531-14394-8

Udo Kuckartz
**Einführung in die
computergestützte Analyse
qualitativer Daten**
2005. 255 S. Br. EUR 19,90
ISBN 3-531-14247-X

Heinz Sahner
Schließende Statistik
Eine Einführung
für Sozialwissenschaftler
6. Aufl. 2005. 155 S. Br. EUR 16,90
ISBN 3-531-14687-4

Nadine M. Schöneck / Werner Voß
Das Forschungsprojekt
Planung, Durchführung und Auswertung
einer quantitativen Studie
2005. 229 S. mit CD-ROM. Br. EUR 23,90
ISBN 3-531-14553-3

Mark Trappmann / Hans J. Hummell /
Wolfgang Sodeur
**Strukturanalyse
sozialer Netzwerke**
Konzepte, Modelle, Methoden.
2005. 278 S. Br. EUR 24,90
ISBN 3-531-14382-4

Erhältlich im Buchhandel oder beim Verlag.
Änderungen vorbehalten. Stand: Juli 2006.

www.vs-verlag.de

VS VERLAG FÜR SOZIALWISSENSCHAFTEN

Abraham-Lincoln-Straße 46
65189 Wiesbaden
Tel. 0611.7878-722
Fax 0611.7878-400

Theorie

Dirk Baecker (Hrsg.)
Schlüsselwerke der Systemtheorie
2005. 352 S. Geb. EUR 24,90
ISBN 3-531-14084-1

Ralf Dahrendorf
Homo Sociologicus
Ein Versuch zur Geschichte,
Bedeutung und Kritik der Kategorie
der sozialen Rolle
16. Aufl. 2006. 126 S. Br. EUR 14,90
ISBN 3-531-31122-0

Shmuel N. Eisenstadt
Theorie und Moderne
Soziologische Essays
2006. 607 S. Geb. EUR 49,90
ISBN 3-531-14565-7

Axel Honneth /
Institut für Sozialforschung (Hrsg.)
Schlüsseltexte der Kritischen Theorie
2006. 414 S. Geb. EUR 29,90
ISBN 3-531-14108-2

Peter Imbusch
Moderne und Gewalt
Zivilisationstheoretische Perspektiven
auf das 20. Jahrhundert
2005. 579 S. Geb. EUR 49,90
ISBN 3-8100-3753-2

Niklas Luhmann
Beobachtungen der Moderne
2. Aufl. 2006. 220 S. Br. EUR 24,90
ISBN 3-531-32263-X

Stephan Moebius /
Christian Papilloud (Hrsg.)
Gift – Marcel Mauss' Kulturtheorie der Gabe
2006. 359 S. Br. EUR 29,90
ISBN 3-531-14731-5

Uwe Schimank
Differenzierung und Integration der modernen Gesellschaft
Beiträge zur akteurzentrierten
Differenzierungstheorie 1
2005. 297 S. Br. EUR 27,90
ISBN 3-531-14683-1

Uwe Schimank
Teilsystemische Autonomie und politische Gesellschaftssteuerung
Beiträge zur akteurzentrierten
Differenzierungstheorie 2
2006. 307 S. Br. EUR 29,90
ISBN 3-531-14684-X

Erhältlich im Buchhandel oder beim Verlag.
Änderungen vorbehalten. Stand: Juli 2006.

www.vs-verlag.de

VS VERLAG FÜR SOZIALWISSENSCHAFTEN

Abraham-Lincoln-Straße 46
65189 Wiesbaden
Tel. 0611.7878-722
Fax 0611.7878-400